"研究生学术论文写作"丛书

世界史研究论文写作
案例与方法

◎ 主 编 张勇安 杨长云

Paper Writing

上海大学出版社

图书在版编目(CIP)数据

世界史研究论文写作:案例与方法 / 张勇安,杨长云主编. —上海:上海大学出版社,2022.6
(研究生学术论文写作)
ISBN 978-7-5671-4463-7

Ⅰ.①世… Ⅱ.①张… ②杨… Ⅲ.①世界史—论文—写作 Ⅳ.①K1②H152.3

中国版本图书馆CIP数据核字(2022)第072942号

责任编辑　陈　强
助理编辑　王　俊
封面设计　缪炎栩
技术编辑　金　鑫　钱宇坤

世界史研究论文写作:案例与方法

张勇安　杨长云　主编
上海大学出版社出版发行
(上海市上大路99号　邮政编码200444)
(http://www.shupress.cn　发行热线 021-66135112)
出版人　戴骏豪

＊

南京展望文化发展有限公司排版
上海华业装潢印刷厂有限公司印刷　各地新华书店经销
开本 710mm×1000mm　1/16　印张 19.25　字数 324千
2022年6月第1版　2022年6月第1次印刷
ISBN 978-7-5671-4463-7/K·255　定价　56.00元

版权所有　侵权必究
如发现本书有印装质量问题请与印刷厂质量科联系
联系电话: 021-56475919

"研究生学术论文写作"丛书
编委会

主 任 汪小帆

副主任 刘文光　李常品　曾桂娥

委 员（按姓氏笔画为序）
　　　　于瀛洁　王廷云　王远弟　毛建华
　　　　卢志国　田立君　闫坤如　李凤章
　　　　沈　荟　张勇安　张新鹏　姚　萱
　　　　姚　蓉　聂永有　黄晓春　曾　军

总序

教育部办公厅《关于进一步规范和加强研究生培养管理的通知》明确指出，研究生培养单位要加强学术规范和学术道德教育，把论文写作指导课程作为必修课纳入研究生培养环节。上海大学积极响应，安排各个学院组织开设相关课程并纳入研究生培养环节，取得良好效果。

为了进一步提升研究生培养质量，上海大学研究生院和上海大学出版社联合策划了"研究生学术论文写作"丛书，作为研究生学习学术写作的指导用书。本丛书内容涵盖文科、理科、工科、医学、经济、管理等多个学科，邀请各学科教授及学术骨干领衔担任主编，并根据学科特点，采用以下两种编纂模式：一是对已发表的高水平论文进行综合分析，归纳出写作要点；二是在已发表的论文案例基础上，论文原作者解析撰文过程和注意事项。这种"案例＋方法"的编纂模式，通过论文作者现身说法的方式，从问题意识、论证方法、创新之处等方面揭示论文的成文之道，为研究生提供可参考、可借鉴的学术写作范例。

上海大学老校长钱伟长生前指出，研究生培养分为两个阶段，一个是课程学习阶段，另一个是论文写作阶段。钱校长非常重视研究生学术论文写作能力的培养，他曾经在研究生开学典礼的讲话中指出："论文很重要。写论文以前，你首先要到第一线找到人家的'肩膀'在哪儿。"本丛书的编纂，践行钱伟长教育思想，探索案例和方法相结合的教学途径，为研究生提供学术研究的"肩膀"，为各学科研究生提供学术论文写作的方法指导，也可为青年教师撰写学术论文提供思路启发。

我们真诚地希望使用本丛书的教师、学生以及广大读者对其中存在的问题提出修改意见或建议，交流互鉴，共彰学术。

"研究生学术论文写作"丛书编委会

2021 年 9 月

目 录

序言　我们都不必只是忠实的阅读者 ·· 1

第1讲　随走随想：从现场走进历史 ·· 1
　　希腊城邦的公共空间与政治文化 ································· 黄　洋　1
　　导读：如何在史学研究中合理运用社会科学理论？如何通过
　　　　"历史现场"探究历史真相？ ··· 12

第2讲　通今博古：让历史文献说话 ·· 15
　　阿吉纽西审判与雅典民主政治 ··································· 晏绍祥　15
　　导读：如何让自己产生写作的灵感？如何从充分的阅读中
　　　　产生选题？ ··· 42

第3讲　问题意识：历史写作的引擎 ·· 45
　　地中海世界首次鼠疫研究 ··· 陈志强　45
　　导读：如何与史料对话？如何将史料信息转变为阐释观点的
　　　　证据？ ··· 69

第4讲　因教而撰：不必为赋新词强说愁 ······································ 72
　　特兰特会议对教宗制度的矛盾态度——以《特兰特圣公会议

教规教令集》为辨析基础 ·················· 陈文海 72
　　导读：如何做到言之有物、言而有用？如何从实际教学中
　　　　　发现问题？ ·················· 99

第5讲　回归经典：历史研究对常识的新阐释 ·················· 103
　　资本扩张与近代欧洲的黑夜史 ·················· 俞金尧 103
　　导读：如何认识历史研究中的经典问题？如何将研究工具
　　　　　转换为研究主题？ ·················· 132

第6讲　敢于质疑：提出自己的见解和核心观点 ·················· 135
　　英属北美殖民地契约移民性质新论 ·················· 梁茂信 135
　　导读：如何接受学界既定的观点？如何发掘新史料证实
　　　　　自己的判断？ ·················· 159

第7讲　隔岸观景：解读关键词的奥义 ·················· 162
　　美国革命时期关于代表制的分歧与争论 ·················· 李剑鸣 162
　　导读：如何捕捉历史中的关键词？如何通过关键词理解一个
　　　　　时代的思想观念？ ·················· 204

第8讲　交叉融合：史学中的跨学科运用 ·················· 208
　　从病人话语到医生话语——英国近代医患关系的历史
　　考察 ·················· 陈　勇 208
　　导读：如何从其他社会科学汲取营养？如何从中西语境
　　　　　中发现共同？ ·················· 220

第9讲　新瓶新酒：跨学科方法与寻常史料的新解读 ·················· 223
　　世界领导地位的荣耀和负担：信誉焦虑与冷战时期美国的
　　对外军事干预 ·················· 王立新 223
　　导读：如何运用跨学科方法？如何对旧材料有新解读？ ·················· 254

第10讲　走近真相：对老问题的反复推敲 ·················· 258
　　动机判断与史料考证——对毛泽东与斯大林三封往来
　　电报的解析 ·································· 沈志华　258
　　导读：如何考证最新解密档案？如何获知档案的真实性？ ······· 283

后记 ·· 288

序言:我们都不必只是忠实的阅读者

英国历史学家爱德华·霍列特·卡尔(Edward Hallett Carr)在《历史是什么?》一书中断言:"历史是历史学家跟他的事实之间相互作用的连续不断的过程,是现在跟过去之间永无止境的问答交谈。"[①]我们翻阅了许多有关"历史学写作"(Writing History)这一主题的读本、指南或手册,编撰者们在描述关于"历史"(history)、"历史学"(historiography)和"历史学家"(historian)之间的关系时基本上都与卡尔的看法相似。历史学家不仅知道很多关于过去的事情——我们称之为"历史",并且通过写作,他们本身也创造了历史。对于历史的写作者而言,通过与过去和现在的其他历史学家"对话",同时以发表的方式与他们所处时代的读者或公众"互动",他们贡献了知识和见解,从而帮助一个社会意识到它与过去的关系。这不仅适用于我们最近时代的历史,其实从人类作为这个星球上独特的生物出现的时候起,对历史的思考就非常有趣和有意义。而我们编撰此书的目的就是在我们这个时代保持对历史持续的、富有意义的思考,更加重要的是,从无数角度用新思想、新见解和新技艺去"走近"历史真相。

当我们阅读一位学者发表的学术文章或者一名学生撰写的毕业论文时,习惯于翻看他们所使用的参考文献。很多历史学家也许会同意这一点:历史写作的关键之一是对史料的评论,本书选取的历史学家在谈论他们的写作时大多数都谈到"历史文献是写作的基础"。在 2020 年 10 月,玛丽·林德曼(Mary Lindeman)发表美国历史学会(AHA)主席演讲,题为"放慢速度的历史学"

[①] 爱德华·霍列特·卡尔:《历史是什么?》,吴柱存译,北京:商务印书馆1981年版,第28页。

("Slow History")。她的演讲总结了历史文献的类型及其使用相关问题。她援引荷兰历史学家埃里克·科特拉尔(Eric Ketelaar)的观点,认为所有的东西都是"一种档案",而任何人都可以是"一名档案保管员"①。从 20 世纪初以来,在关于史料的讨论和批评中,史料的范围被大大地扩展,档案文件、印刷书籍、物品收藏、视觉资料和记录的叙述和故事等都可以成为历史研究的基础文献,正如本书中李剑鸣教授在探究美国革命时期的"代表制"时指出,关于"代表制"有"至为浩繁的史料,包括小册子、会议记录、报纸文章、私人通信和政府公文等"。我们的历史写作大多数是从解读和分析这些传统史料开始的,它们构成了历史写作的"现场",或者用欧洲的一些历史学者的话来说是"模拟语境"(analogue context)②,从而形成历史写作者自己的历史分析方法和写作技艺。在全球化的今天,信息和通信技术以及数字成像技术的快速发展对历史书写的方法和技艺产生了很大的影响。它们改变了我们获取史料的途径,而史料本身也具有与传统史料不同的特征。关于它们所引发的结果,历史学家或历史学工作者正在以新的方式进行交流和对话,而本书就是尝试以一种新的方式对这些研究成果进行"归档"。

掌握了大量历史文献却未必能撰写出一流的文章,甚至有的学生面对原始文献说不出一句话,这便是我们常说的"问题意识"出了问题。在本书中,读者们将注意到,我们所选 10 篇学术论文的作者都或明或潜提到的"问题意识",也因此本书专门有一讲使用了这个术语作为题目。诚如陈志强教授所言,如何将大量的史料信息转变为阐释观点的证据? 这是写好历史论文需要解决的大问题。而"研究主体的问题意识是关键。问题意识指的就是研究者确定的主题,它是从大量阅读和调研中选定的,而不仅仅是阅读史料得来的"。这包含我们平时在教学中始终强调的,要广泛阅读,拓宽视野,如此方能逐渐地培养出问题意识。陈文海教授指出:"在论文写作上之所以会出现为赋新词强说愁的现象,笼而统之来讲,归根结底还是老生常谈的一句话——'问题意识'出了问题。"如上所述,在

---

① Mary Lindeman, AHA Presidential Address "Slow History", p.11.
② Jeannette Kamp, Susan Legêne, Matthias van Rossum & Sebas Rümke, *Writing History! A Companion for Historians*, B. V., Amsterdam: Amsterdam University Press, 2020, p.9.

今天的研究环境下，历史学工作者面对着大量的、多元的史料，这些历史上的资料或现实中的遗存，需要我们梳理或重新梳理、分析或重新分析、解读或重新解读，如果没有广泛阅读、细心观察、深入思考、用心体悟，就很难发现还有什么问题需要解决。很多人就是因为缺少这些的基础和视野，脑子一片空白，眼前一片茫然，必然写不出任何文字。

不管喜欢与否，历史学家或历史学工作者都无法回避理论。本书也将向读者们展示我们选取的这些学术论文作者是如何将理论运用到他们对历史事实和现象的解读中，这样的理论运用又如何形塑他们的历史写作方法和技艺。自18世纪对知识本质的理解发生转变以来，虽然人们理所当然地认为历史学可以而且应该是一个独立的学术研究领域，但是直至被"兰克史学"统治的19世纪，没有历史学家明确表明自己使用某种理论。但正如英国历史哲学家海克·费德纳（Heiko Feldner）等人指出的那样："即使他们没有明确使用理论本身，'理论假设'也会以微妙的方式影响历史学家的写作。"①当然，我们依然服膺《历史学的实践》的作者杰弗里·鲁道夫·埃尔顿（Geoffrey Rudolph Elton）的看法，历史研究技术的训练，加上对文献记录的忠实，能够堆积成为对过去的客观叙述。今天的历史写作已然被"长时段""马克思主义""现代主义""后现代主义""文化转向""语言学转向"等理论和"话语"浸染，我们不可能脱离理论来写作历史和看待历史现象。本书收录的黄洋教授关于希腊城邦公共空间的论文就很明显地受到哈贝马斯和汉娜·阿伦特等人关于"公共领域"思想的影响。晏绍祥教授的论文虽然是让历史文献说话，但也是通今博古之作，这个"通今"便意指现代民主理论。从俞金尧研究员关于近代欧洲黑夜的论述中，我们可以明确地看到马克主义理论的运用，所以我们称之为"回归经典"。事实上，历史学家使用的理论或概念（理论的概念化）没有一个是单纯的，每一个都有其自己的历史。故而，这些理论或概念便可以从历史研究的工具转变成历史研究的主题，期待各位读者去完成。

在一本已经出版到第六版的《历史写作学生指南》的书中，作者说："写作历

---

① Stefan Berger, Heiko Feldner, Kevin Passmore, *Writing History: Theory & Practice*, New York: Oxford University Press, 2003, p.xi.

史就是做决定。"①这也是本书选取的10位论文写作者或多或少都谈到的历史写作的方法问题,以什么方法解读原始文献,以什么方法组织历史书写,以什么方法将理论运用到历史事实的阐释中,这些都需要写作者"做决定"(making decision)。历史学家或历史学工作者从广泛的主题中选择他们认为最重要的主题;而后仔细地选择原始材料,评估可能支持或反驳他们论点的证据;接着选择写作的方式,并在忠实于主题与满足读者需求的平衡之间深思熟虑。从修昔底德撰写《伯罗奔尼撒战争史》起,选择方法就一直指导着西方的历史写作。写作者不可能面面俱到,就要像修昔底德一样做他觉得有教育意义的主题选择,这便是选题方法的使用。今天,有许多可能的方法供历史学家或历史学工作者选择。在从事历史写作的时候,他们结合其他历史学家的成果以及人文、自然科学和社会科学的学术成果中的方法和见解。比如,关于"哥伦布大交换"的问题,阿尔弗雷德·克罗斯比(Alfred Crosby)就依靠农学、人类学和流行病学的学科方法来解释阿兹特克人和西班牙征服者的早期接触。在本书中,王立新教授向我们指出:"当我们对某一领域已经非常熟悉的时候,就会习以为常,'见怪不怪',难以发现'异常'和'问题',此时特别需要跨学科方法的引入。"一流的历史学家必须懂得使用好的方法、选择好的主题,并"将艰苦的研究转化为毫无破绽的论据和叙述"。从表面上看,历史似乎很简单,但写作过程充满了艰难的决定。正如彼得·诺维克(Peter Novick)在《那高尚的梦想》(*that Noble Dream*)一书中所说,书写历史,即使有最好的史料和方法,也可能像是试图"把果冻钉在墙上"(to nail jelly to a wall)。因为这个原因,历史学家尝试用许多方法来研究过去。不过,最终他们必须选择一种适合自己主题的方法。

最后我们要谈的是态度。编写一部学术论文研究手册是一件冒险的事情,但是,我们在实际的教学和指导学生的过程中,又深感这件事情是必须要做的。我们借鉴前人和国际同行的通行做法,选取国内10篇世界史领域成熟的代表性文章,并请作者为读者撰写一些导读性文字,谈谈文章的选题缘由、写作思路、理论与方法等。这10篇文章涵盖世界古代史、中世纪史、近现代史和当代史,从时

---

① William Kelleher Storey, *Writing History: A Guide for Students* (6th edition), New York: Oxford University Press, 2020.

间、空间、历史人物、制度文化等写作要素的角度来说,这些文章基本上能够从遣词造句、谋篇布局、思想方法、文献使用等方面为世界史研究者提供写作方法。本书的编撰表达了我们"以历史文献为基础""以问题意识为导向""以交叉学科理论为路径""以多元写作方法为指引"的历史写作主张和理念,也是希望能够激发研究者的雄心壮志,积极探索世界史学科的无限可能性,鼓励他们走自己的历史写作之路。在谈到全球化时代的历史写作时,美国新文化史的旗手林恩·亨特(Lynn Hunt)教授尝言:"没有立场就看不见东西。历史目的的不断演变是其生命力的标志。每一个新时期都试图了解其在时代中的地位,而没有历史,就不可能有这样的了解。"[1]

  当然,无论你是进入图书馆的书库,浏览任何书架上的历史类书籍,还是点开 JSTOR、中国知网等数据库下载与自己的研究相关的学术论文,或是打开本书进行翻阅,这都是你作为历史学工作者或者世界史的爱好者——的选择。但不管怎样,对于本书选取的文章,或是对于这本书,我们都不必只是忠实的阅读者,我们更欢迎有自由意识、独立精神的批评者。

---

[1] Lynn Hunt, *Writing History in the Global Era*, New York: W. W. Norton & Company, 2014, p.iv.

第1讲 随走随想：从现场走进历史

意大利著名历史学家克罗齐的那句"一切真历史都是当代史"应该是所有接受过历史学专业教育的人所熟知的名言。历史研究往往具有解决现实问题的功用"野心"，或者说研究者对某个历史的研究系出于现实的关照，其所撰写的成果即可谓"现实在历史中的投影"。本讲选取复旦大学历史学系黄洋教授的文章《希腊城邦的公共空间与政治文化》（原载《历史研究》2001年第5期，第100—107页），让我们一起跟随他的脚步和理论思考，从古希腊文明的最重要遗址雅典、科林斯、斯巴达、奥林匹亚等"现场"走进那久远而富有魅力的历史时代。

希腊城邦的公共空间与政治文化

黄 洋

摘要：从公共空间的视角，对古希腊的神庙、剧场、运动场等公共建筑及其空间进行历史的解读，可以看到它们所传载的公共活动——无论是宗教崇拜活动还是社会与文化活动——都是城邦政治活动的一部分，因而体现出城邦政治的开放性与民主性。而且，公共空间的主导性与私人空间的次要性，也体现了城邦政治中民主高于自由这一不同于现代西方自由民主制的重要特征。

关键词：希腊城邦；公共空间；政治文化

"公共领域"（public sphere）虽然是当代社会哲学家提出来的一个概念，却同历史学研究不无关系。这首先是因为，它是用来表述人类历史的一个特定阶段(即近代资本主义社会)的结构性特征的。在《公共领域的结构性转变》一书中,哈贝马斯对公共领域从兴起到解体的过程进行了历史学和社会学的分析。值得注意的是,虽然他关注的是近代资本主义社会的公共领域,但他认为,其起源要追溯到古代希腊。在论及这一点时,哈贝马斯说,在希腊城邦中,"城邦领域"(sphere of the polis)同"家庭领域"(sphere of the oikos)被严格区分开来,公共生活"以市政广场为中心,但并不一定意味着它只是在这一特定场所进行。公共领域由讨论和共同行动组成,前者包括参与议事和法庭审判,后者包括参战和体育竞赛"①。在此之前,汉娜·阿伦特也提出了类似的观点,认为公共领域和私人领域之区分可追溯到城邦兴起之时,而且同样把公共领域定义为城邦领域,把私人领域定义为家庭领域②。社会哲学家们的这种视角具有启发性,有助于从新的角度审视城邦的政治生活。众所周知,希腊城邦最主要的考古遗迹是它的公共建筑,如市政广场、议事大厅、神庙、祭坛、露天剧院、体育馆、运动场等。然而无论是国外还是国内的希腊史学界,都较少从社会史和政治史的视角对它们进行解析。诚然,艺术史家和文化史家们有较多的讨论,但其视角全然不同。艺术史家主要关注其艺术形式,这一点自不待言。文化史家们关注的是不同的遗迹所传载的不同文化活动,如宗教崇拜活动、文化艺术活动、体育活动,等等。如果从公共领域的视角来看,这些遗迹具有共同性,即它们都是城邦公共生活的场所,是城邦的公共空间,亦即社会哲学家们所说的"城邦领域"。从这个意义上来说,它们同城邦的政治生活又有着非常密切的关系。本文试图从公共空间的层面,结合文献资料,对希腊城邦的公共建筑及其空间格局进行历史的解读,并试图由此揭示城邦政治文化的一些重要特征。

一

在希腊城邦中,公共领域或"城邦领域"是以公共生活空间作为表象的,而公共生活空间又是通过公共建筑之格局而形成的。同时,希腊城邦通常是围绕一个中心城市形成的,这个中心城市即城邦公共建筑的首要集中地。根据家以现

---

① Jürgen Habermas, *The Structural Transformation of the public Sphere: An Inquiry into a Category of Bourgeois Society*, Cambridge: The MIT Press, 1989, p.3.
② Hannah Arendt, *The Human Condition: A Study of the Central Dilemmas Facing Modern Man*, Chicago: The University of Chicago Press, 1958, pp.27–28.

代理念为基础的划分,城邦最主要的公共建筑可以分成三类:一是宗教性公共建筑如神庙、圣殿、祭坛和公共墓地;二是城邦的市政建筑如市政广场、议事大厅、公民大会会场、法庭、公共食堂等;三是城邦社会与文化活动的场所如体育馆、运动场、摔跤场、露天剧场等。这些公共建筑雄伟、坚固,成为城邦恒久的人文景观。直到两千多年后的今天,许多古代希腊的神庙、露天剧场和体育场还屹立在城邦的遗址之上,一面向后世的人们无言地展示希腊文化独特的魅力,一面也将希腊城邦最为引人注目的特征恒久地固化了下来。

考古学的研究表明,公共建筑的出现同城邦的兴起是密切相连的。前城邦时代的典型建筑遗存不是公共建筑,而是米诺斯文明和迈锡尼文明的王宫和城堡。就连宗教性建筑,也通常是同王宫联系在一起,以圣室或圣殿的形式出现①。显然,王宫及其附属的宗教建筑主要为王室成员所用,并不向公众开放,因此不是严格意义上的公共建筑。在迈锡尼文明毁灭之后的"黑暗时代",任何形式的大规模建筑都已不见于考古记载,尽管《荷马史诗》中描述了一些宏伟的宫殿。而即使在《荷马史诗》的描述中,宗教祭祀活动往往因地而宜,而不是在某个固定的圣地②。

到古风时代初期,随着希腊城邦的兴起,公共建筑开始在希腊各地出现。考古资料表明,在城邦基本的政治机构如公民大会和议事会出现的同时,市政公共建筑如市政广场、公民大会会场和市政大厅随之出现③。最早的神庙出现于公元前8世纪,在时间上同城邦的兴起相吻合④。在同一时期,体育场、体育馆、摔跤场等文化性公共建筑也相继出现。学者们认为,公共建筑的出现同城邦的兴起密切相关。议事大厅和公民大会会场等市政建筑固然是城邦兴起的直接结果,其他公共建筑如神庙和体育场的修建也是城邦兴起的标志。因为对规模相对很小的城邦来说,要修建如此巨大的建筑,需要共同的努力和城邦集体的决策⑤。

---

① Walter Burkert, *Greek Religion: Archaic and Classical*, Oxford: Basil Blackwell, 1985, Chapter I.
② 如荷马《荷马史诗·奥德赛》III,1—68 行(王焕生译,北京:人民文学出版社 1997 年版,第 38—41 页)记载,皮洛斯王国的人们是在海滩上祭祀海神波赛冬。参见 François de Polignac, *Cults, Territory, and the Origins of the Greek City-State*, Chicago: The University of Chicago Press, 1995, pp.15 – 16.
③ A. Snodgrass, *Archaeology and the Rise of the Greek State* (inaugural lecture), Cambridge: Cambridge University Press, 1977.
④ A. Snodgrass, *Archaic Greece: The Age of Experiment*, Berkeley: University of California Press, 1980, pp.58 – 60; François de Polignac, *Cults, Territory, and the Origins of the Greek City-State*, pp.17 – 19.
⑤ A. Snodgrass, *Archaic Greece: The Age of Experiment*, p.33; François de Polignac, *Cults, Territory, and the Origins of the Greek City-State*, pp.19 – 20.

从社会功能上看,城邦公共建筑格局所形成的公共空间是向所有公民开放的。由神庙和祭坛组成的宗教圣地,是人们参与宗教崇拜的地方。在古代希腊,宗教崇拜不同于后来出现的基督教,虽然希腊人都崇拜一个奥林匹斯神系,但他们既没有正统而抽象的宗教教义,也没有无所不包的圣经,宗教崇拜主要是以公共节日的形式出现。在古代希腊,这类宗教节日为数众多,据不完全统计,共有300个以上,崇拜的神祇则超过400位。仅在雅典城邦,一年就有144天为公共的宗教节日①。在节日里,人们往往举行盛大的游行,以迎送神祇,然后在圣地的祭坛上举行献祭的仪式。献祭所用的牺牲一般是牛或羊,在隆重的献祭时,宰杀的牛羊多达上百头。献祭仪式结束后,所有参加祭祀的人一起举行祭餐,平均分享祭祀所用的牛羊肉。虽然希腊人对不同的宗教节日的参与者有所限制,但从总体上看,公共的宗教节日是向城邦的所有公民开放的,祭祀仪式之后的祭餐也是公民群体的聚餐。

另一方面,古代希腊宗教崇拜的形式亦不同于古代西亚、埃及和其他古代文明。从总体上看,不存在一个特权的祭司或僧侣阶层,宗教崇拜活动不是由具有专门知识的祭司主持,而是由城邦任命官员直接主持②。在雅典,负责祭神和主持祭祀仪式的官员俱是从公民中抽签选举出来的,任期仅限一年③。也就是说,主持祭祀的是普通的公民。而且对希腊人来说,和神的沟通一般并不需要专门的知识。因此,当希罗多德在波斯看到祈祷由专门的巫师(Magus)主持时,他感到十分惊诧④。

显而易见,希腊的宗教崇拜不是统治阶层的特权,而是城邦的公共活动,是全体公民共同的活动。因此,宗教性公共空间对于城邦生活而言,是必不可少的。只有将宗教崇拜活动看成是全体公民共同的公共生活,才能理解为什么希腊城邦要耗费如此巨大的人力和物力来修建宏伟的神庙。一般而言,一个城邦的总人口只有几万人,无论是从人力上看,还是从财力上看,要建造巨大的神庙并不是件容易的事情,往往要耗费几代人之力,但每个城邦似乎都还是为此不遗余力。在位于西西里西部的阿克拉加斯(Acragas,今 Agrigento),至今仍然保存

---

① P. Cartledge, "The Greek religious festivals", in P. E. Easterling & J. V. Muir, eds., *Greek Religion and Society*, Cambridge: Cambridge University Press, 1985, pp.98-127.
② Walter Burkert, *Greek Religion: Archaic and Classical*, p.95.
③ 亚里士多德:《雅典政制》,54;参见苗力田主编:《亚里士多德全集(第十卷)》,北京:中国人民大学出版社1997年版,第57页。
④ 希罗多德:《历史》(*Herodoti Historiae*)I,132(牛津大学出版社希腊文原版,1927年第3版)。

了至少 6 座神庙的遗址,均用当地的石灰石建造而成。在意大利南部的波西多尼亚(Posidonia),仍有 3 座巨大的大理石神庙完好地屹立着,另有一座业已倒塌的神庙遗址。这两个城邦在希腊历史上并没有起过什么核心作用,文献中也没有留下多少有关它们的记载,但任何参观过这两个城邦遗址上这些宏伟的神庙及其遗迹的人恐怕都想象不到,它们在希腊世界处于十分边缘的地位。

不仅如此,城邦的宗教崇拜还具有重要的政治意味。法国学者弗朗索瓦·德·波里尼亚克(François de Polignac)指出,城邦宗教崇拜是理解城邦政治文化的核心因素。他从宗教崇拜与城邦的兴起之间的关系入手进行研究,提出宗教崇拜的确立即神庙的修建和宗教圣地的界定导致了城邦的形成。他认为,通过共同的宗教崇拜,人们获得了一种自我意识,一种集体的认同感,这是城邦最根本的基础。另一方面,宗教圣地也确定了城邦的领土界限。在希腊,除了位于中心城市的宗教圣地外,还有些神庙和宗教圣地建立在城邦的边界。这些宗教圣地同城市中心的宗教圣地之间形成一种呼应,一方面通过特定的、不同于其他城邦的宗教崇拜明确地界定了城邦领土的疆界,另一方面,边界圣地和城市中心的宗教圣地之间可以形成双向交流和互动。在宗教节日中,游行的队伍要么从城市中心的圣地出发,行进到边界的圣地,要么以反方向游行。人们在两个宗教圣地之间的来回流动,把居于中心城市之外的城邦人口也纳入到城邦的公共生活中来,从而使城邦的成员形成一个意识上的整体,也使得边缘获得了一种中心地位①。英国学者苏尔维努-因伍德(C. Sourvinou-Inwood)在对埃留西斯秘仪的研究中,也得出了同样的结论,位于雅典领土西北边陲的埃留西斯秘仪同城邦最中心的机构交织在一起,形成"城邦中一个重要的、具有中心意义的崇拜中心"②。

城邦的市政广场是城邦经济和政治生活的中心。这里是最大的集市,店铺林立,人们定期从各地聚集到这里,从事买卖。同时这里又是市政建筑集中的地方,是城邦公共生活和政治生活的空间。在古希腊语中,"市政广场"(agora)一词的原意是"民众大会",以后逐渐被用来表示市政广场,其本身就含有"集会之地"的意思。人们在这里交流有关城邦事务的信息,参与市政议事会和公民大会。在雅典的市政广场上,建有一个称作"纪名英雄墙"(Eponymous Heroes)的

---

① François de Polignac, *Cults, Territory, and the Origins of the Greek City-State*,参见 2 章。
② C. Sourvinou-Inwood, "Reconstructing change: ideology and the Eleusinian Mysteries," in Mark Golden & Peter Toohey, eds. *Inventing Ancient Culture: Historicism, Periodization, and the Ancient World*, London: Routledge, 1997, pp.132–164.

建筑,其顶端树立着10个雅典英雄的青铜雕像,分别代表雅典的10个部落,墙身用作公告栏。有关城邦的事务诸如公民大会等皆公告于此,各项法令的预案也公告于此,供人们讨论,而后在公民大会上投票表决①。同时公民大会所通过的法令都刻在石碑上,然后公布于广场之上。公元前5世纪末,雅典城邦在市政广场上建母亲神的圣殿,称作Metroon,它同时又是雅典的公共档案馆,城邦所有的法律、法令、公民大会和500人议事会的决议,以及收支账目都存放于此,以供公民们查询②。在斯巴达,公共生活的中心是训练场和公共食堂。斯巴达公民的主要职责是保卫城邦,他们平时的大部分时间都在训练场上从事集体性的身体锻炼或军事训练,用餐则在公共食堂,而不是在家里。所有的男性公民——包括未成年的青少年在内——都在公共食堂用餐。因为莱库古的立法规定,公民如不参加共餐制,即丧失公民权。另外,在克里特的一些城邦也存在着共餐制。

露天剧场是进行戏剧表演和观看戏剧的地方。戏剧于公元前6世纪出现于雅典,而后迅速传遍整个希腊世界。到古典时代,露天剧场已经成为城邦的标志性建筑之一。作为戏剧表演和观看戏剧的场所,露天剧场是一个典型的公共空间。为了使公民都能够观看戏剧表演,它的规模一般都很大,可容纳数千人乃至万人以上,雅典的狄奥尼索斯大剧场可容纳15 000人左右。然而,露天剧场并非仅仅是观看戏剧的场所,它也常常被用作政治活动的空间。在雅典,公民大会有时在狄奥尼索斯剧场举行③。更重要的是,在我们看来完全是一种文化活动的戏剧表演却和城邦的政治生活紧紧地交织在一起。在每年狄奥尼索斯戏剧节的开幕式上,雅典城邦都要把同盟诸邦所缴纳的贡赋摆在狄奥尼索斯剧场的舞台中央,向全体公民展示④;同时在战争中牺牲的公民的子女也一一走上舞台,领取城邦给予他们的抚恤。戏剧节同时变成了一个展示城邦实力、对公民进行政治教育的舞台⑤。另一方面,即便是戏剧表演本身,也具有浓厚的政治意味。从根本上说,戏剧是一项公民群体的活动,演员由公民担任,歌队也由公民组

---

① 德谟斯梯尼:《演说集》(*Demosthenis Orationes*),XX,94(牛津大学希腊文原版,2卷上册,1920年)和XIV,23(牛津大学希腊文原版,1卷,1903年)。
② 参见 James P. Sickinger, *Public Records and Archives in Classical Athens*, Chapel Hill: University of North Carolina Press, 1999, Chapters 3-4.
③ 亚里士多德:《雅典政制》,42.4,参见《亚里士多德全集(第十卷)》,第45页。
④ 伊索克拉底:《论和平》,82(罗叶布古典丛书版,哈佛大学出版社)。
⑤ Simon Goldhill, "The Great Dionysia and Civic Ideology," *Journal of Hellenic Studies*, 107 (1987), pp.58-76.

成，而且常常用来代表城邦的公民集体。观看表演的观众是城邦的公民，他们不是被动的观看者，而是积极的参与者，是评判者。首先，戏剧表演活动是由公民群体直接组织和管理的。在雅典，由从公民中抽签选出的官员来确定每年戏剧节所上演的剧目，并指定富有的雅典公民担任戏剧的制作人。其次，戏剧表演以竞赛的形式上演，由公民进行评判。其方法是，从各部落中抽签选出评委，再评出获奖者。而且，表演的内容常常同城邦及其公民群体的利益密切相关。埃斯库罗斯的《波斯人》描写的是雅典人在萨拉米海战中战胜波斯人的情景，阿里斯托芬的《阿卡奈人》则表达了作者对雅典同伯罗奔尼撒同盟之间的战争的态度。通过戏剧表演的形式，公民群体对城邦事务进行深层次的反思，以便时时更正违背城邦政治原则的思想和行为，进一步明晰城邦政治的理想。最后，戏剧表演培养了公民的集体精神。聚集于同一剧场的公民观看同样的表演，经历同样的感觉。这样相同的经历使他们意识到他们是一个团结的整体，一个区别于剧场之外、区别于其他剧场的整体，他们之间滋生了一种共同的情感[1]。

  体育场馆同样是城邦重要的公共生活空间。正如瑞士欧洲文化史研究专家布克哈特所说，竞争精神是希腊人最重要的精神。而体育竞技则是希腊人表现其竞争精神最主要的形式之一。除了奥林匹克运动会、庇底亚运动会、地峡运动会和尼米亚运动会这四大泛希腊的运动会之外，每个城邦都有自己的运动会。在运动会上赢得冠军的人则会获得巨大的荣誉，同时也得到城邦的重奖。例如在雅典最大的运动会——泛雅典人节的运动会上，少年组短跑冠军的奖励是50缸橄榄油，价值约600德拉克马[2]。除奖品之外，泛希腊运动会的冠军还会得到城邦的其他奖励，如奖励金钱、为其塑雕像等。在希腊人的观念中，在竞技中获胜本身即是一种优秀品质。因此，城邦的公民倾注了大量的时间和精力从事体育训练。在斯巴达，公民的主要职责是从事军事训练和体育锻炼。同这种需要相适应，每个城邦都建有体育场、体育馆、摔跤场等体育场馆，它们成为现代体育场馆的原型[3]。所不同的是，希腊城邦的体育场所同时也是公民主要的社交场所，是城邦重要的公共生活空间。公民们不仅在这里参与体育训练，而且在这里

---

[1] Jean-Pierre Vernant, ed., *The Greeks*, Chicago: The University of Chicago Press, 1995, Chapter 6, pp.210-212.
[2] *Inscriptiones Graecae* II³, 2311.
[3] 英文中的体育场(stadium)、体操馆(gymnasium)出自希腊文 *stadion* 和 *gymnasion*。

参与城邦的社会生活。即使是不直接参与体育训练的人,也往往在体育馆里消磨时光。但他不仅仅是一个旁观者,更重要的是,他是一个城邦公共生活的参与者。

二

希腊城邦创造了一系列公共生活空间,成为城邦社会与政治活动的布景和舞台。它生动地展现了城邦公共生活的画面,同时也有助于我们更为深刻地理解希腊城邦社会政治文化的一些显著特征。城邦的公共生活空间反映了城邦政治相对的民主性。在古典时代的希腊,相对民主性是一个普遍的特点,不只是民主的雅典如此,也不只是其他少数像雅典那样建立民主政体的城邦如此,即使实行贵族政治与寡头政治的城邦也如此。所有的城邦——无论是民主政治的城邦还是贵族政治或寡头政治的城邦——都设有公民参政的公民大会。当然,不是每个城邦都像雅典那样,公民大会拥有最终的决策权,也不是所有的公民都能参加公民大会。在实行贵族政治的城邦如斯巴达,贵族元老会议能够推翻公民大会的决议;同时,有些寡头政体对政治参与实行一定的财产资格限制。但无论如何,公民群体被看成是城邦政治生活的主体,拥有广泛的政治参与权,则是不争的事实。政治的民主性和参与的广泛性明显地反映在城邦的公共空间之中。市政广场、公民大会会场、宗教圣地、露天剧场、体育场馆等都是公民群体的活动场所,是向所有公民开放的。法国著名学者皮埃尔·维达尔-纳凯(Pierre Vidal-Naquet)在论及城邦公共空间的民主性时说:"城邦创造了一种全新的社会空间——一个以市政广场及其公共建筑为中心的公共空间。在这里,人们就涉及共同利益的问题进行争论。权力不再限于王宫之中,而是置于这个公共的中心。"①公共空间的开放性和其规模的巨大都说明,为数众多的公民经常性地参加城邦的各种公共活动。

但是,公共空间并不仅仅是政治民主性的表现,反过来,它又进一步巩固和强化了政治生活的民主性。首先,公共生活空间培养了一种参与意识与集体观念。公共空间的开放性本身鼓励了公民的参与意识。雅典"纪名英雄墙"下的布告栏公告城邦的一应事务,显然会吸引众多公民前来了解情

---

① Pierre Vidal-Naquet, *The Black Hunter: Forms of Thought and Forms of Society in the Greek World*, Baltimore: The Johns Hopkins University Press, 1988, p.257.

况。同时,城邦还采取一系列措施,鼓励公民参与。在公元前5世纪,阿里斯托芬提到,雅典城邦让行使警察职能的公共奴隶用染成红色的绳子驱使公民参加公民大会,如果拒不参与,衣服上染上红色,即遭罚款的处罚①。公元前4世纪初,雅典开始推行公民大会补贴法,给予出席公民大会的公民一定的补贴。最初,参加每次公民大会的补贴是1个奥布尔;到公元前4世纪后期,补贴的数量上升到1个半德拉克马②。补贴的目的显然是让贫穷公民也能参与城邦的政治生活,但补贴并不仅仅限于政治活动。公元前4世纪中期,雅典还实施了观戏补贴法③,对在戏剧节观看戏剧的公民进行补贴,此后这种补贴又扩大到其他的公共节日④。在斯巴达,对共餐制的参与甚至是强迫性的。观戏补贴和强制性的共餐制都说明,公共生活对城邦来说非常重要。其重要性体现在,它通过一系列的公共活动,强化了公民的参与意识。同样重要的是,它还强化了公民的集体观念和民主意识。经常性的集体活动使公民们明确地意识到,他们不仅是一个利益共同体,同时还是一个有着共同生活经历、共同传统和共同感受的集体。

其次,公共生活空间向公民群体灌输和强化了民主的意识形态。换言之,公共空间是城邦进行社会动员、向公民群体传递统治性意识形态的主要方式。对公民群体来说,公共生活是一种民主的教育。在公共空间中,贵族与平民为伍,政治领袖与普通公民打成一片。在斯巴达的共餐制中,国王和普通公民同桌而食。在公民大会上,希波战争时期雅典的著名领袖阿里斯泰德甚至被身旁的人当成了普通公民⑤。即使是叙拉古的僭主,在公共空间中也没有明显的特权。虽然他在露天剧场拥有固定的座位,上刻"巴昔琉斯"一词,但这一座位并不在显耀的位置,同其他的座位也没有任何区别⑥。精英贵族不是生活在远离民众、象

---

① 阿里斯托芬:《阿卡奈人》,21—22行,参见 Aristophanes, *Lysistrata and Other Plays*, Penguin Books, 1973, p.50.
② 亚里士多德:《雅典政制》,41.3、62.2,参见《亚里士多德全集(第十卷)》,第44、65页。
③ 亚里士多德:《雅典政制》,43.1、47.2,参见《亚里士多德全集(第十卷)》,第46、49页)。亚里士多德在这两处提到的"观戏金"(to theorikon)主要用于观戏津贴。此处引《亚里士多德全集》版两处分别译作"……军队司库、祭祀钱财(to theorikon)监管人……"和"……与军队司库和掌领祭祀(to theorikon)的官员一道……"在关键处均未能体现原文的意思,且对同一词语前后译法不一。
④ Mogens Herman Hansen, *The Athenian Democracy in the Age of Demosthenes: Structure, Principles, and Ideology*, Oxford: Basil Blacwell, 1991, p.98.
⑤ 普鲁塔克:《阿里斯泰德传》,7;参见 Plutarch, *The Rise and Fall of Athens*, Penguin Books, London: Penguin Classics, 1960, p.117.
⑥ 此为笔者在实地考察时亲眼所见。

征特权的深宫大院里,领袖和民众的距离拉近了。另一方面,在不断的面对面的接触中,领袖的神秘感和威严也消失了,民众在面对领袖时的自信心相应地增加了。

公共空间对民主意识的强化还体现在,它是民主观念的展示台,是一种物化了的意识形态。在雅典,刺杀僭主的阿里斯托格通和哈莫迪俄斯被看成是民主政治的英雄,他们的雕像树立在市政广场上,雅典人还为他们设立了祭坛①。同时,在雅典市政广场一个称作"绘画柱廊"的公共建筑上,绘有巨幅壁画,突出表现了两个拟人化的人物形象,一是"民主",一是"人民"②。这种民主的意识形态甚至还反映在宗教圣地和公共墓地里。雅典的公共墓地主要用于埋葬牺牲的战士,城邦为他们树立墓碑,分部落刻上所有牺牲者的名字,但并不标明他们的家世。十分明显,这种做法是为了强调牺牲者作为城邦一份子的集体性和平等性,而隐去其高低贵贱之分。在这里,城邦每年都要为牺牲的战士举行公共葬礼,邀请最著名的演说家发表葬礼演说。研究表明,这些葬礼演说所阐述的主要是雅典城邦的意识形态,而不是对死者的赞扬③。巴特侬神庙上的浮雕刻画了泛雅典人节的游行队伍和马拉松之战中牺牲的192名战士。学者们注意到,整幅浮雕没有突出任何个人,强调的是整体。之所以如此,是因为它想要突出的是作为一个集体的公民群体。同公共墓地里的墓碑上只刻有牺牲者的名字而不表现其家世一样,它旨在强调公民的平等性、公民群体的集体性,是民主意识形态的体现④。显而易见,集体性的活动、公共生活的空间在很大程度上起到了一种教育作用,体现了民主的意识形态。

必须说明的是,上述对公共空间的分析在很大程度上是以雅典为中心的,而希腊的城邦数量众多,且各有差异,其中像雅典这样建立起民主政体的并不多。严格地说,雅典并不具有完全的代表性,因此我们的分析是有局限的。不过,由于原始材料本身的限制,任何对希腊城邦的总体分析都必须在较大程度上依赖于雅典的资料,这种局限性也是不可避免的。尽管如此,笔者还是认为,从总体上看,上述分析是适用于所有城邦的。公共空间的发达以及对公共生活的强调,是希腊城邦的普遍特征:一方面,它是城邦政治文化的反映,体现了城邦政治的

---

① 亚里士多德:《雅典政制》,58,参见《亚里士多德全集(第十卷)》,第62页。
② 宝桑尼阿斯,I,3—5;参见 Pausanias, *Guide to Greece*, Vol.1, London: Penguin Books, 1979, pp.17-18.
③ Nicole Loraux, *The Invention of Athens: The Funeral Oration in the Classical City*, Cambridge: Harvard University Press, 1986.
④ Robin Osborne, "The viewing and obscuring of the Parthenon frieze," *Journal of Hellenic Studies* Vol.107, 1987, pp.98-105.

相对民主性；另一方面，它又有助于强化城邦所特有的政治文化，在某种程度上甚至可以说是建构了公民的群体意识。

从更普遍的意义上来说，对公共空间的考察还有助于把握希腊城邦政治文化中有别于现代人观念的一些总体特征。在现代人的观念中，国家与社会、政治与宗教、政治与文化是一些相互区分开来的概念，分别代表不同的社会活动领域。但我们对希腊城邦公共空间的分析表明，在希腊人的观念里，国家与社会、政治与宗教等并不是分开的，而是融为一个整体。比如，学者们已经注意到，现代意义的宗教概念在希腊人的思想中并不存在。希腊文中并没有"宗教"一词，我们所说的宗教，在希腊文中称 eusebeia，实际上指的是"有关神的事务"或"对神的关爱"①，而有关神的事务和对神的敬奉都是城邦事务的一部分，是城邦的政治。正因为宗教的这种政治性，学者们又将城邦中的宗教节日称为"宗教—政治节日"②。从这里可以看出，在希腊城邦中，政治活动所包含的范围要广泛得多。实际上确实如此，希腊人的政治概念要广于现代人的政治概念。在古希腊语中，用来表示政治的一组词如"政治"（politike）、"政治制度"（politeia）、"政治的"（politikos）、"公民"（polites）等，都是源出于"城邦"（polis）一词，其基本含义都表示"属于城邦的"。例如，"政治"即表示"城邦的事务"。也就是说，所有城邦的事务——无论是我们所说的政治的、宗教的，还是社会的、文化的——都是政治。在城邦生活中，这个广义的政治概念以公共生活空间的方式得到具象化。对公共生活的参与即对城邦政治的参与，公共空间则成为政治空间，属于哈贝马斯所说的"政治性公共领域"（politische offentlichkeit）。在这个政治空间中，不仅公共活动的组织者和主持者是城邦政治的积极参与者，连旁观者也是政治生活的积极参与者，正如西蒙·戈德希尔（Simon Goldhill）所说："成为观众的一员并不仅仅是成为城邦社会组织中的一缕，它是一个根本性的政治行动。作为一个进行评价和判断的观众来参与，就是作为一个政治主体来参与。"③

希腊城邦中公共生活空间的重要，是同私人生活空间的弱化相伴随的。在建筑格局上，公共建筑空间显得压倒一切；私人生活空间虽然存在，但相比起来，被降低到了最低限度。例如在斯巴达，男性公民大部分时间都生活在公共空间

---

① Vernant, ed., *The Greeks*, Chapter 8, p.256.
② Cartledge, "The Greek religious festivals".
③ 参见 Simon Goldhill & Robin Osborne, *Performance Culture and Athenian Democracy*, Cambridge: Cambridge University Press, 1999, p.5.

里,如在训练场上,在公共食堂里。就连已婚男子同妻子相会,也得偷偷摸摸。公共空间同私人空间的对立,反映了城邦政治及其观念的另一个重要特征,即集体的权利压倒个人的权利。公共空间强调的是积极的参与,公民参与的权利与自由受到城邦的鼓励。私人空间是个人自由的体现,而个人的自由同城邦政治即使不是格格不入,至少也是相背离的。对城邦社会来说,私人空间是可疑的,它往往同反动势力联系在一起。酒会是私人生活空间的一种主要形式,因而受到怀疑。公元前415年,雅典发生毁坏神像案,迅即被与酒会联系在一起。报案者称,虽然没有目睹神像被毁的过程,但以前经常看到阿西比德和他的同伴一起聚饮,其间诸多可疑言行,定为他们所为①。结果身为雅典将军的阿西比德及其同伴均被判有罪。苏格拉底的死在很大程度上也同私人空间生活有关。他不仅是贵族酒会的常客,而且经常是主角。在阿里斯托芬的喜剧中,他被描绘成一个想法怪异的人物。他招收弟子,在自己创办的学校里,教授颠倒黑白的技艺②。显然,这样的私人生活空间及与之相联系的生活方式同城邦精神都是格格不入的。

公共空间的重要与私人空间的次要,是同城邦的根本特征相一致的。亚里士多德说"人是政治动物",实际上是指人是属于城邦的动物。脱离了城邦、生活在城邦集体之外者,要么是动物,要么是鬼神③。进一步的结论就是,在希腊城邦中,个人在很大程度上只有参与的自由,或以赛亚·伯林所说的"积极自由",而不存在现代西方人所说的个人自由,即脱离社会的自由,或者伯林所说的"消极自由"。只是经历了基督教兴起、新教改革和启蒙运动等一次又一次的思想冲击之后,个人自由或"消极自由"才成为西方社会的一个核心价值观念。

 导读:

如何在史学研究中合理运用社会科学理论?
如何通过"历史现场"探究历史真相?

一篇学术论文是否写得好,根本在于作者是否有真正的研究心得和能否提出给读者以启发的问题、方法或观点。当然论文是否写得成功,最终完全取决于

---

① 修昔底德:《伯罗奔尼撒战争史》VI,28,谢德风译,北京:商务印书馆1960年版,第443页。
② 《云》,94行以往(Aristophanes, *Lysistrata and Other Plays*, 116f)。
③ 亚里士多德:《政治学》,1252b34—1253a39,吴寿彭译,北京:商务印书馆1965年版,第7—9页。

读者的评判，亦即是否受到读者关注，读者是否受到启发。其中一个判断指标是读者关注的程度。出乎我意料之外的是，根据知网查询结果，在我所发表的为数不多的论文中，本文是下载量最高的一篇。实际上我并不能确切知道为何如此。当然本文发表至今已逾20年，这肯定是一个因素。在此只能就当初论文的构思与写作做一个简单的交代，并检讨其不足。

我的学术研究起步较晚，到大四才找到自己的学习兴趣。虽然从大四起学了一点儿初级的拉丁语和古希腊语，但由于没有经过硕士阶段的学术训练就直接读博士，真正开始学习做研究已是到读博士的阶段了。那时候大部分时间都是坐在图书馆里阅读文献资料，对研究对象古希腊文明的认识和理解全然停留在书本上。1989年我在导师的支持下获得资助，赴希腊考察一个月，实地考察了古希腊文明最重要的遗址——雅典、科林斯、斯巴达、奥林匹亚、德尔斐、埃皮达鲁斯（Epidaurus）、忒拜等，当然还有克里特岛的克诺索斯遗址、伯罗奔尼撒半岛的迈锡尼（Mycenae）和皮洛斯（Pylos）。1991年，我又获得资助，实地考察了意大利南部和西西里岛上的希腊殖民地遗址，尤其是意大利南部的波塞冬城（Poseidonia，今 Paestum）、西西里岛上的叙拉古、墨伽拉·希布莱阿（Megara Hyblaea）、阿克拉加斯（Acragas，今 Agrigento）等。这两次实地考察在我心里留下了深刻的印象，使我意识到考古遗存对我们理解古代文明是多么重要。我看到，希腊城邦遗址表现出来的特征和我们熟悉的其他任何古代文明中主要都城和城市的遗址都不相同，和前城邦时代的城市遗址如米诺斯文明和迈锡尼文明的都城遗址也有着根本性不同。在其他古代文明的都城遗址中，通常占据中心位置的是宫殿和围绕宫殿的森严堡垒，米诺斯文明和迈锡尼文明的遗址也是如此。而在希腊城邦的遗址中，占据显耀地位的是神庙、露天剧场、体育场、市政广场等公共建筑，却不见宫殿、衙门和豪华的私人建筑。这种鲜明的反差引起我的思考：这许多不同类型的公共建筑反映了一种什么样的社会结构和生活方式？我意识到从希腊城邦遗址的特征出发，是理解希腊城邦的一个切入点。

然而仅有这点初步的想法并不足以构成一篇论文，还需要进一步清晰的思路和解释框架。上述希腊城邦的公共建筑类型不同，很容易引导我们从现代人熟悉的范畴进行思考。比如圣地和神庙是宗教活动的场所，露天剧场是文化活动的场所，体育场是体育活动的场所，市政广场则兼具政治和集市功能。如果这样去解释，则不仅缺乏一种整体的理解，而且有可能使我们把现代人的范畴区分强加于对希腊城邦的理解之中。我从读博士阶段就对雅典民主政治产生了兴趣,虽然这并不是我博士论文的主题。任教以后继续围绕这个主题进行阅读和研究,并且视野逐渐拓宽,开始意识到雅典之所以能够创立一套历史上罕见的普通公民直接参与集体决策的民主政治制度,根本的历史基础在于希腊城邦社会特有的政治文化,而政治文化和基本的生活方式及伴随而生的观念分不开。古代希腊人的生活方式强调集体生活和公共活动,因而反映在城市空间结构上,是以公共建筑及其形成的开放的公共空间为主。至此本文的思路逐渐变得清晰起来。希腊城邦的政治制度植根于希腊人的生活方式之中。公民集体参与城邦事务的讨论乃至决策,是希腊人集体生活方式的一部分,两者不能分割开来理解。此时恰逢20世纪90年代中国知识界开展市民社会问题的大讨论,其中尤其是关于"公共领域"的讨论具有理论上的启发性。因而本文的开头引入了哈贝马斯和汉娜·阿伦特有关"公共领域"的论述,希冀给本文的论述提供理论上的框架和支撑。

论文的结构比较简单,主体论述分成两部分。第一部分力图说明,城邦公共空间表明,希腊城邦注重集体生活。在我们看来属于不同类型的集体活动,如敬神活动、戏剧表演和体育竞技,实则都具有强烈的政治色彩,是城邦的政治活动。也就是说,在分析希腊城邦政治时,我们要抛弃现代政治概念,而努力从希腊人的观念出发,理解希腊城邦政治。第二部分力图阐明,城邦集体活动说明,希腊城邦的政治生活是公民广泛参与的,总体上体现出民主色彩。这是民主政治制度得以在希腊城邦文明中诞生的基础。然而公共空间并不仅仅是城邦政治民主性的被动反映,它还有助于强化公民群体的集体意识和民主观念。最后,本论文进一步提出,在城邦公共建筑占据显耀地位的同时,私人建筑则显得微不足道。这意味着,私人空间被压制了。由此本文借用以赛亚·伯林(Isaiah Berlin)的"积极自由"和"消极自由"概念推断,希腊城邦公民充分享有参与政治的"集体自由",但缺乏现代西方人所说的个人自由,即脱离城邦集体生活、纯粹按自己意愿生活的自由,也就是伯林所说的"消极自由"。

回过头来看,本文对希腊城邦政治文化的基本特征的分析,大体上还是站得住脚的,但却是一个最粗略的分析。尤其是,论文最后关于希腊城邦公民缺乏"消极自由"的推论,实际上是缺乏足够根据的。对于希腊城邦中公民自由的限度,仍需进一步的研究。

第 2 讲　通今博古：让历史文献说话

历史学家或历史工作者需要通过历史现场感受历史的脉动，睹物思人，随走随想，在历史学的想象中走进历史；但更需要博览历史文献，从历史文献里习得基本的历史事实，把握文献的厚度，丈量文献的尺度，让历史文献说话。本讲选取首都师范大学历史学院教授晏绍祥教授的文章《阿吉纽西审判与雅典民主政治》（原载《历史研究》2019 年第 5 期，第 96—115 页），正如作者所言，此文灵感来自阅读前贤著述，而所有的历史写作无不出自充分而足够的阅读。

阿吉纽西审判与雅典民主政治

晏绍祥

摘要：阿吉纽西审判历来被视为民主可能破坏法治的经典案例。但透过对色诺芬和狄奥多鲁斯等记载的深入分析发现，将军们在救援落海水手过程中，存在处置不当、救援不力的过失，导致雅典因非战斗原因大量减员，激起了雅典人的不满。在审判过程中，受命负责救援行动的泰拉麦奈斯及其支持者卡利克塞努斯等人利用雅典人的愤怒，在议事会提出非法议案，又利用公民大会出席者成分的变化，两次击败了公民大会从法治途径解决问题的努力，致使六名将军被处死。这场审判与其说体现了民主与法治之间的紧张，不如说是希腊城邦的固有弱点，使得精英阶级利用政治经验和势力以及民主政治的宽容，突破了雅典城邦的法治壁垒。阿吉纽西审判的发生，是长期战争对城邦制度的压力、将军们的失误以及精英阶级操纵等多重因素共同导致的结果。

关键词：雅典；伯罗奔尼撒战争；阿吉纽西审判；泰拉麦奈斯

公元前406年，雅典及其盟友与斯巴达为首的伯罗奔尼撒海军在阿吉纽西群岛附近海面爆发海战。战役以雅典获胜告终。伯罗奔尼撒同盟损失了70余条战船（一说77条①），其中斯巴达战船十损其九，统帅卡利克拉提达斯阵亡。雅典方面也是"惨胜"，共有25艘船被击沉。色诺芬特意提到，除少量水手外，沉船上的大多数人在随后的风暴中溺毙。这或许是西西里远征以来雅典最重要的一次胜利。可是，战后将军们不但未能获得任何奖励，反而因为未能及时打捞落水船员和阵亡者遗体，遭遇审判，多名将军被处死，史称阿吉纽西审判。据说雅典人不久之后就对他们的行动感到后悔，但大错已经铸成。次年，雅典在羊河战役中惨败，舰队全军覆没，雅典大势已去。公元前404年，雅典被迫向斯巴达投降。

由于这场审判对希腊历史影响深远，所以自古以来人们对其多有关注。色诺芬、柏拉图和狄奥多鲁斯都有记载，几乎是一边倒地抨击了雅典人违背法治的行为；近代学者中，多数人认为这场审判体现了暴民统治下民众的反复无常②，即使立场相对中立者，甚至格罗特那样极力为民主政治辩护的人，也承认在这场审判中，民主政治违背了其一直主张的原则，致使无辜之人冤死——"这是一种非常粗暴的不公正和不法行为，给那些通过决议的人，以及全体雅典人，带来深深的耻辱"③。卡根虽然认为审判的发生带有偶然性，是一种特殊情势造成的结果，但也觉得"这一事件与雅典对法律、公平和程序正义的尊重是如此南辕北辙，而这种尊重正是雅典民主政体的特征所在"④。赫尔德在论及古代民主的特点

---

① Diodorus Siculus, *Library of History*, xiii, 100, 3-4, The Loeb Classical Library, Cambridge: Harvard University Press, 1935. 以下所引古典文献，除特别注明外，均据该丛书英译文。

② 最典型的是米特福德，他认为那时的雅典将军们是最有能力的而且正值盛年，完全可以帮助雅典赢得胜利，但那时雅典人民只想滥用权力，"犹如一个虚弱而善变的暴君，其唯一规则就是他的激情，尽管任何暴君都不会像他们那样无法无天"。由此导致的，是一场"有史以来最特殊、最无耻、最致命的派别攻击"，即阿吉纽西审判。参见William Mitford, *The History of Greece*, vol.4, London: T. Cadell, Strand and Edinburgh: W. Blackwood &. Sons, 1835, p.282.

③ George Grote, *A History of Greece: From the Time of Solon to 403 B. C.*, London and New York: Routledge, 2001, p.916.

④ 唐纳德·卡根：《雅典帝国的覆亡》，李隽旸译，上海：华东师范大学出版社2017年版，第418页。他在后来出版的概述性著作《伯罗奔尼撒战争》（陆大鹏译，北京：社会科学文献出版社2016年版）中，延续了自己的观点，见该书540—548页。

时,特意长篇转述了这场审判,认为它体现了公民大会容易受一时激情所支配的弱点,"全民公决的某些不稳定的基础,以及由于缺乏对于情绪性行为的某些制约的制度机制而具有的普遍的政治不稳定的潜在可能性"①。在政治思想学界,这个例证更经常被作为民主与法治之间存在紧张关系的经典例证,受到众多思想家的注意。佟德志指出,"色诺芬的记述提醒着人们,尽管民主与法治常常相伴而生,但这对孪生子却始终存在着冲突,保持着某种程度的张力","民主的普遍建立没有消除民主与法治之间固有的矛盾,反而使民主与法治的紧张关系具备了更为重要的理论内涵"②。只有麦克道维尔用两页多的篇幅相对详细地回顾了审判过程后,提出了与前述观点相当不同的看法:"除了辩护人演讲的简短和集体判决以外,我们根本没有合适的理由认为,在这个案子所遵循的程序中,在法律上有任何不合适的地方。"③不过,他的回顾忽略了一些重要史实,而且夹在有关失职案件的介绍中,几乎没有得到多少注意。事实上,关于这场重要审判的若干关键细节,对诸多论者而言似乎并不清楚。而这些基本史实,直接影响着我们对本次审判的评价。具体说来,将军们是否有过错?应对枉法裁判负责的,是在雅典享有主权的民众组成的公民大会,还是议事会,抑或是其他群体?直接民主与法治之间一定会存在紧张关系吗?本文将对以上问题进行回顾和考辨,进而反思雅典城邦直接民主与法治实践之间的关系。

一、将 军 的 责 任

在色诺芬和狄奥多鲁斯的记载中,将军们似乎没有任何责任。在前者笔下,将军们击败伯罗奔尼撒舰队后,将搭救落水者的任务委托给泰拉麦奈斯和特拉叙布鲁斯两位富有经验的将领,并挑选47条船用于救捞。但是因为风暴,两位将领未能完成任务④。在后者笔下,将军们战后忙于追击敌人,回到阿吉纽西之后,他们本欲救人,但风暴骤起,士兵们因为疲劳拒绝出海,致使绝大多数落水者丧生⑤。所以,雅典人的愤怒和处死将军,是民主政治下暴民激情发作的结果。

---

① 戴维·赫尔德:《民主的模式》,燕继荣等译,北京:中央编译出版社2004年版,第34页。
② 佟德志:《译者的话》,佟德志编:《宪政与民主》,南京:江苏人民出版社2008年版,第4页。
③ Douglas M. MacDowell, *The Law in Classical Athens*, London: Thames and Hudson Ltd., 1978, p.189.
④ Xenophon, *Hellenica*, i, 6, 33-7, 35.
⑤ Diodorus Siculus, *Library of History*, xiii, 99, 1-13; xii, 101, 7.

但是,他们的看法遭到了格罗特的强力反驳。他首先指出,将军们追击逃敌错过了最佳搭救时间,回来后又不马上行动,而是开会议论,选择船只,无谓地消耗了时间,导致大批落水者身亡。这是现代战争中任何将军都不可能犯下的错误。其次,将军们只是把任务委托给两位三列桨战船的船长,没有任何一个将军亲自指挥,显然对救援和打捞工作不够重视。最后是所谓的风暴问题。格罗特认为,既然伯罗奔尼撒舰队能够顺利逃亡,将军们还能够在追击中顺利返回阿吉纽西,则风暴阻止救援之说非常可疑。因此,"将军们很大程度上应当为案件负责"①。

但是,格罗特的观点并未被多数学者认同。卡根已经指出,格罗特怀疑风暴的理由并不成立,因为不仅战斗前夜米提莱奈大雨和雷暴大作,而且战斗结束后,阿吉纽西的局部海域的确可能存在自北向南的风暴,致使营救活动无法进行。虽然米提莱奈和开俄斯之间并无风暴,但并不意味着阿吉纽西地区的海面也是如此。"有些风暴泥于局部,几英里之内天气全然不同。"②我们认为,卡根的判断更为合理,但理由略有不同。须知当时雅典几乎所有成年男性都参与了阿吉纽西战役,参战者中的许多人也都在战后回到了雅典,至少泰拉麦奈斯和特拉叙布鲁斯等负责营救的船只的部分水手返回了雅典。六位将军返回雅典时,同样也带回了部分船员。因此在战役后第一次审判将军的公民大会上,将军们都只是强调风暴使营救工作无法进行。为了证明自己的言论,将军们"提供了他们同船的领航员以及许多其他人作为证人。由于这样的论证,他们几乎说服了公民大会,许多公民站起身来,希望为他们作保"③。在议事会和公民大会后续的审判中,无论是转而控告将军的泰拉麦奈斯,还是那个提出了非法提案的卡利克塞努斯,更重要的是那个自称自己好不容易逃生回到雅典、要求向将军们复仇的水手,也都没有否认风暴的真实性,只是要求将军们负责。狄奥多鲁斯的记载也证明,风暴有一个逐渐加强的过程,战斗结束后整个海面上都是漂浮的船只和死尸,风暴增强后,"由于损失了许多船只和水手,以至于库麦和弗凯亚沿海的地区都布满尸体和破船"④。所以,风暴阻止救援,当无疑问。

虽然风暴阻止了救援行动,但并不意味将军们可以免责。尽管格罗特对将

---

① George Grote, *A History of Greece: From the Time of Solon to 403 B.C.*, pp.910 - 917.
② 唐纳德·卡根:《雅典帝国的覆亡》,第402页。
③ Xenophon, *Hellenica*, i, 7, 7.
④ Diodorus Siculus, *Library of History*, xiii, 100, 4.

军们未能在战役结束后第一时间救援被击沉船只和落水水手的批评并不公正(因为战斗开始之前,雅典的水师已经被划分为三个部分,战线拉得相当长,战役进行过程中,由于侧翼包抄的需要,战线拉得更长,北边可能到达莱斯沃斯,南边因追击逃敌,整个战场可能绵延4平方英里以上;而且斯巴达人另有一支50条船的舰队正在围攻驻守米提莱奈的雅典舰队,追击敌人和更多地消灭敌人的船只,是再正常不过的处置)①,但将军们追击归来后的救援行动的确有令人诟病之处。考虑到雅典一方有25条船被击沉或者破损,将军们归来后理应马上投入救援。如果雅典舰队全体投入救援,至少可以搭救相当数量的落水者,从而大大减少死亡人数。然而,将军们回到阿吉纽西之后,不是马上救援,而是开会讨论,其中两位将军主张马上救援,两位将军主张追击逃敌,会议最后采纳了特拉叙布鲁斯的妥协意见:每个分舰队提供3条船只,连同泰拉麦奈斯和特拉叙布鲁斯指挥的船只在内,一共47条船负责救援,其余船只前往莱斯沃斯解救被困的科农。这里体现了将军们对救援任务的粗心大意,或者说计划不周,对后来救援失败产生了重大影响。

　　首先,将军们没有直接指定一两支分舰队负责救援,而是从每个将军统领的分舰队中各选取3条战船组成救援舰队。这种方式可能耗费了大量时间:将军们需要把所有船长找来,选出救援船只,再由船长召集船员们上船出航。由于刚刚经历过长期且激烈的战斗②,部分水手可能正在岸上埋锅造饭。即使船长们有足够权威,能够立刻让船员们放弃即将到嘴的饭菜,但让桨手们坐上自己的位置,再把所有船只集中起来,肯定也需要一到两个小时的时间。雅典人追击逃敌并且返回阿吉纽西具体花了多长时间并不确定,但从古代作家的记载看,应当需要一到两个小时③。即使按照最快速度计算,从将军们返回阿吉纽西到组成救援船队,也需要两小时左右。对落水者而言,在冰冷的海水里泡上两三个小时,还需要不断划水以防下沉,必然早已精疲力竭,许多人可能已经虚脱。更糟糕的是,救援船队组建完毕时,海上风暴已起,一些士兵刚刚参加过战斗,借口自己

---

①　唐纳德·卡根:《雅典帝国的覆亡》,第396、399页。
②　色诺芬说"他们长时间的战斗",最初阵线紧密,后来散开了,直到卡利克拉提达斯落水身亡后,伯罗奔尼撒人才开始逃跑。狄奥多鲁斯记载,甚至在卡利克拉提达斯阵亡后,由优卑亚人和比奥提亚人组成的左翼仍战斗了一段时间,最后发现自己的大多数船只受损、形势不利时才逃跑,那意味着战斗的时间更长。参见 Xenophon, *Hellenica*, i, 6, 33; Diodorus Siculus, *Library of History*, xiii, 99, 5-6.
③　狄奥多鲁斯用"他们追逐了败敌相当的距离",没有具体说多远,但距离应当不会太近,耗时至少应在半个小时以上。参见 Diodorus Siculus, *Library of History*, xiii, 100, 1.

疲劳和风暴过猛,不愿出海①,救援成为空话。诚如格罗特所说:"在一个甚至每五分钟的耽搁都极其严重的处置中,他们却用最拖拉的方式开展工作。"②加之施救与待援双方船只都散布在一个很大的海域,救援工作的难度可想而知,这样的耽搁尤其不可容忍。

其次,我们应注意到,参与救援的指挥者没有一个是当年的将军。尽管泰拉麦奈斯和特拉叙布鲁斯都曾担任将军③,拥有相当高的威信,但毕竟不是当年任职的将军。从后来审判中发生的情况看,雅典人无疑认为,在战场上负主要责任的,应当是将军们。虽然历史无法假设,但如果现场留下至少一到两名将军协调救援,则即使回到雅典,受到审判的也许仅仅是具体负责的将军而非参战的八名将军。将军缺席救援现场,说明他们可能没太把这项关键工作放在心上。色诺芬和狄奥多鲁斯都说,雅典方面有25条船被击沉,色诺芬尤其提到,被击沉船只的所有水手都落水了④。如果每条船的标准配置是200人,则意味着落水者达到5 000人。即使色诺芬所说不准确,多数水手可能通过这样那样的方式获救,但落水溺死者肯定不在少数。格罗特只是简单地提到每条船200人⑤,如果据此判定25条船上的水手全部阵亡或被溺死,可能失于轻率,毕竟色诺芬提到,还是有少数人上岸。卡根估计战役结束后海面上的雅典幸存者有1 000多人⑥,可能是认为13艘战船已经沉入海底,无人幸存,但不少水手在船只沉没前肯定跳入海中逃生,因此战役结束时幸存者数量应当更大。布佐尔特认为,虽然13条船在战役中或战役结束后可能已经沉没,但仍有12条船漂浮在海面上⑦,需要搭救的人可能在2 000人左右⑧,或许这更接近事实。

2 000人对雅典意味着什么?一般估计,在伯罗奔尼撒战争爆发前,雅典公

---

① Diodorus Siculus, *Library of History*, xiii, 100, 2 - 3.
② George Grote, *A History of Greece: From the Time of Solon to 403 B.C.*, p.909. 如果指定某个分队救援,或许需要一个有足够权威的领袖下达相关命令,但当时雅典的几位将军中似乎没有这样的人。因此抽签挑选船只是唯一选项,不过这样就需要相当长时间。
③ 自公元前411年以来,泰拉麦奈斯连续当选雅典将军;特拉叙布鲁斯也是如此。参见 Charles W. Fornara, *The Athenian Board of Generals from 501 to 404*, Historia Einzelschriften. Wiebaden: FranzSteiner Verlag GMBH, 1971, pp.67 - 69.
④ Xenophon, *Hellenica*, i, 6, 34 - 35; Diodorus Siculus, *Library of History*, xiii, 100, 3 - 4.
⑤ George Grote, *A History of Greece: From the Time of Solon to 403 B.C.*, p.904.
⑥ 唐纳德·卡根:《雅典帝国的覆亡》,第396页。
⑦ Xenophon, *Hellenica*, i, 7, 31.
⑧ Georg Busolt, *Griechische Geschichte bis zur Schlacht bei Chaeroneia*, Band III, Gotha: Friedrich Andreas Perthes, 1904, p.1596.

民人口在4万—5万人。经过公元前430年以来的几次瘟疫,以及伯罗奔尼撒战争期间的伤亡,到公元前406年,雅典公民可能不过两万人或稍多①。虽然我们缺乏这方面的准确数据,但就在这次战役前,当雅典人听说科农被包围在米提莱奈时,决定装备110条船的救援舰队,为此,雅典不仅动员了几乎全部公民,按照色诺芬的说法,甚至连相当数量的骑士等级公民都被征集充当水手。也就是说,除第一等级的少数人外,包括重装步兵和骑士在内的绝大多数雅典公民都登上了船只。但人手仍然不够,为此,雅典人动员了当时所有的外侨,并且解放奴隶,授予他们公民权。将军们把所有适合上船的人全部征调,才勉强凑够了110条船的水手②。也就是说,当时雅典人力资源极其短缺。由于经济紧张,雅典也不可能如盛期那样,大量雇佣盟邦水手,只能依靠本国的公民。然而,仅仅是因为将军们的疏忽,雅典白白失去了大约十分之一的公民。在一个历经25年战争,人力和财力都非常紧张的国家,十分之一的公民因将军的失误丧命,肯定激起了公民的愤怒③。对一个把城邦视为公民共同体,而且公民的重要性甚至还在城邦土地与城墙之上的国家来说④,如此多的公民无辜死亡,无论客观原因如

---

① 卡根估计,由于瘟疫、战争阵亡,尤其是西西里远征的惨败,到公元前413年,雅典成年男性公民可能就不会超过两万人了,其中重装步兵等级及其以上者约9 000人,第四等级公民约11 000人。另有外侨3 000人左右。实际上卡根的估计可能过于乐观了,因为在一般的希腊城邦中,重装步兵等级以上的公民只占公民总人数的三分之一左右,对斯巴达的战争使雅典许多富人的财富损失惨重,所以只会让穷人的比例更大而非更小。因此公元前413年雅典成年男性公民人口可能不足两万人,至少重装步兵不可能达到9 000人。从公元前413年到前406年之间,因为阿提卡经济状况恶化,以及公元前413年之后的连续战争,雅典的成年男性人口只会远低于两万人。到公元前406年,即使雇佣部分水手,也无法为110条战船配齐人员。雅典此前已经有一支70条船的舰队在米提莱奈,那里舰队的水手中,多数人可能是同盟者或者雇佣而来,其中的雅典公民也许仅数千人。两者合并考虑,当时雅典公民不可能超过两万人。参见唐纳德·卡根:《雅典帝国的覆亡》,第3页;A. H. M. Jones, *Athenian Democracy*, Baltimore: The Johns Hopkins University Press, 1977, p.81;摩根斯·赫尔曼·汉森:《德摩斯提尼时代的雅典民主:结构、原则与意识形态》,何世健、欧阳旭东译,上海:华东师范大学出版社2014年版,第124页。

② Xenophon, *Hellenica*, i, 6, 24;Diodorus Siculus, *Library of History*, xiii, 97, 1-2. 狄奥多鲁斯宣称雅典人仅仅装备了60条船,但途中征集到了其他船只,使雅典舰队达到150条战船。但他仅仅提到途中征集到萨摩斯人的10条船,以及将军们从各处征集到的80条船,显然不太合理。不过他提到,斯巴达统帅卡利克拉提达斯是被小伯里克利船上的铁抓手固定住后,船上的水手被雅典人砍杀殆尽,他本人也因此被杀或落入海中而死,说明雅典的船上应当有相当数量的重装步兵,不仅仅是无力制备重装步兵装备的第四等级公民。参见 Diodorus Siculus, *Library of History*, xiii, 99, 4-5.

③ 在一次重装步兵的会战中,失败者一方的阵亡比例大概在10%稍多,胜利者的比例可能在10%以下。所以,这次损失相当于陆地交战中吃了败仗。参见 John Lazenby, "Killing Zone," in Victor Davis Hanson, ed., *Hoplites: The Classical Greek Battle Experience*, London: Routledge, 1991, p.101.

④ 公元前480年萨拉米斯战役前夕,科林斯将领阿德曼图斯抨击雅典人已经失去国家,因此没有资格在希腊联军的会议上发言,地米斯托克利立刻指出,由雅典公民组成的200条船的舰队,足以让他们在任何地方建立国家。参见希罗多德:《历史》,vii,61. 中译文参见希罗多德:《希罗多德历史》,王以铸译,北京:商务印书馆2017年版,第685页。

何,将军和负责打捞的船长们都应当承担责任。

最后,当士兵们以海上风浪太高为由拒绝出海时,无论是负责救援的泰拉麦奈斯等人还是将军们,都没有采取任何纪律措施,放任最后的救援机会溜走。可是,在战后对这个问题的处置程序上,将军们至少犯了一个低级错误:第一次给雅典人的信中,他们有意没有通报他们曾委托泰拉麦奈斯等人救援落水者,等到雅典人的情绪爆发之后,才说出指定泰拉麦奈斯救援的安排①。雅典人有理由怀疑,将军们这样做是为了推脱责任,加上泰拉麦奈斯等人早已精心布置,致使将军们在答辩时更加被动。

以上的分析,只是证明将军们应当对大批水手的溺亡负部分责任。即使如此,也不意味着将军们应当被集体处死。后来事态的发展,与具体负责救援却未能完成任务的泰拉麦奈斯有密切关系。

二、议事会提出非法提案

但凡论及这次审判者,几乎都会提到雅典人民在非法判处将军时所说的话——"如果人民被阻止做任何他们希望做的事情,那简直是荒谬"②,并把它作为雅典人民不守法治的经典例证。但是,少有人认真追寻这句话的具体背景。在阿帕图利亚节后召开的公民大会上,议员卡利克塞努斯在议事会提出了一个提案,认为前一次公民大会上已经听取了将军们的答辩,建议雅典人越过辩论程序,直接对八名将军作出判决。投票的选择只有两种,一是有罪,一是无罪。如果有罪,则将军们都会被处死,并没收财产。议事会最初似乎同意了这个提议,而且将其提交给公民大会③。这个动议的非法之处,首先在于它剥夺了将军们答辩的机会,更重要的是,它要求对八名将军不分责任轻重,作出统一判决,并且越过了法庭审判的环节。所以欧吕普托莱穆斯等人召请卡利克塞努斯前来,意欲控告此人提出了非法动议。根据雅典法律,如果欧吕普托莱穆斯的动议成立,

---

① Xenophon, *Hellenica*, i, 7, 4-7.
② Xenophon, *Hellenica*, i, 7, 12.
③ Xenophon, *Hellenica*, i, 7, 8-10. 朗怀疑将军们第一次写信时没有提及委托泰拉麦奈斯救援,在得知被指控才在第二封信中以及在公民大会上辩护时提及委托救援之事,或许是将军们根本就没有安排救援,为了拖泰拉麦奈斯等人下水,才撒谎说做了救援安排。但这样的解读与古代文献根本无法吻合,也不符合常理:当时不少参战的雅典公民在场,如果将军们没有做任何这类安排,则势必会马上被戳穿,泰拉麦奈斯等也完全可以借此指责将军们,事实是泰拉麦奈斯从没有否认自己的任务。参见 Mabel L. Lang, "Theramenes and Arginousai," *Hermes*, Band 120, H. 3, 1992, pp.271-272.

则雅典人需要先对卡利克塞努斯进行审判。只有在卡利克塞努斯被无罪开释后,他才可以再度对将军提出起诉①。"有些人欢迎这个行动,但更多的人喊道,如果人民被阻止做任何他们希望做的事情,那简直是荒谬。"②当某个名叫吕奇斯库斯的人动议,要把那些支持欧吕普托莱穆斯的人与将军们视为一伙,付诸同样的表决,并且赢得了人群的欢呼时,欧吕普托莱穆斯等人被迫撤回了动议。单纯从这个事实看,雅典人民的确违背了民主政治一贯尊崇的法治精神,不仅支持了违法提案,而且对那些企图阻止非法提案的人施以暴力威胁,致使公民大会在错误的道路上越走越远。但是,如果我们仔细阅读古代作家特别是色诺芬的记载,则会发现我们在谴责雅典人民违背法治时,不仅忽视了前因后果,而且忽略了其中最为重要的几个人物,尤其是泰拉麦奈斯和卡利克塞努斯的作用。

对于议事会在审判将军中的作用,大量著作经常采取忽视态度。在雅典民主政治下,议事会的主要职能是为公民大会准备议案。议案一旦提交,公民大会有权对议案进行辩论和修订,有时最终通过的决议与最初的议案可能完全不同③。但我们并不能因此忽视议事会相对于公民大会的独立地位。经过埃菲亚尔特改革后,五百人议事会的权力和职能大大增加。作为独立于公民大会的常设机构和一定程度上的执行机关,除作为公民大会议案的预审机构外,议事会还拥有审查官员、审查议事会成员资格、规范公民大会、接待外来使节、评估和收取盟国贡金、管理财政等职能,在"管理国家中逐渐发挥着关键作用"④。首先,所有议案必须经过议事会预先讨论才能提交公民大会。未经议事会讨论的议案,不得被提交给公民大会。就本案而论,对将军们进行集体宣判的违法提议恰恰来自议事会。其次,当时议事会显然有不经公民大会同意先监禁官员的权力,尽管后者最终的命运要由公民大会决定。如果议事会认为罚款在500德拉克马以下,它自身就可以独立作出决定。如果议事会认为案情重大,则可以直接监禁官员,将他们送交法庭或公民大会审判⑤。本案中六名将军刚回到雅典不久,埃拉

---

① Douglas M. MacDowell, *The Law in Classical Athens*, p.188.
② Xenophon, *Hellenica*, i, 7, 12.
③ 戴维斯分析过公元前450年议事会提交的一份文件。议事会的预案明显比较简单,经过瑟斯皮斯和吕萨尼亚斯补充后,文件的内容大大增加,处置办法也更加具体,可以说是一个全新的提案。参见J. K. 戴维斯:《民主政治与古典希腊》,黄洋、宋可即译,上海:上海人民出版社2010年版,第56—57页。
④ P. J. Rhodes, *The Athenian Boule*, Oxford: Clarendon Press, 1972, p.211; Georg Busolt, *Griechische Staatskunde*, Erste Hälfte, Munich: C. H. Beck'sche Verlagsbuchhandlung, 1963, pp.474-476.
⑤ Douglas M. MacDowell, *The Law in Classical Athens*, p.187.

斯尼戴斯以在赫勒斯滂贪污公款和将军任内失职的罪名受到阿凯戴穆斯控告，被法庭裁定罚款后遭到监禁①。其他将军就救援责任问题在议事会受到审查。根据提摩克拉泰斯的建议，将军们被议事会监禁，并打算移交公民大会审判②。监禁固然在程序上没有瑕疵，但它对公民大会的心理暗示再明显不过：将军们的确在战役中存在过失。最后，在经历一次公民大会的质询之后，在阿帕图利亚节后召开的那次公民大会上，出现了卡利克塞努斯的非法动议。在经历多个回合之后，事实上最终是议事会主席团未能扛住压力，将非法动议提交给了公民大会，导致了将军被处死的悲剧。

对于将军们的非法审判，议事会固然难辞其咎，但泰拉麦奈斯等人的影响更加致命。对于泰拉麦奈斯其人，从古代到现代都有很多争议。有人视其为自私自利的恶棍，有人则认为他是雅典的温和派，一直是一个爱国人士③。但作为其同代人的色诺芬对他的评价，至今仍得到大多数学者认可。色诺芬借克利提亚斯之口，抨击泰拉麦奈斯犹如变色龙："他总是留意对自己有利的东西，根本不考虑荣誉或他的朋友们。"他时刻根据自己的利益选择站边，而且每次都能站在胜利者一边，因此从公元前411年到公元前404年七年多的时间里，除公元前406年—前405年以及次年外，他几乎每年当选将军。公元前404年，也是他负责与斯巴达和谈。和谈期间，他故意在斯巴达军营耽搁三个多月，据说其意图是让雅典人更深地感受到粮食短缺的痛苦，这样，无论他签订什么条约，雅典人都会答应④。斯巴达占领雅典后，他加入臭名昭著的三十僭主，因在形势不利时企图转向，被克利提亚斯非法处死。公元前406年，正是他及其代理人卡利克塞努斯等的煽动，才导致了对将军们的非法审判。

对于泰拉麦奈斯在阿吉纽西审判中的作用，学术界存在截然不同的看法。格罗特认为，泰拉麦奈斯的确控告了将军们，但那是因为将军们将责任推给了他。色诺芬明确指出在最关键的阿帕图利亚节之后的那次公民大会上，泰拉麦

---

① Xenophon, *Hellenica*, i, 7, 1 - 3; Phillip Harding, *The Story of Athens: The Fragments of the Local Chronicles of Attika*, London and New York: Routledge, 2008, p.137.

② Xenophon, *Hellenica*, i, 7, 2 - 4.

③ 近代学者中，格罗特对泰拉麦奈斯的批判最为尖锐，但20世纪以来为泰拉麦奈斯辩护的人有所增加。然而这些辩护者某种程度上都是受到亚里士多德判断影响的结果，可是亚里士多德的判断主要源自自己的政治理论，而非坚实的证据。事实是泰拉麦奈斯与所谓的温和派没有任何关系。有关该问题的讨论，参见 Phillip Harding, "The Theramenes Myth," *Phoenix*, Vol.28, No.1, 1974, pp.101 - 111.

④ Xenophon, *Hellenica*, ii, 2, 21; ii, 3, 31 - 33, 引文见33。克利提亚斯形容泰拉麦奈斯犹如雅典人那种不分左右的鞋子，首鼠两端，两头讨好。

奈斯让人冒充溺亡者亲属,黑衣髡首,故意在会上制造哀伤和仇恨气氛,并且收买卡利克塞努斯提出非法提案。对此,格罗特坚决否认,理由有二:第一,真正的亲属会识别出那些冒充者,所以找人冒充亲属有风险;第二,若泰拉麦奈斯行此下策,则他在事件过后理应遭遇审判,但我们从未听说这样的事情发生。所以,他更倾向于认为,是亡者亲属感情的爆发,造成了复仇式的审判①。卡根与安德鲁斯采取了与格罗特大致相同的立场:首先,阵亡者真正的亲属会马上认出冒充者;其次,在民意随时会变化的时刻,使用如此拙劣的伎俩太过冒险,雅典人随时会把怒气转向泰拉麦奈斯本人,因为具体负责救援的正是他;最后,狄奥多鲁斯明确说那些穿黑衣者都是阵亡者亲属,而对泰拉麦奈斯没有好感的吕西亚斯,在演说中却根本没有提到泰拉麦奈斯找人冒充亡者亲属的事情。所以,致将军们于死地的,"并非哪个人或哪个小团体的精心谋划,相反,这一系列事件造就了某种特别的情势,群情激愤之际,必须有人得到处分;剩下的唯一问题只是究竟处分谁"②。

可是,事情恐怕不像格罗特和卡根说的那么简单。首先,所有的学者都不否认色诺芬有关将军们把打捞落水者的任务委托给了泰拉麦奈斯等人的记载③。泰拉麦奈斯本人后来也坦承,他的确接受了任务,只是因为风暴过大未能完成任务④。将军们确实没有对救援给予应有的重视,但按照泰拉麦奈斯的自私性格以及作为雅典资深政治家的阅历,他知道救援失败可能导致的严重后果。狄奥多鲁斯说,在获悉落水者以及阵亡者尸体未能被打捞后,"民众立刻把愤怒撒向泰拉麦奈斯及其同伙,但在他们作了辩护后,民众的怒火又转向了将军们。于是人民通知将军们受审,并把军队的指挥权交给科农——人民认为他并无责任,同时命令其他人尽快回雅典报到"⑤。色诺芬所谓"国内的人们罢黜了上述将军们,只有科农例外"⑥,应与此是同一件事情。对于泰拉麦奈斯在这次公民大会上自我辩护的内容,狄奥多鲁斯并未提供,但泰拉麦奈斯很可能将未能救援的责

---

① George Grote, *A History of Greece: From the Time of Solon to 403 B. C.*, pp.911-912.
② 唐纳德·卡根:《雅典帝国的覆亡》,第 412、416 页,引文见 416 页;安德鲁斯质疑色诺芬的记载而倾向于狄奥多鲁斯,并且尝试根据狄奥多鲁斯的史料为泰拉麦奈斯开脱,认为他毋须为将军们的死亡负责。参见 A. Andrews, "The Arginousai Trial," *Phoenix*, Vol.28, No.1, 1974, pp.118-122.
③ 朗试图否认,但她对色诺芬文本的解读明显缺乏事实和逻辑支撑。参见 Mabel L. Lang, "Theramenes and Arginousai," pp.271-272.
④ Xenophon, *Hellenica*, ii, 3, 35.
⑤ Diodorus Siculus, *Library of History*, xiii, 101, 4-5.
⑥ Xenophon, *Hellenica*, i, 7, 1.

任推给了将军们,否则民众的怒火不会转向将军。也就是说,民众最初认为,泰拉麦奈斯等人应当对水手的溺亡负责。然而,泰拉麦奈斯是个雄辩的演说家,又长期担任将军,是非常有影响的人,"是能干的演说家,拥有许多朋友"①。我们还需要注意,当泰拉麦奈斯等人返回雅典时,将军们仍在萨摩斯,所以当他在公民大会上指责将军们时,在场的很可能是那些和他一起负责打捞水手的人以及溺亡者的亲属②。为推卸责任,他们也乐于看到将军们承担责任。将军们的第二封信可能也是在得悉雅典的情况后发出的。他们向雅典人解释,战后他们委托泰拉麦奈斯等负责打捞落水者。然而,此举可能进一步激化了泰拉麦奈斯对将军们的敌意——"但正是这件事情成为他们失败的主要原因"③,把泰拉麦奈斯等变成了他们最危险的敌人。可能在他们的煽动之下,将军们被罢黜,而且面临雅典人的弹劾和愤怒。"城邦确定我(即泰拉麦奈斯)的说法是合理的,而将军们显然搬起石头砸自己的脚,因为虽然他们说搭救这些人是可能的,但他们终归航行离开,让那些人死去。"④或许基于这种考虑,八名将军中的阿利斯托盖奈斯和普罗托马库斯选择流亡,但其他六位将军——小伯里克利、狄奥麦东、吕西亚斯、阿利斯托克拉泰斯、特拉叙布鲁斯和埃拉斯尼戴斯回到了雅典⑤。

虽然泰拉麦奈斯巧舌如簧,将雅典人的愤怒引向将军们,但将军们最初的处境并没有那么糟糕。六人中只有埃拉斯尼戴斯被控告,罪名不是在救援中失职,而是在赫勒斯滂期间贪污公款和将军任内渎职。经法庭审判后,他被判处监禁和罚款。接着将军们就战役和救援问题在议事会作证,作证的具体情况不清楚,但议事会可能认为将军们应当负责,因此根据提摩克拉泰斯的建议,其他五名将军也被监禁,并打算移交给公民大会。此时议事会的做法也无可疑之处,毕竟那只是议事会的动议,结论应由公民大会决定⑥。在随后的公民大会上,泰拉麦奈斯及其同伙再度指责将军们,要求他们就战役中的行动作出说明。将军们的态

---

① Diodorus Siculus, *Library of History*, xiii, 101, 3.
② Diodorus Siculus, *Library of History*, xiii, 101, 2.
③ Diodorus Siculus, *Library of History*, xiii, 101, 2.
④ Xenophon, *Hellenica*, ii, 3, 35.
⑤ Xenophon, *Hellenica*, i, 7, 1-2.
⑥ Martin Ostwald, *From Popular Sovereignty to the Sovereignty of Law: Law, Society and Politics in Fifth-Century Athens*, Berkeley and Los Angeles: University of California Press, 1986, p.437. 麦克道维尔认为,不是将他们送交法庭审判而是提交公民大会,程序上并无不合法之处。监禁也不代表有罪,目的可能是防止逃亡而已。但无论如何,不把将军们送交法庭而是公民大会,不太合乎常规。参见Douglas M. MacDowell, *The Law in Classical Athens*, p.187.

度仍然诚恳。他们认为,如果有人应为救援失败负责,那应当是泰拉麦奈斯,因为受命救援的就是他,但他们同时宣称,无意控告泰拉麦奈斯,因为风暴是造成惨祸的根本原因,并提供了大量证人。许多人被说服,另有许多人希望为将军们担保。如果事情照此发展,将军们很可能被无罪开释。然而遗憾的是,当天天色已晚,无法表决。于是公民大会宣布散会,委托议事会起草决议,以供下次公民大会表决①。有人怀疑,可能是泰拉麦奈斯的党徒们借口天色已黑,阻止了会议的表决。对此我们缺乏证据,但不是完全没有可能:如果马上表决,则将军们将被开释,如果将来追究责任,泰拉麦奈斯等人势必首当其冲。那是他们绝对不愿看到的结果②。下一次公民大会上泰拉麦奈斯等人的活动,暗示了这种推断的合理性。如芬利指出的,类似雅典那样数千公民的露天集会,出席者的情绪有时会发生戏剧性变化③。对将军们来说,不幸的是他们被议事会监禁,无法动员己方力量,而泰拉麦奈斯显然利用随后的阿帕图利亚节做了充分的准备。"在这个节日里,泰拉麦奈斯及其支持者安排了大批人员身穿丧服,剃光头发,出席公民大会,假冒亡者亲属。"④

如前所述,卡根和格罗特对此表示保留,认为在雅典社会中,这样的伪装,肯定会立刻被真正的死者亲属认出。但是我们不应忘记,虽然雅典城邦符合芬利所说的"面对面"社会特征⑤,特别是公元前 451 年公民权法案后,雅典男性只能在雅典人中选择妻子,强化了雅典人作为一个血缘群体的意识,但阿吉纽西战役中雅典阵亡者人数众多,部分军队又仍驻扎在萨摩斯未归,当时或许并无完整的死亡者名单,所有雅典人也未必都相互认识。

雅典城邦相对较大,此时公民人数当在两万人左右,同一部落之间的成员因经常在一起集会和战斗,也许相互熟悉,但不同部落之间的公民未必如此,否则公元前 415 年雅典发生的赫尔墨斯渎神案以及埃琉西斯秘仪渎神案不至于引发雅典人猎巫般的追索⑥。公元前 411 年雅典寡头政变能够成功,一定程度上也

---

① Xenophon, *Hellenica*, i, 7, 2-7.
② Georg Busolt, *Griechische Geschichte bis zur Schlacht bei Chaeroneia*, p.1603.
③ M. I. 芬利:《古代民主与现代民主》,郭小凌、郭子林译,北京:商务印书馆 2016 年版,第 37—38 页。
④ Xenophon, *Hellenica*, i, 7, 8.
⑤ M. I. 芬利:《古代世界的政治》,晏绍祥、黄洋译,北京:商务印书馆,2013 年,第 104—105 页;M. I. 芬利:《古代民主与现代民主》,第 15 页。
⑥ 参见安多基德:《论秘仪》,晏绍祥译,彭小瑜、张绪山主编:《西学研究》第 1 辑,北京:商务印书馆 2003 年版,第 410—449 页。

得益于雅典人相互之间并不完全熟悉。据修昔底德记载,当寡头们采取行动推翻民主政治时,民众不敢行动,"因为城市的规模和相互之间不了解,他们没法弄清状况。由于同样的原因,所有被攻击的人也都不敢向他人倾诉冤屈,为自己复仇,因为他或许会发现,他可以谈话的人要么是个陌生人,即使熟悉,也不可靠。民众相互猜疑,好像所有人都参与了阴谋似的"①。公元前4世纪的法庭诉讼中,无论是原告还是被告,都会向陪审员详细介绍诉讼人自己及其家庭,并竭力诋毁对手。如果在一个人人相互熟悉的社会,这样的诋毁意义不大,甚至会被熟悉情况的人抨击为说谎②。

事实上,在当时的会场上,无论是议事会还是其他发言人,也从无人对那些身穿丧服者的身份表示怀疑。如果我们把芬利关于每次公民大会出席者成分不一致,而成分构成上的任何变化都可能影响会议表决结果的判断应用到公元前406年③,则会发现,由于大多数雅典人,尤其是第四等级的公民,仍作为水手在爱琴海上作战,第一等级公民并未被征调,出席这次会议的,除留在雅典的第一等级公民外,最多的可能就是溺亡者的家属、泰拉麦奈斯组织起来的那些伪装者,以及负责救援的水手们。我们无法判断他们在公民大会中各自的比重,但可以相信,由于泰拉麦奈斯的刻意组织,他们的总人数绝不在少数④。将军们已经成为被告,处境相当被动。

三、泰拉麦奈斯对审判的操纵

虽然如此,按照雅典法律的规定,公民大会讨论的所有问题都必须经过议事会预审。但这次违反法律的审判,正是从议事会发动的,始作俑者是卡利克塞努斯⑤。

---

① Thucydides, viii, 66, 3-5.
② 伯里克利在阵亡将士葬礼上的演说已经对此有所暗示:"在一个对演说者能否准确叙述难以信任的场合,公正地演讲是一件困难的事情。对那些熟悉事实和偏爱死者的听众来说,他可能会认为,与他本人的愿望或他本人的了解比较,所说难言公正,而一个不那么了解的人,无论何时,只要他听说了一桩超出他本人能力的功勋,则会因嫉妒认为其中存在一定的夸张。"言下之意,并非所有人都了解死者。参见Thucydides, ii, 35, 2.
③ M. I. 芬利:《古代民主与现代民主》,第37—38页。
④ 负责救援的船只47条,如果这些船只都返回雅典,则接近10 000人。一般认为,雅典公民大会会场只能容纳6 000人左右,所以泰拉麦奈斯及其支持者可能是那天公民大会中的多数。关于雅典公民大会会场的面积及其容纳的人数,参见黄洋:《雅典民主政治新论》,《世界历史》1994年第1期,第60—66页。
⑤ 值得注意的是,在整个审判过程中,当时很有影响的所谓激进民主政治家如克莱奥丰等,始终没有走上前台。

对于此人的背景，我们并不清楚。此前他似乎从未在雅典政坛上露过面，古代作家对他的记载，基本也限于与阿吉纽西审判有关的情况，并无任何资料交代他的家庭背景或其他政治活动①。这个突然在公元前406年出现在雅典议事会中的人物，是导致将军们被处死最直接的原因。他首先在议事会中提出议案，宣称既然前一次会议已经听取将军们的答辩，那么他们应当接受一次性的表决：每个部落的投票点设置两个陶瓮，将票投入前一个瓮者表示将军们有罪，投入后一瓮者表示无罪。如果将军们被判有罪，则马上把他们移交十一人团处死并没收财产。

这个议案既剥夺了将军们答辩的机会，又剥夺了他们分别在法庭受审的权利，而且预先给公民大会规定了投票的结果，也与雅典常规的投票办法不符②。一般情况下，议事会只能向公民大会提出建议，最后的决定，应当经过公民大会辩论形成基本决议并经公民大会表决通过才能生效。就本案来说，公民大会的责任是审查将军们是否在战役中有失职行为。若被认为失职，将军们将像他们的同僚埃拉斯尼戴斯一样，被移交给法庭审判③。所以，卡利克塞努斯的动议完全违背了雅典的政治和法律制度。

似乎是为了给这份违法的决议增添分量，一个自称从阿吉纽西逃回的人出现在公民大会上，宣称他是抱着一个炊具逃得性命的，那些被淹死的人要求他如果能够回到雅典，一定要替那些为雅典英勇作战的人讨回公道。这个人到底是谁，后文再无交代。像卡利克塞努斯一样，他突然在这个关键的时候出现，给已经爆发的公众情绪浇了一瓢热油后，就神秘消失了。这不能不让人怀疑，他可能也是泰拉麦奈斯安排的。

但是，欧吕普托莱穆斯对卡利克塞努斯的抨击也相当有力：提案本身违法，因此，首先应当对卡利克塞努斯进行非法提案起诉。欧吕普托莱穆斯是小伯里克利的亲戚，可能与阿克比亚戴斯也有关系，不管他的主观意图如何，一旦他的

---

① 除色诺芬和狄奥多鲁斯外，阿泰纳伊奥斯只是提到卡利克塞努斯提议通过了一个非法法律，并且威胁把不顺从者交付审判。苏达辞典只提到他因提出非法议案，后来被控告以及被饿死的情况。两者的记载都没有超出色诺芬和狄奥多鲁斯。参见 J. S. Traill, ed., *Persons of Ancient Athens*, Vol.10, Toronto: Athenians, 1998, p.132.

② 设置两个陶瓮，一个投有罪票，一个投无罪票，意味着投票人的行动暴露在众人面前。而在雅典法庭以及陶片放逐法投票中，无论是否赞同有罪，票都投入同一个瓶中，从而有效保证投票的私密性。参见亚里士多德：《雅典政制》，lxvii, 1 - lxix, 2, 中译文参见亚里士多德：《雅典政制》，日知、力野译，北京：商务印书馆1999年版，第70页。

③ Georg Busolt, *Griehische Geschichte*, pp. 1604 - 1605; Martin Ostwald, *From Popular Sovereignty to the Sovereignty of Law: Law, Society and Politics in Fifth-Century Athens*, pp.439 - 440.

建议得到支持,则雅典首先需要对卡利克塞努斯的动议进行审议。如果雅典人确定动议违法,则卡利克塞努斯将被移交法庭受审。欧吕普托莱穆斯的意见得到了部分人的支持,但据说更多的人狂呼:"如果人民被阻止做任何他们希望做的事情,那简直是荒谬。"考虑到当天公民大会出席者的成分,狂呼者中的多数人若不是溺亡者的亲属,就是泰拉麦奈斯的同党,后一部分人所占的比重可能更大,毕竟他们是泰拉麦奈斯组织来的。作为回应,一个名为吕奇斯库斯的人立刻提出动议,如果这些人不撤回他们的否决,则把他们与将军作同罪判罚。这位吕奇斯库斯又是一个在雅典历史文献中仅仅出现了一次的人物,对于他的背景,我们同样一无所知①。但奇怪的是,两人都表现得极其强势。迫于压力,欧吕普托莱穆斯等只好撤回自己的议案。

但是,雅典的民主制度再一次提供了阻止这桩非法提案的机会。根据法律规定,议事会的议案需要通过主席团提交给公民大会。当天主席团中的不少人显然还是清醒的,他们拒绝把这份违法提案付诸公民大会表决,其中包括哲学家苏格拉底。卡利克塞努斯再次跳了出来,要求对拒绝提交提案的主席团成员以与将军同样的罪名处置。他的攻击再次见效,民众大声呼喊,要求把阻止的那些人送交法庭审判。大多数主席团成员迫于压力,同意提交提案,但苏格拉底坚持自己的反对意见。眼见违法提案即将提交表决,欧吕普托莱穆斯再度上前发言,提出新的动议,要求对将军们按照坎诺努斯法审判,理由是这个法律本身非常严厉,同时,他再次强调,即使对于最凶恶的罪犯,雅典民主政治都给予了他们分别受审的机会,如今没有理由不给这些刚刚打了胜仗的将军们同等的机会。他的发言赢得不少人支持。公民大会就到底是采用议事会的提案还是欧吕普托莱穆斯的修正案进行了投票,最初欧吕普托莱穆斯的提案占优势,但一个名为麦奈克莱斯的人出面反对,公民大会被迫进行了第二次表决,结果议事会的建议被通过。这几乎注定了将军们的命运。随后的投票中,大多数人认为将军有罪,根据议事会的提案,六名将军被判处死刑,随后被处死②。

在这场雅典民主历史上空前绝后的审判中,卡利克塞努斯无疑起了恶劣作

---

① 朗认为他是议事会议员。如果当时议案已经被提交到公民大会,他也可能仅仅是公民大会的出席者。参见 Mabel Lang, "Theramenes and Arginousai", p.279.

② 对这起案件最详细的记载仍来自色诺芬,狄奥多鲁斯的记载相当简单,没有提供多少有价值的史实。因此本处的介绍主要基于 Xenophon, *Hellenica*, i, 7, 9—34.

用。正是他首先在议事会提案，要求对八名将军一次性作出判决，而且不给将军们任何答辩机会。当议事会主席团拒绝提交他的违法提案时，卡利克塞努斯公开施压主席团，致使他的非法动议被提交给了公民大会。吕奇斯库斯的作用也不可忽视，正是他威胁把欧吕普托莱穆斯等人和将军们一道审判，迫使后者放弃了他们拯救将军的第一次努力，把雅典人往错误的道路上又推了一把。第三个值得注意的，是那个名不见经传的麦奈克莱斯。雅典公民大会本来已经表决支持欧吕普托莱穆斯的建议，对将军们以坎诺努斯法分别审判，但他以誓言迫使公民大会进行了二次表决，致使议事会的违法提案被通过，对将军们被非法处死盖上了程序上最重要的一个印章。至此，公民大会被一步步地引导，迈出了非法审判的最后一步：判处将军们有罪。

由此可见，在这次非法审判中，卡利克塞努斯、吕奇斯库斯和麦奈克莱斯的作用非常关键。正是他们动用各种手段，引导公民大会作出了非法判决。似乎只有欧吕普托莱穆斯等少数人与他们对抗。提出非法动议的卡利克塞努斯等三人此前并未在任何文献中出现过，后来也难觅踪迹①，是什么让他们突然表现得如此活跃和强势，并且得到了公民大会一定程度的支持？

在雅典那样的城邦中，城邦政治的实际运作，有赖于普通公民的积极参与。虽然文献中经常出现的是伯里克利、克莱翁、德摩斯提尼等伟大的演说家和政治家，但他们只是雅典公民的少数。据汉森估计，公元前4世纪雅典民主政治稳定时期，同一时期活跃的政治家不少于20人，但从公元前403年到前322年左右，"政治领袖的总人数不会超过100人"②。仅仅依靠这些人显然不足以让雅典民主的复杂机器运转，尤其是在遇到某些政治领袖们不是特别熟悉的具体事务时，因此这些伟大的政治家之下，还存在着一群相对次要的演说家，他们可能是某个知名政治家的支持者，也可能不属于任何一派，只是碰巧对某个事务有深入了解，并且在那个特定时刻前来提出建议，属于平时不显山露水，但在关键时刻偶露峥嵘的人物。如公元前427年有关米提莱奈命运的辩论中，狄奥多鲁斯灵光

---

① 三人都仅仅出现在这一次审判中。特利尔主编的《雅典人名录》所提供的材料中，都仅仅涉及这唯一的审判。卡利克塞努斯等五人后因误导人民被拘禁，不知其中是否包括麦奈克莱斯和吕奇斯库斯。从情理推测，后两人理应被包括在其中。他们本应受审，但利用雅典伯罗奔尼撒战争末期的混乱逃亡，公元前403年民主派大赦后，卡利克塞努斯回到了雅典，但因为没有任何人愿意与他来往，大约也没有任何人愿意帮助他，最后被饿死。参见 Xenophon, *Hellenica*, i, 7, 5 和 J. S. Traill, ed., *Persons of Ancient Athens*, Vol.10, p.132; Vol.11, pp.185-186; Vol.12, p.201.

② 摩根斯·赫尔曼·汉森：《德摩斯提尼时代的雅典民主：结构、原则与意识形态》，第385页。

一闪,成为修昔底德笔下那个特定时刻决定米提莱奈命运和雅典帝国政策的关键人物①;公元前425年提出重订雅典盟邦贡金的图狄波斯,有人猜测他是克莱翁的女婿②,但并无明确证据,可能也是一个并不重要的人物,但他恰恰在那个时刻发挥了作用;还有前文注释中已经提及的瑟斯皮斯和吕萨尼亚斯③。仍据汉森估计,这些"偶尔在最高政治层面上有所表现的人则多达数千"④。他们的存在与一定程度的活跃,使雅典民主政治能够运行。

卡利克塞努斯和欧吕普托莱穆斯可能都属于这类人物。虽然前一个名字此前不曾出现在书面历史文献中,但在公元前5世纪80年代的陶片放逐投票中,这个名字经常出现,被称为阿利斯托尼穆斯之子卡利克塞努斯。从其名字推断,他可能与阿尔克麦翁家族有血缘关系⑤。如果此人是公元前5世纪那个同名者或其旁支的后代,则意味着他与伯里克利的儿子小伯里克利有亲属关系,同时也与试图阻击他的欧吕普托莱穆斯有亲属关系。后者虽然也不经常在政治舞台上活动,但他在另一个场合曾出现在色诺芬笔下:公元前407年,当阿克比亚戴斯在多年流放后终于归来时,面对岸边迎接他的群众,他仍不敢下船,直到他看到自己的亲属欧吕普托莱穆斯以及其他亲戚在场时,才放心上岸⑥。阿克比亚戴斯的行动表明,至少到公元前407年,欧吕普托莱穆斯已经是一个重要人物,影响和势力或许都在卡利克塞努斯之上。如果这个推断成立,则卡利克塞努斯指控将军的行为就更加令人怀疑,因为在希腊城邦政治中,家族的支持是政治家最基本的资源⑦。而试图反对他的,又是更有地位的欧吕普托莱穆斯。对此,可能的解释来自色诺芬:"他们(即泰拉麦奈斯等人)贿赂卡利克塞努斯在议事会中控告将军们,然后他们召集了公民大会,议事会提交了由卡利克塞努斯按照以下措

---

① Thucydides, iii, 41 – 49, 1. 奥斯瓦尔德推测狄奥多鲁斯是前一年的将军,但缺乏有力证据。参见 Martin Ostwald, *Language and History in Ancient Greek Culture*, Philadelphia: University of Pennsylvania Press, 2009, pp.205 – 213.

② M. I. 芬利:《古代世界的政治》,第98页。

③ J. K. 戴维斯:《民主政治与古典希腊》,第56—58页。

④ 摩根斯·赫尔曼·汉森:《德摩斯提尼时代的雅典民主:结构、原则与意识形态》,第385页。

⑤ Mabel Lang, *The Athenian Agora*, Vol. 25: *Ostraka*, Princeton: The American School of Classical Studies at Athens, 1990, p.66; J. K. Davies, *Athenian Propertied Families*, Oxford: Oxford University Press, 1971, p.376. 朗认为,卡利克塞努斯这个名字非常奇怪,无法断定他是否出自阿尔克麦翁家族,但雅典人取名有相对固定的习惯,因此这个推断并非全无根据。参见 Mabel L. Lang, "Theramenes and Arginousai," pp.278 – 279.

⑥ Xenophon, *Hellenica*, i, 4, 19.

⑦ W. Robert Connor, *The New Politicians of Fifth-Century Athens*, Indianapolis and Cambridge: Hackett Publishing Company, 1992, pp.15 – 30. 虽然康纳认为,伯里克利之后雅典政治家改变了行事方式,家族关系地位下降,但一个家族的成员相互攻击的现象,在雅典政治中并不多见。

辞起草的决议草案。"①也就是说,卡利克塞努斯等人之所以如此胆大,是因为他们背后站着泰拉麦奈斯②。

泰拉麦奈斯对审判的操纵还不仅如此,判决将军们的公民大会,可能某种程度上也被他操控。前文已经提到,这次公民大会上,由于许多参战的水手仍在爱琴海上服役,所以出席公民大会的主要是这几部分人:溺亡者的亲属们以及随泰拉麦奈斯等回归的那些负责打捞的水手们,还有后来跟随将军们回到雅典的少数水手,以及留在雅典的上层人士,特别是未被征调服役的第一等级公民。但最后两种人应是少数。如格罗特等意识到的,溺亡者的亲属出于义愤希望向将军们复仇;泰拉麦奈斯的支持者们为了帮助他们的领袖脱困,需要将军们做替罪羊③;上层阶级的人士或许会比较中立,但他们在雅典从来不是多数。狄奥多鲁斯留下的一段话,正好表现了当时公民大会的状况:"死者的亲属对将军们造成的损害绝不是最小的,他们身穿丧服出现在公民大会,请求人民制裁那些放弃为国捐躯者遗体的人。最后,这些亲属的朋友和泰拉麦奈斯一派,因为人数众多,赢得了胜利,结果是将军们被判死刑,他们的财产被没收。"④公民大会的反应,证明狄奥多鲁斯的记载有一定根据。首先,卡利克塞努斯操纵议事会通过了他的非法提案;当欧吕普托莱穆斯打算以非法提案诉讼控告卡利克塞努斯时,雅典人喊出了那句让他们臭名远扬的话,吕奇斯库斯威胁要对欧吕普托莱穆斯实行与将军同罪的判罚,公民大会,更准确地说是泰拉麦奈斯和卡利克塞努斯的党徒积极支持了吕奇斯库斯⑤;当卡利克塞努

---

① Xenophon, *Hellenica*, i, 7, 8-9.
② 格罗特认为,泰拉麦奈斯不可能贿赂卡利克塞努斯,卡根赞同格罗特,认为泰拉麦奈斯无需玩弄诡计。他们的主要理由有两个:第一,泰拉麦奈斯的声望并未受损,次年仍当选雅典将军。第二,如果有贿赂发生,则风险太大,一旦事情败露,泰拉麦奈斯或卡利克塞努斯会因此受审,但二人后来并未因此受审。这两个理由并不充分。后来卡利克塞努斯等人因欺骗雅典人民被拘禁并受审,色诺芬和狄奥多鲁斯都没有提供时间,但不太可能是过后马上发现问题,而可能是在羊河战役之后,那时雅典人最可能后悔他们处死了有经验的将军,导致了战争最终的惨败。卡利克塞努斯利用混乱逃脱审判,也只能发生在羊河战役之后的时期,那时雅典人忙于应付困困和对斯巴达的和约,随后是三十僭主和内战,无暇过问卡利克塞努斯的审判,才使他可能趁乱逃走。而泰拉麦奈斯也不能说完全没有受到影响。虽然当时雅典亟需有经验的将领,而且泰拉麦奈斯已经当选,但在资格审查时将他除名了。在雅典历史上,这也是极为少见的现象。参见 Xenophon, *Hellenica*, i, 7, 35; Diodorus Siculus, *Library of History*, xiii, 103, 2; Lysias, *Against Eratosthenes*, 69-78; Lysias, *Against Agoratus*, 10; George Grote, *A History of Greece: From the Time of Solon to 403 B. C.*, p.912.唐纳德·卡根:《雅典帝国的覆亡》,第411—412页。
③ George Grote, *A History of Greece: From the Time of Solon to 403 B. C.*, p.917.
④ Diodorus Siculus, *Library of History*, xiii, 101, 6-7.
⑤ 格罗特将他们称为卡利克塞努斯的人,参见 George Grote, *A History of Greece: From the Time of Solon to 403 B. C.*, p.914.

斯威胁要把主席团送交法庭时，公民大会再度作出了正面反应；最后，当主席团宣布欧吕普托莱穆斯的提案赢得胜利，将军们可能被送交法庭单独受审时，麦奈克莱斯干预了决议的宣布（可能是质疑程序非法①），迫使公民大会重新表决，公民大会表现得格外顺从，竟然容忍了这种近乎非法的做法。如果我们大胆推测，这些人，包括那位突然出现的得救水手在内，都是泰拉麦奈斯的预先安排，或许并非全无可能。尤其是我们考虑到，作为一个拥有庞大势力的资深政治家，泰拉麦奈斯曾经参与过四百人政变，他的转向导致了四百人的垮台。尽管有这样严重的污点，他此后仍多次当选将军；他本是阿克比亚戴斯的助手，虽然在后者被罢免之后，他在公元前 406 年失去了将军之职，但仍受到尊敬；后来，又是他主导了与斯巴达人的和约，并且推动了三十僭主统治的建立。但他的再次转向威胁到三十僭主的统治，被克利提亚斯处死②。"他就是这么个机敏灵活的人，随机应变，总是靠在有阳光的一边……他会快速地转变航向，总能得到有利的顺风。他精明干练，生来是个泰拉麦奈斯。"③阿里斯托芬的这段嘲讽，出自大约上演于公元前 405 年的戏剧《蛙》，即阿吉纽西审判后的次年，在某种程度上反映了当时雅典人对泰拉麦奈斯的一般认识④。如果说阿里斯托芬是喜剧作家，其话语不能当真，那么演说家吕西亚斯的控告词也许更有分量。他称泰拉麦奈斯"鄙视现存的，渴望得到更多，同时用最动听的言辞来美化这些行为；把自己变成大多数恶心行为的始作俑者"⑤。基于此人

---

① 唐纳德·卡根：《雅典帝国的覆亡》，第 415—416 页。
② Xenophon, *Hellenica*, ii, 3, 24 - 34；ii, 3, 50 - 56. 这虽是克利提亚斯对他的指责，但的确体现了泰拉麦奈斯政治上的一般特征。徐松岩认为，泰拉麦奈斯的基本目标是希望扩大公民权，尤其是授予外侨公民权，以解决雅典的人力和财力短缺问题，但他忘记了一个基本事实：虽然雅典外侨不是公民，但他们一样要服兵役，所以是否授予外侨公民权，并不影响雅典本身的战争努力。再说在史料中，我们没有找到任何他有意授予外侨公民权的例证。参见徐松岩：《塞拉麦涅斯与公元前 5 世纪末的雅典政治》，《世界历史》2015 年第 2 期，第 99—108、160—161 页。
③ 埃斯库罗斯等：《阿里斯托芬喜剧（下）》，张竹明、王焕生译，南京：译林出版社 2007 年版，第 57 页。译文略有改动。
④ 对于阿里斯托芬意见的政治影响，戈麦和斯托等一般都持否定立场，前者认为，阿里斯托芬"采用的方式并不是提供好的政见"，而是以严肃精神处理重要问题；后者认为，克莱翁虽然连年遭到阿里斯托芬的嘲笑，但仍每年被雅典人选举为将军。虽然如此，考虑到阿吉纽西战役的影响，他的说法，如同《阿卡奈人》与《和平》等反映了农民希望和平的立场一样，至少反映了部分雅典人的看法。即使是斯托，也承认阿里斯托芬对于苏格拉底的嘲笑"表达出一种广为流传的态度"，从而"或许通过他的敌人加强了对这个哲学家的偏见"。无独有偶，后来克利提亚斯指责泰拉麦奈斯两头讨好，见风使舵，话语与阿里斯托芬如出一辙。参见刘小枫、陈少明主编：《雅典民主的谐剧》，北京：华夏出版社 2008 年版，第 23—24、31 页。
⑤ Lysias, *Against Eratosthenes*, 78.

的一贯作为,我们没有理由不怀疑他在阿吉纽西审判中做了手脚①。卡根等认为,将军们把责任推到泰拉麦奈斯等人身上,是犯了策略上的错误,迫使后者反击。但是,将军们强调的是风暴影响了打捞,与受命救援者无关。他至少可以像另一位船长特拉叙布鲁斯一样,接受将军们的解释,而不是积极控告②。但色诺芬的记载,让我们看到的是一个为了保命而不惜违背雅典法治,动用包括贿赂、煽动和欺骗等所有手段,必欲置将军们于死地的政治流氓。在整个审判过程中,特别是在阿帕图利亚节后召开的那次公民大会上,泰拉麦奈斯作为组织者几乎从头到尾主导了审判。他先是利用自己的身份,让自己的支持者积极出席公民大会,使公民大会出席者的成分发生了微妙变化,遇难者亲属和泰拉麦奈斯成为公民大会的多数。虽然如此,雅典多年的法治传统仍然发挥了作用,公民们仍未完全丧失理智,两次听取了欧吕普托莱穆斯的发言,议事会主席团先是以非法为由拒绝提交卡利克塞努斯的非法提案;即使在非法提案被提交后,雅典公民在第一次表决时仍支持了欧吕普托莱穆斯的合法提案,议事会主席团或许也乐于宣布这样的决议。主要是泰拉麦奈斯一党的欺骗,特别是卡利克塞努斯、吕奇斯库斯和麦奈克莱斯的煽动,两次破坏了公民大会遵从法治进行审判的努力,雅典人才犯下了他们历史上最愚蠢的错误③。

四、政治精英对雅典民主政治固有弱点的利用

上文讨论已经揭示出这次审判某些方面的特殊性:长期战争造成的人力紧缺、将军们的错误、阿帕图利亚节的氛围、泰拉麦奈斯的煽动以及公民大会成分的变化,都对这次审判产生了程度不等的影响。那么,我们是否有理由根据此次

---

① 公元前404年,泰拉麦奈斯再次玩弄阴谋,使自己被选为前往斯巴达和谈的代表。当将军狄奥尼索多鲁斯、民主派领袖克莱奥丰等人反对以摧毁雅典长城为代价求和时,泰拉麦奈斯故技重施。他收买阿戈拉图斯,假称自己是那些反对和谈者的同谋,之后玩弄了一系列政治伎俩,包括议事会执行假逮捕,部分人担保,阿戈拉图斯在阿尔泰米斯祭坛寻求庇护,拒绝逃亡,最后在泰拉麦奈斯等庇护下,在议事会作证,指证那些反对和谈的公民们,导致反对和谈的将军和公民被全部处死。只是那时三十僭主已经建立,他们不用像在民主政治下那样利用法律作遮羞布,而是直接坐在议事会主席团位置上,在面前摆上两个桌子(与阿吉纽西审判中放上两个瓮略有不同)让人们公开投票。这个例证从侧面证实,泰拉麦奈斯擅长进行政治操控以达到自己的目的。有关该事件的具体叙述,参见 Lysias, *Against Agoratus*, 5-38.
② 虽然特拉叙布鲁斯与泰拉麦奈斯一道受命打捞水手,但在整个审判过程中,色诺芬甚至未提到他的名字。
③ 卡根虽然认为泰拉麦奈斯操纵公民大会,但也承认"尽管最终投票结果仰赖于超过半数人的支持,但我们完全可以认为,在这样的判决结果产生的过程中,是遗属亲朋和塞刺墨涅斯(即泰拉麦奈斯)同党起了主要作用"。参见唐纳德·卡根:《雅典帝国的覆亡》,第416页。

判决,认定伯里克利以后的雅典民主真的如某些学者所说,成为了暴民政治? 或者如佟德志等政治学家所认为的,民主与法治之间形成了紧张?①

在《雅典政制》中,亚里士多德先后列举了雅典历史上多达 11 次的政治变革。抛开神话传说中的两次、庇西特拉图僭主政治、希波战争后战神山议事会的崛起,以及公元前 411 年政变和公元前 404、403 年的三十僭主,以及民主政治的两次恢复外,真正由民主派发起改革的仅有梭伦、克里斯提尼和阿利斯提德到埃菲亚尔特的三次。而且这三次之中,梭伦一般既不被视为民主派,也不被认为是寡头派,用他自己的话说,他是一个力图保护双方利益、调处平民与贵族冲突的中间派。这样看来,在亚里士多德列举的雅典国家 11 次重要的政治变革中,由民主派主动发起的不过两次,即公元前 508 年克里斯提尼改革创立民主政治和公元前 462 年埃菲亚尔特改革。前一次创立了古典雅典基本的民主制度,后一次剥夺了战神山议事会的主要权力,通常被视为雅典迈向激进民主时代的转折点。公元前 403 年民主政治恢复后,直到公元前 322 年民主政治被马其顿的安提帕特废除,亚里士多德认为其间雅典政治无本质性的变化②。这样看来,在近 200 年的雅典民主政治中,民主派相当注意维护国家基本政制的稳定性,力图在法治范围内行事,倒是寡头派两次利用民主政治的错误,借助外力支持和恐怖手段,主动发起政变③。但是三十僭主的统治过于臭名昭著,所以到公元前 4 世纪,雅典的现实政治生活中几乎无人再提起回到寡头政治。

在日常生活中,民主政治也相当遵守法制。诉诸非法手段的,经常是上层精英。公元前 508 年,克里斯提尼与民众结合到一起在政治中占据优势,这导致伊萨戈拉斯请求斯巴达国王克莱奥麦奈斯出兵雅典,指名流放了包括阿尔克麦翁家族在内的 700 户雅典人,并企图解散议事会。后来雅典人民暴动,驱逐了斯巴达人,迎回了克里斯提尼等,实现了民主变革④。公元前 5 世纪 80 年代以陶片放逐法的引入为标志,到公元前 462 年埃菲亚尔特改革完善民主政治,即奥斯瓦尔

---

① 佟德志:《译者的话》,参见佟德志编:《宪政与民主》,南京:江苏人民出版社 2007 年版,第 4—5 页。
② 亚里士多德:《雅典政制》,xli,2。
③ 公元前 411 年的政变利用了雅典在西西里的惨败,还同时利用了雅典人当时急欲得到波斯支持的心理,因而四百人政权的建立是欺骗加恐怖的结果,"如果有人胆敢提出反对意见,他们立即以适当的方式将其处死,他们既不追捕谋杀犯,也不对嫌疑犯进行审判",从而在雅典造成恐怖气氛,同时,他们还借口改变政体会得到波斯援助。公元前 404 年三十僭主政制的建立是斯巴达支持的结果。关于公元前 411 年政变的背景和进程,参见 Thucydides,viii,47-70;唐纳德·卡根:《雅典帝国的覆亡》,第 159 页。
④ 希罗多德:《历史》,v,66,69-72;亚里士多德:《雅典政制》,xx,1-xxii,1。

德所谓的人民主权确立过程中,民主派都是在现行法律范围内,通过合法手段实现变革。公元前462年的改革中,首先使用暴力的是反对派,他们暗杀了埃菲亚尔特①。公元前411年的政变中,是皮山戴和弗吕尼库斯等人用阴谋、欺骗和暗杀等恐怖手段,迫使人民同意变更民主政体,实现了四百人政体的寡头统治。为了维持自己的地位,四百人继续实行屠杀和恐怖政策②。如欧吕普托莱穆斯所述,甚至在四百人垮台后,他们中的某些人,如阿利斯塔库斯,不但参与过推翻民主政治的活动,而且把奥伊诺伊要塞出卖给了敌人,但雅典人仍然给予他们单独受审机会和一天的自我辩护时间③。至于在斯巴达人帮助下建立的三十僭主,也是首先通过暗杀民主派领袖克莱奥丰等人登上权力宝座,并且对公民和富裕的外侨举起屠刀。倒是民主派重夺雅典之后,实行大赦,甚至放弃对自己损失的财产以及受到的伤害的追诉,随后完成对法典的修订,并且在公元前4世纪一直恪守法治④。

因此总体上说,在雅典政治中主动破坏法治,或者诉诸暴力的,往往不是民主派的大众,而是上层精英。不管是在阿吉纽西战役之前,还是在那之后,雅典民主政治大体上尊重法治,两者之间的关系虽不乏紧张时期,但总体上是协调的。那么,在阿吉纽西审判中,导致法治全面失守的,到底是雅典的大众,还是所谓的精英?

如果追责的话,这次法治的失守,仍然源自雅典的所谓精英们,尤其是泰拉麦奈斯及其党徒。为了逃脱责任,泰拉麦奈斯不顾将军们无意指控他的现实,首先组织自己的支持者前往公民大会会场,使得溺亡水手家属和泰拉麦奈斯的党徒占了优势,因此,当时的公民大会,与平时公民自发出席的会议有所

---

① 亚里士多德的《雅典政制》对历次政治变革有比较详尽的记载,但没有一次抨击民主政治违背法治精神,甚至埃菲亚尔特也是通过合法手段攻击战神山议事会,进而剥夺它主要权力的。参见《雅典政制》,xxv,1-xxvi,1。
② Thucydides, viii, 48-54, 66-70.修昔底德说:"他们处死了一定数量的人,尽管数量不多,但他们认为,把他们清除有利。他们监禁了其他人,将另一些人从城邦中清除。"亚里士多德注意到,寡头们进行政变的准备措施之一,是废除"违法提案起诉"法令,以方便自己修改法律。尽管这样,他们仍需要借助恐怖手段。参见 Thucydides, viii, 70, 2;亚里士多德:《雅典政制》,xxix,1-5。
③ Xenophon, *Hellenica*, i. 7, 28.
④ 有关三十僭主和民主政治恢复的事件主要载于 Xenophon, *Hellenica*, ii, 3, 1-2-4, 42;亚里士多德:《雅典政制》,xxxv,1-xxxix,6。亚里士多德提到,三十僭主在很短的时间内处死了不下1 500人。奥斯瓦尔德认为,阿吉纽西审判已经初步奠定了法律的主权地位,到公元前403年民主政治恢复后,通过一系列手段正式确定了法律的主权地位。参见 Martin Ostwald, *From Popular Sovereignty to the Sovereignty of Law: Law, Society and Politics in Fifth-Century Athens*, pp. 445,460-475,481-490,500-524。

不同。接着，他收买卡利克塞努斯在议事会提出了非法动议，启动了整个非法审判程序的开关。作为雅典第三等级以上公民——他们某种程度上就是雅典精英阶级的一部分——组成的议事会未能成功阻击卡利克塞努斯，非法议案被提交给了公民大会。那些总是谴责雅典公民大会是暴民集会的学者忘记了这个基本前提：没有预先经过议事会讨论的提案，公民大会不得讨论。这次违法提案的发起人恰恰来自议事会，而对违法提案作出反击的是公民大会①。欧吕普托莱穆斯的第一次反击，是指出卡利克塞努斯的动议本身非法，并希望就此提起违法提案诉讼。一旦欧吕普托莱穆斯的动议被公民大会通过，则卡利克塞努斯本人可能会被送上法庭②。这样，即使卡利克塞努斯的动议在法庭诉讼中获得胜利，对将军们的审判也需要等到若干天之后再举行的公民大会上才会得到讨论，而在当时瞬息万变的气氛中，很有可能发生有利于将军们的变化。然而那天公民大会会场的出席者挽救了卡利克塞努斯。会场上有众多泰拉麦奈斯的支持者，他们和吕奇斯库斯一道击败了公民大会以法治手段解决问题的第一次努力。之后议事会主席团走上前台，可能是在欧吕普托莱穆斯演说的启发下，他们认识到卡利克塞努斯提案的非法性，因而拒绝把这份非法提案提交给公民大会表决。但他们的反对，再次被卡利克塞努斯联合公民大会中泰拉麦奈斯的支持者的非法行动击败：他们威胁把主席团成员送上法庭，迫使主席团同意把提案付诸表决。

由此看来，之前卡利克塞努斯与欧吕普托莱穆斯的交锋，虽然发生在公民大会上，但因为提案本身遭遇非议，并未马上被提交到公民大会表决，而很可能被返回到议事会。雅典人民的所谓欢呼，或许是那些聚集在议事会议员附近的公众③。考虑到泰拉麦奈斯特意组织了部分人去参加会议，这些挤到议事会议员身边的人，很可能也是他的党徒。如果这样的推测合理，则色诺芬笔下喊出了雅

---

① 根据雅典法律规定，一般只有议事会议员可以向议事会提出动议，普通公民如果要提出议案，必须向议事会主席团提出，得到许可后才可以发言。即使如此，普通公民的意见要变成决议草案，仍需要议事会成员以本人的名义提出，并承担可能产生的责任。后来议事会主席团拒绝提卡利克塞努斯的决议案，也证明该议案最早在议事会中提出。这样，不管从哪个层面看，都是议事会首先允许这个非法提案得到通过，违背了雅典国家的基本法律。当然，按照雅典的法律，公民大会有权修订或补充议事会的草案。但就本案而论，前面的辩论大多发生在议事会内而非公民大会上。关于议事会与公民大会决议案之间的关系，参见 P. J. Rhodes, *The Athenian Boule*, pp.52 - 63；摩根斯·赫尔曼·汉森：《德摩斯提尼时代的雅典民主：结构、原则与意识形态》，第 354 页。

② 摩根斯·赫尔曼·汉森：《德摩斯提尼时代的雅典民主：结构、原则与意识形态》，第 281—283 页。

③ P. J. Rhodes, *The Athenian Boule*, p.40.

典人民可以为所欲为口号的人,并非普通的公民大会出席者,而仅是泰拉麦奈斯的党羽。正式的公民大会,或许只是在议事会主席团将决议提交给公民大会之后,才真正开始。

即使如此,在法治轨道内解决问题的希望并没有完全失去,顽强的欧吕普托莱穆斯第二次提出修正意见:按照坎诺努斯法令审判将军。虽然该法令以严厉著称,但会给将军们答辩和分别审判的机会,从而避免卡利克塞努斯提案中一票决定所有将军命运的非法提议。公民大会最初表决支持了欧吕普托莱穆斯的动议。这再一次表明,色诺芬此前所说的那些高呼口号的人,并非公民大会的全体公民,而是那些聚集在议员或主席团成员身边的部分雅典人——或许主要是泰拉麦奈斯的党徒们,因此,在公民大会表决议案时,多数公民仍然认为欧吕普托莱穆斯的意见更加合理。也就是说,公民大会再次表现出了理性和以法治手段解决问题的倾向①。然而麦奈克莱斯的干预让公民大会的第一次表决归于无效。对麦奈克莱斯的干预,公民大会反常地没有像前两次那样表示反对。这里有两种可能:当天公民大会的出席者中有相当部分是溺亡水手的亲属和泰拉麦奈斯的党徒。他们不希望欧吕普托莱穆斯的法治主张取得胜利,因而采取被动接受的态度②。另一种可能是,历经公民大会、议事会的多次辩论和反复,出席者早已筋疲力尽,希望尽快结束会议。而卡利克塞努斯和麦奈克莱斯等人的强势,似乎有不把将军们处死决不罢休的架势。在这种特

---

① 朗认为,对于卡利克塞努斯煽动,雅典民众表现理性,希望以法治手段阻击非法提案的记载,可能反映了雅典人后来急于为这桩非法审判寻找替罪羊,并且为自己开脱的想法。有些人物如麦奈克莱斯等人之所以在雅典文献中全无记载,或许因为这些名字都是伪造的。但这种观点完全忽视了色诺芬本人对民主政治的态度;他是斯巴达的崇拜者,并不喜欢当时雅典的政体,完全没有必要刻意伪造史料,为雅典民众开脱。他有关阿吉纽西审判的叙述,基本也是批判的立场,参见 Mabel L. Lang, "Theramenes and Arginousai," pp.274-277, 279。关于色诺芬的政治理想,参见 Winston Weathers, "Xenophon's Political Idealism," The Classical Journal, Vol.49, No.7, 1954, pp.317-321; Robin Seager, "Xenophon and Athenian Democratic Ideology," Classical Quarterly, New Series, Vol.51, No.2, 2001, pp.385-397。

② 可以相信,那天议事会和公民大会都进行了相当长时间。卡利克塞努斯的动议提出后,首先在公民大会上遭遇了欧吕普托莱穆斯的反对,接着在议事会内的辩论中,又遭遇主席团的反对。在动议被提交给公民大会后,欧吕普托莱穆斯又发言提出自己的议案,并就到底采用哪个议案进行辩论和表决,这个过程势必相当冗长,因为按照雅典公民大会的惯例,在会上发言的绝不仅欧吕普托莱穆斯一人。第一次表决后,议事会统计票数又需要相当长时间。此时人们的耐心早已被消耗殆尽,而此时麦奈克莱斯再度干预,要求进行第二次表决。因此,如果再就麦奈克莱斯的干预进行辩论,肯定又是一个相当长期的过程。加上那些支持欧吕普托莱穆斯的人事先或许根本没有被组织起来,力量比较分散,没有形成有效的反对意见,有些公民因饥肠辘辘,希望尽早散会,进而采取了沉默态度,导致麦奈克莱斯反对公民大会表决结果的举动没有遭到有力反击。在第二次表决中,原本支持欧吕普托莱穆斯意见的部分公民可能改变了立场,最终导致议事会的决议被通过。上述当然都是猜测,但不是不可能。

殊的背景下,非泰拉麦奈斯一派的人采取了绥靖态度。这样,所谓的第二次表决,欧吕普托莱穆斯的提案几乎成了摆设,卡利克塞努斯提出的那个由议事会提交的非法提案,成为事实上的唯一选项,并且不出意外地被通过了。在后来有关有罪无罪的投票中,如泰拉麦奈斯等所愿,有罪的票数占了多数。所以,如果详尽追溯这次审判的进程,我们会发现,在公元前406年的这场审判中,雅典的民主机构,特别是公民大会,表达了通过法律途径解决问题的期望。但这样的前景显然不是泰拉麦奈斯等人愿意看到的。他们无耻地利用了将军们的失误和溺亡者亲属们的愤怒,通过非法手段,裹挟公民大会进行了一次非法表决,制造了雅典民主政治历史上骇人听闻的事件。所以,如果有人应当对这场错误的审判负责,首要责任人应当是泰拉麦奈斯。从这个角度看,克利提亚斯称泰拉麦奈斯"反复无常",倒是符合事实:"你们记得,正是这个泰拉麦奈斯,虽然受将军们之命搭救那些在莱斯沃斯岛外的战斗中船只被打坏的雅典人,却未能履行责任,然而正是他控告将军们,并且造成了他们的死亡,以便他可以自己逃得性命。"[1]所以,阿吉纽西审判表现出来的,不是民主与法治之间的紧张,而是所谓精英们对公民会议的非法操控。

结　　论

以上对有关史实的梳理表明,阿吉纽西审判的发生有三方面因素。其一,特殊的审判背景:在以公民为基础的城邦制度下,长期战争造成的人力消耗,使人们对人力的非战斗损失极其敏感,将军们的错误造成了严重的非战斗减员,极易引起公众的集体愤怒。其二,泰拉麦奈斯和他的支持者们动用非法手段,利用溺亡者亲属们的愤怒,多次突破了民主政治设置的法治壁垒。其三,雅典民主政治的固有弱点,给泰拉麦奈斯等人提供了操纵民意、破坏法治的机会。

雅典民主政治是一种城邦的直接参与性民主,具有几乎所有希腊城邦共同的弱点。作为国家最重要象征之一的暴力强制手段分散在所有公民之中,并未集中于政府[2]。城邦政治的有效运作,很大程度上依赖公民的支持以及对法制

---

[1] Xenophon, *Hellenica*, ii, 3, 32.
[2] 贝兰特指出,在这样的城邦中,公民就是战士,以战争和征服手段保持城邦凝聚力,是城邦能够正常运行的重要前提。参见 Moshe Berent, "Anthropology and the Classics: War, Violence, and the Stateless Polis," *Classical Quarterly*, New Series, Vol.50, No.1, 2000, pp.266-285.

的敬畏①。一旦世家大族决心行动,并且拥有足够的支持者,在没有强有力反对者的情况下,公民群体很难与之对抗。亚里士多德《政治学》列举的大量城邦政制变革,不管是发生在民主制还是寡头制或君主制的城邦,很多都与强势的个人有关②。古风时代希腊城邦的历史,已经证明只要少数人行动坚决,就可以夺取政权③。古典时代城邦权威有所增强,但仍难以完全防止精英集团蓄谋已久的攻击。修昔底德借底比斯人之口宣称,公元前480年波斯入侵希腊时,那时底比斯之所以投靠波斯,是因为城邦政体既非正常的寡头政治,更非民主政治,而是"统治权掌握在少数人手里,与法律和明智的统治背道而驰,而与僭主政体相近。这些人……强力压制民众,将波斯人引入城内"④。斯巴达出现过类似的情况。由于阿盖西劳斯的强势,公元前4世纪斯巴达有过两次臭名昭著的审判,其违法程度,甚至远甚于雅典的这次审判,后果之严重,也几乎可以与阿吉纽西审判相提并论⑤。

雅典民主政治一方面利用民众的力量,一方面依靠陶片放逐法,在一个较长时期里制约了精英们之间的斗争和操纵,保持着城邦政治的稳定⑥。然而,伯罗奔尼撒战争给城邦制度造成了巨大冲击,为应对战争,雅典内部多个层面都出现了不同程度的紧张,导致城邦制度出现不同程度的变形,控制精英们的制度藩篱在阿吉纽西审判中被多次突破。此后,精英们还有过多次非法行动,并且在公元前404年推翻了民主政治。然而,企图取代民主政治的雅典寡头们的统治记录太过恶劣,而自内战中复兴的民主政治,在公元前4世纪赋予法治更大的权威,并对精英们施加更严厉的控制。在此期间,多名将军和政治家遭遇严厉审判和制裁⑦。由于精英们基本认同民主政治,雅典得以在希腊世

---

① 演说家埃斯奇奈斯指出,在世界上的三种政体——僭主制、寡头制和民主制中,"在民主政治中,是法律在保卫着公民的人身和国家的政体,而僭主和寡头们需要用猜疑和武装卫队来保护……你们必须小心那些其言论违背法律,或其生活挑战法律的人"。参见 Aeschines, *Against Timarchus*, 5.
② 亚里士多德认为,掌权的和在野的都有可能发难,但都与个人觉得自己受了不公对待有关。参见亚里士多德:《政治学》,1302a10—15;1303b19—1304a18;1305b40—1307b24。中译文见亚里士多德:《政治学》,吴寿彭译,北京:商务印书馆,1983年,第236、243—245、255—264页。
③ 庇西特拉图第一次登上权力宝座时,利用的是拿着棍棒的少量卫队;波吕克拉泰斯和15名重装步兵一道,夺取了萨摩斯的权力,建立了僭主统治。参见希罗多德:《历史》,i,59;iii,120;安德鲁斯:《希腊僭主》,钟嵩译,北京:商务印书馆1997年版,第126页。
④ Thucydides, ii. 62, 3-4.
⑤ Xenophon, *Hellenica*, v, 2, 25-31; v, 4, 20-33.
⑥ 晏绍祥:《雅典陶片放逐法考辨》,《世界历史》2017年第1期,第104—117页。
⑦ R. K. Sinclair, *Democracy and Participation in Athens*, Cambridge: Cambridge University Press, 1988, pp.146-162.

界普遍动荡的局面下,保持了近80年的稳定①。

导读:

如何让自己产生写作的灵感?
如何从充分的阅读中产生选题?

写作此文最初的灵感,来自佟德志先生主编的《宪政与民主》。在《译者的话》中,佟先生在简要回顾了阿吉纽西审判后评论道:"色诺芬的记述提醒着人们,尽管民主与法治常常相伴而生,但这对孪生子却始终存在着冲突,保持着某种程度的张力。""民主的普遍建立没有消除民主与法治之间固有的矛盾,反而使民主与法治的紧张关系具备了更为重要的理论内涵。"佟先生是政治学大家,做这样的评论肯定经过深思熟虑,因而对我的思想冲击相当大。毕竟在我们的印象中,民主与法治一般是相伴而生,民主需要法治,法治是民主的基本前提。不过,古代作家,不管是柏拉图和亚里士多德,还是修昔底德和色诺芬,也的确都批评雅典民主不讲法治。一些现代学者如奥斯瓦尔德和汉森等,也在一定程度上承认,公元前5世纪雅典民主政治的发展,至少对法治形成了一定冲击。公元前4世纪民主政治的稳定,与公元前5世纪末雅典民主在三十僭主统治后树立法律权威有关。相关的讨论,引起了我对古代民主与法治关系的浓厚兴趣,只是当时还没有来得及阅读相关文献,所谓的兴趣,也停留在抽象层面。

2010年前后(准确时间已然遗忘),中国人民大学法学院邀请徐晓旭教授、瞿俊博士和我一起就古代希腊法律做一个座谈。借此机会,我首先阅读了色诺芬和狄奥多鲁斯的相关记载,发现他们的记录存在混乱,尤其是对审判过程的叙述,在一些基本史实问题上,如:审判如何发生?动议来自何处?雅典人在什么背景下说出那句后来让他们臭名昭著的话?共有几位将军被处死?这些记载相互之间不够协调,甚至直接矛盾。但他们提供的基本框架似乎一致:将军们因未能打捞落水水手,战后被罢免,在公民大会上受审,并被判处死刑。由于当时时间紧迫,我的阅读还很粗略,匆忙上阵,就阿吉纽西审判做了个简单梳理,提了

---

① 关于公元前5世纪末到公元前4世纪初法治的确立,参见晏绍祥:《雅典民主政治的危机与民主信仰的重塑》,《史学集刊》2012年第1期,第3—7页。

个大致的想法：从古典作家的一般记载看，那次审判的确违背了雅典的法治，不过审判出现那样的结果，更多的是精英阶级操纵的结果。座谈会中，吕厚量博士提出了一个非常有价值的问题：色诺芬本人对民主政治的态度，对相关记载产生了多大影响？这个问题非常关键，当时我实际上未能回答，但在后来的写作中，色诺芬等古典作家的立场是一个重要的考虑。

  2017年，因出席世界古代史学术年会需要提交论文，我终于有机会重拾阿吉纽西审判问题。我首先重新阅读色诺芬《希腊史》的记载，发现了一些上次阅读中未能注意到的问题：第一次公民大会的审判中，将军们几乎说服了公民大会，只是因为天色已晚，未能表决。转折来自第二次公民大会上卡利克塞努斯的动议。而他之所以提出这样的动议，是因为他是泰拉麦奈斯的同党，泰拉麦奈斯因受命打捞落水者却未能完成任务，正急于脱罪。所以他不仅收买了卡利克塞努斯，而且把自己的同伙组织起来，装扮成溺亡水手的亲属，制造哀伤气氛，以此为审判加码。但公民大会并没有马上接受这个非法提案，欧吕普托莱穆斯指出，根据雅典法律，所有被指控的人都应当分别受审，并获得答辩机会。但卡利克塞努斯表现强势，否决了欧吕普托莱穆斯的提案，并提出了更加非法的提案：反对者将和将军们一道受审。正是在此过程中，雅典人喊出了那句"如果雅典人民不能做他们想做的事情，那岂不是太可怕了"。虽然如此，在整个审判过程中，公民大会总体上表现理性，大部分时间里支持了欧吕普托莱穆斯的动议，而议事会表现相对被动，先是允许卡利克塞努斯的非法动议出笼，后来主席团又顶不住压力，将非法动议提交给了公民大会。虽然如此，雅典人民终归接受了非法提案，投票判处了将军们死刑。因此我们需要回答：卡利克塞努斯这个当时并不知名的人物为什么如此强势？欧吕普托莱穆斯的动议后来为什么被击败？或者说，公民大会为什么顺从了卡利克塞努斯的非法行动？这些都不完全是古典作家本身的记载可以直接找到答案的，需要我们结合当时的总体形势做出说明。

  于是我开始寻求现代学者的帮助。格罗特认为，将军们存在重大过错：没有及时打捞水手，使雅典损失了大批公民。这个论断非常重要，直接成为我第一部分讨论的前提：在经历近20年的战争后，雅典人力资源极其紧张。由于将军们的失误，雅典白白损失将近十分之一的公民，所以雅典对将军的审判本身并无问题。但格罗特否定了泰拉麦奈斯可能组织追随者操纵公民大会的可能，与他持同样看法的还有卡根。然而芬利关于公民大会出席者成分不断变化的看法，启发我去细致阅读色诺芬和狄奥多鲁斯，发现阿帕图利亚节后的那次公民大会果然与众不同：出席者可能主要是阵亡者的家属，还有泰拉麦奈斯的支持者。考虑到卡利克塞努斯本来就是被收买的，公民大会中泰拉麦奈斯的支持者也不少，而且是有组织的，因此喊出那句让雅典人后来声名狼藉口号的，很可能是泰拉麦奈斯的支持者。虽然如此，欧吕普托莱穆斯仍能够依法力争，并得到公民大会相当多的支持，足以表明即使在那种情况下，雅典人的理性和法治理念仍在发挥作用。只是他们缺乏足够的组织和耐心，去对抗泰拉麦奈斯的支持者，最终导致了那场处死将军的非法判决。因此，阿吉纽西审判的发生固然有复杂的背景，但精英阶级的操纵和城邦民主缺乏制约精英阶级挑战的必要资源，是悲剧发生的根本原因。在这个意义上，那场审判并非民主与法治矛盾的结果，而是精英阶级非法突破了法治藩篱造成的。

有关阿吉纽西审判的探讨，表明我们需要回到历史文献的记载中，从历史的具体进程和细节中发现问题。历史的有趣之处，正在于细节。所谓极简的历史，过分宏观的结论，很可能提供的是难说有多少实际意义的废话。但每个人的修养和识见又终归有限，因此在研究过程中，需要不断求助于现代学者的研究成果。就本文而论，色诺芬和狄奥多鲁斯的记载是基础，但格罗特、卡根、奥斯瓦尔德、麦克道维尔、安德鲁斯等的讨论，在很多方面启发了笔者。准此而论，充分的、足够的阅读，是所有研究的出发点。而历史研究的推进，如刘家和先生所说，只能在充分汲取前人成果的基础上才能实现。

第3讲　问题意识：历史写作的引擎

我们时常会遇到这样的情形，对同样的史料，有的人看不出任何新意，而有的人却能滔滔不绝、长篇大论一番。这其实就是很多历史学家所说的，是否具有"问题意识"。什么是"问题意识"？许多学者试图给予回答，我们认为，"问题意识"是基于大量阅读后对史料形成的不断追问；南开大学历史学院陈志强教授认为"问题意识指的就是研究者确定的主题，它是从大量阅读和调研中选定的，而不仅仅是阅读史料得来的"。研究者的"问题意识"决定了写作的进展，使史料变成论说证据链的关键因素，而不是简单的堆砌。本讲选取陈志强教授所撰写的《地中海世界首次鼠疫研究》（原载《历史研究》2008年第1期，第159—175页）一文，引导我们深入地考量有关"问题意识"的命题。

地中海世界首次鼠疫研究[*]

陈志强

摘要：地中海世界爆发的第一次大规模鼠疫发生在公元6世纪中期，人们对此束手无策，面对来势汹汹的瘟疫无计可施，以为这是上帝的惩罚，因此记载比较混乱。后人研究证明，他们详细描述的这次瘟疫就是人们后来熟称为"黑死病"的鼠疫及其几个变种。相关史料主要来自拜占廷作家普罗柯比、埃瓦格留斯和以弗所人约翰留下的作品，但其他分

---

[*] 本文系教育部人文社会科学重点研究基地2005年重大研究项目"欧洲文化的兴起及其影响"的成果之一，项目批准号为05JJD770119。

散的史料未引起学者们的注意。根据笔者近年来收集的更为全面的资料分析研究,此次瘟疫的病源地在埃及南部,其极高的死亡率不仅给拜占廷帝国造成了严重的物质损失和经济破坏,而且在当地居民中产生了严重的负面社会后果,并产生了深远的历史影响。

关键词：地中海；鼠疫；查士丁尼；拜占廷帝国

谈到欧洲的"黑死病",人们更为熟知的是 13 世纪爆发在意大利的瘟疫,而很少了解 6 世纪地中海世界爆发的首次大规模鼠疫①。普罗柯比《秘史》中有这样一段记述："此后不久,另一个灾难又降临在他(指查士丁尼)身上。正如我在以前书中所描述的,拜占廷城(或称君士坦丁堡)人中流行瘟疫(λοιμός),皇帝查士丁尼身染重病；甚至说他已病死于瘟疫。谣言一直传播到罗马军营。"②研究表明,普罗柯比提到的这次瘟疫就是后人称作"黑死病"的鼠疫。这次鼠疫流行病很可能是地中海地区历史上爆发的第一次大规模鼠疫,其造成的人口和物质破坏相当严重,由此引发的社会影响颇为深远。这次瘟疫爆发于皇帝查士丁尼一世(527—565 年在位)统治时期,因此后人也称其为"查士丁尼瘟疫"。

长期以来,由于史料比较分散,拜占廷学界并未充分注意到"查士丁尼瘟疫"及其影响,许多著名的拜占廷学家也忽视了对相关史料的解读,使如此重大的灾难性事件在现代拜占廷史书中付之阙如。一些学者由于缺乏对其他史料的解读,甚至对提供了有关这次瘟疫主要史料的 6 世纪作家普罗柯比的记载产生了怀疑。近年来,随着生态环境史新研究视角的开拓,学术界开始关注"查士丁尼瘟疫"及其严重影响。事实上,对"查士丁尼瘟疫"展开研究不仅能够加深人们对查士丁尼时代历史的全面认识,而且可以通过这一具体案例促进包括疾病史在内的生态环境史这一新兴研究领域的发展。有鉴于此,笔者更大范围地调查了相关史料,并依据这些原始记载,对"查士丁尼瘟疫"进行详细考察,就教于学界同仁。

---

① 有人研究认为,早在公元前 11 世纪,埃及地区就爆发过鼠疫,其根据来自犹太《圣经·撒母耳记上》中的文字,其中提到菲利斯丁人就遭受了一次大瘟疫的打击,整个菲利斯丁人的城市和政治中心区都经历了"老鼠的摧毁,即大瘟疫的破坏",古希伯来人将其症状描述为"隐私部位肿胀"。参见 *Hebrew Bible*, I Samuel, 5, 6. 这个以《圣经》为依据的推测还有待其他证据的证明,故本文暂不予以引用。

② Procopius, *The Anecdota or Secret History*, iv, trans. H. B. Dewing, Cambridge: Harvard University Press, 1998, pp.1 - 2.

一

关于地中海世界第一次鼠疫的原始资料分散在当时的许多拜占廷作品中,根据笔者的调查,至少在10种拜占廷原始文献中有所涉及[①]。正是由于史料的分散、研究者的专业限制以及史学研究视角的狭隘等原因,所以大多数后世研究者未能深入了解这场灾难及其严重后果。至今它也仍未引起国际拜占廷学界应有的重视,而专门从事古代疾病史研究的学者则因为对拜占廷史缺乏必要的研究而无法全面掌握相关的史料。

关于"查士丁尼瘟疫"最重要的资料来自6世纪拜占廷作家普罗柯比(Procopius,约500—565年)。根据后人研究,普罗柯比是查士丁尼的同时代人,比后者小近20岁,当查士丁尼于45岁登基正式成为皇帝时,普罗柯比刚刚出道。他由于结识了当时杰出的军事将领贝利撒留而受到重用,才华得以施展。仕途的顺达和才尽其用使他对查士丁尼的雄才大略深感折服。普罗柯比出身地方贵族家庭,接受过全面系统的贵族式教育,并按照拜占廷当局的规定接受了全面的法律学习,在离其家乡凯撒里亚不远的贝利图斯(Berytus)法律学校攻读法学,最后进入君士坦丁堡大学深造。系统的教育使天资过人的普罗柯比很快就脱颖而出成为挂牌律师。他多才多艺,通晓多种西亚语言,并擅长古典风格的写作,声名远播,这有助于他结识当时著名的青年将军贝利撒留,后者刚刚被提升为帝国东部波斯边境达拉要塞的统帅。这个地区长期受到古代叙利亚文化的影响,无论在民间还是在官方文件中普遍使用叙利亚语。由于普罗柯比通晓叙利亚语,所以被任命为贝利撒留的秘书兼法律顾问[②]。从此,普罗柯比开始了追随贝利撒留的生涯,而后者也因为其卓越战功而权势日隆,此后成为普罗柯比的保护人。533年6月,贝利撒留被任命为远征军最高统帅,奉命出征北非。普罗柯比作为其顾问也随军出征,成为主要幕僚,与之过从甚密。此后,他追随贝利撒留东征西讨,转战北非和意大利,既因战功显赫而升迁,也因战局失利而失落。540年,由于朝廷中出现了不利的传言,贝利撒留应召回京,普罗柯比也因

[①] 国际拜占廷学界的大多数学者一般只提到三种基本史料,笔者近几年的调查扩大了这一范围,对瘟疫爆发后不同地区和年代的史料进行比较彻底的收集整理,加强了本课题研究的史料基础。这里笔者特别感谢哈佛大学拜占廷研究中心提供的慷慨帮助。

[②] J. B. Bury, *History of the Later Roman Empire from the Death of Theodosius I to the Death of Justinian*, London: Macmillan and Co. Ltd., 1923, p.429.

此一同回到君士坦丁堡。此后,普罗柯比除了偶尔奉旨出访外地或外国,几乎没有离开过君士坦丁堡,因此他亲身经历和亲眼目睹了542年发生在京城的大瘟疫。这次瘟疫是地中海世界爆发的第一次鼠疫,其传播速度之快,危害范围之广,病患死亡人数之多,造成的破坏之严重可谓空前绝后。普罗柯比被这次瘟疫所震惊,因此不惜笔墨,详细记载了瘟疫爆发的惨状。如果说他的其他文字带有政治倾向的话,那么他对大瘟疫的记载还是客观的,因为他坦言这场瘟疫是来自上帝的惩罚,他的记载不敢妄加任何评论①。普罗柯比《秘史》版本之多可能属拜占廷史书版本之最,目前比较可靠并公认比较权威的版本包括1838年的"丁多夫(Dindorf)版本"、1906年的"赫利(J. Haury)版本"②、1935年的"得温(H. B. Dewing)版本"(该版本被收入哈佛大学出版社策划出版的罗耶布古典丛书)③,1961年由密歇根大学出版社出版的"阿特沃尔特(Richard Atwater)版本",1966年由英国企鹅丛书组织出版的"华盛顿(G. A. Washington)英译本"和1967年纽约出版的"凯莫琳(Averil Cameron)版本"。

作为拜占廷历史上最伟大的作家,普罗柯比的《战史》一经问世就受到关注,成为其后拜占廷作家的必读书,其中诸多记载成为后世作家的史料来源。埃瓦格留斯(Evagrios Scholastikos,536—595年)和以弗所人约翰(John of Ephesus,507—586年)也在他们各自的作品中提到了这次瘟疫。埃瓦格留斯比普罗柯比小30余岁,是拜占廷历史上重要的教会史作家。他出身于叙利亚贵族家庭,曾随父母前往地中海东岸重要宗教文化中心安条克接受完整的教育,并像当时贵族子弟一样接受了长期的法学教育,成为律师,因此后人赋予他"律师"的绰号。由于他受到时任安条克大主教格利高里(Gregory)的赏识,因此办理和参与审理了许多重要的案子,使其迅速成为当地闻名遐迩的律师,甚至受聘前往首都办理大案。他多次陪同大主教前往京城,使他有机会了解当时拜占廷帝国宗教界上层事务,并进入宫廷。在皇帝提比略二世(574—582年在位)和莫里斯(582—602年在位)统治时期,他得到重用,曾官至帝国大法官之职④。其流传后

---
① Procopius, *History of the Wars*, trans. H. B. Dewing, Cambridge: Harvard University Press, 1996.
② 该版本曾被认为是取代丁多夫译本的权威版本,并于1962年再版。
③ 此书于1996年重印,本文即以该版本为依据。
④ Evagrius, *A History of the Church in Six Books*, *from A. D. 431 to A. D. 594*, a new translation from the Greek: with an account of the author and his writings, vi, trans. E. Walford, London: H. G. Bohn, 1854, p.23.

世最重要的作品是六卷本《教会史》,该书记述431年第二次以弗所宗教会议以后直到莫里斯皇帝统治第12年即公元594年的宗教史,同时也涉及了大量世俗政治经济生活的情况。其中与本文有关的是关于君士坦丁堡爆发的瘟疫及其在叙利亚首府安条克传播肆虐的情况。值得注意的是,埃瓦格留斯并非单纯使用普罗柯比关于大瘟疫的记载,而是广泛采用了当时尚存在的许多书籍,因此具有独立的史料来源,能够对普罗柯比的记载提供佐证和史料补充。根据学者研究,他的《教会史》涉及其前代和同时代作家如尤西比乌斯(Eusebius,260—340年)、苏格拉底·斯科拉斯提库(Socrates Scholasticus,380—? 年)、索左门(Sozomen,400—450年)、塞奥多利(Theodores,5世纪)、左西莫斯(Zosimus,? —510? 年)、普里斯库斯(Priscus,5世纪)、约翰·马拉拉斯(John Malalas,490—574年)和阿加塞阿斯(Agathias,536—583年)等人的作品,而这些作家的许多作品早已散失,故而后人高度赞扬他的作品[1]。客观考察其作品,我们不得不指出其虔诚的正统信仰影响了其写作的客观性。但是就本文所涉及的大瘟疫方面的材料还是没有掺杂任何宗教派别偏见的,特别是他关于安条克地方大瘟疫流行的情况记载具有相当重要的意义,因为它们丰富了普罗柯比记载以外的史料。埃瓦格留斯的《教会史》自1673年首次出现了"瓦里希乌斯版本"后,多次重印再版,目前最权威可靠的新版为著名英国拜占廷学家布瑞主编的"拜占廷文献丛书"版[2],本文即以此为据。

以弗所人约翰与埃瓦格留斯不同之处在于,他是普罗柯比的同时代人,可能比普氏小几岁,但属于当时的长寿者,近80岁才去世。他是拜占廷历史上最重要的使用叙利亚语写作的作家。约翰出生于基督教一性论派别势力为强大的叙利亚北部(今天土耳其东南部)山区,22岁即因信仰虔诚和能言善辩而被任命为当地专职神职人员,后来因受到正统教派的排挤而流亡巴勒斯坦和首都君士坦丁堡。在其流亡期间,他收集了大量资料作为日后在京城写作的基本素材。他的办事能力极强,受到查士丁尼一世皇帝的赏识和重用,曾担任大主教之职,受命督办帝国范围内一性论教派教堂的收入,并于542年被派往小亚细亚劝说皈依了7万余异教徒,他还在朝廷支持下将各地异教徒神庙改建为教堂和修道院,558年被任命为以弗所大主教。但是,571年查士丁二世(565—578年在位)

---

[1] 他们认为埃瓦格留斯的作品"唤醒了沉封在历史尘埃中已经被忘却的回忆,它们随着他的笔端被激活,呈现为永恒不朽的记忆"。Evagrius, *A History of the Church in Six Books*, Preface.
[2] J. B. Bury, ed., *Byzantine Texts*, London: Methuen & Co., 1899.

即位后推行迫害异端派别的宗教政策,约翰作为一性论教派的主要领袖因此受到严厉惩罚,身受牢狱之灾,他"被这些痛苦折磨得精疲力竭,大量可怕的有害的寄生虫造成了其身体肿胀发炎,他几乎命绝顷刻,奄奄一息。除此之外,他感到被人遗弃,极度绝望,他渴望有什么人来怜悯他,但是没有任何人来,他幻想来个安慰他的人,但却找不到任何人。这就是他的经历,他遭受到的严厉折磨",生不如死①。但正是在此期间,他写下了许多传之后世的重要作品,其中最重要的是《基督教会史》。该书涉及自罗马帝国开始一直到 588 年为止的 600 多年的历史,特别是对其经历的当代历史有非常详细的记载。全书共分三卷,其中第一卷基本散失无存,第三卷基本完好,但内容所涉及的 571 年以后的历史不在本文范围,最重要的第二卷涉及提比略二世统治后直到查士丁二世的历史。但是,在相当长时期里,学者们发现该卷自查士丁一世(518—527 年在位)统治 7 年以后部分散失,而这部分记载对于研究查士丁尼一世时代的历史具有重要意义。学者们坚持不懈的搜寻终于有了结果,这部分散失的《基督教会史》先后在大英博物馆和梵蒂冈图书馆被发现,它们保存在一部名为《叙利亚编年史》的古籍中②。著名拜占廷文献学家布鲁克斯(E. W. Brooks)经多年研究,认为《叙利亚编年史》中引用了以弗所人约翰和其他作家的记载,特别是关于查士丁尼一世统治时期的部分记载弥足珍贵,可以补充普罗柯比记载的不足之处,并提供重要的叙利亚语文献支持③。目前该史料最可靠的版本即由布鲁克斯等人整理出版。

上述三种基本史料已经为学者们所注意并整理问世,但是尚有一些文献还未得到应有的重视。根据笔者的调查研究,与这几位作家同时代的阿加塞阿斯(Agathias,536—583 年)在其《历史(五卷本)》中也涉及了相关情况,其后的作家约翰·马拉拉斯(John Malalas,490—574 年)在其《编年史》中则提到瘟疫的可怕后果④。特别值得一提的是,一部被认为是匿名作家完成的《复活节编年史(284—628AD)》和 6 世纪问世的另一部由匿名作家完成的《阿贝拉编年史》也

---

① John of Ephesus, *Historiae Ecclesiasticae pars tertia*, trans. R. Smith, Oxford: Oxford University Press, Vol.3, 1860, II, 6. 现代学者推测,他就是在迫害中受到严重伤害而去世的。

② Michel le Syrien, *Chronique de Michel le Syrien, Patriarche Jacobite d'Antioche* (1166—1199), trans. J. B. Chabot, Tomes I, II, Paris: Leroux, 1899—1904.

③ Zachariah Mitylene, *Syriac Chronicle*, trans. F. J. Hamilton and E. W. Brooks, in J. B. Bury, ed. *Byzatine Texts*, Introduction.

④ Agathias of Myrina, *Historiarum Libri V*, Berolini: De Gruyter 1967, V, 10.3; John Malalas, *Chronicle*, Chicago: The University of Chicago Press, 1940, VIII, 13.

提供了不少资料，理应得到学者们的注意。此外，拜占廷诸多著名作家也在其作品中描述瘟疫，如安娜·科穆宁娜（Anna Comnena，1083—1153年）在其《阿莱克修斯传》中、塞奥发尼斯（Theophanes Confessor，758？—818年）在其《编年史》中、尼基弗鲁斯（Nicephorus，758—828年）在其《当代编年纪》中、尼基乌主教约翰（John, Bishop of Nikiu，7世纪）在其《编年史》中都谈到大瘟疫及其恐怖的影响，并一致将之归于上帝的惩罚。

让我们对这些拜占廷古代文献做必要的简练分析，以供下文引用。阿加塞阿斯与前述埃瓦格留斯同龄，出生在小亚细亚梅利纳①，其早年的生活几乎与其他贵族子弟没有区别，在接受了完整的教育后从事律师工作，并逐步进入仕途。其代表性作品为《历史（五卷本）》，所涉及的历史主要为世俗社会政治和外交生活的情况。虽然他开章明义地说，"由于查士丁尼统治时期的大部分事件均由修辞学家恺撒利亚的普罗柯比做了准确的描述，因此我觉得没有必要再涉及同样的内容了，但是我应该尽可能完整地描述后来发生的事情"②，但事实上该作品提供了许多"查士丁尼瘟疫"在地中海地区传播和反复爆发的记载，十分珍贵。其后百余年的作家约翰·马拉拉斯的《编年史》则补充了大瘟疫造成的可怕后果③，并在此次瘟疫爆发和流行的年代确定方面提供了佐证。《复活节编年史（284—628 AD）》取名于基督教"复活节"历法，这是7世纪拜占廷编年史的一种惯例④，原文用拜占廷希腊语写成，内容涉及基督教亚当时代直到7世纪前期伊拉克略一世（610—641年在位）统治第20年。书中有关"查士丁尼瘟疫"的一段记载比较详细，在全书简练的编年记事写作风格中显得十分突出。这也与该书不同于皇家编年史和教会编年史比较严肃的记述方式相一致，即关注逸事传闻并特别重视地震天灾和大瘟疫等异常现象的记载。《阿贝拉编年史》也完成于6世纪，由自称为"被基督征服的人"所作。根据内容判断，作者可能出生于拜占廷帝国东部两河流域地区，曾是古代文化中心尼西比斯

---

① 他就此说："我的出生地在梅利纳，我父亲是蒙诺尼乌斯，我的职业是实践罗马人的法律，履行律师的职务。至于梅利纳，我指的不是色雷斯的那个城市，也不是指欧洲或利比亚可能存在的任何同名的城市，而是指亚洲那个梅利纳。"Agathias, *The Histories*, translated with an introduction and short exlanatory notes by Joseph D. Frendo, Berlin, Germany: Walter de Gruyter & Co., 1975, I, 14.

② Agathias, *The Histories*, I, 22.

③ John Malalas, *Chronicle*, trans. E. Jeffreys, M. Jeffreys & R. Scott, Sydney: Sydney University Press, 2006 (Melbourne 1986), VIII, 13.

④ *Chronicon Paschale*, 284 - 628 AD, translated with notes and introduction by Michael Whitby and Mary Whitb, Livepool: Liverpool University Press, 1989.

(Nisibis)学校的学生,因为他在书中讲到的内容细节只有身在当地课堂听课的人才能描述出来。该书写作的时间应该在550—569年,因为他提到这所学校的校长正是在509—569年间主管学校的事务,而他使用现在时态来描述当时的事情。目前该文本尚在出版过程中,所以笔者的资料来源于电子文献资料①。有趣的是,该文献提供了大瘟疫对于战争交战双方的影响,这是其他史料从未涉及过的。安娜·科穆宁娜是拜占廷历史上最著名的女作家,虽然她生活在"查士丁尼瘟疫"爆发5个多世纪以后,但是她的写作却每每涉及古代。这是与其尚古精神和模仿古代作家写作风格相一致的,因为作为科穆宁王朝最尊贵的公主,她接受的宫廷教育涉及范围极为广泛。其《阿莱克修斯传》虽然对其父亲颇多褒奖,但在古典风格的历史叙事中还是提供了对瘟疫的客观描述②。塞奥发尼斯是基督教圣徒,至今天主教和东正教均保持有纪念他的节日。他虽然出身拜占廷帝国京都贵族,却早年痛丧双亲,由皇帝君士坦丁五世(741—775年)带在宫廷中长大,早年便出家自愿成为修道士。后来他因为坚持崇拜圣像的立场被毁坏圣像派迫害致死。其《编年史》因其特殊的经历涉及了284—813年间诸多拜占廷历史重大事件的细节,著名的德国拜占廷文献学家科隆巴赫尔(Krumbacher)高度评价该编年史,认为它比其他拜占廷编年史更为可靠③。对于本文而言,塞奥发尼斯《编年史》提供了又一个可靠的年代佐证。尼基弗鲁斯与塞奥发尼斯同年出生,与其供职于宫廷的父亲一样,后来成为毁坏圣像皇帝的宫廷秘书,并因其毁坏圣像派宗教观点而任拜占廷帝国大教长近10年之久,最终因卷入朝野教俗斗争太深而受到迫害,被迫出家成为修道士。其《当代编年纪》的前半部分依惯例从基督创世写起,价值不大,但是涉及其当代的历史则多持中立观点,在拜占廷编年史中也属难得④。就本文的研究,该文献的价值大体与塞奥发尼斯《编年史》类似。尼基乌主教约翰是7世纪埃及地区人,696年曾担任尼基乌城主教,但不久因被指控滥用职权而遭罢免。他用柯普特语完成的《编年史》是了解7世纪埃及历史的最重要史料,但是包括著名历史学家爱德华·吉本(Edward

---

① *The Chronicle of Arbela*, http://www.tertullian.org/fathers/index.htm # Evagrius_Scholasticus(2007年5月15日), IV.

② 目前比较权威的两个版本分别是 Anna Comnena, *The Alexiad*, trans. Elizabeth A. Dawes, London: K. Paul, Trench, Trubner & Co. Ltd., 1928 和 Anna Comnena, *The Alexiad*, edited and translated by E. R. A. Sewter, Harmondsworth: Penguin, 1969,后者增加了更多的注释,这是长于前者之处。

③ K. Krumbacher, *Geschichte der byzantinischen Literatur*, Athens: Gregoriades, 1974, I, p.342.

④ Nicephorus, *Historia syntomos*, Athena: Ekdoseis Kanake, 1994.

Gibbon)在内的很多学者都未能注意到其重要性。这本《编年史》在流传过程中散失严重,幸好阿拉伯史家将其翻译为阿拉伯语,而他使用的柯普特语相对阿拉伯作家来说更易理解,这也使阿拉伯译本相对准确。该书涉及 7 世纪末以前的历史,其中就包括关于"查士丁尼瘟疫"的材料①。

上述拜占廷古代文献来自于帝国不同地区不同时代,用多种语言写成,其中许多记载显然与普罗柯比的资料来源有所不同,因此可以为普氏的记载提供更丰富的补充材料或佐证材料。但是比较而言,在所有相关史料中,普罗柯比的记载价值最为重要。其所长之处一是记述最为详实,此次瘟疫涉及的方方面面都有细致描述,这是其他作家没有做到的;二是记载依据其亲身经历,且秉承了古典时代的写作风格,因此描述感性直观、鲜活生动,读来真实可靠,就此而言,其他作家无出其右;三是记载涉及的瘟疫是地中海地区首次爆发的鼠疫,其他作家或记其后果,或记其传播,或记载个别地区的情况,或摘抄其材料,均缺乏普氏的首记之功。

二

这些涉及 6 世纪中期地中海地区重大疾患灾难的历史资料在相当长时间里并没有引起后人的重视,许多著名的拜占廷学家甚至不把这次瘟疫列入当时发生的重大事件,因此更谈不到对之开展研究。例如,最著名的现代拜占廷学者奥斯特洛格尔斯基在其名著《拜占廷国家史》有关查士丁尼时代的历史部分中,只字不提这次瘟疫。这种疏漏不是出于节省篇幅的需要,而是因为作者认为这次瘟疫"天灾"的影响还不如帝国的各项政策影响严重。他的这种看法可以从其对查士丁尼的评价中看到:"查士丁尼虽有诸多成功之处,他还是给其后人留下了一个内力耗尽,财政经济完全崩溃的帝国。"②这里,鼠疫造成的巨大物质和精神损失被忽略了。与奥斯特洛格尔斯基齐名的拜占廷通史作家瓦西列夫同样没有注意到普氏这段记载提供的重要信息,他的《拜占廷帝国史》以近 50 页篇幅讨论

---

① John, Bishop of Nikiu, *Chronicle*, trans. R. H. Charles, London: Williams & Norgate, 1916, XC, 54 - 58, CXX, 31.
② 他的作品几乎涉及了这位皇帝统治时期的所有重大事件,诸如强化中央集权、发动三次大规模军事远征、帝国的斯拉夫人政策、首都民众的起义、当时活跃的商业贸易、《罗马民法大全》的编纂、查士丁尼的宗教政策和他去世后形势的全面恶化等,却没有提到这次瘟疫。参见 G. Ostrogorsky, *History of the Byzantine State*, Oxford: Blackwell, 1956, p.72.

查士丁尼时代的历史,可以说,当时人力所为的大小事件都涉及到了,唯独没有对这次大瘟疫进行分析。因为瓦西列夫同样认为查士丁尼的"人力"胜过鼠疫的"天灾",由于"查士丁尼这个强力人物退出历史舞台,其精心打造并曾一度维系帝国均衡发展的整个政府体系轰然崩坏"①。

有的学者显然接触过上述史料,但未给予足够的重视。法国最有代表性的拜占廷通史作家布莱赫尔(L. Brehier)在涉及"查士丁尼瘟疫"时也惜字如金。在其 400 多页的《拜占廷帝国兴亡》中,他对查士丁尼时代的大事,特别是宗教和军事外交活动进行细致描述,着墨甚详,但只用了少半句话谈到大瘟疫,"农村荒芜了,艺术品、道路、引水渠和排水管道破败不堪,城市被鼠疫所摧毁"。他在评价查士丁尼时代三个阶段的历史时,认为截至 540 年以前的前两个阶段,皇帝的统治是成功的,而后的第三个阶段是失败的,犯了重大的政策性失误②。这里,布莱赫尔显然没有将 542 年爆发的大规模鼠疫纳入其视野。

有的学者注意到这次瘟疫的影响,但缺乏深入的研究。例如经典作家爱德华·吉本对于普罗柯比留下的相关史料作出如下分析,"战争、瘟疫和饥馑这三重灾祸同时降临在查士丁尼的臣民的头上;人类数量明显的减少成了其统治时期的一个极大的污点,这种人口减少的情况,在地球的某些最美好的地方至今也并未完全恢复"③。英国著名学者琼斯在其《晚期罗马帝国史》论及查士丁尼时代历史的部分中,正确地指出:"可能这个时期对帝国影响最严重的灾难是鼠疫。它从佩鲁希昂爆发,542 年席卷埃及、巴勒斯坦和叙利亚,次年传到君士坦丁堡,并传播到整个小亚细亚、色雷斯和伊里利亚,还通过美索不达米亚传入波斯。它也向西传播到意大利、非洲,进入高卢。有关其后来肆虐的情况记载很少,但是它间隔一段时间在许多地方重新爆发,尽管不再是致命的。阿加塞阿斯记载了

---

① 他不仅叙述了查士丁尼登基的背景,其发动的对外战争和恢复罗马帝国的政治理想,其编纂《罗马民法大全》的伟大历史功绩,而且分析了其各项政策的成败得失,如镇压"一性论派"的宗教政策、税收与财政政策以及褒奖工商业政策等,甚至平息"尼卡起义"的细节、关闭雅典学院的影响和当时的文化发展乃至皇后塞奥多拉的种种传闻都在其叙述的范围。参见 A. A. Vasiliev, *History of the Byzantine Empire*, Madison: University of Wisconsin Press, Vol.1, 1970, p.169.

② 路易·布莱赫尔是大名鼎鼎的拜占廷学家查理·迪尔的得意门生,他撰写的《拜占廷帝国兴亡》《拜占廷帝国制度》和《拜占廷文化》约百余万字,分别涉及拜占廷帝国军事外交史、王朝统治政治制度史和物质文明及文化史,它们是有关全部拜占廷帝国社会生活的姊妹篇,涉及拜占廷人生活的各个方面。L. Brehier, *Les institutions de l'empire byzantin*, Paris: Albin Michel, 1948; *The Life and Death of Byzantium*, New York: North-Holland Pub. Co., 1977, p.21.

③ 爱德华·吉本:《罗马帝国衰亡史》下册,黄宜思、黄雨石译,北京:商务印书馆 1997 年版,第 230 页。

晚至558年它在君士坦丁堡的再度流行,一些西方编年史家则记载了570—571年间它在意大利和高卢的严重爆发,还有人记载了573—574年君士坦丁堡再次爆发的鼠疫。"但是,令人遗憾的是,在其30余页关于查士丁尼统治的论述中,只有这一段文字涉及瘟疫的情况,而且在后来的分析中也没有反映出他所谓的"对帝国影响最严重"的意思。因为,他在总结查士丁尼时代历史时,还是认为这位皇帝政策上的失误,特别是大规模的对外战争使意大利和北非资源耗尽,人财两空,"尽管我们不能说西部战争已经耗尽了帝国,但是战争的实际结果却是使帝国承负起沉重的军事负担,因而得不到任何补偿以增加其资源"①。自诩为奥斯特洛格尔斯基之后从事拜占廷通史写作第一人的美国新生代拜占廷学者特里格尔德,在其《拜占廷国家与社会史》中注意到"查士丁尼瘟疫"对当时社会的负面影响,认为"这次传遍整个半岛东部地区的瘟疫造成了广泛的人口下降和非常明显的大量违法行为"②,但是,他也没有对这次鼠疫及其破坏作用做更多描述。至今,我们在大量有关拜占廷帝国政治经济、军事外交、宗教文化等的专门著作中,还找不到关于拜占廷人疾病或生存环境的系统研究成果,更不必说关于"查士丁尼瘟疫"的专题研究了③。

"查士丁尼瘟疫"这一重要历史事件的资料被许多现代著名拜占廷学家或轻轻放过,或未置一词,究其原因,在于他们研究的重点是社会制度的变化,强调的是统治者施行的政策及其效果。其历史研究的视角侧重政治外交和宗教文化考察,因此疾病和自然灾害的史料没有引起他们的重视是可以理解的。西方人对

---

① 琼斯确定君士坦丁堡爆发瘟疫的时间为543年,比大多数作家确定的时间晚了一年。A. H. M. Jones, *Later Roman Empire 284—602*, Oxford: Blackwell, 1964, pp.288—289, 300. 依据历史大事年表,埃及是最早出现疫情的地区(541年),第二年春季瘟疫扩散到首都君士坦丁堡,543年意大利、叙利亚等地成为疫区。*Chronicon Paschale*, *284—628 AD*, X; Theophanes Confessor, *The Chronicle* (AD 284—813), trans. Cyril Mango and R. Scott, Oxford: Clarendon Press, 1997, X, [AM6034], 塞奥发尼斯在此处记载君士坦丁堡瘟疫爆发于10月是与埃瓦格留斯"秋季爆发说"相吻合的,只是他没有提到病源地埃及。Nicephorus, *The Chronicle*, X; John of Ephesus, *Historiae Ecclesiaticae parstertia*, II, p.234. 波斯是这次瘟疫最后感染的地区,其传染源是东地中海的安条克,波斯人因此被迫与拜占廷人订立休战协定(545年)。《阿贝拉编年史》就此记载,"上帝打算惩罚双方,向他们播撒可怕的瘟疫,使无数的人死去。罗马人被迫停止追击,退回他们的国家,但是,即便如此在退却中也难以找到安全之所,因为瘟疫一直追踪着他们,将他们大批杀戮掉"。*The Chronicle of Arbela*, IV; L. Brehier, *Vie et Mort de Byzance*, Paris: Albin Michel, 1946, pp.35-54. 普罗柯比也说:"科斯劳正面临困境:他的儿子在国内起兵反叛,声称要建立僭主政治;而他本人和波斯军队又都感染上了瘟疫,这就是他现在急于签约的原因。"Procopius, *History of the Wars*, II, ii, 24.

② Warren Treadgold, *A History of the Byzantine State and Society*, Stanford: Stanford University Press, 1997, p.248.

③ 参见拜占廷学最重要刊物《拜占廷研究》(*Byzantinische Zeitschrift*)提供的专著论文索引。

拜占廷历史的关注始于15世纪和16世纪,当时受意大利文艺复兴运动影响的德意志和法国学者,在附庸风雅的君主或诸侯们的支持下,开始搜集和整理希腊罗马手稿和艺术品。在此后相当长时间内,拜占廷文献和文物属于有闲阶层把玩的"古董"。当真正的研究逐渐开始后,人们的关注点在王朝斗争、政治角逐、对外战争和宗教艺术领域。研究的视野逐步拓展到经济和政治制度,特别注重社会结构的变动。法国年鉴学派的领军人物布洛赫、布罗代尔等人提出的整体史学的分析方法对拜占廷学界也有影响,尽管人们对年鉴学派理论的评价不一①。但是,当代拜占廷学者开展的社会史研究、妇女史研究等,无不带有这种影响的痕迹。以往的拜占廷历史研究侧重社会制度和文化思想演化的原因和过程,忽视自然灾害的影响力,特别是忽视疾病对拜占廷社会生活和历史发展进程的影响。在世界各地联系空前紧密、地球空间范围似乎不断变小、人类面临的资源环境压力日益增强的今天,历史研究更关注人类的生存环境,疾病史、生态史研究的兴起就成为顺理成章的现象了。

　　近十年来,人们逐渐重视对"查士丁尼瘟疫"的研究,普罗柯比等拜占廷作家留下的史料得到充分的关注,包括医疗卫生界专家在内的许多学者,也开始注意他们详细生动的记载,研究这次瘟疫在君士坦丁堡爆发和地中海世界流行的情况。其中以阿兰和史米斯为突出代表,他们的专题论文从病理学的角度非常专业而详细地探讨了"查士丁尼瘟疫"的细节②。一些与世界史相关的通史和专题著作也提到这次瘟疫③,我国近年出版的相关书籍对此也有涉及④。尽管个别学者还持有"怀疑论",指责普罗柯比模仿古典史家的写作风格而怀疑其相关记载是抄袭修昔底德的伪造之作,但这种怀疑只能被视为学术争论中的

---

　　① 张芝联先生在布罗代尔《15至18世纪的物质文明、经济和资本主义》中译本序言中,对布氏及其理论作出了精辟的点评,布氏的两部代表作《15至18世纪的物质文明、经济和资本主义》和《菲利普二世时代的地中海和地中海世界》分别由三联书店(顾良等译,1996年)和商务印书馆(唐家龙等译,1996年)出版了中译本。布洛赫的《封建社会》(张绪山译)也由商务印书馆于2004年出版。
　　② P. Allen, "The 'Justinianic' Plague," *Byzantion*, Vol.49, 1979, pp.5 - 20; Christine A. Smith, "Plague in the Ancient world: a study from Thucydides to Justinian," *The Student Historical Journal*, Vol.28, 1996—1997, Loyola University, New Orleans, 4/5/2002 (http://www.loyno.edu/~history/journal/2002 - 10 - 28).
　　③ 克莱夫·庞廷:《绿色世界史:环境与伟大文明的衰落》,王毅等译,上海:上海人民出版社2002年版,第257页。R. S. Gottfried, *The Black Death*, *Natural and Human Disaster in Medieval Europe*, New York: Free Press, 1983, pp.9 - 12.
　　④ 崔艳红:《查士丁尼大瘟疫述论》,《史学集刊》2003年第3期,第50—55页。她的博士论文中有专门章节研究这次瘟疫。徐家玲:《早期拜占庭和查士丁尼时代研究》,长春:东北师范大学出版社1998年版。余凤高:《流行病:从猖獗到颓败》,济南:山东画报出版社2003年版,第43页。

一种意见①。笔者认为,上述怀疑论难以成立的证据非常有力,而怀疑论形成的原因则在于这些流行病专家没有直接认真地阅读古代作家的原文,或者没有全面了解相关的诸多拜占廷作品,缺乏对这些基本资料的细致分析。事实上,只要对《战史》和《伯罗奔尼撒战争史》相关史料稍加对比,就可以毫无疑义地确定普罗柯比对"查士丁尼瘟疫"的记载并非抄袭,而是其亲身经历的真实事件。同时,与之同时代的其他作家的记载也为其真实性提供了佐证。

三

根据6世纪及以后的多位拜占廷作家记载,这次鼠疫爆发得十分突然,即便在秉承了古希腊发达医学知识的拜占廷帝国,医生们也找不到任何相关的解释依据。从作者描述的当时人表现出的那种无奈可以看出,这次瘟疫是此前人们从来未曾经历过的。

为了使读者更准确地了解"查士丁尼瘟疫"的细节,笔者认为有必要比较全面地引用相关史料。普罗柯比写道:"这时候发生了一场灭绝人类的大瘟疫。……现在的这场灾难若想用言语表达或在头脑中构思对它的解释都是不可能的,除非把它说成是上帝的惩罚。"作为一个客观的历史家,普罗柯比承认自己无法说明这次瘟疫爆发的原因,因此他开章明义地声明他所要做的就是如实记载瘟疫的爆发和传播过程②。

这里,普罗柯比将"查士丁尼瘟疫"爆发的原因归于"上帝",说它代表了"上帝的惩罚"。这种说法真实地反映了作家所处的时代是一个笃信基督教的时代。我们从其他拜占廷作家那里也听到了基本相同的说法。例如埃瓦格留斯就无奈地说:"接下来还要发生什么事情我也不清楚,因为这是上帝所掌控的,只有他知道瘟疫的原因和走向。"③尼基乌主教约翰认为人类违背了上帝的意志,"因而上帝正义的审判就要落在他们身上,将许多瘟疫播撒在人间和畜群"④。阿加塞阿斯也认为"上帝惩罚的标志显示得特别明显",但是他同时也提到了其他一些看

---

① 如有学者提出,普罗柯比"甚至不能放过利用瘟疫来模仿古典作家描述雅典大瘟疫的机会,以便与古人的范本媲美"。J. W. Barker, *Justinian and the Later Roman Empire*, Madison: University of Wisconsin Press, 1966, pp.191-192.
② Procopius, *History of the Wars*, II, ii, 22.
③ Evagrius, *A History of the Church in Six Books*, IV, 29.
④ John, Bishop of Nikiu, *Chronicle*, CXX, 31.

法,"有人说这个地区的空气被污染了,认为污染的空气是这场瘟疫的祸根。而其他人认为,由于他们生活方式的突然改变造成了灾难,因为在历尽强行军和不时发生战斗的磨难后,他们都沉湎于奢华和放纵。他们都未能最终察觉到是什么真正导致了这场灾难,事实上使得它不可避免,他们也不了解他们蔑视上帝和人类的法律将要遭受到无情的灾祸。另外一些人持这样的观点,他们认为这次毁灭是因为上帝的愤怒,完全是对人类犯罪的报应和惩罚,是要毁灭整个人类。"①约翰·马拉拉斯则称"我主上帝眼见人类的罪恶越来越严重,便向地上的人类施行惩罚,摧毁了所有的城市和土地"②。基督教于公元1世纪初兴起于巴勒斯坦地区后,经过数百年的发展,在晚期罗马—拜占廷帝国统治者的支持下,从下层民众的宗教演变为王朝统治的工具,成为排他性的国教。到查士丁尼时代,基督教信仰已经确定无疑地成为拜占廷社会的主流意识形态这样的思想背景,决定了普罗柯比及其他拜占廷作家在字里行间反映出的基督教徒对上帝的虔诚信仰。英国拜占廷学家喀麦隆就明确分析过普罗柯比的这种"基督教思维方法"③。

根据现有古代文献的记载可以推断,当时活跃的地中海贸易和海上谷物运输与这次鼠疫的爆发有直接关系。普罗柯比注意到瘟疫流行迅猛,"它肆意横行,随心所欲,但其运行似乎又有某种预定的安排。它在一段时间内在一个国家肆虐,毫不留情地到处抛下疫种。它通过两个方向传到世界的尽头,唯恐某个角落被漏掉,就连岛屿、山洞和山区中生活的居民也不放过。假如这次它从一些地方经过,没有传染当地居民,过些时候它又会回来肆虐,而这块土地周围的居民因为上次曾被传染过,这次就不会再遭殃了。瘟疫横行之处死亡人数不达到一定的数量它就不会离开,从而使这里的死亡人数与相邻地区以前死亡的人数大体持平。这种疾病通常先从海岸边爆发,进而传播到内地。第二年仲春时节,它到达拜占廷城,那时我碰巧也在拜占廷城"④。作家认为瘟疫的源头在一个名为"佩鲁希昂"的地方,后来扩散到埃及。这个地区在查士丁尼时代属于拜占廷帝国,是帝国首都君士坦丁堡的主要粮食供应地。埃瓦格留斯与普氏说法略有不同,他记载道:"据说这场瘟疫来自埃塞俄比亚,之后它就席卷了整个世界,除了

---

① Agathias, *The Histories*, II, 3 and V, 10.
② John Malalas, *Chronicle*, XVIII, 92.
③ A. M. Cameron, "The 'Scepticism' of Procopius", *Historia*, XV, 1966, p.474.
④ Procopius, *History of the Wars*, II, ii, 22.

一些曾感染过疾病的人,剩下所有的人都被波及。有些城市受到的危害十分严重,以至于几乎没有人存活下来,反之有些城市则受灾较轻并且继续生存发展。这场瘟疫没有按照一个固定的时间发作,也从不以同一个时间离开:它在一些地方于初冬的时候爆发,在另一些地方则是春天,还有一些地方则是夏天,甚至在一些地方是在秋天肆虐。"特别值得注意的是,埃瓦格留斯关于大瘟疫周期爆发的记载,"经常情况下,瘟疫以每5个财政年(即15年)的周期循环波及各地。但是尤其是在每个循环的头一两年最为严重"。①

比较而言,埃瓦格留斯关于大瘟疫爆发时间的意见可能比普罗柯比更准确,普罗柯比认为瘟疫在春季降临,事实上由于携带病源细菌的跳蚤在温暖和潮湿的夏季最为活跃,而一旦鼠疫爆发,其传播流行就不分季节了。另外,地中海沿海各地区之间自古就有密切的物质联系,作为地中海北岸各大城市主要的食品供应地,埃及各海港与帝国首都和其他大都市,特别是沿海城市保持最密切的贸易联系。而君士坦丁堡作为当时地中海世界最大的城市,其粮食供应主要来自埃及,携带鼠疫的老鼠也因此随粮食贸易船只抵达了拜占廷京城。查士丁尼时代,这种联系尤其密切,因为查士丁尼为打破波斯人在远东贸易上的垄断地位,大力拓展红海商业通道,使这种联系进一步得到强化②。

普罗柯比对大瘟疫的详细记载使我们能够毫无疑义地确定6世纪中期爆发的这次瘟疫就是鼠疫,因为瘟疫发病及症状与鼠疫的症状相同。"瘟疫来临时,许多人声称看到了像人形装束的鬼怪幽灵,这些人都认为自己是被鬼怪身上的某一部分所迷惑。其实他们在看到幽灵时就感染上了瘟疫,他们开始大喊圣徒的名字以驱除魔鬼,但根本无济于事,因为连生活在教堂中的人也未能幸免于难。……他们把自己封闭在房间里,就算门被打破了,他们也装作没听见,很明显他们害怕召唤他们的人就是魔鬼中的一员。其他人则是以另一种方式被感染上的:他们先是在梦中看到了一个幻象,忍受着站在面前的魔鬼的折磨,还有的人则听到一个声音告诉他已经被记入黑名单了。但大多数人都是在不知不觉的情况下染病的,而不是通过看到幻象或做了一个梦。他们的症状是这样的:先是突然发烧,有的人是突然从梦中惊醒,还有的人是在走

---

① 淋巴腺鼠疫最早于541年秋天发生在埃及,次年传到整个近东地区和君士坦丁堡,埃瓦格留斯的记载补充了大瘟疫提前在埃及爆发的史实,同时他认为瘟疫可以在全年任何季节爆发,这一点普氏没有认识。Evagrius, *A History of the Church in Six Books*, IV, 29. 拜占廷人每3年测量土地收入以确定税收数量,习惯上称之为"财政年"。

② 陈志强:《拜占廷帝国史》,北京:商务印书馆2003年版,第139—140页。

路时或其他场合突然出现发烧症状。皮肤的颜色没有变化,一直处于低烧状态,也没有发炎,发烧使人四肢无力。但是,医生不会认为发烧有什么危险,得此病的人也没有一个认为自己会死掉。"作者在文章中提到的"腹股沟淋巴结肿胀"和"腋窝处、耳朵侧面各处"淋巴结溃烂①是判断此次瘟疫为鼠疫的最重要根据,而患者出现全身淋巴结肿胀、溃烂以及因此引起的败血症状就成为"黑死病"的典型表现。

埃瓦格留斯《教会史》也提到:"疾病有不同的表现形式。有些人的表现是从头部开始的,他们的眼睛充血,面部肿胀,然后会感染到喉咙,最后离开人世。还有些人会发生腹泻现象。还有一些感染者的淋巴肿胀,然后发高烧;他们一般在次日或者第三日就会去世,而智力以及身体结构和没有感染的人没有什么不同。还有一些人会发疯,并且置生命于不顾。还有一些人会出现红疹。某些病例表明,有些人被感染了一两次之后就逃脱了死亡,但是却死于再一次感染。"②阿加塞阿斯记述说,病人"意识变得模糊不清,像个疯子一样胡言乱语。他变得浑身可怕地打着寒战,嗓子眼里发出痛苦的呻吟呼噜声。忽而他会脸朝下翻倒躺在地面上,忽而又翻来覆去满地打滚,口吐白沫,两眼可怕地直勾勾地盯着前方。这个可怜的家伙好像犯了狂躁型的精神病人一样,竟然开始啃食起他自己的胳膊,用牙齿咬吃胳膊上的肉,撕烂吞吃着,舔着脏兮兮的伤口。他就这样吃着自己的肉,慢慢地精疲力竭,最终极其悲惨地死去。其他人也都如此这样像苍蝇一样死去,瘟疫继续肆虐,直到整个军队都死光了为止。他们大部分人尽管受着高烧的折磨,但仍然保持头脑清醒直到死去。一些人被突然感染倒下就完蛋了,而另外一些人则昏昏沉沉迷迷糊糊,还有的变得完全精神错乱了。这场瘟疫表现的形式多种多样,而每一种都是致命的","人们大量地死去,好像遭受到突然而凶狠的袭击。那些能抵抗住疾病的人最多也就多活 5 天。此次瘟疫流行的形式与早先那次爆发似有不同。腹股沟淋巴腺体的肿胀伴随着持续不断的高烧,日夜折磨着患者,使他们神经始终高度紧张,精神狂乱,直到死亡为止。还有一些人毫无疼痛、发热或任何其他的最初症状,正当他们在家里或大街上或其他什么碰巧所在的地方正常地干着什么时,就突然跌倒死去了。所有年纪的人都无一例外地统统遭受到打击,但是遭到打击最为沉重的是那些年轻而充满活力的人,

---

① Procopius, *History of the Wars*, II, ii, 22.
② 埃瓦格留斯的记载表明瘟疫除了感染淋巴之外,还会引起败血症和肺部疾病,这些并发症会比淋巴感染更快致人死亡。Evagrius, *A History of the Church in Six Books*, VI, 29.

特别是那些感染非常轻微的男人和女人。"①《复活节编年史(284—628AD)》记载:"有一些人在睡梦里也得了这种病。另外一些人不知不觉突然发起高烧,受到精神错乱病症和嗜睡的痛苦折磨。他们中有的死于饥饿,因为他们只是想睡觉,但另一些则因不睡觉而毙命。一些人吐血不止,很快被夺去了生命。很多人虽然没有遭受心智错乱的痛苦,但是他们身体的某些部位,特别是腋窝里面肿胀后疼痛难忍,痛不欲生。有的人身上长出火烧火燎疼痛的脓包,他们即刻就死去了。"②这些记载为疾病的判断提供了佐证,也证明了普罗柯比记载的准确性③。

普罗柯比观察鼠疫症状的视角独到,描述详细,"此后病人的症状就有明显的不同了,我不能肯定能从身体的哪些部位找到发病的原因,因为实际上它是遵照上帝的意愿把疾病带到人间来的。一些人随之而来的是沉沉昏睡,另一些人则是强烈的精神错乱,这两种情况都是瘟疫进一步发展的典型症状。那些被鬼怪附身的人忘记了所有的熟人,持续昏睡。如果这时有人照顾,他们便可以在昏迷的情况下进食,而没有人照料的病人则会因为饥饿而死亡。那些精神错乱者要忍受失眠的痛苦,被可怕的幻象所折磨,认为有人要来杀他们,异常激动到处乱跑,大声喊叫,护理他们的人会精疲力竭,难以忍受。虽然被传染的危险并不大,但他们却承受着巨大的痛苦:当病人躺在床上或在地板上翻滚时,他们要不断地将其拉回原处;当病人拼命地要冲出房间时,他们还得连推带搡地使其回来;当附近有水源时,病人就要跳下去,不只是因为他们口渴,……而是他们头脑中疾病的状态所导致。他们不能顺利进食,吃东西很费力,许多人因为无人照料,或者是饥饿而死或者是从高处跳下去摔死。至于那些既不昏迷精神也不错乱的患者,他们腹股沟处的淋巴结因胀大而致腐烂,患者因不堪忍受痛苦而死。在所有的病例中,死亡都是最终归宿,但有些人因为精神错乱而失去知觉,所以

---

① Agathias, *The Histories*, II, 3 and V, 10.
② *Chronicon Paschale*, 284—628 AD, Appendix 10.
③ 有关现代流行病学对鼠疫的研究可以参考《21世纪医师丛书:传染科分册》(王凝芳、陈菊梅主编,北京:中国协和医科大学出版社2000年版,第356页)、《实用传染病学》(李梦东主编,北京:人民卫生出版社1998年版,第495页)和《现代传染病治疗学》(斯崇文、田庚善主编,合肥:安徽科学技术出版社1998年版,第322页)等书。关于"查士丁尼瘟疫"和"雅典瘟疫"的区别问题可参见《人类病毒性疾病》(刘克洲、陈智主编,人民卫生出版社2002年版,第706页)和王凝芳等主编的《21世纪医师丛书:传染科分册》(第281、355页),详细的分析参见笔者相关短文《世界历史》2006年第1期)。近年来,一些研究者提出了中亚是鼠疫发源地的观点(J. W. Barker, *Justinian and the Later Roman Empire*, pp.191-192),这种以13、14世纪爆发的鼠疫为根据推断6世纪鼠疫发源地的意见,实不可取。克莱夫·庞廷的《绿色世界》(第257页)也提出了相同的观点,但是缺乏必要分析,不足为凭。

没有感到这种痛苦","医生们也对此不知所措,因为他们根本不知道这种病症的病因,他们猜测这种疾病的病灶在腹股沟处,便决定检验死者的尸体,切开一些肿块后,发现在里面长着一种痈疽。一些患者很快就死去了,另一些则在几天后死去。而那些身上长满小扁豆状黑色脓疮的人活不过一天就会死去,还有很多人吐血而死。我可以宣称,即使最杰出的医生也治不好这种病,他的患者照样会死去。但有些从痛苦中坚持活下来的幸存者说有很多注定要死的人也都活下来了。这种疾病不是人为原因造成的,因此在所有的病例中病人的结果是不可预测的。例如,有的人因为洗澡而减轻病情,而另一些人则因洗澡而病情加重;没人照顾的病人虽然死亡的很多,但也有幸存者,不同的治疗方法在不同的病人身上取得的结果是不同的。实际上从这件事可以得出这样的结论:人们既没有发现救治自己的办法,也没有发现预防该病或是减轻患者病情的办法;痛苦在不知不觉中来到,或在没有任何外来帮助下痊愈","如果是怀孕的妇女,只要她们染上这种病就死定了。一些人死于流产,另一些人在生产时和她们的新生儿一起死亡。然而,有人说三个分娩的妇女活了下来,她们的孩子却全部死去,有个妇女在她的孩子出生的那一刻死去,而她的孩子出生后却安然无恙。如果淋巴肿胀还像以前一样大小,那么可以肯定上述的病痛还不会消除。有些病人的痈脓虽然流出来了,但是大腿却萎缩了,这种病人的淋巴腺肿胀没有发展到化脓的程度。"①这些描述与现代传染病学研究得出的鼠疫症状特点基本吻合②。

　　普罗柯比详细记载的症状为后人确诊"查士丁尼瘟疫"为鼠疫提供了可靠的根据。比较而言,伤寒病的临床表现为发病急骤,发低烧的同时伴有头痛疲乏、周身酸痛、眼睑结膜充血,皮疹出现的当天遍及全身,形成不规则红色或暗红色斑疹,最长可存在两周。发疹期最明显的表现是,由腋下和两肋向胸、腹、背、上肢并最终波及全身的皮疹,皮疹初为瘀点,后发展为瘀斑,并由红色逐渐变暗色。因发烧出现的中枢神经系统症状与鼠疫区别不大③。这些典型症状在修昔底德的记载中并不详细,因此导致后人提出多种推测。其中消化系统的多种症状,如厌食、恶心、呕吐、腹痛、腹泻、大便呈黏液状或便血是现代医学怀疑雅典瘟疫为

---

　　① Procopius, *History of the Wars*, II, ii, 22.
　　② 现代传染病学认为鼠疫有三种,即原发性的腺鼠疫、继发性的肺鼠疫和败血鼠疫,高发期三种鼠疫并存,其中腹股沟淋巴结溃烂占70%,病人因发绀和瘀斑,死后皮肤常呈紫色。这些都与拜占廷史料相符。
　　③ 《21世纪医师丛书:传染科分册》,第281页。

埃博拉出血热的主要根据①。这里，普罗柯比及其他拜占廷作家详细准确的记载使我们有幸能够准确判断"查士丁尼瘟疫"就是鼠疫，并将其与其他流行病区别开来。

根据现代医学的研究，鼠疫是由鼠疫杆菌所致的烈性传染病，在1894年日本学者北里柴三郎和法国细菌学家耶尔森发现这种病菌以前，其病死率高达50%—100%②。鼠疫在地中海的首次大规模爆发，其病死率应是相当高的，侥幸死里逃生的病人可能是人体对鼠疫产生自身免疫力的结果。普罗柯比简单地谈到这一情况，"还有些幸存下来的人舌头僵硬，不再自然灵活，发音口齿不清，说话语无伦次，言语困难"③。就此而言，埃瓦格留斯记载得更为详细，"在其他一些地区，有时一座城市里的一两户全部被瘟疫感染，但是城市其余人家却安然无事；但是我们认真调查后会发现，那些没有被感染的人会成为来年瘟疫的主要受害者。但是令人更惊奇的是，如果一座城市被瘟疫波及而那里的居民在没有被感染的情况下逃往其他城市，那么他们在那座城市还是会遭遇不幸——也就是说，那些从被瘟疫波及的城市逃亡的居民会在没有被感染的城市仍然得病"。他还结合自己幸免于鼠疫的经历说，"在大瘟疫最初爆发的时候，我还是个小学生，但是在随后的几次大瘟疫中，我失去了我的子女、妻子、仆人和住在我家里的其他一些人，就仿佛这一循环特意将我排除出去一样。现在写下这些内容的时候，我已经58岁了，大约两年前瘟疫第四次波及了安条克，在这次爆发中，除了之前失去的亲人，我又失去了一个女儿和她生育的儿子"④。从埃瓦格留斯和普罗柯比没有感染鼠疫和查士丁尼轻度感染鼠疫的例子中，我们可以了解到当时有一部分居民确实幸运地躲过了鼠疫的打击这一情况。多年以后，安娜·科穆宁娜在《阿莱克修斯传》中也提到一些人从瘟疫流行地区逃脱感染的情况⑤。在了解

---

① 《人类病毒性疾病》（第706页）认为这些症状的病理改变表现在单核吞噬细胞系统遭受损伤，因此出现一系列脏器出血症状。P. E. Olson, C. S. Hames, A. S. Benenson, et al., "The Thucydides Syndrome: Ebola Déjà Vu? (or Ebola Reemergent?)", *Emerging Infectious Diseases*, No. 2, 1996, pp.155-156; Allison Brugg, "Ancient Ebola Virus?", *Archaeology*, Vol.49, No.6, 1996, p.28; Bernard Dixon, "Ebola in Greece?" *British Medical Journal*, Vol.313, 1996, p.430.

② 现代流行病学认为，鼠疫是可以预防和治疗的。人们发现，鼠疫杆菌对干燥、热或紫外线抵抗力弱，煮沸1分钟即可被杀死，一般消毒药如甲酚、漂白粉、新洁尔灭和乙醇等均能杀死鼠疫杆菌，使用链霉素、磺胺、四环素、氯霉素、庆大霉素可治疗各型鼠疫。

③ Procopius, *History of the Wars*, II, ii, 22.

④ Evagrius, *A History of the Church in Six Books*, VI, 29.

⑤ Anna Comenena, *The Alexiad*, XIII. 她描述了一个名叫威廉·克拉利勒斯的伯爵如何从瘟疫流行的军营中逃脱的故事。

了"查士丁尼瘟疫"的症状等情况后,我们的注意力自然转向这次瘟疫造成的巨大破坏,包括其在物质和精神方面的严重影响。

四

对于地中海爆发的首次鼠疫造成的巨大人员损失,前述爱德华·吉本、琼斯、特里格尔德等学者已经注意到了,但因此引发的其他负面影响更值得我们注意。

首先,这场鼠疫造成了地中海世界空前严重的人力损失。普罗柯比就此记载:"这种疫病在拜占廷城肆虐有4个月,严重感染期大约3个月。刚开始时死亡的人数仅仅比正常情况下死亡的人数多一点点,然而死亡率却在不断上升。稍后,每天死亡的人数已达到5 000人,后来竟达到10 000人以上","当所有现有的坟墓中都已装满了尸体后,他们便在城中到处挖坑埋尸。到了后来那些挖坑的人因为死亡人数太多而无法一一埋葬,就登上锡耶(在首都北部河对面的加拉大区)要塞的塔楼,从打开的屋顶向下扔尸体,尸体横七竖八地堆满了要塞的所有塔楼,结果整个城市都弥漫着一股尸臭。"① 埃瓦格留斯写道:"据说这场瘟疫来自埃塞俄比亚。之后就席卷了整个世界,除了一些感染过疾病的人,剩下所有的人都被波及。有些城市受到的危害十分严重,以至于几乎没有人存活下来。"②《复活节编年史(284—628AD)》也记载说:"如此众多的人死于所说的这种瘟疫,致使人们只能将运尸板车套在不会说话的牲畜身上,然后把尸体扔在上面;当运尸的骡子被累死时,车子也就翻倒了,到处都像这样乱七八糟。当墓地都被占满了时,甚至连干涸的池塘也被填满了死人的尸体。"③ 根据以弗所人约翰的记述,瘟疫高峰时在公共场所中每天死亡的穷人从5 000人上升到7 000人或10 000人,最多时达到16 000人。这个数字比普氏的记载还高了许多。在君士坦丁堡城门记录运到城外埋葬的尸体的官员在数到23万时便停止继续统计,因为尸体数量太多难以全数。他惊恐地写道:在巴勒斯坦的一些城市和村庄,所有的人都死去了,无一幸存,"所有的居民都像美丽的葡萄一样被无情地榨干、碾碎",从叙利亚到色雷斯,"在收获季节里居然没有人收获谷物,城市的街道上

---

① Procopius, *History of the Wars*, II, ii, 23.
② Evagrius, *A History of the Church in Six Books*, VI, 29.
③ *Chronicon Paschale*, 284-628 AD, Appendix 10.

也看不到人影"①。《阿贝拉编年史》也说:"这次瘟疫流行了3个月,整户整户地消灭了大量当地居民。"②约翰·马拉拉斯的记载似乎没有太多新意,"这场瘟疫持续了很长时间,以至于没有足够的人来掩埋尸体。有些人将死尸搬出他们自己的房屋,扔到担架上就不再去管他们。还有的尸体暴尸多日而无人掩埋。很多人不出席其亲属的葬礼。上帝的惩罚在拜占廷城持续了两个月"③。按照这些史料的记载,鼠疫在君士坦丁堡流行的百余天中夺走了数十万人的生命④。

应该注意的是,地中海首次大规模鼠疫肆虐的主要地区是人口密度大的海港、城市和军营,因此其对帝国劳动力和武装力量的破坏更加严重。还应该注意的是,"查士丁尼瘟疫"反复爆发,每次发作的威力均未有丝毫减弱。阿加塞阿斯记录了第二次爆发的严重情况,"那一年(558年)初春时节,瘟疫第二次大爆发,肆虐整个京城,杀死了大批居民。自从皇帝查士丁尼统治开始的第15年瘟疫第一次传遍我们这个地区以后,它事实上并未完全停止传播,而是一直从一个地方蔓延到另一个地方,只是让那些一时躲过其暴虐摧残的人获得暂时的喘息。现在,它又回到了君士坦丁堡,就好像以前受到了欺骗,在第一次大爆发时毫无理由地轻易离去似的。人们大量地死去,好像遭受到突然而凶狠的袭击。那些能抵抗住疾病的人最多也就多活5天"⑤。埃瓦格留斯就提到安条克地方遭受多达4次的鼠疫袭击,每次瘟疫流行,他都会失去一些亲人⑥。

其次,民众对瘟疫产生的强烈的恐惧心理严重地扰乱了拜占廷帝国的正常秩序和社会生活,"死了许多人,产生了极大的恐慌"⑦。"当时,拜占廷的大街上人迹稀少,那些幸运的健康人都待在家里,或者照顾病人,或者哀悼死者。如果

---

① John of Ephesus, *Historiae Ecclesiasticae Parstertia*, II, pp.228 - 232.
② *The Chronicle of Arbela*, IV.
③ 但是他关于大瘟疫肆虐时间的记载比其他作家少了一个月,不知是文本的问题还是作者问题。John Malalas, *Chronicle*, XVIII, 92.
④ 学者们对于君士坦丁堡人口问题持有不同的估计,其中估计人口数最高的达到100万,最低的25万。参见 S. Runciman, *Byzantine Civilization*, London: Edword Arnold & Co., 1933, p.124.《牛津拜占庭史》估计此次瘟疫使君士坦丁堡丧失了1/3人口。C. Mango, ed., *The Oxford History of Byzantine*, Oxford: Oxford University Press, 2002, p.49.《黑死病》推测在4个月内君士坦丁堡人口减少了40%,即死亡20万人。R. S. Gottfried, *The Black Death*, *Natural and Human Disaster in Medieval Europe*, p.11. 阿兰依据以弗所人约翰的记载,推算总死亡人口为23万,占总人口40万的57%。P. Allen, "The 'Justinianic' Plague," p.11. 布鲁宁认为瘟疫使君士坦丁堡丧失了2/5人口。见 R. Browning, *Justinian and Theodora*, London: Thames and Hudson, 1987, p.120. 兰布则认为瘟疫使君士坦丁堡人口减少了一半。见 H. Lamb, *Theodora and the Emperor*, New York: Doubleday, 1963, p.153.
⑤ Agathias, *The Histories*, V, 10.
⑥ Evagrius, *A History of the Church in Six Books*, VI, 29.
⑦ Theophanes Confessor, *The Chronicle*, X, [AM6034].

碰巧有个人从屋里出来,那么他就是在拖一具尸体。……实际上在城市里最严重的问题就是饥饿,城中急需足量的面包和其他食物,很多病人的死亡原因多半是因为缺少食物而并非疾病。……在这个统治着整个罗马帝国的城市里,每个人都穿着仅能遮羞的衣服待在家里。这就是罗马帝国的大瘟疫在拜占廷流行期间的情况,它同时也传播到了波斯和其他蛮族人那里。"①这里,我们可以设想当时查士丁尼帝国行政管理体系陷于瘫痪的情形,城市工商业活动完全停止,由此导致的哄抢、偷盗等各种暴力活动急剧增加。

至于社会习俗的改变也很明显,反映出人们在死亡威胁下宗教观念和生活观念的变化。普罗柯比记载说:"起初人们还都参加自己家族的死亡者的葬礼,由于墓穴不够就把尸体暗地里或强行扔到其他人的坟墓中","在这种情况下,皇帝自然要为有困难的人提供帮助。他命人从国库中提出钱款分给民众。"负责这项工作的是塞奥佐罗斯,他在朝中担任知事一职,负责向皇帝传达臣属国的文书,并将皇帝的意愿再传达给他们,在拉丁文中,罗马人将这一官职称为"咨询官"(referendarius)。塞奥佐罗斯分发了皇帝拨款之后,他还得为掩埋无主尸体而自己掏腰包。"由于死人太多,葬礼仪式能免则免,亡者不能由送葬队伍以通常的仪式护送,也没有赞美诗唱给他们听,人们只是抓住死者的肩膀拖到海边后扔下去就算了,有的尸体被堆在小舟上,任凭它随便漂到什么地方。"②《复活节编年史(284—628 AD)》也记载,"瘟疫流行的结果使得几乎所有家庭都门户紧闭,没有任何人再举行葬礼了"③。综合分析,大瘟疫造成的大量人口的死亡使拜占廷帝国社会生活陷入混乱,政府出于维持统治秩序的需要,一度动用军队分发救灾资金,极力安抚民众,但是,瘟疫的传播很快破坏了官方的赈济活动,这就不能不动摇民众的政治信念,随后出现的首都骚乱乃是其外在表现。

再者,在突然降临的鼠疫面前,"人力"已经无计可施,在死亡恐惧威胁下的民众发生信仰动摇的现象。普罗柯比记载,"那些过去以卑鄙手段追求享乐的人,逐渐摆脱了他们日常生活中的堕落奢靡,勤奋地担负起救济的职务。这不是因为他们最终学聪明了,也不是因为他们突然变成了品格高尚的人——人们天

---

① Procopius, *History of the Wars*, II, ii, 23. 阿加塞阿斯在这个地方与普氏显然不同,他记载:"然而,可能就在瘟疫传播到首都那年里,所有的匈奴部落却都活得好好的,而且好像因为某些原因,他们正好闻名遐迩,当时他们决定南下,就在离多瑙河不远的地方驻扎下来。"Agathias, *The Histories*, V, 11.

② Procopius, *History of the Wars*, II, ii, 23.

③ *Chronicon Paschale*, 284 - 628 AD, Appendix 12.

生固有的品格或者在后天长期的实践中形成的习惯是不可能轻易改变的,除非真的有神灵降临到他们身上——但可以这样说,当人们面临即将来临的死亡,不可抑止地陷入恐惧之中"①。很明显,当时为人们理解的价值观念,包括是非、善恶、生死等被无法理解的死亡恐惧所改变,通常流行的伦理道德也受到冲击,普通民众在混乱中悄然改变了生活习俗,一些人似乎改邪归正,而另一些邪恶歹徒则乘机作恶,社会生活一度陷入混乱,令普罗柯比感到怪异。约翰·马拉拉斯也提到,由于人口和牲畜大量死亡,在收获庄稼的季节无人下地收割,因此加剧了饥荒。"城市正常的食品供应中断了,加工谷物的磨房和面包房停止了工作。这样瘟疫灾祸又加上了饥荒。……瘟疫流行对公众道德产生了灾难性的后果。"②

  但是,我们也掌握着信仰坚定的例子,尼基乌主教约翰《编年史》中就生动地描述了查士丁尼皇帝的一个故事:"皇帝查士丁尼以其全部身心爱上帝。此时有个名叫马西德(Masides)的江湖术士住在拜占廷,与他同居并为之服务的是一帮魔鬼。所有基督教徒都回避他,没有任何人与其交往。就是这个江湖术士指挥那帮魔鬼向人间传播了邪恶的瘟疫。那些活着而未经灵魂修炼因而玩忽职守的人整天奔走于剧场和竞技场,特别是像阿迪乌斯(Addaeus)和埃塞利乌斯(Aetherius)这两个京城里的贵族,却以上帝崇高的名义抬举这个坏蛋。就是这些贵族向皇帝进言推荐这个江湖术士,说'这个人曾给波斯人造成了毁灭,也将给罗马人带来胜利。他将能够用他的魔法为罗马帝国服务,还能管理帝国的许多小国,使征缴税收工作进行得十分出色,他能给波斯人送去魔鬼,通过各种各样特殊而强烈的瘟疫消磨掉他们的勇武好战,同时能使罗马人不战而胜'。但是皇帝意志坚决,他嘲笑了这些魔鬼的奴仆,还想了解他们真正的目的。于是马西德就施展了那些贵族告诉他的那些魔法。当皇帝知道他的那些花招是怎么一回事,就讥讽那两个贵族说:'我并不相信你们说的那些魔法巫术,也不信你们对国家有什么益处。我查士丁尼,一个基督教皇帝还靠魔法的帮助取胜?不,上帝我主耶稣基督、天地的创造者会来帮助我。'显然他赶走了这个江湖术士及其助手,因为他永远相信上帝。不久以后,皇帝在上帝帮助下取得了胜利,他下令烧死了那个江湖术士。"③这个故事的真实性还不得而知,其中带有明显的基督教倾向,但是,由于大瘟疫造成的信仰危机和思想混乱却可见一斑。

---

① Procopius, *History of the Wars*, II, ii, 23.
② R. Browning, *Justinian and Theodora*, pp.119-121.
③ John, Bishop of Nikiu, *chronicle*, XC, 54-60.

最后，我们还注意到了瘟疫对当时政治生活的稳定产生的不良影响。由于王朝统治一度停顿，政治阴谋随即而起。本文开章引用的那段史料就记载了"查士丁尼瘟疫"爆发后出现的一次宫廷政变，普罗柯比接着写道："一些军官说如果罗马人在君士坦丁堡拥立像他（查士丁尼）一样的人为皇帝，那么他们绝不承认。皇帝病情好转后，军官们互相指控，彼得将军和暴食者约翰声明他们听信了贝利撒留和布泽斯的话才发表了上述言论。"①这次流产的宫廷阴谋，起源于皇帝查士丁尼感染鼠疫，终止于他奇迹般康复。此后，一批文臣武将，包括战功赫赫的贝利撒留都因卷入其中而受到惩罚。这不能不被视为瘟疫的另一个直接恶果。

"查士丁尼瘟疫"究竟对拜占廷帝国产生了何等严重而深远的影响目前还是个需要多学科交叉深入研究的重大历史问题，可以另文探讨，特别是需要提供更多的量化资料说明问题。本文只是提出几个明显的事实证明这场瘟疫的破坏作用。根据现代学者的研究，查士丁尼统治以前，拜占廷军队总数达到65万人，但是到了其统治末年，这一数字大幅度下降到15万人，据说其后的皇帝伊拉克略能够投入其重大战事——波斯战争的兵力只有区区6 000人而已②。当然，军队人数下降的原因是多方面的，但是地中海世界第一次鼠疫造成的人员损失大概是个关键因素。与此相关的另一个事实是拜占廷帝国自查士丁尼时代以后人力长期短缺，甚至经过一个世纪也未能恢复，帝国被迫采取移民政策，仅7世纪末年就向奥普西金军区迁徙了7万斯拉夫人，762年又再度向小亚细亚地区迁徙21万斯拉夫人，以补充劳动力和兵员③。"查士丁尼瘟疫"爆发前，拜占廷帝国进行大规模征服战争，开疆扩土，将地中海变为帝国的内海，帝国疆域之广大堪称空前绝后。但是瘟疫后，帝国大厦轰然倒塌，不但强敌入侵屡屡得手，领土日益缩小，而且强大的中央集权政治迅速为内战所取代。显然，拜占廷帝国局势的突然变故是与鼠疫造成的巨大灾难直接相关的。当拜占廷国家遭受重大的人员损失、政治经济活动陷于停顿，尤其在政治中枢、军事重地和精神文化中心的城市遭到毁灭性破坏以后，人们还有理由相信其皇帝能够继续保持帝国的强盛吗？

"查士丁尼瘟疫"还对地中海世界的历史产生深刻影响。根据欧洲中古史学

---

① Procopius, *The Anecdota or Secret History*, IV, 3—4.
② 过去人们对此给出的解释是查士丁尼发动对外战争导致兵力下降，目前看来这一解释需要调整。陈志强：《拜占廷学研究》，北京：人民出版社2001年版，第59—60页。
③ Theophanis, *Chronographia*, II, p.432.

者的研究，埃及于541年最早出现疫情，同年鼠疫就传播到罗马，第二年即542年春季首都君士坦丁堡爆发鼠疫，随之维罗纳、马赛等城市也感染瘟疫，543年意大利全境和叙利亚等地成为疫区，此后，鼠疫随军队传播到波斯。这次鼠疫先是在沿海城市和军营，后是沿海上航路、军事大道和商路四处流传，整个地中海沿岸都成为疫区，其中君士坦丁堡、安条克、罗马和马赛是重灾区，在百年内四度流行鼠疫，而西班牙东南部、高卢和北非地区三度爆发鼠疫，甚至英格兰西部和爱尔兰东部沿海地区也两度感染鼠疫①。难怪爱德华·吉本到18世纪时在论及"查士丁尼瘟疫"造成的巨大人口损失时还慨叹，"在地球的某些最美好的地方至今也并未完全恢复"。不断爆发的鼠疫在缺乏抵御经验的地中海和欧洲毫无疑问造成了重大破坏，其对农业经济和城市生活的破坏，所引发的欧洲人口下降和劳力短缺问题，以及社会生活其他方面的变化，特别是"查士丁尼瘟疫"与14世纪爆发的"黑死病"之间的联系等问题，都值得我们进一步深入研究。

 导读：

如何与史料对话？如何将史料信息转变为阐释观点的证据？

历史研究和论文写作讲求史料丰富，这是共识。人们普遍以为，一篇好的论文是研究者经过全面收集史料、精心解读文献、调查研究史料提供的信息，而后进行细致分析，最终得出结论的研究结果。很明显，史料是构成优秀研究成果极为重要的因素。

史料分为由当事人所记载或使用的原始资料、由后人调查了解仔细加工的第二手资料，以及已经形成定论而编入辞书、教材和普及读物的第三手资料。这些留存于后世的文献和文物材料都是当时人有感而发的作品，记载越是具体详细就越是庞杂繁乱，也就越是带有记述人或经手人的思想感情和倾向性，同时也呈现出他们记载的局限性。我们在具体阅读和解读这些史料时，常常会跨越时

---

① R. Fossier, ed., *The Cambridge Illustrated History of the Middle Ages*, New York: Cambridge University Press, 2000, p.475.《黑死病》一书提到"查士丁尼瘟疫"爆发后的200年间，鼠疫在地中海沿岸地区每隔10—24年重复爆发，致使当地人口水平长期得不到恢复。R. S. Gottfried, *The Black Death, Natural and Human Disaster in Medieval Europe*, pp.11-12.

空,跟着史料记载人进入"历史现场"。譬如,在解读"查士丁尼瘟疫"相关史料时,我们就随着拜占廷帝国著名历史学家普罗柯比的作品,进入公元542年发生在君士坦丁堡的那场大瘟疫的可怕场景,透过这位作家的眼睛,看到大瘟疫的迅速蔓延、未知疾病对居民的无差别杀戮、大量病患遭受的痛苦折磨、传统救治方法无效带来的更大惊恐、整村整户人口的死亡、腐烂尸体的随意丢弃、那种叫天不应叫地不灵的绝望、瘟疫造成的全城混乱和诡异举止群发的迷惑等。当然,除了普罗柯比外,还有一些史料,由于都不如他的记载详细而成为辅助史料。

如何将大量的史料信息转变为阐释观点的证据呢?这是写好历史论文需要解决的大问题。研究者当然不能把仔细读过的史料都写进论文,因为历史研究不是讲故事,而是研究问题。研究问题便不可能面面俱到,更不能跟着记载人的笔迹和好恶走。这里,研究主体的问题意识是关键。问题意识指的就是研究者确定的主题,它是从大量阅读和调研中选定的,而不仅仅是阅读史料得来的。有关确定命题不是这篇短文的主旨,这里要说的是研究问题确定下来之后的事情。事实上,研究者在前期的史料解读中应该形成了某种基本观点,这个观点就是要有理有据地回答某个特定问题。譬如,在动笔撰写《地中海世界首次鼠疫研究》一文时,我已经熟读史料多遍,对有关大瘟疫的信息非常熟悉,并形成了自己的看法,还对论文要解答的问题有清楚的认识。这个问题不仅仅是准确讲清这次大瘟疫是什么,而且要解答瘟疫对当时拜占廷帝国的影响,进而提出后世研究对"查士丁尼瘟疫"的判断需要重新调整的新问题,以及生态环境史学在新时代历史研究中的重要性。事实上,我在动笔之前就已经成竹在胸,瘟疫之恐怖、打击之沉重、启示之深刻,已经成为写作的关键词了。

关键在于,问题意识要贯穿研究和写作的全过程。论文论文,观点是核心,论证是重点,没有紧扣观点的论证,只有生动准确的单纯描述,就是没有思想的文章,史料再多也是缺乏"灵魂"的堆砌。在论文写作过程中,要时时刻刻想着准备回答的问题,就好像在历史的法庭上进行举证质证的辩论一样。为了透彻阐明已经形成的观点,就要进入辩论式思维状态,从各个方面有条有理地进行逻辑分析。通常而言,要说明文章的核心论点,需要有若干分论点加以支撑,而每个分论点一定是阐明核心论点不可缺少的逻辑组成部分。这些环环相扣的大小论点都需要史料证据。注意,这里史料转变为论说的证据了!譬如,为了充分说明"查士丁尼瘟疫"造成了严重的影响,就需要从大瘟疫的可怕表现中选取其最明显的人员损害现象,尤其是具有数字表现力的证据。缺乏数字观念是古人的普遍特点,要在文章中通过数字说明瘟疫对人力资源的严重伤害,就要用现代医学和统计学的通识方法对这些有限的数字加以强化。其次,在突出瘟疫的负面影响时,更要对其造成的对社会正常生活秩序的破坏进行剖析,史料中凡是能够证明这种破坏的证据都要挑选出来,精选出其中最有说服力的证据加以分析,千方百计地将它们纳入说明观点的证据链。大瘟疫不仅有物质方面的严重破坏,还造成了民众精神损伤的恶果,其中直接关乎拜占廷帝国命运的是信仰的崩塌和政治观念的错乱,这样的证据需要认真地从史料中选择出来。也许聪明的读者已经注意到,研究工作到了这个阶段已经不是史料在引领前行的方向,将史料证据编织为证据链的观点才是真正的领导者。

史料信息转变为论说证据是不是意味着"先入为主"或"对历史随意解读"呢?一段时间以来,人们对此有些误解。其误解在于,忽视了历史研究主体对研究客体的整体研究过程,忽视了研究者在搜寻史料、解读史料、调研学术发展中的步骤,误以为核心观点是随心所欲产生出来的。特别是,他们将研究过程中非常关键的史料信息转变为论说证据的步骤误解为随意编造。史料是任何历史研究必需的依据,根据史料说话是历史学区别于重于形象构造的文学和纯粹逻辑思辨的哲学最本质的不同点。然而,我们应该承认史料的局限性,因为史料产生自人手,人为的史料受制于人类生活时空的局限性,受制于史料传承中的局限性,更受制于不同时代人们解读差异的局限性。因此,史料信息需要甄别,需要用研究主体的问题意识加以引领,需要研究者将它们转变为阐明观点的证据链。

总之,研究者的问题意识是主导史料信息"堆"转变为论说证据链的关键。

第4讲　因教而撰：不必为赋新词强说愁

教学工作者因自己的热爱而讲授，并通过讲授历史知识而发现问题，或者引导学生进行广泛思考，从而就某个问题形成新的讨论。史学论文的写作也应该是一种有感而发的行为，写作者对自己的写作工作充满兴趣，在教学或阅读过程中遇到新的问题，不吐不快，写成文字。华南师范大学陈文海教授的这篇《特兰特会议对教宗制度的矛盾态度——以〈特兰特圣公会议教规教令集〉为辨析基础》(原载《历史研究》2012年第1期，第106—123页)即是他为了教学而产生的思考，并动手翻译元典作为教学资料，通过对教学资料的反思，形成了对特兰特会议与教宗制度关系的新见解。

特兰特会议对教宗制度的矛盾态度
——以《特兰特圣公会议教规教令集》为辨析基础[*]

陈文海

摘要：特兰特会议(Council of Trent，1545—1563年)是天主教会为应对新教挑战而于16世纪中叶召开的一次具有深远影响的宗教会议。按照当时的境况，饱受诟病的教宗制度及其流弊理应成为特兰特会议所要着力解决的问题之一。不过，学术界一般认为，对于教宗制度中存在的各种问题，特兰特会议并没有作出什么实质性的反应。

---

[*] 匿名评审专家提出了富有建设性的修改意见和建议，笔者的合作导师、英国伯明翰大学历史文化学院罗伯特·斯旺森(Robert Swanson)教授亦提供了许多具体指导和帮助，一并表示衷心感谢。

实际上,如果对特兰特会议文件进行深入考察,便不难发现,在特兰特会议(特别是会议的第三阶段)所颁教规教令中,隐含着较多的涉及教宗制度问题的表述,其中既有维护性条文,亦有制约性规定。在特兰特会议之后,天主教世界之所以不再提及那些制约性规定,其主要原因在于以教宗为首的罗马教廷垄断了对会议文件进行解释的特权。

关键词:特兰特会议;教宗制度;教宗权威;显性维护;隐性制约

在近代天主教会历史上,在亚平宁半岛东北部小城特兰特(Trent)召开的断断续续长达18年之久的"特兰特会议"[①](1545—1563)是一个具有转折意义的历史事件,会议制定的教规教令在很大程度上决定了近现代天主教会的面貌。会议之后,天主教会内部的统一格局得到明显加强,再也没有出现新的大分裂局面[②]。同时,由于时世变迁以及教会本身的战略定位等因素,会后的天主教会又在一定程度上陷入了具有精英化色彩的"角色困境"[③]。因此,就历史学的逻辑关系角度而言,特兰特会议必然是近现代天主教会史的研究始发点之一,只有全面深入了解特兰特会议,才能更为准确地理解近现代天主教会的历史变迁[④]。

从基本层面来说,特兰特会议的根本目的就是要从教义和制度两个方面来应对新教的质疑与挑战,以重建天主教会的权威地位[⑤]。就制度层面而言,教宗

---

① 即通常所说的"特兰特大公会议"或"特兰特圣公会议"。在这次会议所颁教规教令及相关文件中,为强调会议的神圣性和代表性,凡提及此次会议,通常都要在"会议"一词之前冠以"神圣的"(sacred)、"属神的"(holy)、"普世的"(ecumenical)、"全体的"(general)等词语。因此,从贴近文献本原的角度出发,本文在直引特兰特会议文献时,会依据文献用词的原貌,使用"圣公会议"的称谓;在其他情况下,则遵从一般表述方式,使用"大公会议"这一术语。另外,特兰特(标准意大利语写作 Trento,但意大利的不少方言都将之写成 Trent;其拉丁文名称写作 Tridentum,本意是"三面环山之地"),亦译为特兰托、特伦托;中国的天主教会人士则通常将之译为特利腾、脱利腾或天特,其宗教蕴涵颇为浓郁。
② A. D. Wright, *The Early Modern Papacy: From the Council of Trent to the French Revolution, 1564 -1789*, Essex: Pearson Education Limited, 2000, pp.1-2.
③ 参见陈文海:《近代西方天主教会的"角色困境"——以亚文化之间的认知差异为视角》,《历史研究》2008年第4期,第122—142页。
④ 特兰特会议之后,在罗马教廷的主导下,围绕这次会议出现了诸多演绎。因此,在考察近现代天主教会史的时候,应注意原始的"特兰特会议"与经过演绎后的"特兰特体系"两者之间的关联与差别。参见陈文海:《近代天主教"特兰特体系"虚实考论——以〈特兰特圣公会议教规教令集〉为考察基点》,《学术研究》2010年第8期,第102—160页。
⑤ 关于天主教会召开特兰特会议的动机问题,最近几十年来的西方学术界提出不少新的看法,其主要观点在于强调天主教会对自身进行改革的连续性,并尽力淡化天主教会与新教之间的矛盾与分歧。正是基于"教会合一运动"这一新的社会思潮之需要,西方不少学者提出,应以"天主教会改革"(the (转下页)

制度以及教宗特权是新教猛烈抨击的核心内容之一①,因此,就这一问题作出相应的回答理应成为特兰特会议的重要议程之一。的确,在特兰特会议期间,与会者曾围绕教宗特权问题展开过激烈的讨论和争执。关于其中的是非曲直以及各种细节,自17世纪初意大利学者保罗·萨皮(Paolo Sarpi)出版《特兰特会议史》以来,几个世纪中出现的各种特兰特会议史著作对之均有或详或略的描述②。

不过,这只是问题的一个方面。按照西方学者们的通常说法,特兰特会议在教宗制度问题上最终并没有什么实质性的作为,从其所颁布的会议文件中

(接上页)Catholic Reformation 或 the Catholic Reform)这一提法来取代由德国著名史学家兰克(L. von Ranke,1795—1886年)在19世纪30年代开始推广使用的"反宗教改革"(the Counter-Reformation)这一传统概念。参见 R. Po-chia Hsia, *The World of Catholic Renewal,1540 -1770*, Cambridge:Cambridge University Press, 2005, pp.1 - 4。"天主教会改革"这一概念的提出,的确拓宽了人们的研究视野,也取得了许多富有价值的研究成果。在国内,也有不少学者支持西方学者的上述观点。参见孙立新:《试论不同历史时期的宗教改革概念》,《世界历史》1994年第4期,第20—27页;王新中:《对欧洲中世纪晚期天主教改革性质的理论思考》,《山西师大学报(社会科学版)》2001年第2期,第97—102页;刘林海:《西方史学界宗教改革研究中的新理论探究》,《山东师范大学学报(人文社会科学版)》2005年第3期,第14—18页;付亮:《历史学术语之争——以"反宗教改革"为例》,《首都师范大学学报(社会科学版)》2009年增刊,第293—298页。笔者对上述新观点持保留意见。实际上,从罗马教廷为召开或续开特兰特会议所颁发的各种文件中可以明显看出,天主教会之所以在16世纪中叶掀起声势浩大的自我"改革"运动,与新教派别的崛起和挑战是有着密不可分的因果关系的。正视天主教会与新教派别在历史上的这段剧烈的碰撞和争斗,并不会影响现代西方社会中基督教各派别之间的和解与统一;相反,它却能够让人们更清楚地认识近代以来的西方社会为这一争斗所付出的沉重代价,因而也就能够更好地发挥历史的警示功能。关于这一问题,笔者在《特兰特圣公会议教规教令集》(陈文海译注,北京:商务印书馆,2012年)的译者序言"关于特兰特会议及会议成果的几个问题"中有较为详细的分析。

① 关于新教对教宗特权及教宗制度的抨击,可详见马丁·路德的几篇讨伐檄文 Jaroslav Pelikan and Helmut T. Lehmann, general eds., *Luther's Works*, Philadelphia:Fortress Press, Vol. 39, 1970, pp.55 - 104,247 - 299;Vol.41, 1966, pp. 263 - 376。另可参阅 Hubert Jedin, *A History of the Council of Trent*, trans. Ernest Graf, London:Thomas Nelson and Sons, Vol. I, 1957, pp.166 - 196;托马斯·马丁·林赛:《宗教改革史(上卷)》,孔祥民等译,北京:商务印书馆1992年版,第200—216页。

② 萨皮是最早开展特兰特会议史研究的教会学者之一,见 Paolo Sarpi, *The Historie of the Councel of Trent*, trans. Nathaniel Brent, London:printed by Robert Barker and Iohn Bill, 1620(此书是萨皮著作的早期英译本,语言风格及文字拼读与现代英语存在较多差异),但是,萨皮的这部著作具有颇为浓烈的"神学论战"色彩。19世纪中叶以后,以注重客观记述为重要特征的兰克学派兴起,多种新版本"特兰特会议史"先后面世,如 Theodore Alois Buckley, *A History of the Council of Trent: Compiled from a Comparison of Various Writers, with a Chronological Summary*, London:George Routledge and Co., 1852;Richard Frederick Littledale, *A short history of the Council of Trent*, London:Society for Promoting Christian Knowledge, 1888。在20世纪中叶前后,西方学术界对特兰特会议史的研究也曾取得颇为出色的成果,其中最值得称道的是德国著名史学家胡贝尔·叶丁(Hubert Jedin, 1900—1980年)所著的4卷本《特兰特会议史》(*Geschichte des Konzils von Trient*, Freiburg:Verlag Herder, 1947, 1957, 1970, 1975)。不过,叶丁的这部巨著只有前两卷被译成英文,即 Hubert Jedin, *A History of the Council of Trent*, trans. Ernest Graf, London:Thomas Nelson and Sons, Vol. I, 1957;Vol. II, 1961。近年来,在特兰特会议史研究领域中较为引人注目的是法国年轻史家阿兰·塔隆(Alain Tallon),其主要作品有 Alain Tallon, *La France et le Concile de Trente,1518 - 1563*, Rome:École Française de Rome, 1997以及 Alain Tallon, *Le concile de Trente*, Paris:Cerf, 2000。

可以看出,它在教宗制度改革问题上采取的是回避态度。例如,英国教会史专家杰兰德认为,特兰特会议期间,与会者就教宗制度问题曾发生过不计其数的争执,但最终都没有落实到文字层面①。英国学者戴维森认为,"特兰特会议根本就没有想过要对位于罗马的教宗自己的统治机器进行改革"②。著名教会史专家、意大利波伦亚大学教授阿尔贝里格认为,"事实上,你可以看出,在特兰特会议所颁一切教令中,你几乎看不到有哪个地方提到过教宗及其权力问题"③。美国著名教会史学者约翰·奥玛莱甚至认为,这次会议"在教宗权力问题上连一份教令也没有制定,毫无疑问,这是特兰特会议最具讽刺意味的特征之一"④。

对于上述观点,有必要进行辩证的分析。从形式上来看,和15、16世纪召开的其他几次大公会议不同⑤,在特兰特会议所颁教规教令中,的确没有任何一份是用来全面论述教宗或教宗制度的,更没有任何一份教规教令是用来阐述教宗权威与大公会议之间的关系的。然而,从特兰特会议参加者的成员构成可以看出,这当中不乏教宗权威至上论的反对者。从理论上说,这就意味着特兰特会议不可能真正而彻底地回避教宗权威或教宗制度问题,特兰特会议所制定的教规教令也就难以做到完全不涉及与教宗相关的各种问题。而事实也的确如此,实际上,如果把散见在特兰特会议所颁教规教令中的与教宗权威问题相关的"隐藏"信息清理出来,并对之加以归类分析,就可以清楚地看出,在教宗权威和教宗制度问题上,特兰特会议并非像人们通常所说的那样"毫无作为"。当然,在这一问题上,特兰特会议显示出颇为复杂的矛盾特征,对于教宗权威问题,它既有很多显性的维护,但同时也有不少隐性的制约。

那么,应该如何解读特兰特会议所颁教规教令在教宗权威问题上的矛盾

---

① Trevor Gervase Jalland, *The Church and the Papacy: A Historical Study*, London: Society for Promoting Christian Knowledge, 1944, pp.445 – 455.

② N. S. Davidson, *The Counter-Reformation*, Oxford: Basil Blackwell Ltd., 1987, p.23.

③ Giuseppe Alberigo, "The Council of Trent," in John W. O'Malley, ed., *Catholicism in Early Modern History: A Guide to Research*, St. Louis: Center for Reformation Research, 1988, p.218.

④ John W. O'Malley, "The Council of Trent: Myths, Misunderstandings, and Misinformation," in Thomas M. Lucas, ed., *Spirit Style Story*, Chicago: Loyola Press, 2002, pp.214, 218 – 219.

⑤ 例如,康斯坦斯会议(Council of Constance, 1414—1418年)、巴塞尔—费拉拉—佛罗伦萨—罗马会议(Council of Basel-Ferrara-Florence-Rome, 1431—1445年)以及第五次拉特兰会议(Fifth Lateran Council, 1512—1517年)都曾就大公会议与教宗的关系、教宗的选举以及教廷的改革等问题制定过专门的教令。详见 Norman P. Tanner, ed., *Decrees of the Ecumenical Councils*, London and Washington D. C.: Sheed & Ward Limited and Georgetown University Press, 1990, pp. 407 – 410, 438 – 439, 466, 600 – 603, 614 – 625.

态度？其具体表现是什么？最终结果如何？导致这一结果的原因又是什么？就笔者所能查阅到的相关论著来看，对于上述这些问题，学术界目前尚无系统的梳理；而且，利用相关文献材料对特兰特会议与教宗权威之间的关系问题进行定向的数据统计和分析，这一具体而微的研究，在国内乃至西方学术界，尚未有人做过尝试。因此，笔者试图通过《特兰特圣公会议教规教令集》①这部最能反映特兰特会议成果的历史文献，并结合其他相关材料，对上述问题作一分析，以期对准确理解特兰特会议以及近现代天主教会史提供一些有益的参考。

一、以特兰特会议文献为基础的数据统计

如前所述，在教宗特权及教宗制度问题上，特兰特会议的确显得相当暧昧，与教宗相关的内容差不多全是隐隐约约地散落在各项教规教令的内文之中。如果仅从会议所颁文件的标题中去搜寻该会议在教宗问题上的立场，其结果只能

---

① 《特兰特圣公会议教规教令集》有多种文字的版本，最早的是特兰特会议结束后的第二年（即1564年）由威尼斯学者兼印刷商保罗·马努蒂乌斯（Paul Manutius，1512—1574年）负责编辑并经由教宗庇护四世（Pius IV，1559—1565年在位）批准的拉丁文版本（Paul Manutius, *Canones et Decreta Sacrosancti Oecumenici et Generalis Concilii Tridentini*, Rome, 1564）。18世纪末，著名天主教学者、鲁汶大学（今属比利时）神学与教会法教授勒普拉（Le Plat，1733—1810年）以1564年版本为基础编辑完成新版的《特兰特大公会议教规教令集》（*Concilii Tridentini Canones et Decreta*, Antwerp, 1779; Madrid, 1786）。1848年，英国学者沃特沃斯（J. Waterworth，1806—1876年）将勒普拉的拉丁文本翻译为英文（J. Waterworth, ed. and trans., *The Canons and Decrees of the Sacred and Oecumenical Council of Trent*, London: Burns and Oates, Ltd., 1848），在此之后的一个多世纪中，该译本一直是英语世界中最为流行的一个版本。当然，后来也出现过其他一些英文译本，比如由宗教学者施罗德翻译的《特兰特会议教规教令集》（H. J. Schroeder, *Canons and Decrees of the Council of Trent*, Illinois, Rockford: Tan Books and Publishers, Inc., 1941年第1版，1978年第2版）。不过，施罗德的这个英译本所依据的是1859年的那不勒斯拉丁文版（Neapolitan edition），而那不勒斯版则是从1834年罗马教廷发布的"罗马版"（Roman edition）复制过来的。从内容上来说，1834年的拉丁文本比1564年的拉丁文本多出两章（见施罗德英译本第259—267、273—278页）。从用词上来说，1834年的拉丁文本和1564年拉丁文本相比也有一些调整。另外，在20世纪70年代，诺曼·泰纳主编了一套完整的《大公会议教令集》（Norman P. Tanner, *Decrees of the Ecumenical Councils*, 意大利文版本，Bologna: Instituto per le Scienze Religiose, 1972; 英译本，London and Washington D. C.: Sheed & Ward Limited and Georgetown University Press, 1990）。在这部教令集中，特兰特会议文献放在第2卷的开篇，其底本是1853年的"莱比锡版"（Leipzig edition）拉丁文本（*Canones et decreta Concilii Tridentini*），而这个拉丁文本是由李希特（E. L. Richter）和舒尔特（J. F. Schulte）合作编辑完成的。不论从内容，还是从编排方式来说，泰纳的这个版本都和最初的版本有较大差别，特别是其内容被精简了不少。泰纳团队或许意识到了这一问题，因此，在英文版本中，又将16世纪中叶马努鲁斯版本中的某些内容附注在了行文之中。因此，从贴近原始文献这一角度而言，不论是施罗德版本，还是泰纳版本，都不如沃特沃斯版本。鉴于这部文献具有重要的史料价值和学术价值，笔者遂以沃特沃斯英文版为底本，将之完整地翻译为中文并对其内容作了较为详细的注释（中文版《特兰特圣公会议教规教令集》总字数约为40万字）。

第 4 讲　因教而撰：不必为赋新词强说愁

是令人大失所望①，而如果就此得出"特兰特会议与教宗制度问题无涉"之类的结论，我们就将无法深入理解和体会特兰特会议参加者身份的复杂性，也就无法领略特兰特会议参与者在教宗权威问题上的微妙周旋。因此，要想真正弄清特兰特会议在教宗问题上的态度，就必须深入到具体的条文之中去寻找相关的蛛丝马迹。基于这一设想，笔者对散见在《特兰特圣公会议教规教令集》中的与教宗有关的文句作了检索，并对检索结果进行了分类。对于这一检索及分类，需作几点说明。

第一，检索范围。在《特兰特圣公会议教规教令集》这部文献集中，除了全文收录每次全体会议上所颁教规教令以及各种通告之外，还收录有 3 位教宗为召开及续开特兰特会议所颁的训令，在文献集的末尾还收录了会议结束之后由教廷颁布的另外两份文件。本文的考察对象是特兰特会议本身在教宗问题上的立场，因此，检索范围只限于每次全体会议所颁文件，其他内容则不列入检索范畴。

第二，分类标准。在检索范围内，凡是提及教宗的，不论是名词，还是代词，抑或形容词，也不论是在什么背景下提及的，均一并纳入统计数据之中；在这当中，有不少属于"中性"描述，它们既无维护色彩，又无制约含义。排除了这些"中性"表述之外，余者便可明确分为两类，一类是维护，另一类则是制约。

第三，时段划分。特兰特会议耗时 18 年方告结束，其间，发起召开和下令续开特兰特会议的先后有 3 位教宗。因此，整个特兰特会议也就被分成 3 个阶段，每个阶段的实际会期分别是 22 个月（1545 年 12 月—1547 年 9 月）、12 个月（1551 年 5 月—1552 年 4 月）和 23 个月（1562 年 1 月—1563 年 12 月），总计约为 57 个月，近 5 年时间。考虑到这 3 个阶段的特兰特会议在教宗制度及教宗

---

①　从标题来看，在特兰特会议颁布的众多教规教令中，明确提及教宗权力问题的只有一处，即第 13 次会议（1551 年 10 月 11 日）公布的"关于改革之教令"，其中，第 8 章的标题是"牵涉到主教的那些重大案件将要由教宗审理"。从标题即可看出，这章内容是以维护教宗特权的面貌出现的。除此之外，还有一章的标题与教宗特权问题有着密切的内在联系，即第 24 次会议（1563 年 11 月 11 日）"关于改革之教令"第 19 章，其标题是"那些应急擢升委任状、预先委任状以及其他诸如此类的委任状均被废止"。这个标题本身并没有提及"教宗"一词，但是，标题中所说的那些委任状都是特指由教宗签发的那些委任状。可以看出，这章内容是以隐性方式对教宗特权进行限制的。另外，在特兰特会议所颁教规教令的小标题中，还有几处涉及"教廷"的权威问题，其中最为重要且有决定意义的是第 25 次会议（1563 年 12 月 3—4 日）"关于改革之教令"中的第 21 章，其标题是"在一切事情上，罗马教廷的权威都将保持完好无损"。详见 J. Waterworth, ed. and trans., *The Canons and Decrees of the Sacred and Oecumenical Council of Trent*, pp.89，228，277。（补记：本文发表于《历史研究》2012 年第 1 期，而由笔者翻译的中文本《特兰特圣公会议教规教令集》出版于 2012 年 11 月，因此，在本文中，当援引该文献相关条文时，仍使用沃特沃斯英译本的版本信息。）

特权问题上采取的态度不尽相同,因此,在这里,笔者依据会议的实际进程,将之分3段进行统计和分类。

1. 特兰特会议第一阶段

第一阶段特兰特会议是在教宗保罗三世(Paul III,1534—1549年在位)当政时期召开的。在将近两年的时间里,特兰特会议先后召开过10次正式的全体会议;另外,在1547年9月14日,还召开过一次非正式全体会议,宣布特兰特会议无限期休会。在10次正式会议中,有4次(第3、4、8、10次)根本没有提及教宗权限问题,甚至连"教宗"一词都没有出现;另有2次(第1、7次)虽提及教宗,但属于中性表述,不存在任何的褒贬问题。涉及教宗权限问题的有4次全体会议(即第2、5、6、9次),在其颁布的各种教令中,维护性条文有9处,限制性条文有3处(详见表1)。由此可以看出,在这一阶段,特兰特会议文件虽然涉及教宗地位及权限问题,但是,不论是维护性条文,还是制约性规定,其频密程度都是较低的。

表1　会议第一阶段所颁文件中涉及教宗及教宗权限的相关条文分布表

(1545年12月13日—1547年9月14日,保罗三世时期)

会议次别	提及教宗及教宗权限问题的次数	中性提及的次数	显性维护的次数	隐性制约的次数
第1次	1	1	0	0
第2次	1	0	1	0
第3次	0	0	0	0
第4次	0	0	0	0
第5次	4	0	2	2
第6次	7	1	5	1
第7次	1	1	0	0
第8次	0	0	0	0
第9次	2	1	1	0
第10次	0	0	0	0
合　计	16	4	9	3

2. 特兰特会议第二阶段

会议中断近4年之后,在教宗尤里乌斯三世(Julius III,1550—1555年在位)时期,特兰特会议于1551年5月1日开始续开。在随后的近一年时间里,特兰特会议先后召开6次全体会议。和第一阶段的情形类似,在教宗制度及教宗特权问题上,第二阶段的特兰特会议也是非常审慎的。在此阶段所颁教令中,明确论及教宗问题的语句总共只有5处,其中,维护性的有4处,制约性的只有1处(详见表2)。即便将第一、第二两个阶段合在一起,涉及教宗地位及权限问题的语句也总共只有17处,其中,维护性的为13处,制约性的为4处。因此,如果只看会议的前两个阶段,特兰特会议的确是在尽量回避与教宗制度相关的各种问题,不论是褒是贬,都显得欲说还休。不过,随着特兰特会议第三阶段的到来,这种相对平静的状况将发生明显改变。

表2　会议第二阶段所颁文件中涉及教宗及教宗权限的相关条文分布表

(1551年5月1日—1552年4月28日,尤里乌斯三世时期)

会议次别	提及教宗及教宗权限问题的次数	中性提及的次数	显性维护的次数	隐性制约的次数
第11次	1	1	0	0
第12次	1	1	0	0
第13次	3	1	2	0
第14次	3	1	1	1
第15次	1	1	0	0
第16次	6	5	1	0
合　计	15	10	4	1

3. 特兰特会议第三阶段

在第16次全体会议(1552年4月28日)宣布大公会议暂停之后,特兰特会议中断了近10年之久。庇护四世(Pius IV,1559—1565年在位)继任教宗之后,特兰特会议才得以继续召开并最终宣告结束,此即特兰特会议第三阶段。在此阶段,即从1562年1月18日到1563年12月4日,特兰特会议先后召开9次全体会议,颁布了众多的教规教令。就篇幅而言,这一阶段所颁文件超过了前两个阶段所颁文件的总和。在教宗及教宗权限问题上,第三阶段会议的前期和后期也存在着天壤之别。在总共9次全体会议中,前5次会议(第17、18、19、

20、21次)完全没有涉及教宗权限问题。随后的一次全体会议(第22次)虽4次提及教宗权限问题,但均属维护性条文。然而,从第23次全体会议(1563年7月15日)开始,原先那种噤若寒蝉的局面出现转折,在这次全体会议所颁文件中,涉及教宗问题的语句有5处,其中维护性的有3处,制约性的有2处。在特兰特会议的最后两次全体会议所颁文件中,涉及教宗问题的语句出现次数更是以前所未有的速度直线上升,而且,维护性条文与制约性规定呈现出明显的胶着状态。在第24次全体会议(1563年11月11日)所颁文件中,维护性条文达19处,制约性规定达16处;在第25次全体会议(特兰特会议的最后一次全体会议,1563年12月3—4日)所颁文件中,维护性条文达27处,制约性规定达15处。通观这一阶段会议文件,对教宗特权和教宗地位进行维护的条文多达53处;制约性的规定虽然相对少一些,但也达到了33处(详见表3)。

表3 会议第三阶段所颁文件中涉及教宗及教宗权限的相关条文分布表

(1562年1月18日—1563年12月4日,庇护四世时期)

会议次别	提及教宗及教宗权限问题的次数	中性提及的次数	显性维护的次数	隐性制约的次数
第17次	3	3	0	0
第18次	1	1	0	0
第19次	1	1	0	0
第20次	1	1	0	0
第21次	1	1	0	0
第22次	5	1	4	0
第23次	6	1	3	2
第24次	37	2	19	16
第25次	51	9	27	15
合 计	106	20	53	33

从表1、表2和表3所列数据中可以看出,在特兰特会议所颁文件中,对教宗及其权威进行维护的语句总共有66处,其中,第一、第二阶段合起来有13处,第三阶段有53处;制约性的语句总共有37处,其中,第一、第二阶段合起

来有 4 处,第三阶段有 33 处。从这一总体格局中也可以明确看出,在教宗地位及权限问题上,特兰特会议是颇为矛盾的,其主要表现有二。其一,在特兰特会议临近尾声之前的绝大部分时间里(即从第 1 次全体会议一直到第 22 次全体会议),教宗制度及教宗特权问题在总体上一直是处于"被回避"状态。然而,到了最后阶段,"教宗"却骤然成了会议文件中的"显词"。其二,对于教宗权威的维护看起来是大张旗鼓的,但是,在这种大张旗鼓的背后,却又暗含着种种制约。

特兰特会议在教宗问题上的态度虽然显得非常复杂且充满矛盾,但是,如果将之放进特兰特会议的大背景中进行考察,这一问题也就不再难以理解。在这里,我们可以先作一大而化之的总体分析。如前所述,新教派别曾对天主教会的内部体制发起猛烈进攻,而教宗制度便是其批判的首要目标,罗马教廷以及教宗本人对这一点是非常清楚的。在特兰特会议初期,将教宗制度列为重要议题之一并对之作出明确的论断,这几乎是所有与会者的共识。然而,在会议进程中,与会者在教宗制度问题上却出现了严峻的争执,特别是在教宗究竟应该享有哪些特权、教宗与主教之间的关系以及教宗与大公会议之间的关系等问题上,与会者之间更是存在巨大的分歧。使得这一问题变得更为复杂的是,有些主教虽然主张对教宗制度作出某些改革,但他们的方案却受到教宗特使的否决;而教宗特使有的时候也希望对教宗制度进行一些改革,但他们却又要接受罗马教宗的遥控。正因如此,在特兰特会议中前期,与会者在教宗制度问题上虽然各有主张,但基本未能达成什么一致性的意见。这种状况反映到会议文件中,就是前文所述的"回避"现象。

进入特兰特会议第三阶段之后,围绕教宗制度问题特别是教宗与主教关系问题(即主教权力是否直接源自上帝、主教是否需要经过教宗这一中介才可获得这一权力)的争论不仅没有消弭,反而更加激烈,最终导致特兰特会议史上最为严重的会议危机。从 1562 年 9 月起的随后 10 个月中,会议陷入僵局,预定的各次全体会议被迫暂停举行。不同派别之人包括各自的随从甚至挑起械斗,大打出手。在此期间,教宗的两位特使又相继病逝于特兰特,会议进程被进一步打乱。在具有高超协调能力的教宗新特使吉奥瓦尼·莫洛内[①]出任

---

① 吉奥瓦尼·莫洛内(Giovanni Morone,1509—1580 年),罗马枢机主教。1557 年,教宗保罗四世怀疑他信仰异端而将其囚禁于罗马。1559 年保罗四世死后,莫洛内获释,教宗庇护四世宣布他无罪。1563 年,莫洛内被任命为特兰特会议主席。

特兰特会议主席之后,会议才得以继续进行,与教宗制度有关的一些条文开始较多地被纳入会议文件之中。不过,即便如此,对于特兰特会议的与会者而言,教宗制度及教宗特权依旧是非常敏感的问题。在各种相关教令中,他们一方面要高举维护教宗权威的大旗,另一方面又要在字里行间中对教宗特权进行某些制约。对于这一问题,我们可以结合会议文件,从维护与制约这两个层面予以具体剖析。

二、特兰特会议对教宗权威的显性维护

从表象上来说,特兰特会议对教宗及教廷是充满敬重之情的。在特兰特会议之后的数百年中,教宗及教廷也的确是从这一角度来对这次会议进行宣扬的[①]。从简单的逻辑关系来说,特兰特会议之所以要维护教宗的权威,其原因并不难理解,因为这次会议毕竟是由罗马教宗本人发起召开的,而且召开这次会议的本意就在于消除新教对天主教会造成的各种冲击,进而恢复过去那种以教宗为最高领袖的天主教会一统局面。因此,要让教宗利用自己发起的会议来"革自己的命"显然不太现实。不过,就历史的实际发展进程而言,罗马教宗的行动方案在实施过程中并不可能像简单的逻辑推理那样来得顺畅,其间的各种复杂因素必然会对其方案产生各种影响,因此在教宗制度问题上出现扑朔迷离之特征也就在情理之中。

颇具戏剧色彩的是,在特兰特会议召开之前的很长一段时期内,深受各种问题困扰的罗马教廷对于自身是否能够主导此类会议并无什么自信。从1517年马丁·路德向天主教会发难之时起,到1545年天主教会正式召开特兰特会议为止,其间经历了28年之久。在此期间,尽管召开"大公会议"的呼声不断,但是,教廷方面特别是教宗克勒蒙七世(Clermont VII,1523—1534年在位)等人对此类会议一直怀有潜在的畏惧心理。虽然教廷声称"只有教宗有权召开大公会议",但新教方面却认为这种说法纯属无稽之谈,因为不论从历史上看还是从教理上说,召开大公会议的权力都不应由教宗垄断,"我们单凭圣经所说就能召开大公会议",而且"每一个基督徒"都"有权为大公会议的召开竭尽全力";同时,新教方面宣称,大公会议

---

① 参见 Giuseppe Alberigo, "From the Council of Trent to 'Tridentinism'," in Raymond F. Bulman and Frederick J. Parrella, eds., *From Trent to Vatican II: Historical and Theological Investigations*, New York: Oxford University Press, 2006, pp.19-37.

的权威高于教宗,如果教宗犯错,大公会议有权废黜之①。因此,教廷方面一直担心,如果大公会议的主导权不能由教廷控制的话,大公会议就有可能变成一次罢免教宗的大会。然而,在既有强硬手腕又有变通能力的教宗保罗三世(Paul III,1534—1549年在位)主政之后,罗马教廷对召开大公会议的态度发生明显变化。

  在保罗三世的斡旋下,天主教会最终决定于1545年在特兰特召开以应对新教挑战为主要目的的大公会议。保罗三世之所以对召开大公会议颇为热心,而且不怕此次大公会议演变成反教宗的会议,撇除其自身的宗教情结不论,就现实角度而言,其基本原因可以归结为以下几个方面。首先,保罗三世对特兰特会议的议程有着自己的一套设想。虽然说新教是从教义和制度两个层面向天主教会发起进攻的,但保罗三世认为,会议的根本要务是解决由马丁·路德引发的教义问题,就是"要把天主教教义与改革派说教区别开来"②;在教会制度改革问题上,特别是在那些事关教宗制度以及罗马教廷等重要问题上,大公会议则不必也不应投入过多的精力,改革之事应由教宗本人来实施。其次,保罗三世认为自己能够通过适当的方式控制会议本身。从保罗三世为召开特兰特会议而颁布的通谕中可以看出,在筹备这次会议的最初几年中,保罗三世原本一直是准备亲自出席并主持这次特殊的大公会议的。后来由于其他一些变故,保罗三世又决定先由自己委派的三位特使主持会议的开幕式并负责会议的初期工作,他本人等完成手头急务之后,将亲赴会议地点以"更加精确地亲自处理一切事务"③。然而,等到1545年特兰特会议终于召开的时候,保罗三世已是78岁高龄的垂垂老者。虽然此时的保罗三世已经没有精力亲自与会,但他向会议派出的三位特使全部都是他的得力亲信(其中有两人在后来均成为教宗)。另外,教宗及其教廷还采取其他一些措施以能够确保控制会议的议程和走向,比如,鼓励并督促那些亲罗马的主教特别是意大利地区的主教们参加会议④,规定按人头对会议文件进行

---

  ① 详见 Hubert Jedin, *A History of the Council of Trent*, Vol.I, pp.166-196;另见托马斯·马丁·林赛:《宗教改革史(上卷)》,第二编,第214页。
  ② Hubert Jedin, *Papal Legate at the Council of Trent: Cardinal Seripando*, trans. by Frederic C. Eckhoff, St. Louis and London: B. Herder Book Co., 1947, p.179.
  ③ J. Waterworth, ed. and trans., *The Canons and Decrees of the Sacred and Oecumenical Council of Trent*, p.4.
  ④ 有学者做过统计,在整个特兰特会议期间,先后有270位主教参加会议,其中,意大利人187位,西班牙人31位,法国人26位,德意志人只有2位。在最终文件上签署姓名的总共有255位教会人士,其中,至少有189位是意大利人。来自意大利的这些会议代表在经济上大都不是非常富裕,他们对教皇的依赖程度较大。参见 A. G. Dickens, *The Counter Reformation*, London: Thames and Hudson, 1968, p.109.

表决而不是像过去那样按国家进行表决①,如此等等。

可以看出,如果按照保罗三世的思路来召开特兰特会议,会议的操控权就将完全掌握在教廷手中。但是,事情在发展过程中总会出现各种"意外"。在特兰特会议主要议题的选择上,神圣罗马帝国皇帝查理五世(Charles V,1519—1556年在位)主张从制度层面上对天主教会进行严格的规范。由于查理五世在当时的天主教世界居于举足轻重的地位,他的态度对于特兰特会议能否进行下去有着重要的影响,因此,最终的结果只能是相互妥协,"制度改革"与"教义阐述"成为特兰特会议两个平行的中心议题。不过,即便如此,教廷方面在会议进程中依旧占据着相对的优势。从漫长的特兰特会议进程中可以看出,会议之初确定的这一模式具有恒常的效能,即便在教宗保罗三世和皇帝查理五世去世之后,第二、第三阶段的特兰特会议也都还是一直遵循着这一会议模式,直至1563年12月特兰特会议正式落幕为止,均没有出现变化。

同样没有变化的是,在特兰特会议的第二、第三阶段,教宗尤里乌斯三世和庇护四世也都没有亲自参加会议,他们都是委派自己的亲信作为教宗特使并让其担任会议主席。从某种意义上说,由教宗特使出面维护教宗的传统权威,比教宗本人亲自出面来保全自己的特权更为方便,也更为有效。也正因如此,在特兰特会议制定并颁布的诸多教规教令中,从标题上来看,极少有直接针对教宗制度本身的,而且,在具体行文中,有很多地方是明确要求维护教宗权威的。在此,我们可以根据《特兰特圣公会议教规教令集》中的"护主"条文,对之作一分类考察。

其一,对教宗进行常规祝福。在特兰特会议所颁教规教令以及相关文件中,对教宗表示祝福和感谢的条文出现在特兰特会议初期和特兰特会议结束之日。例如,特兰特会议赋予教宗以"最神圣的主教"之地位。1546年1月7日的"关于圣公会议期间应循生活方式及其他诸事之教令"中有言:"要像圣灵那样,在使徒的教导下,为教宗这位最神圣的主教……进行恳求、祷告、代求和祝谢。如果这样,吾等就可以过上平安无事的生活,就可以享受和平,就可以看到信仰的增强。"又如,特兰特会议确认教宗是整个教会的最高首脑并对之表示祝福。

---

① 在15世纪的康斯坦斯大公会议上,投票表决是以国家为单位进行的,而且,所有参会的主教、修道院长以及神学家均有权参加投票。特兰特会议则改回古代的传统做法,即采取一人一票制,而且只有主教及主教以上的圣职人员以及几大修会的会长才有投票权。参见 A. G. Dickens, *The Counter Reformation*, p.109.

在1563年12月4日特兰特会议闭幕式上,与会者首先对健在的教宗庇护四世进行祝福:"洛林枢机:至圣的庇护是教宗、是吾主、是神圣普世教会之宗座。敬祝至圣的庇护延年长寿,名垂青史。众父老回答:啊,教会的至圣至洁之父,上帝将确保您生年长久、延年长寿。"接着,与会者又对两位已故教宗(即特兰特会议第一、第二阶段的发起者)进行追思和祝福:"枢机:正是依靠至圣的教宗保罗三世和尤里乌斯三世的权威,本届圣公会议才得以召开。敬祝这两位教宗的灵魂永享上帝赋予的平静与安宁,永享恒久的光荣,永享圣徒般的幸福。回答:铭记他们,祝福他们。"①这类祝福性的语句虽属常规且数量不多,但其定位是明确的,它意在表明教宗在人们的心目中依然享有崇高的地位。

其二,认可教宗在过去制定的规章。特兰特会议对天主教会的历史传承甚为重视,而且通过对以往教宗所定规章的认可来重现教宗的权威。例如,1546年6月17日"关于改革之教令"的开篇有言:"本圣公会议忠于并接受诸任教宗……所制定的规章,同时亦要为之增添某些内容。"再如,1562年9月17日的"关于改革之教令"中规定:"在过去的岁月中,教宗们……曾不断制定并颁布各种有益的典章制度,要求教士在生活作风、言行举止、服饰打扮以及知识学问方面严守规范,而且还要求他们必须杜绝奢华、享乐,不得跳舞、赌博,不得娱乐、消遣,不得犯有任何罪行,不得追逐世俗名利。……从今以后,教宗们……制定的那些典章制度必须得到遵守……"又如,1563年12月3日的"关于改革之教令"中规定:"对于……教宗就保护教会人士、捍卫教会自由、惩治侵权者而颁布的其他一切法令,所有人都必须严格遵守。"②从数量上来说,这类教令也不是很多,但其体现出来的维护教宗历史形象的意图还是非常明确的。

其三,在具体事项上赋予教宗以各种权威。据笔者统计,在行文涉及对教宗权威进行维护的教规教令中,约有20处属于这类情形,在此我们可以选取几例以窥其貌。例如,在对地方教长进行监管方面,特兰特会议确认教宗享有最高权威。1547年1月13日的"关于改革之教令"中规定:"如果总主教擅离职守,那么,该教省中年纪最长的教区主教……必须在三个月之内以信函或派遣信使的方式将相关情况反映到罗马教宗那里;……罗马教宗将凭借其享有的最高主教

---

① J. Waterworth, ed. and trans., *The Canons and Decrees of the Sacred and Oecumenical Council of Trent*, pp.14, 282.

② J. Waterworth, ed. and trans., *The Canons and Decrees of the Sacred and Oecumenical Council of Trent*, pp.24, 162, 276.

教座之权威,视各位擅离职守的教长在藐视法纪问题上的严重程度,对之采取相应的措施;同时,他还可以为各地教堂提供更为合用的圣职人员,……他会知道什么样的圣职人员有益且有用。"再如,在司法裁判权方面,特兰特会议多次强调教宗的权威。1551年10月11日的"关于改革之教令"中规定:"在事涉主教的有些案件中,根据主教被控之罪的性质,有的需要他们亲自出庭受审。这类案件将移送到教宗那里,由他作出决断。"当然,这一规定具有双重意义:一方面是确认教宗拥有最高司法裁判权,另一方面是为涉案主教提供适当的保护,使之免受世俗权力的侵扰。1551年11月25日的"关于至圣的告解礼和临终涂油礼之教令"中规定:"对于某些比较严重的案件",教宗"有权保有独断审判权,他人无权干涉"。1563年11月11日的"关于改革之教令"中规定:"如果主教事涉比较严重的刑事案件,或者如果主教涉及异端罪……那么,这类案件的审理权只能归教宗本人,也只能由教宗本人对之作出裁决。"又如,在各地主教的遴选方面,特兰特会议认定教宗拥有合法的权威。1563年7月15日的"关于授职礼之教规"中规定:"如果有人持下述主张,那么,此人应受绝罚,即凭借罗马教宗之权威而被遴选出来的那些主教并不是真正且合法的主教,这种遴选工作只不过是一种人为的臆造虚妄之事。"另外,特兰特会议规定,在遇有新问题的时候,首先应听取教宗的意见。1563年12月3日的"关于对圣徒的祈求与崇敬,并论及圣骨、圣物和圣像"中规定:"对于那些前所未有的新事或者那些在教会中并不常见的事情,如果事先没有征求过至圣之罗马教宗的意见,那么,(任何人)都不得对之作出决定。"除上述各种规定而外,在1563年12月4日,特兰特会议决定,制定"禁书目录""教义问答手册"以及"弥撒经书"等工作将全部"由教宗根据自己的判断并运用其权威来完成","然后由教宗将结果公布出来"。① 对于罗马教宗而言,特兰特会议的这一决定所产生的后续意义是非同寻常的,它给教宗及其教廷在会后的岁月中掌控会议成果的解释权留下了巨大的回旋余地。此外,特兰特会议还从其他诸多方面赋予教宗以至高无上的权威,限于篇幅,这里不能一一列举。

其四,从总体上维护教宗的最高权威。如果说以上所述比较零散的规定难以完整体现特兰特会议在教宗制度问题上的总体思路的话,那么,还有其他一些

---

① J. Waterworth, ed. and trans., *The Canons and Decrees of the Sacred and Oecumenical Council of Trent*, pp.51, 89, 101, 212, 175, 236, 279.

条文则可以弥补这一不足。首先,确认教宗及其统辖下的教廷具有至上权威。1547年3月3日的"关于改革之教令"的开篇序言中有这样的表述:"在一切事情上,要永远维护罗马教廷的权威。"1551年11月25日的"关于至圣的告解礼和临终涂油礼之教令"规定:"在普世的教会中,教宗被赋予至高无上的权威。"其次,必须一心一意地服从教宗和教廷的领导。1563年12月3日的"关于改革之教令"规定:"在本圣公会议闭幕之后各地举行的第一次教省教务会议上,他们……必须要承诺并宣誓真正服从至高无上的罗马教宗";而且,教令还规定:"在已故教宗保罗三世和尤里乌斯三世时期以及在至圣的庇护四世时期,本圣公会议就道德风尚和教会纪律改革之事颁布了一系列教令,但是,不论这些教令中有什么样的条文,也不论这些教令是如何表述的,在这些问题上,罗马教廷的权威都是不可触动的。"另外,赋予教宗对特兰特会议文件的最终裁决权。为了表示对教宗的忠心,特兰特会议在会议结束之日作出如下规定:对于特兰特会议"制定和界定的所有内容和每一项内容,会议主席以及教廷特使将以本届圣公会议的名义请求至圣的罗马教宗予以确认"①。可以说,有了以上这些原则性规定,教宗的权威形象以及教宗制度的不可动摇性已是呼之欲出。

从以上所引文献中不难看出,虽然说特兰特会议没有单独就教宗及教宗制度问题制定明确的教令,但是,分散在各种教规教令中的与教宗及教宗制度有关的规定还是比较丰富的,如果对其进行系统的归纳总结,完全可以编制出一份比较全面的以维护教宗权威为指向的"特兰特教令"。而且,在这份"教令"中,既可以有总纲,也可以有细目。尤其值得一提的是,在特兰特会议召开之前,教宗及其教廷最为纠结的问题之一就是大公会议与教宗两者的权威孰高孰低的问题。随着特兰特会议的落幕,这一问题实际上已有了明确的答案。虽然特兰特会议并没有就这个问题制定任何的教规教令,但是,通过几句"附带的"条文,在特兰特召开的这次大公会议已经实实在在地将自身定位为教宗的"下属"。然而,需要注意的是,在特兰特会议所颁教规教令中,涉及教宗权威问题的表述并非只有以上所述的这些内容。在忠心耿耿、一心护主的表象之下,特兰特会议还以隐晦而曲折的方式对传统的教宗特权作出了多种多样的制约。

---

① J. Waterworth, ed. and trans., *The Canons and Decrees of the Sacred and Oecumenical Council of Trent*, pp.58, 101, 255, 276, 281.

三、特兰特会议对教宗特权的隐性制约

处于内外交困的 16 世纪天主教会毕竟不同于中世纪盛期的那一挥斥方遒的天主教会,中世纪晚期以来的罗马教宗毕竟不能与中世纪盛期那些颐指气使的教宗同日而语,在这种情形下召开的特兰特会议实际上也就不可能对教宗及教宗制度进行无条件的颂扬。在这个颇为复杂的问题上,有以下几个因素尤为值得关注。

首先,教宗制度本身长期以来便已遭到各种诟病。自中世纪晚期开始,罗马教宗的形象就已江河日下,在天主教会内部以及整个西欧社会,以教宗为批判和讽刺对象的各种出版物不断涌现,对教宗滥用特权的谴责以及对教宗制度进行改革的呼声不绝于耳[1]。因此,对于参加特兰特会议的那些主教和神学家而言,即便没有读过马丁·路德等人对教宗制度进行讨伐的言论,他们也不可能对教宗制度的流弊一无所知或无动于衷[2]。

其次,大公会议参加者的多元性决定了特兰特会议不可能完全按照教宗设想的"一元化"道路一路高歌。至少从表面上说,特兰特会议是整个天主教世界的一次"全会",而这类会议的一个惯例就是,与会者有权"畅所欲言"。而且,不论是在历史上,还是在现实中,信奉"大公会议至上"、主张教宗权威位于大公会议之下者一直不乏其人。罗马教宗可以尽量发动自己的支持者参加会议,但对于天主教世界内部有资格参加会议的异议人士,他又无权不让他们参会。同时,为了免于遭到内部反对派的指责,教宗也不得不在一定程度上维持"中庸"之形象[3]。正是由于这样一种微妙而复杂的局面,在特兰特会议参加者中,出现了一批对教宗权威持不同意见的反对派,其中主要是来自西班牙和法国的那些代表[4]。从特兰特会议的实际进程中也可明显看出,在讨论和表决会议文件的时候,特别是在讨论和表决那些事涉主教与教宗权力关系的文件的时候,往往有反对意见和反对票的出现[5]。

---

[1] 参见 A. G. Dickens, *The Counter Reformation*, pp.9 - 18.
[2] 参见 Michael A. Mullett, *The Catholic Reformation*, London: Routledge, 1999, pp.1 - 28.
[3] A. G. Dickens, *The Counter Reformation*, pp.107 - 108.
[4] 参阅 Kenneth Scott Latourette, *A History of Christianity*, New York: Harper & Row Publishers Inc., 1975, Vol.2, pp.866 - 873.
[5] 参见 J. Waterworth, ed. and trans., *The Canons and Decrees of the Sacred and Oecumenical Council of Trent*, pp.i-ccliii (pp.1 - 253). 在该书的"史论"部分,作者详尽描述了会议进程以及其间的各种争执,并详细交代了每份会议文件的表决结果。

再次，在地方教会的管理上，各地主教希望获得较大程度的自主权。在天主教会"圣统制"之下，教宗及教廷不仅在主教叙任方面握有绝对权威，而且对各地教会的具体事务也拥有巨大的控制权和管理权。对于这种高度集权的管理体制，新教方面曾给予猛烈抨击，天主教会内部也多有不满，而特兰特会议恰好为主教们排遣这种不满提供了一个重要的平台。

正是在这种情况下，与会者们开始以比较隐晦的方式对教宗滥用特权现象进行批判，而且试图以多种方式对教宗的权力进行制约，甚至用颇为"体面"的方法对教宗权力实施"分权"，进而将相关条文融进了这次会议所颁的教规教令之中。为了明辨其中的奥妙曲折，在此我们可以对分散在特兰特会议教规教令中的有关制约教宗权力的条文作一分类梳理。

其一，以比较和缓的方式指出教宗制度中存在的弊端，并以劝谏的方式提出建议。例如，在主教和枢机的人选及选举问题上，教宗拥有特殊的权力，而且教宗还可以通过某种方式将这种权力授予他人。很明显，这种缺乏制约的权力机制很难保证用人的准确有度。1563年11月11日，第24次全体会议表决通过"关于改革之教令"，其中的第1章"主教与枢机的选举程序准则"对这种状况进行了批评："在对相关之人进行擢升并将之委任为教堂主管这样的事情中，有这么一些人，他们从罗马教廷那里获得某些权利，从而可以在上述擢升之事中发挥某种决定作用……考虑到目前的形势，本圣公会议对这种状况无法作任何的改变。但是，对于所有这些人以及他们当中的每一个人，本圣公会议还是要进行敦促和告诫，……他们所能做的最有益的事情，莫过于尽心竭力地把有能力管理教会的优秀人物擢升到牧者职位上来。"从教令的言词用语中可以看出，与会者对教宗及教廷在用人问题上的弊端是有清醒认识的，但又明确表明无力改变这种状况，因此只能作无可奈何的规劝。随后，该教令又就枢机选举问题对教宗提出了忠告："本圣公会议在其他一些场合还制定过其他各种各样的条款，对拟被擢升为主教者的生活作风、年龄、学识以及其他各方面的条件作了规定。本圣公会议规定，在选举神圣罗马教会枢机（即便所选出的枢机在圣职级别上仅是助祭）过程中，同样必须要遵循以上所述的所有条款；如果至圣的罗马教宗能够在基督教世界各国中发现合适的枢机人选，那么，他就应该尽其所能地从基督教世界中的所有国家中遴选枢机。"该教令的末尾写道："教会面临着许许多多非常严重的痛苦不堪之事，在这些苦恼之事的震动之下，本圣公会议不由自主地想起，对于上帝的教会而言，没有什么比下述这件事更加必需了，即神圣的罗马教宗应该心系普世教会,这是其应尽之职责;他应该以一种非常特别的方式施展其挂念之情,只挑选那些最为杰出之人出任枢机并与之密切合作;还应该把那些最为正直、最有能力的牧者委派到每一个(地方)教会。"①在这里,教令反复使用"应该"一词,规劝教宗在任人用人方面必须遵循某些原则,从中也不难感受到,与会者对教宗在任命枢机问题上是非常不满的。又如,同样是在1563年11月11日,特兰特会议还公布了另外一份教令,请求教宗在修道院的规范管理问题上恪尽职守,其中有言:"本圣公会议首先要向至圣至洁的罗马教宗提出希望,即出于自身的虔诚与审慎,罗马教宗必须将下述之事作为自己应该履行的职责,即对于那些在目前处于代管状态的修道院②以及那些女修院而言,在向之委派主管的问题上,一旦教宗认为时局许可,就应该挑选具备下述资格的圣职人员作为那些修院的主管,即必须(与上述修院)同属一个修会,必须已在该修会中公开发愿,而且要具备带领并管理属下羊群之能力。"③在这里,教令同样反复使用"应该"之类的词语,一方面对教宗在修道院管理问题上的失职表达不满,另一方面又对教宗提出了明确的履行职责之要求。在特兰特会议所颁教规教令中,劝谏性的条文虽然不多且不像正规条文那样具有强制性,但其言辞依然是比较激烈的,对教宗职权的期望和定位也是非常明确的。

其二,以具体的条文规定教宗在某些事项上的权限及行为准则,或取消教宗的某些传统特权。例如,1563年11月11日"关于改革之教令"规定,事涉主教的严重案件只能由教宗审理,在某些特殊情况下,教宗可以委托专员来审理,但是,教令对教宗的委托事宜作出了严格规定,即"教宗赋予那些专员们的权力绝对不能超出以下限度,即他们只是根据事实收集相关信息材料,草拟诉讼程序,然后迅速将之呈交给罗马教宗"④。这就对教宗滥用权力进行权力再分配现象作了明确的限制。再如,1563年12月3日的"关于改革之教令"直接要求教宗必须按照规定履行自己对相关大学的监管职责,其中规定,"有些大学是受教宗

---

① J. Waterworth, ed. and trans. *The Canons and Decrees of the Sacred and Oecumenical Council of Trent*, pp.58, 101, 255, 276, 204-207.

② 处于代管状态的修道院(commendatory monasteries):代管,拉丁文写作"in commendam",按照中世纪及近代前期的教会法,如果某一有俸圣职出缺,那么,在委任新的持有人之前,该圣职由某一圣职人员(通常为主教)代为管理,而且代管人享有与该圣职相关的各种收益。1836年,天主教会取消了这一做法。

③ J. Waterworth, ed. and trans., *The Canons and Decrees of the Sacred and Oecumenical Council of Trent*, p.251.

④ J. Waterworth, ed. and trans., *The Canons and Decrees of the Sacred and Oecumenical Council of Trent*, p.212.

直接保护的,对这些大学的巡访①工作也是由教宗负责的,对于这些大学,教宗必须要委派代表,由他们按照前文所述的方式并按照教宗本人认为最恰当的方式对之进行有益的巡访和改革"②。另外,从传统上来说,教宗可以利用自己的特权向自己中意的人选颁发应急擢升委任状或预先委任状,对于这一极易滋生腐败的做法,特兰特会议于1563年11月11日明确予以废止,其中规定,诸如此类的委任状"均不得再被授予任何人,即便是以教宗特权之名义作出的……;不论何人,如果继续使用此前颁予的这类委任状,都将是非法行为。因此,不论是那些真意保留书③,还是与有俸圣职在未来出缺之事相关的那些恩惠,抑或与他人之教堂有关或与修道院相关的那些教宗特权,均不得授予任何人,甚至不得被授予神圣罗马教会的枢机;在此之前所授予的那些真意保留、恩惠或特权将被视为已被废止"④。此外,在委任具有继承权的助理⑤主教问题上,1563年12月3日的教令也对教宗的权限作出了限制,其中规定:"在委任这类有继承权的助理之前,至圣至洁的罗马教宗首先要对相关事由作出认真的审查,而且还要确保,相关人选在所有资格条件上都必须符合法律以及本圣公会议对主教和其他各种教长所定的资格要求;如果不按以上规定行事,那么,在这个问题上作出的那些特许都将被视为诡秘行为。"⑥和前面所述的那些劝谏性条文相比,这类条文显然具有强制性特征,此前饱受诟病的由教宗把持的某些特权要么被明令取消,要么被加以严格限制。

其三,以"不让步"的方式间接取消教宗的诸多特权。在不同的历史时期,教宗凭借自身的独断权威向不同的个人或团体赐予各种各样的特权,而这类特权的泛滥最终成为教会秩序的严重祸害。因此,取消这类特权也就成为特兰特会

---

① 巡访(visitation),亦称"巡视""视察",有"纠偏"或"惩治"之意。依据教会法的规定,教会上层领导每年均要在一定时期内察访辖区内的各个堂区和相关机构,而且要对这些堂区或机构的圣职人员的品行进行考核。对于教会上层领导而言,巡访既是权利,也是义务。
② J. Waterworth, ed. and trans., *The Canons and Decrees of the Sacred and Oecumenical Council of Trent*, p.256.
③ 真意保留(mental reservation),亦称"意中保留"或"心中保留",指说话者或写作者的原意与其表面意思不尽相同;在这里是指教宗通过委婉的方式将某个有俸圣职或其他职位指派给某人的那种隐晦做法。
④ J. Waterworth, ed. and trans., *The Canons and Decrees of the Sacred and Oecumenical Council of Trent*, pp.228-229.
⑤ 有继承权的助理(coadjutor),通常是指助理主教(coadjutor-bishop),这是由教宗任命的一种领衔主教,协助当任主教管理教区,并享有主教职位继承权。
⑥ J. Waterworth, ed. and trans., *The Canons and Decrees of the Sacred and Oecumenical Council of Trent*, p.262.

议所要着力解决的一个问题。据笔者的统计,在特兰特会议所颁教规教令中,共有21处涉及这一问题,而且这类条文全部出现在特兰特会议第三阶段。在此,我们可以援引几例以作概观。例如,关于圣职授予的程序问题,1563年7月15日的"关于改革之教令"规定:"在同一天之内,不得(向同一个人)授予两个品级的圣职,……不论是什么样的教宗特恩,也不论这些教宗特恩是颁给谁的,凡是与本规定相左者,均属无效。"在1563年11月11日的"关于改革之教令"中,有着更多的此类条文。例如,在圣职买卖问题上,有这样的规定:"不论是谁,不论他是以何种方式违反本教令所规定之事项的,都将被视为买卖圣职者而招致以上所述的那些处罚;不论是什么样的条例、规章或习俗,……即便是经教宗批准认可的,只要是与本教令相左的,均属无效。"在1563年12月3日的"关于改革之教令"中,此类条文多达10条。例如,关于外人出入女修院的问题,特兰特会议有这样的规定:"只有在遇有迫不得已之事时,主教或修会上司才可批准他人进入女修院;其他任何人不得以任何方式给予这样的批准,……即便他曾经获得教宗颁发的特权,那他也不得凭借这些权力和特权而批准他人进入女修院;今后,即使他获得这些权力和特权,也同样不得凭借之而批准他人进入女修院。"再如,关于教会出租自身权益的问题,特兰特会议规定:"不论是出租教会司法管辖权,还是出租对属灵事务副手的任命权或委派权,都将是非法的;对于承租人而言,如果他们行使上述这种租借而来的权力,……其行为也都是非法的。如果有人违反规定而给予他人以这类承租权,那么,即便作此决定的是罗马教廷,其行为也都将被视作诡秘之举。"又如,关于"葬礼四一捐"[①]问题,特兰特会议规定:"从今以后,……这种捐税一律要交给主教座堂或堂区教堂,……不论是什么样的授权、恩典、特惠(即便是被称作为'海洋'[②]的由教宗颁予的特权),……只要

[①] 在古代及中世纪时期,主持丧葬礼仪之所得一直是教区或堂区额外收入的重要来源之一。在近代早期,这一规则一度弛废,但特兰特会议对之进行了修正。不过,在现代天主教会中,由教区收取丧葬费用的做法已经消失,相关收入及相关权利已完全归属堂区神父。简单而言,在这个问题上,堂区神父的权利主要包括两个方面:其一,如果堂区居民死后安葬在本堂区,其本堂神父则有权享有与此相关的捐赠;其二,如果堂区居民死后安葬在本堂区以外的地方,死者家属仍须向本堂神父缴纳四一捐(a fourth of the dues,拉丁文称作 quarta funeralis 或 quarta funeralium,丧葬费用四分之一的额度)。按照天主教会的说法,收取这类费用是合法的,这是因为堂区居民与堂区神父之间存在着一套权利义务关系,即神父为死者生前的一生付出漫长的属灵劳动,而付出劳动就应有所获;同样的道理,死者曾从神父那里获得过诸多照应,因此理当以合理的报酬向神父表示谢意。

[②] "海洋"(mare magnum),中世纪及近代西方对教宗谕令的一种通俗称谓,意指教宗给予人们的恩惠有如海洋之浩瀚。

是与本规定相左的,均属无效。"①以上这些条文从名义上说是针对那些从教宗那里获得特权之人的,但是,获得特权者与颁发特权者之间的关系是显而易见的,因此,依据上述这些条文,罗马教宗的传统权力也就相应受到了制约,天主教会内部的社会秩序也将得到相应的规范。

其四,赋予各地主教以"教宗代表"或"教廷代表"的身份,以此分解教宗对地方教会的控制力度②。从教阶制的本原来说,教宗与各地主教处于同一个级别;但是,随着圣统制的确立,教宗逐渐取得了凌驾于其他主教之上的特殊权威。作为参加特兰特会议的主力阵容,各地主教对自身的权力格外关注。虽然他们不可能像新教那样明确提出"各自为政"的理念,但他们也不愿承认自己是"教宗的副手",他们希望扩大地方教会的自主权。在这种情况下,参加特兰特会议的主教们便借"教宗代表"或"教廷代表"的身份,强调在所辖地区拥有自主行事的权力,甚至提出主教在各自辖区拥有"教宗权威"这样一种说法。在此,我们亦可援引几例以窥其貌。例如,1546年6月17日的"关于改革之教令"中规定:"如果布道员……宣扬异端邪说,即便他声称自己根据某一总体特权或某一具体特权而享有豁免权,主教也将依据法律规定或当地的习惯法对之进行处置。在处理这类事情时,主教拥有教宗的权威,主教就是罗马教宗的代表。"再如,1551年11月25日的"关于至圣的告解礼和临终涂油礼之教令"中规定:"在各自的教区内,所有的主教都被赋予对其臣民的权威,而且这种权威要高于其他级别较低的神

---

① J. Waterworth, ed. and trans., *The Canons and Decrees of the Sacred and Oecumenical Council of Trent*, pp.184,222,240,268,270.
② 关于特兰特会议期间有关教宗与主教之间的权力分配问题,有两个"语境"值得注意。其一是主教的"名分"问题:在制定特兰特会议有关教规教令过程中,有人主张将各地方的主教定位为"教宗的副手"(vicars of the Pope),但这一提法遭到"均权主义者"的坚决抵制,他们认为,主教只是"基督的副手"(vicars of Christ),而不是教宗的副手。他们认为,各个地方的教会应该独立于罗马教宗,教宗应该是一个荣誉性的最高头衔,而不是一种掌控权力的实衔。正因如此,在特兰特会议所颁教规教令中,涉及主教与教宗的关系时,"副手"一词被回避,用的是"代表"(delegates)这样一个相对中性的词语,如果不了解这一"语境",便难以理解"代表"一词所要表达的真实含义。其二是主教的权力源泉问题:对于这一问题,从中世纪到近代早期,一直存在严重的争执。特兰特会议期间,特别是在会议的第三阶段,围绕这一问题而展开的争吵更是达到了让会议无法正常进行下去的地步。西班牙、意大利和法国的一些主教坚持认为,主教的权力是根据"神法"(jus divinum)而直接获得的,而并不是由教宗转交而来的。争辩双方僵持不下,最后由新任会议主持人莫洛内从中斡旋,争执才得以暂时平息。按照莫洛内的建议,特兰特会议文件采取折衷的表述,一方面不对教宗的权威造成直接的触动,另一方面又给予主教以较大的权力空间。其具体表现是,在第23次全体会议上,与会者通过决议,一方面认定主教职位是神圣职位,另一方面则避免提及主教权力的源头问题。因此,在这种"语境"之下,"教宗代表"之类的身份实际上就已成为一种体面的妥协,其暗含的"语境"就是,特兰特会议并没有否定主教在自己的辖区内拥有相对独立的权力。至于"均权主义者"的诉求最终有没有真正实现,则不应在本文所论及的这类文献中寻找答案,而是应该到特兰特会议结束之后的历史进程中去追寻后续结果。

父,主教们可按照(与教宗)同样的方式依法行事。"又如,1563年11月11日的"关于改革之教令"中规定:"在对属民的道德教化进行惩戒和规劝的一切事务上,……作为罗马教廷的代表,主教……有权发布命令、有权进行监管、有权进行惩处、有权贯彻实施,这是主教的权利,也是主教的权力。"另外,1563年12月3日的"关于修士与修女"中的有关表述更是直接取消了教宗在相关事务上的传统权利,而将之转归各地主教:"直接隶属于罗马教廷的那些女修院以及被冠以'圣彼得修团'或'圣约翰修团'或其他诸如此类名称的那些女修院都将由主教——罗马教廷的代表——负责监管,至于其他一切规定,只要是与本教令相左的,一律无效。"①需要注意的是,在特兰特会议期间,围绕教宗与主教的关系问题,既有许多神学上的争执,也有许多现实利益的争吵,且不论双方是如何妥协的,一个基本事实就是,特兰特会议所颁教规教令既对主教提出了诸多严格要求,同时也赋予主教以更多、更广、更明确的权力,与此相应,教宗对地方教会的实控权则受到一定的制约。

纵观特兰特会议所颁教规教令,其中涉及对教宗制度进行改革或对教宗滥用特权现象进行制约的地方多达数十处。虽然这些条文基本上都是穿插在以其他内容为主题的教规教令之中,具有一定的"隐蔽性",但这并不会真正影响我们对特兰特会议在教宗制度问题上的基本判断,即对于教宗制度问题,特兰特会议既无法真正回避,也没有真正回避,会议之前西欧社会对教宗特权及其流弊所提出的各种批判意见,有许多都能在特兰特会议所颁教规教令中找到相应的答案。也就是说,如果我们将相关的条文全部梳理出来并对之进行归类组合,同样可以得到一份比较系统的"关于改革教宗制度之教令"。然而,教令本身与教令的实施结果毕竟不是同一回事,历史过程的诡异性在这个问题上彰显无遗。随着特兰特会议的落幕,这次会议所颁教规教令中的那些涉及教宗制度改革的条文最终还是成了镜花水月。

四、隐性制约的流产与显性维护的张扬

从前文所述可以看出,特兰特会议(特别是会议的第三阶段)对于教宗特权以及教宗制度问题还是比较关注的,但是,其态度及处理方式却明显处于一种矛盾的境地。一方面,特兰特会议明确宣称"在一切事情上,要永远维护罗马教廷的权

---

① J. Waterworth, ed. and trans., *The Canons and Decrees of the Sacred and Oecumenical Council of Trent*, pp.29, 101, 215, 243.

威",而且,特兰特会议所颁一切教规教令都需得到教宗认可方为有效;而另一方面,与会者们又通过多种方式把制约教宗权力的各种条文融进了特兰特会议教规教令之中。这种欲说还休的状况恰恰体现了特兰特会议的天主教"正统"性质①。对于特兰特会议参加者中的绝大多数人而言,从心理层面上来说,他们之所以听从罗马教宗的号召而前往特兰特开会,之所以克服重重困难并长期居留在特兰特以讨论各种问题,其基本原因就在于他们依旧在相当程度上认可教宗的权威,但是,出于对教宗特权所带来的各种积弊的忧虑以及对加强自身权力的渴望,他们又必然要对教宗的绝对权威以及由此带来的各种腐败作出相应的反应。然而,由于身在体制之内,加之整个会议进程一直受到罗马教宗的强力遥控,他们终究无法将自己的想法和盘托出,而只能通过比较隐晦的方式来表达自己的主张。至于会议代表中的那些"异见人士",其有关论点对于教规教令的具体表述的确会产生某些影响,但是,他们终究不可能左右会议的总体走向。

即便在教宗制度问题上的表述已经比较谨慎,在特兰特会议进入尾声阶段,很多与会者还是产生了各种各样的担心,他们认为,如果会议制定的教规教令得不到教宗的批准,他们所做的一切工作都将付诸东流。当时的事态发展也的确表明他们的担心并非是杞人忧天。在会议结束之际,有些人公开提出动议,要求教宗推迟批准会议文件,或者要求教宗对会议文件进行删减和修正②。教宗庇护四世本人对特兰特会议的所有文件是非常熟悉的,而且,他对于会议文件中的某些内容也是有着很大的保留意见。

然而,在"对相关内容""深思熟虑"并听取"诸位可敬的枢机兄弟"的意见之后,富于心计且极具战略眼光的教宗庇护四世还是毫不犹豫地"批准"了多有龃

---

① 从参会人员的宗教派别来看,特兰特会议实际上就是天主教徒的一次集体会议,东正教会并无代表参加会议。至于新教徒(抗议宗教徒),特兰特会议曾呼吁他们参加会议,并多次颁布名曰"给予抗议宗教徒的通行许可"之教令,其中不仅承诺给予新教徒以安全保证,而且给予他们以各种各样的"自由",例如,"可以自由交换意见,自由提出建议,自由讨论本大公会议准备讨论的那些事情;可以自由且安全地前来参加这次基督教大公会议,可以在那里停留和暂居;可以以口头和书面形式提交建议,而且想提多少条就可以提多少条;可以与教父们进行协商,也可以与由本大公会议选派的人士进行讨论,而且,在与他们进行辩论的时候,不得有任何谩骂和侮辱行为;不论何时,只要他们有意,可随时离会"。参见 J. Waterworth, ed. and trans., *The Canons and Decrees of the Sacred and Oecumenical Council of Trent*, p.91. 不过,这份"通行许可"中最为明显的问题之一就是,它只赋予新教徒"聆听"权和讨论权,而闭口不谈新教徒在审议有关教规教令时的投票权和表决权。因此,虽然在特兰特会议第二阶段期间有几位新教徒代表到达了特兰特会议现场,但这丝毫不能改变特兰特会议的"纯天主教"性质。至于会议期间出现的各种争执,则都是在天主教这一基本框架之中产生的。也正因如此,后世的各新教派别一直不承认特兰特特会议是"圣公会议"。

② 参见 Theodore Alois Buckley, *A History of the Council of Trent: Compiled from a Comparison of Various Writers, with a Chronological Summary*, pp.502-518.

龉且对教宗制度作出诸多制约的特兰特会议所颁教规教令①。1564年1月26日,即在教宗特使从特兰特城返回罗马之后不久,庇护四世便召开御前会议以听取特使们的汇报,然后直接作出决定:"对于在已故教宗保罗三世和尤里乌斯三世时期以及在朕当政时期,由此次大公会议制定和阐论的所有教令和每一份教令,一律予以批准确认;朕下令,所有基督信徒都必须接受并毫不亵渎地遵守这些教令。"②如果单从这份简短的确认令来看,特兰特会议对教宗制度所作的各种修正或限制似乎都将得到"毫不亵渎"的执行,天主教系统内的地方教会(或者说民族教会)③的自主权也将获得新的生机。

不过,问题并没有到此为止。与这种"全盘认可"的做法相映成趣的是,同是在1564年1月26日,亦即在庇护四世对特兰特会议文件作出"全部批准"的决定之日,罗马教廷又另行公布了大异其趣的"依天意而为教宗的吾等至圣之主庇护四世就确认特兰特圣公会议所颁之谕令"。在该谕令中,庇护四世虽然也要求所有天主教徒必须遵守特兰特会议所颁教规教令,但是,其真正主旨却如该份谕令所言:"为了让所有人都能够对这一决定有一更清楚的了解,朕特意通过目前这份谕函之中所述内容来对那些教令予以批准确认,并通过目前这份谕函之中所述内容来对一切人等作出规定,要求他们必须接受并遵守那些教令。"④很显然,这份谕令之中的"所述内容"才是理解和执行特兰特会议所颁教规教令的基石,任何人都不能偏离这一谕令而去理解"特兰特"。实际上,教宗的这份谕令已经成为凌驾于特兰特会议所颁一切教规教令之上的最高指示,其根本用意在于垄断对特兰特会议教规教令的解释权。具体而言,庇护四世主要是通过以下两个方面来达此目的的。

其一,强调特兰特会议赋予教宗的特权。如前文所述,在特兰特会议所颁教规教令中,与教宗特权和教宗制度有关的内容具有明显的杂糅性。然而,在1564年1月26日颁布的这份谕令中,教宗闭口不谈特兰特会议对教宗制度所作的各种制约,相反,他却将注意力完全集中在特兰特会议对教宗的"尊崇"方

---

① J. Waterworth, ed. and trans., *The Canons and Decrees of the Sacred and Oecumenical Council of Trent*, p.284.
② J. Waterworth, ed. and trans., *The Canons and Decrees of the Sacred and Oecumenical Council of Trent*, pp.284–285.
③ 参见 A. G. Dickens, *The Counter Reformation*, pp.121–122。
④ 庇护四世的谕令详见 J. Waterworth, ed. and trans., *The Canons and Decrees of the Sacred and Oecumenical Council of Trent*, pp.285–289. 本段文字后所引该教令中其他内容,不再一一注明。

面。谕令写道："在一次公开的全体会议上,此次圣公会议本身制定了一份教令,请求朕对此次圣公会议在朕当政时期以及朕的两位前任当政时期制定的所有教令予以批准确认;这种做法既是此次圣公会议对教廷的尊重,同时也是在因循古代圣公会议的传统做法。"然后,谕令又以明确的口吻规定只有罗马教廷才有权对特兰特会议文件进行解释,而且再次强调这一权力也是特兰特会议本身赋予教宗及教廷的:"不论何人,如果他认为此次圣公会议所颁教令在某些地方存在表述不清、界定模糊之类的问题,而且,基于这一缘由,如果他认为需要对之作出某些阐释或决断的话,那么,……要让他前往教廷那里以求解决之道,教廷乃是所有信徒的女主人,对于其权威,此次圣公会议亦以非常敬重的方式予以了承认。……在那些教令问题上,如果出现什么难题或争议,其解释权和决断权悉归于朕,这一点也是此次圣公会议本身所明确规定了的。"另外,谕令还依据特兰特会议的某些规定而将天主教会的一切事务笼而统之地纳入教宗及教廷的掌控之中,关于这一点,谕令是这样表述的:"此次圣公会议还非常恰当地将以下事情委托给朕,即对于所有教省而言,如果出现各种急需解决的问题,朕都将依据自己的判断,随时为之提供最为合适的解决办法;与此同时,朕宣布,在以上这些问题上,不论有人试图做出什么样的举动,不论做出这些举动的是什么样的权威,也不论其行为是故意的还是无心的,只要是与以上规定相左的,均属无效。"

其二,严禁他人对特兰特会议成果擅自进行阐释。这是和教廷垄断特兰特会议文件解释权相辅相成的一种规定。首先,谕令阐释了作此规定的缘由,即"假如允许每个人都可以随心所欲地对此次圣公会议所颁教令发表自己的评论和解释,那么就有可能出现歪曲和混乱现象"。其次,谕令进一步阐明了这一规定的具体内容,即"对于所有人而言,……如果未经朕的许可,任何人都不得擅自以任何方式对此次圣公会议所颁教令发表任何形式的评论、注解、评注、附注以及其他任何形式的阐释,不得以任何名义就这些教令问题作出任何决定,不得以某某做法能进一步加强人们对这些教令的信仰或某某做法将有助于这些教令的贯彻实施为借口而作出任何决定,也不得打着任何其他的幌子或以其他任何借口就这些教令问题作出任何决定"。为了保证这一规定能够得到遵守,谕令对违反者施以严厉的处罚,即"如果违规者是高级教士,那么,他将被禁止进入教会;至于其他人,不论其拥有什么样的身份,都将依其行为本身而被处以绝罚"。

从庇护四世的这份谕令可以明显看出,此前对特兰特会议文件所作的那一

世界史研究论文写作：案例与方法

"全盘认可"只是一种战略上的权宜之计。在充分利用特兰特会议赋予教宗各种权力的前提下，庇护四世已经将那些有可能令教宗及教廷陷入尴尬的条文推到了幕后。不仅如此，在教宗的这份谕令中，特兰特会议已经摇身一变，其原本颇为复杂的多面形象已经转而演变为全面支持罗马教宗、赋予罗马教宗以一切权力的一次会议。在特兰特会议以后的岁月中，罗马教廷虽然遇到了地方主教以及世俗力量的抵制，但它却在"特兰特大旗"的护卫下逐步稳住阵脚，进而将天主教会的圣统制发展到了另外一种极致。

根据以上所述，我们不难对本文开头提出的问题作出一个比较准确的回答。在教宗特权及教宗制度问题上，特兰特会议虽然比较谨慎，但也并非如某些学者所说的那样无所作为。在这个问题上，特兰特会议之所以给人以无所作为的印象，其重要原因在于罗马教廷迅速地控制了对特兰特会议文件的解释权，而且，对于一切存有争议的问题，罗马教廷几乎毫无例外地通过采取"不予讨论"的做法而予以搁置①。在这种绝对权威的绝对控制下，人们也就只能随着罗马教廷的解释而人云亦云。不过，有一个问题值得注意，即对于处在教宗版本的"特兰特体系"笼罩之下的近现代社会而言，对特兰特会议的本原缺乏完整的认识，这似乎情有可原。然而，随着20世纪60年代"梵二会议"的召开，绵延400年之久的"特兰特体系"在天主教世界已经基本瓦解，人们已经可以自由地对特兰特会议文件进行深入的研究和解读②。在这种情况下，如果对特兰特会议的认识还停留在原有层面，那只能说明我们尚未真正走进特兰特会议文件的深处，尚未真正理解当年特兰特会议参加者在成分上的复杂性以及他们在教宗制度上的矛盾心态。如果这种状况持续下去，对特兰特会议的理解就仍将处于误读状态，对近现代天主教会史的理解也就难免会产生各种各样的误差。

（说明：该文发表时，因篇幅限制，个别地方有所删减，现根据论文原稿，适当补回所删文字，并对文中的个别文字表述稍作修改。）

---

① 参见 Giuseppe Alberigo, "The Council of Trent," in John W. O'Malley, ed., *Catholicism in Early Modern History: A Guide to Research*, St. Louis: Center for Reformation Research, 1988, pp.219 – 223.

② 特兰特会议本身以及后世逐步演绎形成的"特兰特体系"的确具有深远的影响，即便在"梵二会议"之后的当代社会，天主教会也没有完全走出特兰特会议的影子。但是，在此之后，对特兰特会议文献的研究和解读已不再成为禁忌。参见 Joseph A. Komonchak, "The Council of Trent at the Second Vatican Council," in Raymond F. Bulman and Frederick J. Parrella, eds., *From Trent to Vatican II: Historical and Theological Investigations*, New York: Oxford University Press, 2006, pp.61 – 77.

 导读：

如何做到言之有物、言而有用？
如何从实际教学中发现问题？

从行为动作的本义来说，包括史学论文在内的各种学术论文的写作，本应该是有感而发的一种行为，而不应该是无病呻吟。明明没有不吐不快的内在驱动，却要为论而论、为写而写，这对写作者而言自然是一种煎熬、一种负担，写出来的文章对社会来说也必然是平添一些无用的物件、浪费一些有用的资源。因此，"破五唯"中的破除"唯论文"这一条，实在大快人心。当然，社会要进步，该写的论文还是要写，关键是要言之有物、言而有用，而在论文写作上之所以会出现为赋新词强说愁的现象，归根结底还是老生常谈的一句话："问题意识"出了问题。

不论是在历史上，还是在现实中，需要梳理或重新梳理、分析或重新分析、阐释或重新阐释的问题或现象不是很少，而是很多，但是，如果没有广泛阅读、细心观察、深入思考、用心体悟，也就很难发现还有什么问题需要解决。既然没有问题，一切都在熟视无睹之中，脑子一片空白，眼前茫然一片，论文还能从何论起？其实，阅读、观察、思考、体悟等行为，在很多情况下并不一定是刻意为之的机械性程式，而是在有大致目标范围并有一定知识积累之后的自然过程，没有内涵地摆出沉思冥想、谋篇布局的架势，那是自欺欺人。

过去这些年，我也写过一些被称之为论文的文字，但实事求是地说，我的这些所谓论文，包括本书收录的《特兰特会议对教宗制度的矛盾态度》这篇文章在内，其实大都是其他业务工作的副产品，或者说，是在完成相关工作之后感觉有必要围绕某些感兴趣的话题谈谈自己看法的一些衍生品、一些读后感。对于我个人而言，如果没有前面所做的那些工作，就很有可能发现不了那些需要重新审视的学术话题，或者说，即使平时对某些问题有所察觉、有所思考，但如果没有那些前置性的工作，也就不一定能够真正明白究竟应该从何入手，对于这类问题的初步观察或思考终究有可能会化为一闪而过、没有下文的灵光。

我的职业是大学历史老师，本职工作是教书育人，工作目标就是守职尽责，尽量把书教好、把人育好。育人的工作暂且不论，单就我所从事的世界中世纪史、西方早期近代史以及法国史等课程的教学工作而言，我给自己划定的一个基

本的底线要求就是,既不能照本宣科、人云亦云,也不能一份讲稿讲终生,同时,还要根据国内外学术界的研究现状和发展趋势,尽可能地为自己的学生多提供一些重要且必要的史料,借此磨炼他们阅读、思考、鉴别的习惯和能力,培养他们发现问题、解决问题的学术素养。

正是基于课堂教学的这一需要,在过去这十几年中,我把较多的时间和精力放在了西方历史文献的汉译与研究上,先是完成了《特兰特圣公会议教规教令集》(商务印书馆,2012年)的译注工作,后来,又围绕法兰克时代的核心历史文献,陆续将《弗莱德加编年史》《法兰克人史纪》《法兰克王家年代记》等中世纪早期的重要历史文献翻译为中文,这几本书也已经于2017年、2018年、2019年由人民出版社出版。除了史料译注之外,出于个人兴趣、受人之托或课题研究的需要,我也翻译了现当代西方史家的一些研究性著作,比如《路易十四》(人民出版社,2011年)和《大公会议史纲》(人民出版社,2021年)等。

西方历史文献的汉译与研究,看起来只不过是一些既不足为道又比较枯燥的基础性工作,但是,如果真的是以研究的心态去做,其过程就绝不会是仅仅把一种语言转换成另外一种语言那么简单。认认真真从事过这个工作的人,自然会有刻骨铭心的感受。当然,即便是单纯的语言"转换",也不会如有些人想象的那么轻而易举。其实,翻译这个事,哪怕是谨之又谨、慎而又慎,也还是很有可能落下千古流传的把柄。前有"牛奶路",后有"常凯申",一旦在翻译过程中一不小心炮制出这类前无古人的发明创造,想不留名都难。如果那样,要想抹除别人对你的历史记忆,恐怕唯有等到地老天荒。

虽然翻译随时可能触雷,但只要是教学所需,我还是甘冒风险,40余万字的《特兰特圣公会议教规教令集》便是这一需要的产物。当年,在给学生讲解欧洲宗教改革这段历史时,遇到一个难以说清讲透的问题。16世纪早期马丁·路德发起新教改革之后,天主教会面临深刻危机。为应对新教挑战并整肃天主教会内部秩序,罗马教廷遂于16世纪中叶在特兰特召开"大公会议",会议制定了一系列教规教令,对天主教会进行全面规范。翻阅各种相关著作和教材,几乎人人都说特兰特会议文献极为重要,说它奠定了随后400年天主教会的基本面貌,然而,在论及特兰特会议文献的具体内容和具体表述时,却大都是一带而过、语焉不详,而且,围绕特兰特会议及其会议文献的某些介绍性文字也都是浮光掠影,甚至让人觉得不知所云。

这部在近现代天主教会史上居于"宪法"地位的文献集,尽管人人都说重要,但在它出台之后的几百年历程中,在我们中国,却并没有一部完整的汉译本。在这种情况下,对于绝大多数学生而言,要想深入理解天主教会的"反宗教改革"以及近现代天主教会的运行机制,显然是个较大的障碍。于是,在教学之余,我开始一段一段地将这部文献集翻译为中文。每学年在给学生讲述宗教改革以及近现代天主教会历史时,我通常也会把已经翻译出来的某些段落拿出来供学生讨论。特兰特会议文献素以晦涩艰深著称,即便是专门从事特兰特会议史研究的欧美学者,对此也常有感慨。正因如此,这部文献集的汉译工作,从起步到完成,断断续续花了五六年时间。翻译这部文献,原本只是教学工作的一个组成部分,因此,并没有什么太强的紧迫感,也没有想过把它拿出去公开出版。后来,在身边同事的怂恿下,我拿这个稿子去申报国家社科基金后期资助项目,结果竟然非常顺利。这样一来,不管你想不想让它出版,它都必须要公之于众了。

由此不难想见,当年之所以要写《特兰特会议对教宗制度的矛盾态度》这篇文章,其实就是前面这项翻译工作的自然延伸。翻译特兰特会议文献的过程,也是我全面梳理和学习特兰特会议研究史的一个过程。不论是国内国外的,还是近代现代的,只要是和特兰特会议相关的研究性著述,凡是能找到的,或大致能够看明白的,我都会尽量翻阅一遍。毫无疑问,这类或详或略的阅读,对于我深入准确地理解和翻译特兰特会议文献是大有帮助的;但另一方面,在逐词逐句地翻译文献的过程中,我也会不断地发现,文献中的某些表述和既有研究成果中的某些结论似乎并不相洽。如此一来,"问题"也就自然而然地呈现在了眼前。只要追着这些"问题"不放,并辅以相关材料,尝试去解释或解决,然后以恰当的文字和通顺的逻辑将之表达出来,或许,写出来的这个东西就可以被叫作论文。

特兰特会议期间的教宗制度问题,就是我在阅读前人研究成果和翻译特兰特特会议文献过程中发觉需要重新厘清的一个问题。简而言之,这个问题之所以是个问题,原因无非就在于,近现代的西方学者大都认为,对于饱受诟病的教宗制度问题,特兰特会议极力回避,并未制定任何实质性的改革或制约措施。但是,通过细致的文献梳理却可以发现,在特兰特会议文献特别是会议最后阶段制定的教规教令中,涉及教宗以及教宗制度的地方并不鲜见,其中,有些是对教宗制度的显性维护,有些是对教宗制度的隐性制约。正是基于这些细微的所谓发现,我对特兰特会议文献中涉及教宗和教宗制度的内容进行全面统计,并进行分类和分析,从而以确凿的文献材料证明,近现代西方学者对特兰特会议期间教宗制度问题的判断并不准确。在此基础上,还有另外一个延伸的历史现象需要关注和解释。特兰特会议结束之后的数百年中,在天主教世界,基本上无人提及或无人敢于提及那些对教宗及教宗制度的制约性规定。这个现象相对比较容易解释,简单来说就是因为,在特兰特会议结束之后,以教宗为首的罗马教廷迅速垄断了对会议文件进行解释的特权。

当年撰写这篇文章的时候,我正在英国伯明翰大学访学。我曾就文章的基本思路和主要内容,向我的合作导师、著名教会史专家罗伯特·斯旺森教授请教。在他看来,"这是一个新的研究思路",在欧美学术界,还没有人从这么细致入微的角度去挖掘特兰特会议文献中的教宗制度问题。对于我从事的特兰特会议文献汉译工作,他更是感到有点匪夷所思。他说,特兰特会议文献极为烦琐,即便在欧美学术界,甚至说专门从事教会史研究的欧美学者,也很少有字斟句酌地通读过特兰特会议文献的。斯旺森教授是不是出于鼓励的目的才对我的这些工作作出上述评价的,我并不清楚。时隔多年,如今回过头来翻看当年译注的这部特兰特会议文献,的确还是觉得,当年的自己真的是有点"无知者无畏"的嫌疑。

第 5 讲　回归经典：历史研究对常识的新阐释

浩瀚历史时空里的现象，有一些是我们所不知的，有一些是我们所知甚少的，有一些是我们看起来习以为常的。而恰恰是这些我们习以为常的现象可能并不被我们真正认识，像"时间""空间""语言"等，在任何一本历史教材中皆属于平常的概念，也是历史研究的基本工具。但是，中国社会科学院俞金尧研究员的文章《资本扩张与近代欧洲的黑夜史》（原载《历史研究》2020 年第 4 期，第 171—197 页）却将"黑夜"作为其研究的主题，令人眼前一亮。更重要的是，在方法的使用上，他并不追随当前的热门新史学方法（比如新文化史），而是"回归经典"，从传统社会经济史的视角，通过唯物史观解读向读者呈现"黑夜"的资本主义发展史。

资本扩张与近代欧洲的黑夜史

俞金尧

摘要：在西方历史文化中，黑夜长久以来多给人负面印象。近代以后，欧洲人对夜晚的态度发生变化。在 17—18 世纪的城市里，夜间娱乐和社交活动开始流行，夜生活逐渐成为一种新的生活方式。在生产方面，18 世纪中后期到 19 世纪上半期劳动时间向夜晚不断延伸。劳资双方经过长期斗争，最终确立 8 小时工作制，但出现了轮班工作和"三班制"劳动方式，夜以继日的劳动逐步制度化。欧洲资本主义兴起和发展所引起的城市化，为夜生活的流行提供了条件。工业化时期，资本扩张需要把黑夜作为一种资源来开发和利用。资本扩张推动了夜晚的转变,甚至照明技术的应用和推广也是资本运动的结果。在欧洲资本主义迅速发展的时代,黑夜是资本扩张的一个新的"空间"。

关键词:近代欧洲;黑夜;夜生活;夜班;资本主义

从传统历史叙述中我们知道欧洲历史上黑夜的一些情况,例如关于中世纪欧洲城市的宵禁和行会禁止工匠开夜工,人工照明在近代的发展以及工厂制度下的夜间劳动,等等,这些知识属于欧洲史常识,散见于欧洲政治、经济、宗教、社会和文化等历史题材中。也就是说,传统的历史叙述经常会涉及历史上夜晚的情况,但黑夜不是独立的研究对象。因此,我们不曾见到专门的黑夜史[1],而我们关于欧洲黑夜的历史知识也是不成系统的。借助于新文化史的潮流,黑夜开始进入历史学家的视野。关于欧洲历史上的黑夜已经有一些论著问世[2],有的著作还比较系统地梳理了欧洲的夜史[3]。新的研究表明,近代早期以后,欧洲的夜史发生了明显变化,夜幕降临以后到户外活动的人多了,夜生活流行开来,夜间劳动发展起来,夜晚变得很有生气。社会经济生活中的这一变化,改变了千百年来人们对于黑夜的负面印象和态度,甚至连"黄昏"都充满了诗情画意,这种浪漫的夜晚似乎被"发现"和"发明"出来了[4]。近代以来欧洲人的夜晚发生变化,这已成为历史研究者的共识,但如何理解这个变化,各有各的取向。尽管前人的认识都有一定的理由,但是,关于夜晚变迁的性质和原因仍有待进一步探讨,本文将从资本扩张的角度理解近代欧洲黑夜的变迁。

---

[1] 尽管我们发现 20 世纪上半期有一些描写伦敦、巴黎等欧洲城市和城镇夜晚的著作,但它们都不是严格意义上的历史学著作。例如 Thomas Burke, *Nights in Town*, London: George Allen & Unwin, 1915; Ralph Nevill, *Night Life: London and Paris — Past and Present*, London: Cassell and Company Ltd., 1926; Thomas Burke, *English Night-life: from Norman Curfew to Present Black-out*, London: B. T. Batsford Ltd., 1941.

[2] 例如 Joachim Schlör, *Nights in the Big City: Paris, Berlin, London 1840 – 1930*, trans. by Pierre Gottfried Imhof and Dafydd Rees Roberts, London: Reaktion Book Ltd., 1998; Bryan D. Palmer, *Cultures of Darkness: Night Travels in the Histories of Transgression*, New York: Monthly Review Press, 2000; Christopher R. Miller, *The Invention of Evening: Perception and Time in Romantic Poetry*, Cambridge: Cambridge University Press, 2006.

[3] 例如让·韦尔东:《中世纪之夜》,刘华译,北京:中国人民大学出版社 2007 年版(该书英文版参见:Jean Verdon, *Night in the Middle Ages*, Notre Dame: University of Notre Dame Press, 2002);A. Roger Ekirch, *At Day's Close: Night in Times Past*, New York and London: W. W. Norton & Company, 2005(该书已出中文版,参见 A. 罗杰·埃克奇:《黑夜史》,路旦俊、赵奇译,长沙:湖南文艺出版社 2006 年版)。新近的欧洲夜史著作是 Craig Koslofsky, *Evening's Empire: A History of the Night in Early Modern Europe*, Cambridge: Cambridge University Press, 2011.

[4] Christopher R. Miller, *The Invention of Evening: Perception and Time in Romantic Poetry*, pp.1 – 13.

一、研究状况

　　由于新文化史盛行，不少研究者把黑夜及黑夜的变迁当作一种浸透了文化意义的现象来理解，黑夜作为历史研究对象，被深深打上了新文化史的烙印。这首先体现在研究者对黑夜的论述明显侧重于文化的主题，讨论集中在情感、观念、思想、黑暗、危险、秩序、治安、社交等具有社会文化意义的问题。例如，帕尔默所说的"夜"是一种隐喻，代表"他者"，是与黑暗和危险联系在一起的，囊括了社会文化方面很多的否定性存在和现象①。哈里斯研究17世纪英国戏剧中的巫师和巫术，他的书名叫《夜晚的黑色行动者》②。"黑色行动者"是一个隐喻，由此将黑色与巫师巫术联系在一起。其次，与文化上理解黑夜相关，对欧洲夜史变迁的解释，主要也是从文化的视角。科斯洛夫斯基提出了"夜间化"(nocturnalization)概念，认为"夜间化"就是"黑夜在传统的社会和象征意义上的应用的不断扩张"，涉及"近代早期欧洲文化的各个方面"，代表了近代早期欧洲日常生活的一场革命③。埃克奇认为，夜晚革命的主要原因在于启蒙运动早期的科学理性主义，它的迅速扩散，使大西洋两岸的有识之士越来越否定前工业化时期已经存在几个世纪的世界观，即黑夜是与魔鬼、巫术等联系在一起认识的；黑夜发生变迁，原因在于西方世界在信仰方面发生了"觉醒"④。

　　从社会学视角看待欧洲夜晚的变迁颇有新意。梅尔斌把时间当作空间来理解，认为时间与空间一样，都是生活的容器，是被物种所占据的生态场域的一部分。以这种认识为基础，他把19世纪以后人类夜间活动的增加看成人类在地理空间上扩张的继续。人们进入夜幕，如同进入一个新的空间，黑夜成了一个前沿开拓地带⑤。社会学研究启发了历史学家，后者借用"黑夜的殖民化"(the colonization of the night)一说，把欧洲各地的城市和地方当局逐渐在黑夜中建

---

① Bryan D. Palmer, *Cultures of Darkness: Night Travels in the Histories of Transgression*, pp.8-9, 13-20.
② Anthony Harris, *Night's Black Agents: Witchcraft and Magic in Seventeenth-Century English Drama*, Manchester: Manchester University Press, 1980.
③ Craig Koslofsky, *Evening's Empire: A History of the Night in Early Modern Europe*, pp.1-18.
④ A. Roger Ekirch, *At Day's Close: Night in Times Past*, pp.325-326.
⑤ Murray Belbin, "Night as Frontier," *American Sociological Review*, Vol.43, No.1, 1978, pp.3-22.

立秩序,控制混乱、罪孽、危险以及制服黑暗的过程,与欧洲人近代对空间和世界各地的殖民过程相类比①。

黑夜及其变化,给人最直观的印象就是黑暗与光明相互之间关系的变迁。很自然,人工照明工具成为黑夜史叙述的一个重要内容。在20世纪早期,人们就认识到新的照明技术在创造现代城市"夜生活"中所起的作用,认为这个原因超过其他一切因素②。这个作用至今没人怀疑过,即使文化的变迁十分重要,人们也认识到人工照明技术的进步推动了欧洲人现代意识的形成③。现代照明技术的发展给人留下深刻印象,这种直观的感受容易使人以为,正是因为现代照明工具和技术,才终结了漫漫长夜④。

人类在黑夜的很多活动其实都具有经济意义,无论是夜生活的兴起,还是夜间劳动,本质上都是夜间的经济活动。但是,黑夜历史的研究却缺乏经济史的视角,我们很少看到从经济上深刻阐释为什么欧洲的黑夜在近代以后发生变迁的作品。埃克奇在他的《黑夜史》一书中简要地讲到了消费主义和工业化对黑夜的影响⑤。不过,他强调科学理性主义扩散是主要原因,经济发展所产生的影响则是其次。到现在为止,还没有一部专门关于黑夜的经济史著作,也没人专门从经济史角度阐述近代欧洲的夜晚变迁。

不过,从时间的一般意义上把夜晚时间作为生产过程中的一个要素来理解,倒是社会学、经济学(甚至包括经济史)经常讨论的主题⑥。在现代社会,时间如

---

① Craig Koslofsky, *Evening's Empire: A History of the Night in Early Modern Europe*, pp.16－17,157－235.
② Ralph Nevill, *Night Life: London and Paris — Past and Present*, pp.3－5; Donald Maxwell, *The New Lights O' London*, London: Herbert Jenkins Limited, 1926, p.82.
③ Wolfgang Schivelbusch, *Disenchanted Night: The Industrialization of Light in the Nineteenth Century*, trans. from the Germany by Angela Davies, Berkeley, Los Angeles & London: University of California Press, 1995.
④ 研究照明史的历史学家认为,只是因为有人工照明,才出现夜晚城市的轮廓,城市因为灯光而展现特色,就此而言,城市的历史就是不断进步的照明史。参见 Joachim Schlör, *Nights in the Big City: Paris, Berlin, London 1840－1930*, p.57; Maureen Dillon, *Artificial Sunshine: A Social History of Domestic Lighting*, London: National Trust, 2002, p.21.
⑤ A. Roger Ekirch, *At Day's Close: Night in Times Past*, pp.326－327.
⑥ 例如 M. A. Bienefeld, *Working Hours in British Industry: An Economic History*, London: Weidenfeld & Nicolson, 1973; Hans-Joachim Voth, "Time and Work in Eighteenth-Century London," *Journal of Economic History*, Vol.58, No.1, 1998, pp.29－58; Hans-Joachim Voth, *Time and Work in England, 1750－1830*, Oxford: Oxford University Press, 2000; Paul Blyton, *Changes in Working Time: An International Review*, London and Sydney: Croom Helm, 1985; Paul Blyton, "The Working Time Debate in Western Europe", *Industrial Relations*, Vol.26, No.2, 1987, pp.201－207; Paul Blyton et al., *Time, Work and Organization*, London and New York: Routledge, 1989; 乔纳森·克拉里:《24/7:晚期资本主义与睡眠的终结》,许多、沈清译,北京:中信出版社2015年版。

同商品。随着时间的商品化,时间就成为一种稀缺的、可以开发利用的资源。时间的商品化由资本主义的产生和发展所引起,是现代资本主义社会最突出的特征①。所以,在现代经济理论中,时间是一个重要的研究主题。有学者梳理了近代以来关于劳动时间的经济思想的演变,发现自重商主义以来的经济学理论都讨论过市场经济条件下劳动与时间的关系②。尽管不同的经济理论在讨论劳动时间的长短对经济发展到底起到什么作用时有不同的看法,但都认识到劳动时间的重要性。其中,马克思被认为是全面认识到时间经济学重要性和阐述时间经济学范畴的第一人③。

的确,马克思关于时间经济学的思想博大精深,对于欧洲在资本主义发展过程中,为什么劳动时间不断从白天向夜间延伸,以及最终把整个黑夜都变成劳动时间等问题,马克思都作过深刻阐述。《资本论》从讨论商品开始,指出商品的价值由劳动量来计算,"劳动本身的量是用劳动的持续时间来计量,而劳动时间又是用一定的时间单位如小时、日等作尺度"④。可见,在马克思的经济理论中,劳动时间对于资本主义生产方式具有根本意义。马克思在《资本论》中对劳动时间作过大量的和专门的论述,这里不再详述。就我们所关心的主题而言,马克思的观点可以简单地表述如下:资本的增殖是资本唯一的生活本能,资本家是以劳动力的日价值购买了劳动力,所以,资本家就千方百计地要把劳动日的时间往夜里延伸。资本有无限的增殖欲望,要求24小时都占有劳动。所以,夜间劳动是资本主义生产的"内在要求"⑤。根据马克思的理论,我们认识到,资本扩张的需要与对夜晚时间的利用,形成了一种内在的逻辑关系。

马克思的时间经济学理论是他的政治经济学的重要组成部分,他的理论揭示了资本主义生产的本质和夜工越来越普遍的原因。马克思的时间经济学理论当然不是为了阐述欧洲夜史的变迁,但这一理论对于我们认识和理解欧洲黑夜的历史变迁具有重要的指导意义。马克思的理论表明,欧洲的黑夜与白天一样,能够得到开发和利用,与资本主义生产方式有着内在的、必然的关系。这也意味

---

① 安东尼·吉登斯:《社会的构成:结构化理论大纲》,李康等译,北京:生活·读书·新知三联书店1998年版,第240页。
② Chris Nyland, "Capitalism and the History of Worktime Thought," *The British Journal of Sociology*, Vol.37, No.4, 1986, pp.514-515.
③ Raija Julkunen, "A Contribution to the Categories of Social Time and the Economy of Time," *Acta Sociologica*, Vol.20, No.1, 1977, p.11.
④ 《马克思恩格斯文集》第5卷,北京:人民出版社2009年版,第51页。
⑤ 《马克思恩格斯文集》第5卷,第267—350页。

着,对于近代以来欧洲黑夜的转变,应该与欧洲资本主义的兴起和发展联系起来,才能得到深刻的理解。

二、近代以前的黑夜

依据西方神话和基督教创世故事,黑夜的资历比白天还老。古希腊诗人赫西俄德在《神谱》中的创世故事是这样的:最先产生的确实是混沌(卡俄斯);随后,从混沌中产生了黑暗的化身厄瑞玻斯和黑色的夜神纽克斯;再从黑夜生出光明的化身埃忒耳和白天之神赫莫拉①。《圣经》"创世纪"上描述的情况与希腊神话的创世顺序相似:上帝创造天地之初,"地是空虚混沌",但是"渊面黑暗";随后,上帝才呼出了光,有了光暗之分,"上帝称光为昼,称暗为夜"②。可见,黑暗早于光明而存在。

黑夜有存在的理由,其最大的好处就是供人休息,放松身心。荷马说:"长夜漫漫,既有时间酣睡,亦可让人听享故事的美妙。"③夜晚讲故事是欧洲人长期形成的用来打发长夜的习惯,这从勒华拉杜里的《蒙塔尤》中可知④。

尽管如此,黑夜给人类的印象以负面居多,它主要代表了恶的一面,令人生畏。赫西俄德的《神谱》叙述了从黑夜中产生的一系列恶神:"夜神纽克斯生了可恨的厄运之神、黑色的横死之神和死神,她还生下了睡神和梦呓神族。尽管没有和谁结婚,黑暗的夜神还生了诽谤之神、痛苦的悲哀之神";"黑夜还生有司掌命运和无情惩罚的三女神——克洛索、拉赫西斯和阿特洛泊斯";"可怕的夜神还生有折磨凡人的涅墨西斯,继之,生了欺骗女神、友爱女神、可恨的年龄女神和不饶人的不和女神";"恶意的不和女神生了痛苦的劳役之神、遗忘之神、饥荒之神、多泪的忧伤之神、争斗之神、战斗之神、谋杀之神、屠戮之神、争吵之神、谎言之神、争端之神、违法之神和毁灭之神,所有这些神灵本性一样"⑤。赫西俄德的这些叙述几乎将人类社会中所有的恶都归结到黑夜,所有的黑恶势力都来自夜神,黑夜成了万恶之源。在早期基督教文献中,黑暗、黑夜与恶魔也有直接关联。在使

---

① 赫西俄德:《神谱》,张竹明、蒋平译,北京:商务印书馆1996年版,第29—30页。
② 《旧约》"创世纪"1:2,5。
③ 荷马:《荷马史诗·奥德赛》第15卷,陈中梅译,上海:上海译文出版社2016年版,第290页。
④ 埃马纽埃尔·勒华拉杜里:《蒙塔尤》,许明龙等译,北京:商务印书馆1997年版,第370—380页。
⑤ 赫西俄德:《神谱》,第33页。

徒保罗的书信中,经常有将光明与正义、黑暗与恶魔对应起来的说法,例如在"哥林多后书"中,义与不义、光明与黑暗、基督与撒旦、信主的与不信主的列在一起进行对照①。在另一处,保罗还说:"你们都是光明之子,都是白昼之子,我们不是属黑夜的,也不是属幽暗的。"②光明与黑暗的对立关系在《新约》"约翰福音"中表达得尤为强烈:"光来到世间,世人因自己的行为是恶的,不爱光倒爱黑暗,定他们的罪就是在此。凡作恶的便恨光,并不来就光,恐怕他的行为受责备。"③光是正义的化身,耶稣说:"我在世上的时候,是世上的光。"④而黑夜将至的时候,"就没有人能作工了"⑤。可见,在基督教早期的传统中,光与黑、日与夜、正义与罪恶,形成强烈的二元对立关系:黑夜代表着邪恶、恶魔,处在光明、上帝的对立面。

古代希腊和基督教是西方文明的两大源头,它们对黑夜的态度为后来的欧洲人对黑夜的看法定下了基调。

中世纪早期,黑夜依然代表着罪恶和危险。有研究指出,在早期的盎格鲁—撒克逊人、日耳曼人和斯堪的纳维亚人的文学作品中,黑夜中充斥着恐惧、不忠、暴力。而当时的教会人士则是用悲戚的语调来理解黑夜,把黑夜当作不公、不忠及所有不幸的代表,白天代表生,黑夜则意味着死。各种文本从来没有呈现黑夜的正面形象,而是重点表现其暴力和危险的主题⑥。

在教会统治时代,欧洲社会对黑夜的态度是与对上帝的信仰联系在一起的。在夜里,魔鬼出没,异端活跃,巫术盛行,它们都是上帝的敌人。

在教会看来,黑暗是撒旦在地球上的邪恶领地,魔鬼拥抱黑夜,与基督的王国为敌。根据法国学者让·韦尔东对中世纪文学和叙事作品的研究,魔鬼主要出现在夜间。黄昏时分,魔鬼首先出现在田野和森林中,从无人居住区渐渐地进入人类居住地。而那些无法入睡的人、病人以及垂死之人都无助地躺在黑暗中。魔鬼所到之处,给人带来恐惧和痛苦⑦,黑夜属于魔鬼。巫术是教会另一个不易处置的对手,受异教传统的影响,基督教的欧洲一直存在着古老的巫术信仰,特

---

① 《新约》"哥林多后书"6:14—15。
② 《新约》"帖撒罗尼迦前书"5:5。
③ 《新约》"约翰福音"3:19—20。
④ 《新约》"约翰福音"9:5。
⑤ 《新约》"约翰福音"9:4。
⑥ Craig Koslofsky, *Evening's Empire: A History of the Night in Early Modern Europe*, p.12.
⑦ 参见让·韦尔东:《中世纪之夜》,第51—58页。

别是在一些山区农村,巫师活跃,形成一套祈求免灾消难、土地丰产的巫术仪式,驱妖仪式在欧洲曾经相当普遍①。巫术也属于黑夜,就如同金斯伯格的书名《夜间的战斗》②所揭示的那样,"本南丹蒂"与巫师的战斗就发生在夜里。黑夜和黑色是巫术特定的符号,在近代早期的猎巫运动中,很多人心里清楚,巫婆(士)才是"夜的黑色代理人"(Night's Black Agents)③。异端也活跃在黑夜。受基督教正统的排挤和打击,异端分子只能秘密聚会,从罗马帝国时期以来,经中世纪到17世纪,异端分子习惯于在夜里聚集。甚至新教也是如此。在16—17世纪,新教的再洗礼派在德国中部南部、瑞士、奥地利、尼德兰等地流行,他们常常在夜间的山坡上或森林深处集会,点起蜡烛阅读圣经和流行的神学著述。16世纪中叶,斯特拉斯堡的再洗礼派在黑夜的密林中举行过几次有两三百人参加的大型秘密集会,时间常常在天黑以后至凌晨一两点钟结束,有时甚至持续到天亮之前④。

从西方的历史和文化来看,欧洲人对于黑夜的负面和否定性态度是一贯的、延续的。黑夜就是魔鬼、阴谋的同义语,这是晚至近代早期欧洲基督教主流文化对于黑夜的基本态度。

黑夜与白天一样,本来都是自然现象,无所谓善或恶,人们之所以赋予黑夜以恶的性质,主要是因为人的恶劣本性往往在看不见的黑暗中展开。夜色为一些见不得人的事提供了天然的遮蔽,因此背上了恶的名声,这是人们对自然现象的情感投射。人们抱怨长夜漫漫,只不过反映了现实中的人们对黑夜的无奈。对黑夜的消极态度,根源在于现实世界里的黑夜充满了危险性和不确定性。

大量材料表明,在欧洲历史上,每当夜幕降临,各地都处于防范、戒备状态:城市里钟声响起、城门关闭后,宵禁和治安巡夜就开始了。中世纪的欧洲虽然封建王国众多,领主遍地,城市也各自为政,但夜间的安保方式却普遍一

---

① 詹姆斯·乔治·弗雷泽:《金枝:巫术与宗教之研究》,徐育新等译,北京:大众文艺出版社1998年版,第791—794页。
② Carlo Ginzburg, *The Night Battles: Witchcraft and Agrarian Cults in the Sixteenth and Seventeenth Centuries*, trans. by John & Anne Tedeschi, Baltimore: John Hopkins University Press, 1992.
③ 参见 Anthony Harris, *Night's Black Agents: Witchcraft and Magic in Seventeenth-Century English Drama*.
④ Clasen Claus-Peter, *Anabaptism: A Social History, 1525 - 1618*, Ithaca and London: Cornell University Press, 1972, pp.69 - 95.

致,都采取了宵禁和夜巡的治安措施。"宵禁"一词起源于法文 couvre-feu,原意是为了防火,由防火而引申为治安。1068 年,征服者威廉发布禁令,从晚上 8 点起在英格兰实行全国宵禁。后来,类似的限制措施在中世纪的欧洲到处都有。宵禁的钟声一响,城门关闭,城市就中断了与外界的交流。在城内,宵禁以后若有人在街头行走或游荡,要受处罚。若有正经事要外出,须自带灯具,否则也要受到处罚或监禁①。宵禁清空了街上的行人,室内的人则要停止劳作。在中世纪的欧洲城市里,晚上不准经营是一个普遍规定,这既是宵禁的要求,也是行会的规矩②。还有一个实际的考虑,就是当时的市场基本上是地方性的,容量有限,不适宜激烈竞争③,反映了那个时代西欧经济的小生产本质。在宵禁令下的中世纪欧洲城市里,街面上空空荡荡,室内停工歇业,只有巡夜人的脚步声告诉人们,城里的治安有人看守。夜间巡逻是与宵禁相匹配的治安措施,在中世纪以来的欧洲城市普遍推行④。巡夜人是欧洲城市史上的一道风景,尽管每个城市的巡夜人数量不同,外表装束也不一样,但基本的职责相同,那就是负责城市夜晚的治安和防火。他们的权力不小,有权盘查黑夜出没于街头的行人,如果认为盘查对象可疑,他们可以拘捕嫌疑人。把街上的人清理干净就是他们的责任。

欧洲一些主要城市出于改善夜间治安的考虑,从中世纪晚期开始推行公共照明。最初的公共照明是城市当局强制私人提供的,在 15 世纪初,伦敦城市当局要求主要街道的临街住户在一些指定的夜晚挂出灯具。后来,巴黎、阿姆斯特丹等城市也出台了类似规定。到 17 世纪下半期,一些大城市开始用公共经费来提升主要街道的照明条件,巴黎(1667 年)、阿姆斯特丹(1669 年)、柏林(1682 年)、伦敦(1683 年)和维也纳(1688 年)都是较早开始用公共经费提供公共照明的城市⑤。不过,近代早期城市公共照明的效果并不理想。一是提供照明的时间短,大多数城市只能在冬季夜长的日子提供路灯照明。据估计,当时伦敦街头

---

① G. Salusbury-Jones, *Street Life in Medieval England*, Hassock: Harvester Press, 1975, pp.139, 185 – 187.
② Toulmin Smith, ed., *English Gilds: The Original Ordinances of More Than One Hundred Early English Gilds*, London: N. Trubner and Co., 1870, pp.xxvi, lxvii, cxxx.
③ M. A. Bienefeld, *Working Hours in British Industry: An Economic History*, p.13.
④ Joachim Schlör, *Nights in the Big City: Paris, Berlin, London 1840 – 1930*, p.73; A. Roger Ekirch, *At Day's Close: Night in Times Past*, p. 75; G. Salusbury-Jones, *Street Life in Medieval England*, pp.135 – 137.
⑤ A. Roger Ekirch, *At Day's Close: Night in Times Past*, pp.67 – 68.

的照明时间平均每年也就63个晚上,总计约189个小时①。二是因为费用问题,城市公共照明还不普及。大城市的路灯只在主要街道安装,大多数街路上并没有公共照明设施,地方城市的公共照明出现得更晚。三是所用灯具还是传统的照明工具。在汽灯发明和应用之前,城市公共照明靠油灯、蜡烛等老式灯具,它们在室外照明范围有限,光线不够亮。在巴黎,人们从街两边交叉斜拉两条绳索,灯具就悬挂在绳索交会点下方。在空旷的街头靠一盏高悬的油灯,照明效果可想而知。实际上,在那个时代,城市推行公共照明的目的,主要不是考虑市民夜行,而是为了改善治安条件。但照明效果差,城市治安状况也难有太大改善,即使在18世纪中期的伦敦,单独夜行仍有风险。走夜路,还是集体行动比较安全②。

黑夜如荒原,是自然的存在,人们无法抗拒它的到来。而人在黑夜,如置身于荒原,面临无法预知的不确定性,黑夜于是乎成为危险之时和险恶之境。欧洲人对黑夜的负面印象长期存在③,是欧洲历史文化的一部分,更是欧洲经济和社会生活现实的反映。但是,随着近代的到来,欧洲人发现了黑夜的美好和价值,夜生活的兴起和流行表明,欧洲人对黑夜的态度正在发生转变,黑夜的历史即将进入新时代。

三、夜生活的兴起和流行

从近代早期开始,人们对黑夜有了新认识。基督教文化"发现"了黑夜,认为黑夜不再仅仅是恶的象征,也是一条通往神灵的路径④。18世纪的浪漫主义诗歌开始赞美黄昏,在诗人眼里,"傍晚"是一段美妙的时光⑤。不过,真正改变人们对于黑夜态度的是城市夜生活的出现,夜晚变成了人们可以享乐的时光。

---

① Malcolm Falkus, "Lighting in the Dark Ages of English Economic History: Town Streets before the Industrial Revolution," in D. C. Coleman and A. H. John, eds., *Trade, Government and Economy in Pre-Industrial England: Essays Presented to F. J. Fisher*, London: Weidenfeld & Nicolson, 1976, p.253.
② Ralph Nevill, *Night Life: London and Paris — Past and Present*, pp.17-18.
③ 甚至到18—19世纪欧洲城市夜生活已经发展起来的时候,黑夜依然背负恶名。参见 Bryan D. Palmer, *Cultures of Darkness: Night Travels in the Histories of Transgression*, p.149; Joachim Schlör, *Nights in the Big City: Paris, Berlin, London 1840-1930*, pp.57-90.
④ Craig Koslofsky, *Evening's Empire: A History of the Night in Early Modern Europe*, pp.46-90.
⑤ Christopher R. Miller, *The Invention of Evening: Perception and Time in Romantic Poetry*.

夜生活最早在上层社会中出现，随后逐渐向大众社会传播，进而发展为西方人的一种生活方式。

从16、17世纪以后，贵族们开始逐渐享受夜间的娱乐生活。一些活动属于室内经常性活动，如化妆舞会，这是贵族最有参与感的活动。在英国，从亨利八世（1509—1547年在位）统治时开始，到詹姆斯一世（1603—1625年在位）和查理一世（1625—1649年在位）统治时期，化妆舞会一直都盛行。当然，这也是欧洲各国首都长期流行的贵族娱乐活动。芭蕾舞是宫廷贵族都爱看的节目，17世纪时，艺术家和建筑师把意大利宫廷舞台上的照明和场景技术引入欧洲各地的表演中，黑暗竟成了新的舞台技术必不可少的组成部分①。照明技术的进步为一些夜间活动创造了条件，在英国威廉三世（1689—1702年在位）时期，原来从下午3点开始的剧场演出，延至6点开场②。有了梦幻般的场地，贵族们的夜生活就变得更加活跃和丰富。在路易十四时代（1643—1715），法国的凡尔赛宫成为欧洲宫廷生活的中心，每天的活动从早上9点开始至午夜结束。到18世纪初，像赌博、跳舞等晚间娱乐活动已是宫廷日常生活的典型内容，把白天的事推延至晚上成为贵族的生活习惯。除了室内活动，贵族们也会举办一些场面宏大的夜间室外活动。在法国，1661年8月17日，财政专家尼古拉斯·富凯（Nicolas Fouquet）为欢迎年轻的路易十四到访自己位于巴黎东南的大庄园而举行夜晚活动。那天的庆祝活动包括芭蕾、戏剧、音乐会和燃放烟花。这些活动渐次展开，一直到次日凌晨2点以后，国王及其随从才尽兴离开。在17世纪下半叶，德意志新教贵族也表现出类似的兴趣，他们把各种庆祝活动放到晚上，甚至到深夜，以显示其活动的奢华和声望。比如，德累斯顿的选帝侯约翰·乔治二世（1656—1680年在位）举办"行星节"（Festival of the Planets），他所准备的丰富活动都改到晚上进行，这些活动包括歌剧、芭蕾和戏剧，在德累斯顿的宫廷剧院演出的娱乐节目，一共安排了13个晚上③。在贵族圈子流行的这些夜间娱乐活动在当时还没有产生广泛的社会意义，盛大的庆典活动主要是显示国王和显贵们的地位、权力和声望。

不过，上层社会开启了夜生活的风气，在普通市民当中，也有少数人开始以适合自己的方式享受晚上生活。那时，宵禁令还在，但规矩已经放松。在英国，

---

① Craig Koslofsky, *Evening's Empire: A History of the Night in Early Modern Europe*, pp.103-110.
② Thomas Burke, *English Night-life: from Norman Curfew to Present Black-out*, p.6.
③ Craig Koslofsky, *Evening's Empire: A History of the Night in Early Modern Europe*, pp.97, 100, 113-114.

小酒馆生意兴旺,詹姆斯一世时期,餐厅、小酒馆常常可以通宵开放。赌场是夜生活的另一个重要场所,在斯图亚特王朝统治时期(1603—1649),赌博流行,赌场8点开门,一直可以经营到半夜。17世纪中叶起,夜里喝咖啡开始流行。咖啡馆不只是一个卖咖啡的地方,也是一个典型的社交场合,各种资讯经由咖啡馆传向更广的社会。咖啡馆的生意兴隆,数量也随之增加。有人曾估计,到18世纪初,伦敦的咖啡馆多达两三千家,这个估计可能高了,有四五百家或许比较可信①,但对于拥有50—60万人口的城市来说,这个数目已经不小。17世纪,在巴黎的夜晚,咖啡屋、啤酒馆、酒店数量也很多。娱乐、赌博、演戏、跳舞等活动样样都有。17世纪末,英国人马丁·李斯特在他的巴黎旅行记中讲到了巴黎人在这些地方的很多夜晚活动,其中提到了位于城市中心的皇家宫殿(the Palais Royal)及其花园②,这个地方后来成为巴黎城里最主要的夜生活中心。

总体上看,17世纪,夜生活开始出现,但社会影响仍然有限,大多数市民还没有介入夜生活,而普通的商店也大体如此,蜡烛一亮,店铺就关门。到了18世纪,夜生活开始成为时尚。一些曾属于贵族圈子的娱乐活动开始扩及民间。例如化妆舞会,18世纪初,伦敦主办的化妆舞会持续到半夜,普通民众只要买一张票,戴上面具就可以入场参与。舞会场面很大,舞场上点起的蜡烛多达500支③。到18世纪晚期,音乐会盛行,普通民众花2个先令就可以听一次音乐会。音乐会结束后,还可以在室内酒吧用餐④。随着夜间娱乐业的发展,夜间活动的时间也越来越晚。伦敦的夜间娱乐时间之前一般从晚上6点开始,到18世纪晚期,开始营业的时间延至晚上八九点⑤,因此,很多娱乐场所通宵达旦地营业也就不难理解了。在18世纪伦敦夜生活中,特别值得一说的场所是俱乐部。俱乐部在17世纪末兴起,是一个全新的夜生活场所,各个社会阶层和职业群体都组成了自己的俱乐部,有贸易俱乐部、刀具俱乐部、拳击俱乐部、演讲俱乐部,甚至还有嫖客和娼妓俱乐部⑥。俱乐部在英国很快流行开来,而且在随后的3个世

---

① Markman Ellis, *The Coffee House: A Cultural History*, London: Weidenfeld & Nicolson, 2004, pp.172 - 173.
② Martin Lister, *A Journey to Paris in the Year 1698*, ed. by Raymond Phineas Stearns, Urbana, Chicago and London: University of Illinois Press, 1967, pp.25 - 26, 169 - 179, 189 - 190.
③ A. Roger Ekirch, *At Day's Close: Night in Times Past*, p.214.
④ Thomas Burke, *English Night-life: from Norman Curfew to Present Black-out*, p.59.
⑤ A. Roger Ekirch, *At Day's Close: Night in Times Past*, p.328.
⑥ M. Dorothy George, *London Life in the 18th Century*, New York: Capricorn Books, 1965, p.274.

纪里长盛不衰,成为英国夜生活的一个重要特征。在18世纪以后的很长时间里,考文特是伦敦夜生活的中心,那里集中了酒馆、咖啡馆、赌场、桑拿浴室、妓院等场所。夜晚的巴黎是一个梦幻之地。夜生活的中心就在"皇家宫殿",这里曾经是奥尔良公爵在巴黎城的宅邸,是贵族们聚会的地方。1784年,这里变成了高档商店的集中地。来自世界各地的珍宝在无数的商店里闪亮,所有的商品在五光十色、耀眼的灯光下展现在消费者眼前。法国大革命以后到拿破仑统治之初,这里已成为时尚、高雅的社会生活的中心,在巴黎夜生活中具有代表性①,它的一层是咖啡馆,二层是赌场,三层则是妓院。这里集中了全巴黎一流的餐厅,有很多可以花钱的地方,吸引着世界各地的人们。

18世纪是欧洲城市夜晚发生急剧变迁的时期,人们睡得越来越晚,越来越多的人在天黑以后走到户外寻找欢乐和利益;一些城市不再夜晚关闭城门,还有很多城市,甚至连城墙都被扒倒了②。以前,长夜漫漫,人们称之为"夜季"(night season);现在,这个本来专指夜晚时光的用词,逐渐地从日常用语中消失了③。

到19世纪,夜生活的时尚潮流已是势不可挡。在巴黎,尽管"皇家宫殿"在1837年被关闭,一度对巴黎的夜生活产生很大影响,但是,到19世纪中期,巴黎夜生活活跃的地方更多了,夜生活也更加丰富,甚至吸引很多英国年轻人前往④。19世纪巴黎的夜生活展现出更广泛的参与性和公共性特点,其中,拱廊成为当时巴黎夜生活最富有情调的地方,吸引市民大众去那里逛街、购物。根据本雅明的研究,"拱廊是新近发明的工业化奢侈品。这些通道用玻璃做顶,用大理石做护墙板,穿越一片片房屋。房主联合投资经营它们。光亮从上面投射下来,通道两侧排列着高雅华丽的商店,因此这种拱廊就是一座城市,甚至可以说是一个微型世界"⑤。拱廊为巴黎人提供富有法国特色的夜生活场所,在这里,既有脚步匆忙、硬往人群里挤的行人,也有步履缓慢、消遣时光的"闲逛者"。据说在1840年前后,一度流行带着乌龟在拱廊里散步,闲逛者喜欢以乌龟爬行一样

---

① Joachim Schlör, *Nights in the Big City: Paris, Berlin, London 1840–1930*, p.37.
② Malcolm Falkus, "Lighting in the Dark Ages of English Economic History: Town Streets before the Industrial Revolution," in D. C. Coleman and A. H. John, eds., *Trade, Government and Economy in Pre-Industrial England: Essays Presented to F. J. Fisher*, p.265.
③ A. Roger Ekirch, *At Day's Close: Night in Times Past*, p.324.
④ Ralph Nevill, *Night Life: London and Paris — Past and Present*, p.231.
⑤ 转引自瓦尔特·本雅明:《巴黎,19世纪的首都》,刘北成译,北京:商务印书馆2013年版,第4、100页。

的速度散步①。第二帝国鼎盛时期是一个适合夜间游荡的时代,巴黎主要大街上的店铺在晚上10点以前不会打烊。

英国依然引领19世纪欧洲夜生活的潮流。夜生活的参与性极为广泛,剧院、俱乐部、赌场、酒馆是夜生活的主要场所。这些场所的数量越来越多了,尤其是剧院和音乐厅,越来越成为夜间娱乐的主要场所。据统计,大约在1870年前后,英格兰的剧院数量差不多有200家,其中伦敦有44家、利物浦有9家、曼彻斯特有3家。音乐厅的数量也迅猛增长,那时的伦敦有音乐厅27家,谢菲尔德和利物浦各有10家,曼彻斯特有9家,利兹有6家,伯明翰有5家,甚至像英格兰中西部小城达德利也有7家音乐厅②。舞场是又一个参与感极强的夜生活场所,舞场的生意十分兴旺,经营也很自由。19世纪60年代末,当局出台了一个"许可法",给供应酒水的所有娱乐场所规定了关门时间,先是规定到午夜必须关闭,后来又延至0:30③。到90年代,拳击运动兴起,由于较少受场地条件的限制,拳击也成为一项十分普及的夜间娱乐运动④。咖啡馆还搞起了新花样,大约在1809年,新式咖啡馆向顾客提供报纸、杂志,顾客在店里一边喝咖啡、吃夜餐,一边看新闻,很受劳动大众欢迎,被看成一场"小型社会革命"⑤。毫无疑问,伦敦夜生活最有特点的形式还是俱乐部,参与俱乐部活动的社会面很广,有的俱乐部还24小时开放。伦敦夜生活的聚集地也增加了,到19世纪末,伦敦形成了斯特兰德广场、莱斯特广场和皮卡迪利广场三大夜生活中心。

可以说,到19世纪末,夜生活作为一种新的生活方式已经在欧洲社会流行起来。在夜生活已经铺开的地方,黑夜不再漫长,不再让人煎熬和恐惧,反而成为一天中最有生活情调的时段。为了享受这种生活方式,人们需要等待夜幕的降临。夜生活的流行是欧洲夜史发生转变的明显表现。

夜生活的社交意义十分突出,但它也是一种夜间经济,是由经济活动支撑起来的一种社交生活。与此同时,欧洲的夜晚还发生了另一个重要变化,就是夜间劳动的普遍化,这在中世纪以来的欧洲历史上是前所未有的。

---

① 瓦尔特·本雅明:《巴黎,19世纪的首都》,第121页。
② Thomas Burke, *English Night-life: from Norman Curfew to Present Black-out*, p.104.
③ Ralph Nevill, *Night Life: London and Paris — Past and Present*, p.47.
④ Thomas Burke, *English Night-life: from Norman Curfew to Present Black-out*, p.126.
⑤ M. Dorothy George, *London Life in the 18th Century*, p.273.

四、夜工和夜班制

日出而作，日落而息，所有以自然经济为基础的社会普遍推行这种作息时间。到中世纪晚期和近代初期，欧洲人的劳动日在法律上依然是指白天的时间[1]。很多研究表明，在意大利、英国、德国等欧洲国家，无论是著名的工商业城市，还是地方小城镇，劳动日实际上的工作时间都限于白天[2]，这几乎成了共同的劳动习惯。由于季节变化，劳动日的时间会有长有短，冬季的劳动日短，每天工作七八个小时；从春季到冬季，白天日子长，可以有两次工间休息，但平均每天要工作12个小时。基本上，白天有多长，劳动时间就会有多长，但夜间劳动几乎不存在[3]。

这种情况到近代早期开始发生变化。随着原初工业化的发展，一些行业和工场的劳动时间向夜间延伸。纺织生产是原初工业化最典型的行业，当时的生产形式有分散的家庭作坊和集中的手工工场两种，从事纺织生产的主要是妇女，她们在家里劳动，夜晚就是家庭劳动的好时光。那时，重商主义者主张用降低工资和劳动者生活水平的办法，逼使劳动者更长时间、更加辛苦地工作[4]。在这种情况下，部分手工工场就通过延长劳动时间，利用夜晚的一部分时间来进行生产。到18世纪中叶，大多数行业的劳动时间都有一定的延长。例如，在1747年的英国，马裤工、地毯织工、马具工、马鞍工、木桶工、雕刻工、织袜工、制鞋工、梳羊毛工的劳动时间大多数从早上6点到傍晚8点，即14个小时，其中有1小时用餐时间。少数行业的工作时间为12个小时，如建筑工、石匠、造船工等户外劳

---

[1] Bertha Haven Putnam, *The Enforcement of the Statutes of Labourers during the First Decade after the Black Death, 1349-1359*, New York: Columbia University Press, 1908, p.3; 11 Henry Ⅶ. c.22, *The Statutes of the Realm*, Vol.1, Tanner Ritchie Publishing and The University of St. Andrews, 2007, p.587; Jasper Ridley, *The Tudor Age*, New York: The Overlook Press, 1990, p.225; 5 Elizabeth c.4, *The Statutes of the Realm*, Tanner Ritchie Publishing & The University of St. Andrews, 2007, Vol.4(1), pp.416-417.

[2] 雷蒙·德鲁弗：《美第奇银行的兴衰》上卷，吕吉尔译，上海：格致出版社、上海人民出版社2019年版，第280页；周施廷：《信仰与生活：16世纪德国纽伦堡的改革》，北京：北京大学出版社2015年版，第229页；J. Bernard Bradbury, *A History of Cockermouth*, London and Chichester: Phillimore & Co. Ltd., 1981, p.82.

[3] Gösta Langenfelt, *The Historic Origin of the Eight Hours Day: Studies in English Traditionalism*, Westport, Connecticut: Greenwood Press, 1974, pp.37-53, 82-92.

[4] Chris Nyland, "Capitalism and the History of Work Time Thought," *The British Journal of Sociology*, Vol.37, No.4, 1986, pp.514-515.

动者,他们的劳动时间由天色决定。只有个别行业的劳动时间从早上五六点到晚上9点,但那个时候夜间劳动要付加班费①。值得注意的是,当时一些行业的劳动时间还出现延长和反延长的拉锯式反复,劳动者抵制劳动时间过长,使得原本已经延长到晚上的劳动日又缩短到傍晚结束②。从开夜工的角度来看,上述情况说明,前工业化时期仍是一个过渡期,劳动日已经出现了延长趋势,以往关于夜间不准工作的规定已经被突破,但夜间劳动尚未成为稳定的制度。

决定性的变革发生在工业革命以后,尤其是在那些采用了机器生产的行业,夜幕降临后仍要劳作,成为不可抵挡之势。马克思在《资本论》中曾讲道:"资本经历了几个世纪,才使工作日延长到正常的最大极限,然后越过这个极限,延长到12小时自然日的界限。此后,自18世纪最后30多年大工业出现以来,就开始了一个像雪崩一样猛烈的、突破一切界限的冲击。习俗和自然、年龄和性别、昼和夜的界限,统统被摧毁了。甚至旧法规中按农民的习惯规定的关于昼夜的简单概念,也变得如此模糊不清。"③马克思所讲的这个时期,正是英国工业革命开始推进的时期,马克思所说的情况可以在纺织业中得到普遍印证。

棉纺织业是欧洲第一次工业革命时期代表性的行业。在纺织行业,童工和18岁以下的未成年劳动者占全部劳动力的40%—45%④。1843年,在英国兰开夏、柴郡和德比郡,从事印刷业的工人约有两万人,其中半数以上的人年龄不足18岁,很多孩子还在四五岁的时候就劳动挣钱了,大多数参加工作是从八九岁开始的。在英国,还有一个独特的现象就是孩子打扫烟窗。据估计,除了伦敦,1817年时英格兰爬烟窗的孩子大约有五百人,全英国大约有上千儿童在打扫烟窗。这些孩子中,年龄小的只有四五岁,大一点的6—8岁⑤。在工厂制度下,儿童一天工作12小时,这是公认的"最低标准"⑥,很多情况下,童工的日劳

---

① M. Dorothy George, *London Life in the 18th Century*, p.206.
② John Wade, *History of the Middle and Working Classes*, 1833, Reprints of Economic Classics, New York: Augustus M. Kelley, 1966, p.85; John Rule, *The Experience of Labour in Eighteenth-Century English Industry*, New York: St. Martin's Press, 1981, p.58; John Rule, *The Labouring Classes in Early Industrial England 1750 - 1850*, London and New York: Longman Group Limited, 1986, p.132; M. Dorothy George, *London Life in the 18th Century*, p.206.
③ 《马克思恩格斯文集》第5卷,第320页。
④ Sidney Pollard, "Factory Discipline in the Industrial Revolution," *The Economic History Review*, New Series, Vol.16, No.2, 1963, pp.259 - 260.
⑤ J. L. Hammond and Barbara Hammond, *The Town Labourer 1760 - 1832: The New Civilization*, Vol.II, London: The British Publishers Guild Limited, 1949, pp.12 - 13.
⑥ G. D. H. Cole, *A Short History of the British Working-Class Movement 1789 -1947*, London: George Allen & Unwin, 1948, p.20.

动时间长达 16—18 小时①。矿区也到处使用童工(尤其是男童),控制通风孔的人都是年龄 5—8 岁的儿童②。根据 1816 年对英国棉纺织厂的调查,女工和童工的日劳动时间基本上达到 14 小时、16 小时,也有长达 18 小时的。其间,用餐时间只有 40 分钟。在曼彻斯特,一天的劳动时间大约为 14 小时,较为普遍的是以 16 小时为一班、休息 8 小时的作息方式③。1817 年,莱斯特制袜厂的工人每天的劳动时间达 14—15 小时。不过,以"学徒"身份受雇于工厂的童工的劳动时间比这更长,孩子们每天的劳动时间长达 16—18 小时④。劳动时间普遍较长不仅仅是英国的情形,在欧洲大陆,每天的劳动时间从 13 小时到 15—16 小时,似乎都是家常便饭⑤。在 1831 年的法国,棉纺织厂的劳动者达 20 万人,劳动时间一般为 12 小时。而在阿尔萨斯,劳动时间长达 14 小时。在瑞士,在棉纺织业工作的人至少有 2.8 万,劳动时间平均每周 80 小时,常常是一天 14 小时。在普鲁士及莱茵河流域各省,仅在纺纱厂工作的人数就有 9 000 人,每天的工作时间一般是 12 小时左右,但也常常达到一天工作 15—16 小时。在萨克森,儿童只要六七岁就可以去工厂干活,而劳动时间也长达一天 12 小时。在奥地利,儿童进入工厂的年龄只有 8 岁⑥。

矿工的劳动环境比较特殊,他们的劳动时间一直都比较短。但到 19 世纪,情况也有了变化。比如在利兹,1787 年,矿工的日劳动时间仍只有 8 小时,到了 1842 年就延长为 12 小时,有的地方劳动时间甚至长达 14 小时。而在生产旺季,工作 18 小时也很普遍⑦。在壁纸工厂,生产的旺季是从 10 月初到次年 4 月底,在这个时间段里,劳动往往从早晨 6 点一直持续到晚上 10 点,甚至到深夜,

---

① Maurice Walton Thomas, *The Early Factory Legislation: A Study in Legislative and Administrative Evolution*, Westport, Connecticut: Green Wood Press, 1948, pp.270 - 272.
② J. L. Hammond and Barbara Hammond, *The Town Labourer 1760 - 1832: The New Civilization*, Vol. II, p.8.
③ John Rule, *The Experience of Labour in Eighteenth-Century English Industry*, pp.60, 61; John Rule, *The Labouring Classes in Early Industrial England 1750 -1850*, p.133.
④ R. A. Hadfield and H. de. B. Gibbins, *A Shorter Working Day*, London: Methuen, 1892, pp.30 - 31; G. D. H. Cole, *A Short History of the British Working-Class Movement 1789 -1947*, p.20; Thomas Wright, *Some Habits and Customs of the Working Classes*, London: Tinsley Brothers, 1867, p.111.
⑤ Nassau William Senior and Leonard Horner, *Letters on the Factory Act, as It Affects the Cotton Manufacture: Addressed to the Right Honourable the President of the Board of Trade*, London: B. Fellowes, 1837, p.15.
⑥ John Wade, *History of the Middle and Working Classes*, pp.575 - 576.
⑦ John Rule, *The Experience of Labour in Eighteenth-Century English Industry*, pp.58 - 59.

中间几乎没有休息①。面包业更是一个夜工行业,有人称面包房是"资本主义夜间劳动的经典场所",面包师的工作时间主要就在夜间,而且在后半夜,工人极为痛苦②。19世纪后期,铁路交通业得到发展,这是一个新兴行业,但员工工作时间也很长。1889年9月和1890年3月,对英国五类铁路员工(即客车乘务员、货运安全员、火车司机、司炉工、信号员)的调查显示,很大一部分人每天的劳动时间超过了12小时,或者是在工作12个小时以上、休息不足8小时以后,又重新开始工作③。

工业革命期间,夜晚劳动的行业比比皆是。对劳工阶级来说,19世纪就是一个劳动时间极长、劳动强度极大的时期。有人估计,1800年时,伦敦人的睡眠时间平均只有6.5个小时④,日劳动时间普遍延长到人能承受的生理极限。超长时间劳动严重影响劳动者的身体健康,尤其是对妇女和儿童的身体健康损害极大,从而引起劳工的抵抗。普遍要求缩短劳动时间成了19世纪西方历史最重要的内容之一。其中,19世纪上半期几乎成了劳资双方为控制劳动时间进行较量的时代⑤。大体上,劳动者最初的目标是争取12小时工作制,为此几乎奋斗了半个世纪。通过1802年、1819年、1833年、1844年和1847年的立法,12小时工作制终于成为法定的劳动制度⑥。马克思认为,从1844年到1847年,受工厂法约束的一切工业部门,都普遍一致地实行了12小时工作制⑦。然而,立法保证12小时工作制,只是劳工在与雇主争夺夜晚时间的漫长斗争中所取得的初步胜利。一天工作12小时依然辛苦。在随后的劳资双方博弈中,劳动者步步为营,逐渐实现了一天劳动时间从10小时、9小时,缩减到8小时的斗争目标。

争取8小时工作制具有特别重要的意义。8小时工作制已成为现代社会比较稳定的劳动制度。从对夜晚时间的利用而言,8小时工作制是实行一日三班

---

① 《马克思恩格斯文集》第5卷,第286页。
② Bryan D. Palmer, *Cultures of Darkness: Night Travels in the Histories of Transgression*, pp.141-142;《就面包工人的申诉向女王陛下内务大臣的报告》1862年伦敦版,转引自《马克思恩格斯文集》第5卷,第289—290页。
③ R. A. Hadfield and H. de. B. Gibbins, *A Shorter Working Day*, p.14.
④ Hans-Joachim Voth, *Time and Work in England*, 1750-1830, p.249.
⑤ Clive Behagg, "The Democracy of Work, 1820-1850," in John Rule, ed., *British Trade Unionism 1750-1850*, London and New York: Longman, 1988, p.162.
⑥ John Wade, *History of the Middle and Working Classes*, p.98; Maurice Walton Thomas, *The Early Factory Legislation: A Study in Legislative and Administrative Evolution*, p.10; G. M. Young and W. D. Handcock, eds., *English Historical Documents*, 1833-1874, London: Eyre & Spottiswoode, 1956, pp.949-950, 981-982.
⑦ 《马克思恩格斯文集》第5卷,第321—326页。

和夜间劳动制度化的基础。一天劳动 8 小时,早已有之。但是,在近代以后劳动日不断延长的趋势中,一天工作 8 小时成了对往昔的美好回忆。到 1867 年,有人还把"8"的黄金体制看成劳动人民的千年福音,在这个体制下,每个人 8 小时工作,8 小时玩乐,8 小时睡觉,一天得 8 先令工资①。当英国的劳工还在争取 10 小时工作制时,有人就已提出了 8 小时工作制的要求。但一直要到 19 世纪后期,争取 8 小时工作制的运动才变得现实起来,当然过程极为艰难。大体上,8 小时工作制广泛推行是第一次世界大战以后的事。到 1918 年,随着俄国和德国革命宣布 8 小时工作制,一天劳动 8 小时成了所有欧洲劳工运动的要求②。到 1919 年的头几个月,欧美国家大多数有工人组织的行业都实现了 8 小时工作制③。

随着劳动日时长的减少,白天工作的劳动者就不必在晚上继续工作了,但这并不意味着夜晚安静了,相反,资本对黑夜的占领从此变得更加放肆,在劳动者的日劳动时间逐渐缩短的过程中,一种新的劳动制度推广开来,这就是夜班工作制。起初是换班劳动,后来,比较固定的劳动安排是三班工作制(a three-shift system)。

换班生产的方式在 17 世纪中叶就已出现在英国的玻璃制造业中,出于不让炉火熄灭的目的,玻璃制造行业采用了 6 小时为一班的方式,即工人用 6 小时劳动、6 小时休息轮换生产的办法,确保炉火不熄④。换班制比较流行的行业最初是在矿业,因为工作环境比较特殊,矿工的连续工作时间不能太长,以 8 小时或 6 小时为一班轮换劳动,这种劳动方式在 18 世纪法国和英国的矿区都已流行⑤。

工业化时期,换班劳动在更多行业得到采用。这时,换班工作不仅仅是出于不让炉火熄灭或矿井工作特殊的原因,而是服从资本积累的需要,即为了最大限度地使资本增殖,需要让资本的各个组成部分日夜不停地运动起来。在印刷业中,通宵达旦的工作常常也采用换班工作的方式,那些被称为"日工""夜工"的人

---

① Thomas Wright, *Some Habits and Customs of the Working Classes*, p.110.
② Gary S. Cross, "The Quest for Leisure: Reassessing the Eight-Hour Day in France," *Journal of Social History*, Vol.18, No.2, 1984, p.200.
③ G. D. H. Cole, *A Short History of the British Working-Class Movement 1789–1947*, pp.388–389.
④ D. R. Guttery, *From Broad-Glass to Cut Crystal: A History of the Stourbridge Glass Industry*, London: Leonard Hill Limited, 1956, p.9.
⑤ Gosta Langenfelt, *The Historical Origin of the Eight Hours Day*, p.83, note 89; John Rule, *The Experience of Labour in Eighteenth-Century English Industry*, p.58.

从早6点到晚6点,又从晚6点到早6点,进行换班工作①。在冶炼行业和棉纺织行业,在日劳动时间受限并且开始缩短的背景下,换班工作解决了如何使投入的资本发挥最大效益的问题,只要夜晚时间全部利用起来,生产能力就可以得到成倍增长。19世纪40年代,加班或换班工作,是雇主们广为采用的生产策略②。关于在19世纪工业化过程中欧洲国家的换班生产情况,马克思有专门叙述:"换班有各种办法,例如可以使一部分员工这个星期做日班,下个星期做夜班,等等。大家知道,这种换班制度,这种换班制的经营方法,在英国棉纺织业等部门方兴未艾的青春时期是很盛行的,今天,在莫斯科省的纺纱厂中也很流行。这种24小时连续不停的生产过程,作为一种制度,直到今天还存在于大不列颠的许多依然'自由'的工业部门中,其中如英格兰、威尔士和苏格兰的炼钢厂、锻冶厂、压延厂以及其他金属工厂。在这里,劳动过程除了6个工作日每天24小时,在大多数工厂还包括星期日24小时。工人中有男有女,有成年人有儿童。儿童和少年从8岁(有时是6岁)直到18岁年龄不等。在某些部门中,少女和妇女也整夜和男工一道做工。"③换班生产既能确保劳动者的劳动时间符合法律的规定,又可以使厂房、机器等资本在夜里得到充分利用。但是,轮换劳动有弊端,工厂主总是用换班劳动来逃避监管。所以,这个制度一直遭人诟病。

后来实行8小时工作制,就为建立"三班制"创造了条件。矿区是较早试行以8小时为一班、24小时内分三班进行作业的地方。到19世纪90年代初,英国大约有2/5的煤矿和1/3的矿工实现了8小时工作制④。19世纪90年代,英国其他行业和企业也开始引入8小时工作制。采用8小时工作制的行业和企业,无一例外地采用了两班制或三班制劳动⑤。三班工作制把整个夜晚都纳入劳动时间,夜间劳动从此成了劳动制度的组成部分,夜以继日终于成为现实。

第一次世界大战结束后,西方国家的劳动时间持续减少,主要表现为周劳动

---

① Maurice Walton Thomas, *The Early Factory Legislation: A Study in Legislative and Administrative Evolution*, p. 266; E. Howe and J. Child, *The Society of London Bookbinders 1780-1951*, London: Sylvan Press, 1952, p.13.

② Craig R. Litter, *The Development of the Labour Process in Capitalist Societies: A Comparative Study of the Transformation of Work Organization in Britain, Japan and the USA*, London: Heinemann Educational Books, 1982, p.75.

③《马克思恩格斯文集》第5卷,第297—298页。

④ R. A. Hadfield and H. de. B. Gibbins, *A Shorter Working Day*, p.19; Cornelius MacLeod Percy, *Miners and the Eight Hours Movement*, Wallgate: Strowger and Son, 1891, p.6.

⑤ Lujo Brentano, *Hours and Wages in Relation to Production*, New York: Charles Scribner's Sons, 1894, pp.36-37, 58.

时间的减少,从每周劳动 48 小时,减至 45 小时或 44 小时,个别国家甚至减少到 40 小时以下[①]。不过,劳动时间总量进一步减少的趋势,并不影响生产和经营活动对夜晚时间的充分利用,三班工作的模式并未改变,多班制作业反而增加[②]。事实上,在资本集约化程度越高、单个人日劳动时间越短的情况下,资本就越是要求把夜晚的时间充分利用起来,而要充分利用夜晚时间,只有实行多班工作制。

五、资 本 的 力 量

欧洲黑夜的转变史与现代资本主义的发展史基本上同步,这不是一种巧合。确切地说,资本主义的发展要求把夜晚作为一种资源利用起来,如同荒原一样,黑夜需要开拓。当然,拓荒需要适合的工具。最初,传统的灯具得到了利用,但它们越来越满足不了资本主义发展的需要。于是,现代的照明工具被发明出来,但它本身也是一种产品,它能得到广泛应用,本身就是资本的杰作。以下从夜生活的流行、作为产品的照明设施的生产和推广、夜间劳动三个方面分别进行讨论。

1. 夜生活

偶然的、自娱自乐性质的夜间活动从来都是存在的,城镇有,乡村也有。中世纪的欧洲人偶尔也可以在夜晚找到快乐时光,在一些人口规模较大的前近代城市中,存在着一些消遣和娱乐场所,也有可以通宵达旦玩耍的地方[③]。农业文明时代的娱乐活动主要是熟人社会中的一种交往方式,与乡村社会的生产和生活节奏相适应。此外,还应认识到,受到宗教伦理的束缚,那时的欧洲人是在有节制的娱乐活动中寻求快乐[④]。制约夜生活发展的根本因素是社会经济发展水平。农业社会的城市化水平低[⑤],城市需求有限,这就限制了参与夜间娱乐活动的人数,无法形成具有规模的夜间经济。

---

① Paul Blyton, *Changes in Working Time: An International Review*, pp.21-27;Paul Blyton, "The Working Time Debate in Western Europe," *Industrial Relations*, Vol.26, No.2, 1987, p.202.

② Paul Blyton, *Changes in Working Time: An International Review*, pp.22, 62-65.

③ 让·韦尔东:《中世纪之夜》,第 125—150 页;Frances and Joseph Gies, *Life in a Medieval Village*, New York: Harper & Row, 1990, pp.99-105.

④ Robert W. Malcolmson, *Popular Recreations in English Society 1700-1850*, Cambridge: Cambridge University Press, 1973.

⑤ 在欧洲,以农业为本的条件下,城市化水平普遍低下,城市人口在总人口中所占的比例长期维持在 10% 左右。参见亨利·皮朗:《中世纪欧洲经济社会史》,乐文译,上海:上海人民出版社 2001 年版,第 56 页;Paul Bairoch, *Cities and Economic Development: From the Dawn of History to the Present*, trans. by Christopher Braider, Chicago: University of Chicago Press, 1988, pp.137-141.

"夜生活"是近代欧洲城市化的伴生物，它的兴起具有必然性。15、16 世纪以后，欧洲社会开始转型。随着封建制度的解体和资本主义的发展，世界性联系得以建立，全球性市场逐渐形成，工商业获得了极为广阔的发展空间，农业人口越来越多地向工商业中心转移，大量新兴工商业城市在西欧、西北欧地区涌现出来。那些引领或较早参与全球经济的地方，城市化发展很快，如尼德兰，在 17 世纪中后期，这里有 42％的人口生活在 61 个人口规模超过 2 500 人的城市里。荷兰是当时七省联合的尼德兰共和国的主要省份，那里的城市化水平高达 61％①。从 18 世纪后半期到 19 世纪，英国和其他西方国家先后经历了工业化，进一步推动了城市化发展。到 18、19 世纪，欧洲各地出现了大批新兴工商业城市，大量人口向城市集中。以英国为例，1500 年，人口规模在一万以上的城市人口，在总人口中所占比率仅为 3.1％。18 世纪后半期，英国开始了工业化进程，人口集中明显加快；1800 年，上述比率已突破 20％；到 1890 年，这一比率大幅升至 61.9％。而且，城市规模也越来越大，以伦敦为例，1520 年时，伦敦的人口才 5.5 万人，1600 年达到 20 万人，1700 年为 57.5 万人，1801 年为 86.5 万人，到 19 世纪中叶工业革命完成时，伦敦人口达到 268.5 万人②。人口在有限的空间大量集聚，这在以前是从未有过的事。大量城市人口产生各种需求，创造出全新的城市生活方式，这就为夜生活兴起和流行提供了基本条件。

　　"夜生活"一词有丰富的内涵，给人很多复杂的想象，远不是玩乐那么简单，它既可以表示快乐、开心、休闲、社交、放松心情，也意味着陶醉、诱惑、欲望、沉迷、光怪陆离。甚至到今天，夜生活的含义仍是一言难尽。但是，可以肯定的是，夜生活是伴随着近代城市化而兴起的一种生活方式，它以酒馆、咖啡馆、音乐厅、剧院、俱乐部等为载体和平台，给人们提供欢乐和放松的环境以及进行社会交往的机会。娱乐和消遣活动职业化、专门化和商业化，使闲暇活动向着一种"业态"的方向发展，这是新生事物。近代城市的夜生活从社会学角度看，具有社交性质；而从经营和消费角度看，那就是夜间经济，它是都市生活中最具时尚和最有魅力的前沿生活方式，也是资本活动的场所和表现。

　　资本在城市化中发现了商机，它把世世代代的业余玩耍变成了专门的生意，

---

① Plm Kooij, "The Netherlands," in Richard Rodger, ed., *European Urban History: Prospect and Retrospect*, Leicester: Leicester University Press, 1993, p.128.
② Jan de Vries, *European Urbanization 1500 - 1800*, London and New York: Routledge, 1984, Table 4.9, p.64.

把以前专属于权贵圈的娱乐活动推向市场。夜生活的场所就是资本积累的场所,经营者投入资本,添置设备,包括安装大量灯具,这既是为了照明,也是为了营造氛围,是投资的一部分。娱乐活动(如音乐、戏剧等)由专业人士提供,市民参与这些活动,他们是购买服务的消费者。卖门票是夜间经济的初级生意。17世纪末,伦敦的职业音乐人已经开始聚集在音乐房,为大众提供演奏服务。伦敦有几个很有名的公共娱乐场所,如沃克斯霍尔、拉内拉赫。沃克斯霍尔原为喷泉花园,园内绿树成荫,18世纪时,花园开放,成为市民在夏季的晚上纳凉消暑、娱乐身心之地。花园发行银质季票,每张门票售价为1几尼(21先令)。根据1760年的一份指南,沃克斯霍尔花园的音乐会开放季节从5月初至8月底,开放时间为星期日除外的每天晚上5点,花园里同时还出售多种水果、酒水、小吃。在这样一个夜生活场所,公共照明当然不少,园子里面安装的玻璃灯具多达1 500盏。受沃克斯霍尔生意兴隆的鼓舞,有人买下了原属拉内拉赫伯爵的宅地和花园来经营娱乐业。拉内拉赫在1742年向公众开放,起先在上午举办音乐会,没多久,音乐会就改到晚上。根据1749年8月23日的一则广告,这个地方的音乐会入场券票价为1先令,音乐会在晚上6点开始。附言上还说,"今晚会点亮树上挂灯"。在一些特殊场合,入场费更高。例如,在1764年的一个燃放花炮的夜晚,每张入场券的票价为2先令6便士,不过,其中包含咖啡和茶水。到18世纪60—80年代,夜晚普通的音乐会和烟火观摩入场券票价涨至2先令6便士,而1先令的门票只能在白天到园子里散步①。沃克斯霍尔和拉内拉赫这两个娱乐场所的事例反映了娱乐休闲服务的商品化和商业化,快乐是一桩生意,这是近代西方人的经营之道②。不过,这只是一个开始。如果说,17世纪晚期和18世纪欧洲的城市娱乐业正在出现大众化形式,那么,19世纪就是娱乐商业化的时代。以利润最大化为追求、以大众市场为基础的资本主义商业实践,对于娱乐服务具有革命性影响③,正是这种实践创造了大众娱乐业。在娱乐场所,公共照明当然很重要。不过,在这些场所的人工照明不仅仅用来照亮现场,它们本身已构成夜晚景观的重要部分,是需要投入资本的一个方面。

18世纪以来,夜晚的商机越来越多。由于工业革命,产品被大量生产出来,

---

① Joseph Strutt, *The Sports and Pastimes of the People of England*, London: Methuen & Co., 1903, Detroit: Reissued by Singing Tree Press, Book Tower, 1968, pp.232-233.

② Thomas Burke, *Nights in Town*, p.62.

③ Gary Cross, *A Social History of Leisure since 1600*, Pennsylvania: Venture Publishing, Inc., 1990, pp.54, 123-127.

海内外市场急剧扩大,加上运输条件的改善,欧洲城市里的商品更加丰富。在西北欧地区,城市中上升着的中等阶级的规模和财富都在膨胀,他们推动着国内的消费浪潮,消费社会正在形成之中。在很多城市和城镇,商场、市场、购物长廊在夜幕降临以后依旧开放,灯光则起到了助推夜晚购物和为夜生活助兴的作用。1789年,一位到访伦敦的人写道,伦敦所有商店营业到晚上10点,灯光把商店照得极其亮堂①。19世纪,汽灯很快普及,商家们开始用灯饰来制作广告,展示商品。在这方面,伦敦再次引领风尚。在维多利亚时代中期,一些商家就已开始把大笔的钱用在照明上。19世纪50年代初,伦敦有一位旅客对于摩西公司(Moses and Son)奢华照明、浪费燃气的行为表示了极大震惊。他说,裁缝和制服生产者用极为铺张的方法点亮了他们的门店,店里尽是外套、汗衫和裤子。门店的外墙面向三条街道,都成了展示产品的地方,数以千计的汽灯火焰把门店装饰得辉煌灿烂,发出令人眩目的灯火,半英里开外的人们都可以看清摩西公司灯火闪烁的廊柱②。伦敦人在周六的晚上去布莱克韦尔购物,不仅仅是家庭生活需要,简直就像过节日。晚上9点以前,顾客们会一直在店内转悠③。20世纪早期,有人描写夜晚的伦敦,字里行间充满了感情:当人们结束了一天的奔波劳累渴望休息和温暖时,伦敦宛如一名少妇,她把深藏的美丽化作温柔的时光。夜伦敦如此之美,作者甚至连巴黎都不放在眼里④。但巴黎的夜晚其实跟伦敦一样有情调。19世纪巴黎最有特色的夜生活在拱廊,拱廊又是最早使用汽灯的地方,夜晚的拱廊灯火辉煌。拱廊所创造的环境,主要不是供闲逛者消磨时光,它本质上是一个购物场所,是奢侈品的商贸中心;陈列在橱窗里的商品在灯光的映衬下显得美轮美奂,勾起人们的物质欲望。"市场是闲逛者最后的去处。如果说最初他把街道变成了室内,那么现在这个室内已变成了街道。他在商品的迷宫中转来转去,就像他先前在城市的迷宫中转来转去那样"⑤,小说家对拱廊的描写,似乎为闲逛者安排好了溜达的结局:购物。

在18—19世纪伦敦、巴黎的夜生活中,灯光的使用已超越了实用照明的范围,它成了一种炫耀和吸引眼球的手段。一些奢侈品在灯光的映衬下显得更加光彩和豪华,强烈地刺激了人们的占有欲和购买欲,而这正是消费社会的重要特

---

① A. Roger Ekirch, *At Day's Close: Night in Times Past*, p.326.
② Ralph Nevill, *Night Life: London and Paris — Past and Present*, p.4.
③ Thomas Burke, *Nights in Town*, p.156.
④ Thomas Burke, *Nights in Town*, p.15.
⑤ 瓦尔特·本雅明:《巴黎,19世纪的首都》,第122页。

征。它要千方百计地勾起人们的物欲,诱使人们关注、停留、欣赏,并最终购买商品,使每一个具备购买力的潜在顾客,转变为真正的消费者。这背后的推手就是资本,灯光则充当了资本的道具,营造了一个动人的购物、消费环境。难道不正是资本创造了人的欲望和需求进而创造了夜生活吗?

值得注意的是,在夜生活开始兴起的时代,娱乐场所和街道上使用的照明工具还是传统的灯具,人类使用老式的油灯和蜡烛灯具已经有几千年历史。但是,只有到了近代,随着资本的运动,它们才在一些场所找到了新的发光机会。后来有了汽灯,现代的照明技术和工具出现,夜生活便变得更加流光溢彩。然而,现代照明工具得以投入生产和得到广泛运用,也是按照资本运行的逻辑而展开的,它们本身就是公司经营的产品。

2. 作为产品的照明工具

人类在黑夜里能够长时间、大规模从事社会经济活动,离不开照明技术的进步。传统的灯具是通过燃烧物质,用火焰的光芒进行照明。电灯则是将电能转化为光能提供照明,那是19世纪晚期的事了。靠火焰提供光照,亮度有限。在一个开阔的空间里,同时点燃大量油灯或蜡烛也会产生足够亮度的照明效果,但成本会很高。18世纪晚期时,有人开始研究火焰[①]。后来,法国人阿尔甘(Francois-Pierre Ami Argand)根据燃烧原理,发明了管形灯芯燃烧器,这就是阿尔甘灯。阿尔甘灯照明敞亮,代表了照明工具的一次重大进步,但耗油厉害。新兴的工业所需要的是好用而又经济实惠的大规模照明,燃烧煤气最终解决了阿尔甘灯因为燃油而造成成本较高的问题。

阿尔甘灯和汽灯是具有现代意义的照明工具,在驱赶黑暗和使夜晚发生转变方面的作用很大。不过,放在资本主义工业化蓬勃发展的时代来看,它们也是工厂生产的一种产品,更是需要资本投入并且值得投资的领域。

阿尔甘在发明新式的灯具并申请专利后,就着手制造灯具。1785年年中起,他开始筹备建厂。他的建厂工作进展缓慢,大约到1788年才开始投产。但阿尔甘的事业不顺,不久就发生法国大革命。后来,国内又出现仿冒产品,加上英国产品的竞争,阿尔甘自己的投资和经营计划失败了。不过,这不影响阿尔甘灯具作为一种产品在市场上的受欢迎度,在法国市场上,大量出现的仿制灯具说

---

① Michael Schroder, *The Argand Burner: Its Origin and Development in France and England 1780-1800*, Odense: Odense University Press, 1969, pp.36-37.

明阿尔甘灯的生产和销售没有问题。

汽灯的生产和应用完全是在资本的推动下,遵循了市场经济的逻辑。汽灯是现代化的照明工具,它不像过去的照明工具那样是一件可以随手拿来就用的物件,事实上,它更像一种"固定资产"。

的确,从投资上讲,煤气是从工厂生产出来的,需要成套生产设备;生产出来的煤气需要储存的设施;煤气到达用户指定的地方,需要有特殊的传输管道;使用煤气本身也需要专用的设备和器具。当然,由于煤气易燃易爆,安全方面的考量和投入也是必须的。这样,煤气从生产、供应到使用,形成了一个独立的系统,其中每一个环节都需要很大的资本投入。苏格兰人威廉·默多克(William Murdock)最早申请要把煤气用于照明[1]。起初,公众对这种看不见的神秘气体很感兴趣,但由于其易令人窒息和易燃易爆的性质,人们又怀疑煤气照明的安全性。于是,对这一领域的投资就成了一项冒险事业。煤气工业的先驱阿尔伯特·温沙(Albert Winsor)很有经营头脑,他到处办展览、作讲解,以说服投资者和用户,并且许诺巨大的红利,以劝说人们投资这一风险事业。温沙的努力很有效果,英国人掀起了购买股票的狂潮,资本金一共20万英镑,以每股50英镑的价格来募集。温沙很快筹到了他拟建"煤气照明和焦炭公司"所需的资本[2]。在他说服公众投资的同时,他还鼓动议会通过一个关于建立"国立光热公司"(The National Light and Heat Company)的法案,他建议像自来水的供应一样,由这家公司负责提供街头及千家万户所需的照明和取暖设备,并详细地陈述了可能带来的巨大利益。1810年,英国议会同意成立光热公司,授权它向伦敦、威斯特敏斯特等地及其近郊供气。公司有理事长和副理事长各1名,还有10名经理。1812年4月30日,议会签署了公司特许状,为期21年。从那时起的很多年里,这家公司就以"特许煤气公司"(Chartered Gas Company)之名闻名[3]。煤气最初的公共供给系统就是这样以公司制的方式出现的。

从经营上讲,如何盈利是公司的首要考虑。与阿尔甘灯的生产和销售不同,

---

[1] Dean Chandler and A. Douglas Lacey, *The Rise of the Gas Industry in Britain*, London: British Gas Council, 1949, p.15; Thomas Snowdon Peckston, *The Theory and Practice of Gas-Lighting*, Memphis: General Books, 2012, p.21; Fredrick Accum, *A Practical Treatise on Gas-Light*, London: Davies and Michael, 1815, reprint 2018, p.75.

[2] Maureen Dillon, *Artificial Sunshine: A Social History of Domestic Lighting*, London: National Trust, 2002, p.129.

[3] Charles Hunt, *A History of the Introduction of Gas Lighting*, London: Walter King, 1907, reprint 2013, pp.101, 140.

生产和经营煤气在当时被看成一项有风险的商业投机事业，公司可以根据自己的意愿来定价收费，实现利润最大化，但是有一个条件，就是公司为所在地区提供照明的价格，不能高于该地区现有油灯照明系统的价格。所以，在经营初期，煤气照明都是先在人口稠密地区推开，这些地区用户多、市场大，有利于控制投资风险。特许煤气公司到1817年才开始派发红利，可见投资的回报周期比较长。但是，随着基础设施的建设和发展，煤气使用更加安全，市场不断扩大，经营预期良好，新的煤气公司随后又陆续建立起来。伦敦新建了5家公司——"伦敦城煤气和焦炭公司""帝国煤气和焦炭公司""拉特克勒夫煤气和焦炭公司""凤凰煤气和焦炭公司""独立煤气和焦炭公司"，这些公司是根据议会在1816年、1820年、1823年、1824年和1829年分别通过的法案而陆续建立的。再后来，根据1842年(2个法案)、1843年和1847年议会通过的4个法案，又新建了4家煤气公司——"公平煤气照明公司""大都市南煤气照明和焦炭公司""伦敦煤气照明公司"和"商业煤气公司"[1]。煤气照明在全英国得到推广，在爱丁堡、格拉斯哥、利物浦、布里斯托尔、巴斯、伯明翰、切尔滕纳姆、利兹、曼彻斯特、埃克塞特、切斯特、麦克尔斯菲尔德、普雷斯顿、基德明斯特，以及英国其他一些城镇和地方，陆续都建起了供应这种新光源的工厂。到19世纪40年代，英国人口两三千人的小城镇都已经用上煤气了[2]。随着煤气生产和煤气照明业的发展，煤气照明的价格不断下降：在1823年的伦敦，每千立方英尺煤气的平均价格为15先令；10年以后，这一价格降至11先令3便士；到1905年，伦敦煤气的最低价格仅为2先令[3]。可见，煤气照明的经营遵循了市场化原则。

从生产上讲，煤气照明从一开始就是现代产业，它是与工业革命联系在一起的。如前所述，煤气的生产、储存、输送和使用，都需要成套设备，这使得煤气工业自始至终就是现代化行业，具备了工厂化、规模化、市场化的特征。作为一种产品，煤气适用的对象，除了街头、广场等公共空间，以及商店这类经营场所以外，主要应用于工厂生产中，工业是煤气照明的大用户[4]。1802年，第一套煤气

---

[1] Dean Chandler and A. Douglas Lacey, *The Rise of the Gas Industry in Britain*, pp.44, 73.
[2] 例如英国西北部坎伯兰地区的小镇科克茅斯，1800年人口不足3 000，1830年，该镇就宣布要建立煤气公司，使用煤气照明。结果，以每股5英镑募集到600股资本，于1834年建立煤气公司。参见J. Bernard Bradbury, *A History of Cockermouth*, p.112.
[3] Maureen Dillon, *Artificial Sunshine: A Social History of Domestic Lighting*, p.130.
[4] Wolfgang Schivelbusch, *Disenchanted Night: The Industrialization of Light in the Nineteenth Century*, pp.19–20.

生产、储存、输送和消费合成一体的系统,安装在索霍的锻造厂。1805 年,第二套更完善的照明系统安装在曼彻斯特的一家棉纺厂。19 世纪,工业革命在英国和欧洲大陆蓬勃发展,工厂如雨后春笋般建立起来,对照明有很大需求,这为煤气照明的发展提供了巨大的市场和广阔的前景。可以说,从煤气的生产到煤气照明的应用,这一行业是英国工业化的重要组成部分。

回到照明工具本身,现在我们不难理解,照明工具并非仅仅是照亮黑夜的灯具,它也是一个产品,是一个值得投资的领域,是一个有利可图、有利于资本积累的新方向。正是在资本的推动下,照明行业,更广泛而言,煤气工业(以及后来的电力工业)才发展起来。

3. 夜间劳动

中世纪的行会规定夜间不能生产和交易,固然有多方面的原因,但主要原因还是市场问题。在那个时代,市场是地方性的,在产品主要供当地消费的情况下,白天的生产就能够满足地方市场的需求,生产过多的产品实在没有必要。而且,在蜡烛、油灯的照明下,夜间生产的产品质量不能保证,夜以继日地进行生产反而造成同业竞争。所以,一直到中世纪晚期,欧洲城市劳动者的劳动时间基本限于白天。然而,从近代早期起,夜晚劳动不再是偶尔为之的例外,而是逐渐成为生产劳动的常态,这与世界市场的形成相关。新航路开辟以后,全球联系建立起来,市场空前扩大,这对生产能力提出了更高要求,欧洲的一些地方顺势而为,开始了"原初工业化"。原初工业化的兴起是对行会经济的挑战,不仅农村家庭可以利用夜晚时间从事手工劳动,手工工场也可以突破行会关于夜间不能生产的规矩。所以,夜间劳动的兴起,与世界市场的扩大有直接的关系,它的推动力量来自资本主义的最初成长。

但是,资本主义并不仅仅满足于利用夜晚几个小时的时间,它在发展过程中越来越要求把整个夜晚的时间利用起来。把黑夜当作一种资源充分利用,是资本主义生产方式的内在要求。马克思曾经说过:"把工作日延长到自然日的界限以外,延长到夜间,只是一种缓和的办法,只能大致满足一下吸血鬼吮吸劳动鲜血的欲望。因此,在一昼夜 24 小时内都占有劳动,是资本主义生产的内在要求。但是日夜不停地榨取同一劳动力,从身体上说是不可能的,因此,为克服身体上的障碍,就要求白天被吸尽的劳动力和夜里被吸尽的劳动力换班工作。"① 资本

---

① 《马克思恩格斯文集》第 5 卷,第 297 页。

主义生产的这个内在要求在工业革命时期得到了充分表达,由于生产的需要,资本大量沉淀于机械设备中,资本家希望投资能尽快得到回报,这需要机器尽可能长时间地运转。为此,雇主极力延长劳动者的工作时间,这反映了早期资本主义的野蛮性。当然,把劳动日延长到人的生理所能忍受的极限,也会引起诸多问题,这种做法确实也长久不了。况且还有劳工阶级为缩短工作日进行着不懈的斗争。最终,资本的野性被关进了8小时工作制的笼子。但是,夜班生产还是使资本找到了一个合法利用夜晚时间的方式,通过三班或多班工作制,夜以继日的工作模式得以制度化。

20世纪下半叶以来,周工作时间大幅减少,但夜班生产没有减少,不仅在传统行业中,而且在新的服务业中,如电信、交通、能源供应、新闻媒体、医疗健康,以及一些商店和休闲场所,都提供24小时服务,更多的劳动者在夜间忙碌。20世纪80年代以来,全球化和以互联网为代表的现代通信技术的发展,既压缩了全球空间,也打破了东西半球昼与夜的差别。在全球同时性与我们所习惯的历时性共存的形势下,夜间的劳动不仅没有减少,在夜间生产和服务的人反而越来越多。在这个趋势下,24小时内多班生产模式会长期存在[①],虽然夜间劳动不利于身心健康,但资本集约化程度越来越高,经济和技术对多班工作制的迫切需求超过了人们对健康和正常的社会生活的需要。

六、结　　语

综上所述,欧洲历史上的黑夜变迁,反映了欧洲人对黑夜的态度从畏惧、退缩和无奈,到逐渐走进黑夜、享受夜生活以及把长夜整合进生产过程的转变。转变是一个长期的过程,近代早期开始发生了明显变化,到19世纪晚期才基本上完成。这一进程不是独立和自发地发生的,而是与欧洲向现代社会的转变过程大致吻合。

一些学者从文化上来理解这一转变,并把转变的原因归于思想观念的变化,似乎有一定道理。然而,为什么欧洲在近代早期开始发生文化方面的变化,这不是文化本身可以解释清楚的。在文化方面表现出来的黑夜的变迁,是欧洲近代化潮流的一种表象,只有将黑夜放在欧洲向现代资本主义社会转变的历史进程

---

① Paul Blyton, *Changes in Working Time: An International Review*, p.73.

中才能得到充分理解。经济和社会结构的变动是社会历史发展的基础,历史唯物主义的思想和方法仍然适用于对欧洲夜史转变的理解,即使欧洲黑夜的变迁大量表现在文化上,其深刻的背景和原因仍在于资本主义经济的成长和发展。

照明条件的改善对于这一变迁起到了直接的推动作用,我们确实没法想象人类在缺乏人工照明的黑夜能有什么作为。更不能想象,如果缺少像汽灯以及后来的电灯这样的现代照明工具和技术,19世纪以来的夜生活还能如此丰富多彩,大规模的夜间劳动竟可以做到夜以继日。然而,更本质的问题是,为什么照明工具在欧洲近代以来的历史中才得到迅速而大规模的应用和推广。欧洲夜史发生变迁的原因要比照明工具的使用更加复杂和深刻。在欧洲社会变革的时代潮流中涌动着资本的力量,资本扩张驱动着现代照明技术和工具的开发、应用和推广,后者是前者开拓黑夜的工具。

资本主义的兴起和发展引起商业化、工业化、城市化和全球化,黑夜的变迁是这个历史潮流的一部分。城市化和工业化为夜生活和夜间劳动兴起提供了必要的经济社会条件。在世界市场的建立以及随后全球化不断加深的背景下,空间仿佛被压缩,这个现实也在改变着人们的时间观念,改变着人们对于夜晚的认识。在一般意义上,黑夜与白天具有相同的时间性,对于资本主义而言,它们都是必须开发、利用的资源。只不过白天的时间便于使用,而利用黑夜则需要更高的成本和更多的投入,但资本向黑夜扩张是早晚要发生的事情。近代以来的世界历史表明,资本主义起先是从空间上不断向外扩张,随后又逐渐地从时间上侵蚀黑夜。如同开拓殖民地一样,夜晚最终成了资本主义开发的荒原和前沿,照明技术和方式充当了资本拓荒的工具,为人类在夜间的活动撑开了一片光明,为资本积累腾出了新的空间。夜生活是资本的杰作,而夜班生产是资本对黑夜的占领。

 导读:

如何认识历史研究中的经典问题?
如何将研究工具转换为研究主题?

"黑夜"是一个重要的时间概念和时间段,在这里,它被当作一个历史研究的对象。本文的主要内容如下:在西方历史文化中,黑夜长久以来多给人负面印象。近代以后,欧洲人对夜晚的态度发生变化。在17—18世纪的城市里,夜间娱乐和社交活动开始流行,夜生活逐渐成为一种新的生活方式。在生产方面,18世纪中后期到19世纪上半期,劳动时间向夜晚不断延伸。劳资双方经过长期斗争,最终确立八小时工作制,但出现了轮班工作和"三班制"劳动方式,夜以继日的劳动制度化。欧洲资本主义兴起和发展所引起的城市化,为夜生活的流行提供了条件。工业化时期,资本扩张需要把黑夜作为一种资源来开发和利用。资本扩张推动了夜晚的转变,甚至照明技术的应用和推广也是资本运动的结果。在欧洲资本主义迅速发展的时代,黑夜是资本扩张的一个新的"空间"。

文章由五个部分组成。第一部分是关于该题材的"研究状况",讨论了以往的研究成果,指出以往的研究中存在的不足和问题,提出作者对这一问题的新认识和新的理解。第二部分陈述"近代以前的黑夜"的情况,为文章后面的讨论提供一个基本背景,尤其是便于对黑夜发生变迁后的情况进行比较。第三部分"夜生活的兴起和流行"及第四部分"夜工和夜班制",着重阐述了近代欧洲人对于夜晚时间的利用。读者由此认识到欧洲人的黑夜从以前的漫漫长夜到近代以来的"夜以继日"的转变。第五部分"资本的力量"是对"为什么到近代以后欧洲的黑夜发生变迁"进行理论阐述。

史学是一门关于时间的学问,它研究人类历史上的一切运动和变迁,时间弥漫于运动和变迁之中。可能是因为时间在历史学中的重要性不言而喻,大多数历史学者反而对时间本身漫不经心。这使得时间在历史学中除了工具性的作用以外,很少被作为一个独立的主题来对待,比如历法意义上的时间概念在历史研究中的运用、对历史进行适当的断代和分期等,都是借助时间概念服务历史研究。"年代学"作为历史学的辅助学科,它的存在主要也是为了更加准确地测定历史事件和历史文献的时间,也是历史研究的工具。不过,历史学家偶尔对时间进行专题研究,却也给人们留下深刻的印象。法国历史学家雅克·勒高夫(Jacques Le Goff)对中世纪教会时间和商人时间的研究,英国历史学家E. P. 汤普森(E. P. Thompson)对工厂制度下劳动者工作纪律规训的研究,都是为数不多但非常经典的关于时间问题的历史研究。

可见,在常识性的问题中,反而容易找到令人兴奋的研究主题。历史上的时间研究就是这样,黑夜一旦进入历史研究者的视野,确实也产生令人眼睛一亮的效果。的确,在新文化史研究出现以前,关于黑夜的描述并不少见,但黑夜的变迁几乎不受历史研究者的重视。直到新文化史研究兴起,黑夜才开始进入研究者的视野。不用说,关于黑夜和黑暗,人们是从文化的视角来认识的;而关于它的变迁,则主要是从文化的意义上来理解的,诸如历史上的人们关于黑夜的观念、态度、情感、心理、象征、行动等都是新文化史重点阐述的内容。但是,本文是用在新文化史研究出现之前流行过的经济社会史的路数,来认识黑夜和理解黑夜的变迁的。而且,笔者依据马克思主义理论,揭示了近代早期以来欧洲黑夜变迁的社会经济基础,这就是资本主义的发展对于欧洲近代社会经济生活变迁的推动作用。笔者认为,资本主义的兴起、世界市场的形成、城市化的发展,为夜生活的流行提供了社会经济条件。资本积累需要把黑夜的时间作为一种资源充分利用起来,黑夜犹如一个待开发的荒原,在资本主义迅速发展的时代变成了资本扩张的新空间。

本文的学术价值主要在于:

第一,选题。历史上,人类留下的生活痕迹无处不在,历史学者只要留心,历史研究不缺题材,黑夜史就是这样的研究题材。然而,黑夜史进入研究选题,不仅仅是因为它以前没有得到足够的重视,也不是因为这个选题具有"出乎意外"的效果,而是因为这个看似"哗众取宠"的题材,却与近代欧洲社会转型这样一个宏大的话题有直接的关联,欧洲黑夜的变迁被视为欧洲社会变迁的一部分,从黑暗中观察了资本主义的发展史。

第二,材料。与选题有关,历史学者以前"视而不见"的研究材料得到利用。关于历史上的黑夜的材料常见,很多资料可以从《圣经》、希腊神话故事等经典作品中找到。但是,因为黑夜作为一个历史题材没有引起人们的关注,使得以前大量现存的历史资料没有得到重视和利用。黑夜成为历史研究对象以后,人们发现可用于研究的资料其实比较丰富,而且也容易获得。结果,过去那些常见的资料在新的研究题材中竟然可以变成新材料。

第三,视角。新文化史的出现有助于纠正以往流行的新社会史研究中存在的"决定论"倾向。不过,经济社会史依然是历史研究的基本方向之一,经济社会史的视角依然是认识历史变迁的主要角度。本文的研究表明,从经济社会史的视角认识黑夜的变迁,比从新文化史和技术史的视角观察来得深刻。

第四,理论。文章依据马克思主义理论阐述欧洲黑夜的变迁史。资本的扩张需要利用黑夜,资本的扩张最终需要用光明驱赶黑暗,资本扩张与黑夜的变迁形成了一种对立统一的关系。文章用马克思主义理论深刻透视了欧洲黑夜的变化过程。

第6讲　敢于质疑：提出自己的见解和核心观点

法国年鉴学派的重要人物马克·布洛赫和吕西安·费弗尔之所以推动了"史学革命"（英国历史学家彼得·伯克所言），就在于他们这个学派是在质疑以兰克为代表的传统史学的基础上建立起来的。后来布洛赫在监狱中发出"为历史学家辩护"的声音正是他践行质疑精神的产物。前述"问题意识"便是质疑的结果，东北师范大学历史文化学院梁茂信教授的文章《英属北美殖民地契约移民性质新论》（原载《历史研究》2011年第2期，第125—141页）是在质疑已有关于北美早期"契约奴"研究的基础上撰写的，提出了自己的核心观点，廓清了诸多疑惑。

英属北美殖民地契约移民性质新论

梁茂信

摘要：契约工制度是近代早期英国工场手工业时代劳动力的普遍雇佣方式。当英国人在北美创建殖民地之后，契约工并非是作为奴隶被引进的。一方面，契约工制度的运作始终未超出英国社会经济制度与法律体系的制约，殖民地不过是英国国内经济制度和劳动力市场的延伸；另一方面，在契约从签订到实施的全部过程中，价值规律在契约工交易、劳动力价格和工资等方面都有所体现。各殖民地的法律体系不仅凸显了私有财产不可侵犯的原则，而且也对契约工的社会地位和权利做出了周详的规定。雇主为榨取契约工剩余价值的残酷剥削行为确实存在，但因此在契约工制度上贴上奴隶制度的标签却有失偏颇。

关键词：北美殖民地；契约工；奴隶；雇佣关系

改革开放30年来,中国的美国史研究成就斐然,涉及的广度和深度前所未有,但是,有关北美殖民地契约工(indentured servants)的研究却难如人意[①]。总体来看,国内学界目前主要有三种观点:一是将其界定为契约奴、白奴或临时性奴隶[②];二是将契约奴、契约工、契约佣仆和合同工等概念交替使用[③];三是反对使用"契约奴"或"契约佣工"概念,因为劳工出卖的是劳动力而非人身,但是他们与主人之间不是"雇佣关系",而是一种受到主人控制的"半强制劳工"[④]。在美国学界,有学者以北美的"非自愿性"移民为研究对象,认为契约工制度是"奴隶制度"。虽然有学者认为出售与移民签订的合同"是一种商业行为",但又认为其交易"是在出卖奴隶"。还有成果使用了"白奴"概念,而行文中却未见精准而深入的分析[⑤]。显然,中美学界多数成果认识到了契约工与近代资本主义经济的内在联系,注意到了其中的封建色彩,但又未将其与当时英国和北美资本主义经济形态有机地结合起来,特别是对其中的雇佣关系和契约制度的多重性功用等

---

① 英文 indenture 是指一种有骑缝线的"双联契约",缝线两侧的合同一式两份,签约双方各持一份。合同期满后,雇主在自己持有的合同上签字,证明另一方已如约尽职并成为自由人。而"servant"除作为公函和信件中的套语外,涵盖了13—17世纪英国社会上的许多职业:① 泛指王室的宫廷内侍、贵族和地主的管家等高级职业,他们有丰富的专业知识和较高的社会地位。② 泛指一般意义上的商品服务职业,其中既有"服务于单一雇主"的劳工,也有计件收费,且同时服务两位或更多买主的工匠,他们都是如约服务的人。③ 在狭义上指与雇主居住在一起的工资工人,其服务期限有几个星期、半年或一年,多数未成家立业。参见梁茂信:《近代早期英国契约工制度的形成及其性质》,《求是学刊》2010年第4期,第128—129页。本文中使用的概念是指狭义上的契约工。

② 黄绍湘:《美国通史简编》,北京:人民出版社1979年版,第12页;李世雅:《北美殖民地的契约奴移民》,《美国史论文集(1981—1983)》,北京:生活·读书·新知三联书店1983年版,第400页。陆镜生:《美国人权政治——理论和实践的历史考察》,北京:当代世界出版社1997年版,第82页;李庆余、周桂银等:《美国现代化道路》,北京:人民出版社1994年版,第2页;刘绪贻、李世洞:《美国研究词典》,北京:中国社会科学出版社2002年版,第733页;杨生茂、张友伦等:《美国历史百科辞典》,上海:上海辞书出版社2004年版,第232页。张红菊:《试探美国南部奴隶种植园的形成》,《世界历史》2005年第6期,第90—95页。

③ 杨生茂、陆镜生:《美国史新编》,北京:中国人民大学出版社1990年版,第47页;邓红风:《英属北美殖民地的契约奴役制度》,《世界历史》1990年第1期,第21—28页;何顺果:《美国史通论》,上海:学林出版社2001年版,第20—21、24—25、30—31页;齐文颖主编:《美国史探研》,北京:中国社会科学出版社2001年版,第2—3、18、26—27、49—51、166—167和197页;张聚国:《美国史学界关于奴隶制度起源的争论》,《世界历史》2006年第2期,第125—133页。

④ 国内成果中,李剑鸣的观点及其"契约劳工"概念与笔者接近,但笔者认为制度中的"雇佣性质"论述还应加强。见李剑鸣:《美国的奠基时代:1585—1775》,北京:人民出版社2001年版,第107—108、191—202页;近似的观点见黄安年:《美国的崛起:17—19世纪的美国》,北京:中国社会科学出版社1992年版,第61—64页;高春常:《英国历史传统与北美奴隶制的起源》,《历史研究》2001年第2期,第98、103页。

⑤ Don Jordan and Michael Walsh, *White Cargo: The Forgotten History of Britain's White Slaves in America*, New York: New York University Press, 2007; John Wareing, *Emigrants to America: Indentured Servants Recruited in London, 1718 - 1733*, Baltimore: Genealogical Publishing Co., Inc., 1985, pp.7 - 9; Klaus J. Bade, *Migration in European History*, Oxford: Blackwell Publishing Ltd., 2003, pp.82 - 83; Daniel Meaders, *Eighteenth-Century White Slaves: Fugitive Notices*, Vol.1, *Pennsylvinia, 1729 -1760*, Westport: Greenwood Press, 1993, pp.ix-xi.

问题论述不足,因而无法形成共识。有鉴于此,笔者拟提出个人的看法,以期补苴罅漏,抛砖引玉。

一、契约工移民的兴起

追本溯源,北美殖民地的契约工制度根植于英国中世纪晚期以来的学徒制度。在该项制度下,未成年人在家长陪伴下寻找师傅并洽谈学徒事宜。在契约生效期间(一般为7年),学徒住在师傅家里并在工作中学艺,师傅除传授技艺外,还要提供食宿、衣服和医疗照顾等。出徒后,多数学徒成为师傅的帮工,三年后成为独立的工匠并招收学徒。在出徒前,学徒不仅要专心学艺,而且要接受"品行与心智的全面培训",因此,学徒制度被认为是融职业技术与道德教育为一体的综合性制度[1]。显然,这种建立在自愿基础上的制度成为多数青年向社会上层流动的有效途径。然而,它在15世纪后面临着前所未有的挑战。一方面,因长子继承制长期盛行,长子以外其他子女大多在10岁后离家谋生。另一方面,随着13世纪以来英国圈地运动的扩展,越来越多的无地农民沦为无业流民。在此背景下,英国人口的快速增长[2],土地资源承受着超负荷的压力。在纷繁庞杂的流动人口中,地方性流动空前活跃,远距离移民与日俱增,形成了以伦敦为中心的流动体系,其学徒数量之多,使伦敦获得了英格兰"职业培训中心"的美誉[3]。在其他地区,拜师学艺的青年之多,使得工匠师傅应接不暇。未经学徒训练就开办作坊的人数迅速增加,以学徒制度为基础的契约工制度亦随之勃兴。每年农闲季节,不少劳工涌向伦敦等城市打工,或在城市周边农村地区求职。在18世纪中期,谢菲尔德的契约工中,85%来自该市周围5英里内的农村地区。半个世纪后,这种格局基本未变[4]。与学徒不同,契约工在流动中求职,并与雇主讨价还价,然后达成口头协议。在工作期间,契约工以劳动换工资,听从雇主

---

[1] Reginald A. Bray, *Boy Labour and Apprenticeship*, New York: Garland Publishing Inc., 1980, pp.1-2.

[2] 1600—1800年英国人口增长了一倍以上,是欧洲各国最高的。参见 Roderick Floud and Paul Johnson, eds., *The Cambridge Economic History of Modern Britain*, Volume I: Industrialisation, 1700-1860, Cambridge: Cambridge University Press, 2004, p.64.

[3] Leslie Page Moch, *Moving Europeans: Migrations in Western Europe Since 1650*, Bloomington: Indiana University Press, 2003, p.55.

[4] P. J. Corfield, *The Impact of English Towns: 1700-1800*, Oxford: Oxford University Press, 1982, p.102.

调教,契约结束时获得一笔自由费。另一方面,雇主提供食宿、衣服和医疗照顾等。若契约工生病,或因意外事故而丧失劳动能力时,雇主不得违约停薪,或将其抛弃在外①。

由于各地劳动力市场需求不均,"僧多粥少"现象司空见惯,不少无业者沦为乞丐。虽然 16 世纪上半期"英格兰几乎所有角落都有职业乞丐"的说法有些言过其实②,但在当时的统治者看来,这种现实不利于英国社会的安定。于是,英国议会颁布了影响深远的《1562 年工匠法》。它规定,凡 11—21 岁的青少年必须在家长或监护人的陪同下拜师学艺。抗令不遵者,可由所在教区的治安官强制执行。可能误入歧途的青年,由教会为其"指派师傅"。21 岁以上的未婚者,若居无定所,缺乏生计,必须从事契约工劳动,否则将被视为流民而施以惩罚③。该法律的意义在于:它将中世纪以来局限于行会控制的熟练职业的学徒制度扩大到所有行业。学徒制度作为一项综合性教育制度,其社会性特点更加突出。同时,它将契约制度应用于自由劳动力后,劳工就业作为一种自愿性行为就被转化为半强制性的劳动制度。这样,契约工制度就成为政府规范就业市场和控制人口流动的工具。在这种政策下,虽然契约工制度有一定的非自由成分,但它并不意味着学徒和契约工就是奴隶。因为他们在契约形成与实施的过程中有许多自由权利。在双方自愿与同意的前提下,劳工出卖自己的劳动力,雇主购买了劳动力商品后,在契约有效期内拥有该商品的所有权和支配权。一俟契约有效期结束,劳工再次处于自由状态。这种以契约为就业周期的特征构成了近代早期英国劳动力,特别是无业未婚青年学艺谋生的必然形式,它在本质上与当时英国资本主义经济形态是一脉相承的④。关于这一点,后文还要论述。

---

① Robert J. Steinfeld, *The Invention of Free Labor: The Employment Relation in English and American Law and Culture*, 1350-1870, Chapel Hill: University of North Carolina Press, 1991, p.31.
② John Pound, *Poverty and Vagrancy in Tudor England*, London: Longman Group, Ltd., 1971, pp.3,6.
③ Reginald A. Bray, *Boy Labour and Apprenticeship*, pp.14-15.
④ 1562 年法实施后,契约工成为近代英国转型期重要的劳动力来源。17 世纪 30 年代,契约工占英国 15—24 岁劳工中的 60%,其中近 50% 属年度性农业工。到 18 世纪,契约工占英国农业劳动力 1/3 到 1/2,有些地区高达 1/2 以上。有意思的是,到 19 世纪末,与主人居住在一起的契约工占伦敦劳动力的 16.6%、爱丁堡的 19%、阿伯丁的 23%、珀斯的 18%。其中,女性家政劳工数量极多,占 1871 年就业劳工的 15%,绝对人数到 1931 年仍超过 130 万。参见 Alison Games, *Migration and the Origins of the English Atlantic World*, Cambridge: Harvard University Press, 1999, p.74; David W. Galenson, *White Servitude in Colonial America: An Economic Analysis*, New York: Cambridge University Press, 1981, p.7; R. W. Breach and R. M. Hartwell, eds., *British Economy and Society, 1870-1970: Documents, Descriptions, Statistics*, Oxford: Oxford University Press, 1972, pp.75, 322-323.

当英国人踏上北美大陆时,契约工也不是作为奴隶而来的。在弗吉尼亚创建之初,契约工是按照伦敦公司规定、以劳动力入股的"投资者",与公司其他职员享有平等的权利①。然而,由于伦敦公司急功近利的战略性失误,弗吉尼亚殖民地在最初的12年间捉襟见肘,危机重重。为摆脱困境,伦敦公司从1612年起不断改革,其中多次触及契约工问题。择其要者而言:(1) 所有为公司服务满7年的职员为自由民,他们可租赁公司土地并交纳一定的粮食作为租金;服务未满7年者须继续服务,或被租赁给他人。(2) 凡受公司资助的移民,须与公司达成为期7年的契约。在服务期内,公司提供土地、食品和资本,移民作为分成农,每年将其收成中的50%交给公司。服务7年后获得自由,并获得50英亩土地的"自由费"。(3) 1624年伦敦公司在未征得本人同意的前提下,将服务未满7年的公司职员转卖给了种植园主,这种做法后来也被各殖民地所效仿②。不言而喻,上述决策对弗吉尼亚殖民地的契约工制度产生了重要影响,它关于契约工服务7年的规定和出卖契约工的做法,成为其他殖民地参照的标准。这样,在殖民地草创时期享有伦敦公司平等权的职员从此被分化为两个对立阶级——种植园主和契约工。

在其他殖民地草创时期,也有与弗吉尼亚相似的招募契约工模式。例如,马萨诸塞的契约工也是作为公司职员而来的,但因其人数甚少,被分散到移民家庭去做帮工。由于该殖民地从一开始只鼓励"有道德、有潜质的家庭移民"③,加上它对宗教异端的排斥,使其他教派的移民望而却步,因而在1640年移民潮结束后,迁入的契约工寥若晨星。再如,在18世纪初期的南卡罗来纳,因其地处英属殖民地的最南端,周围不仅有虎视眈眈的西班牙人和法国人,而且还有时常骚扰的印第安人。此外,由于殖民地的种植园经济勃兴于黑奴制度,黑人占殖民地人口的70%以上④。面对外围四面楚歌、境内黑人繁多的形势,奴隶主难免担惊受怕。为保护白人的财产安全和生活的安逸,南卡罗来纳在借鉴弗吉尼亚经验的

---

① James Curtis Ballagh, *White Servitude in the Colony of Virginia: A Study of the System of Indentured Labor in the American Colonies*, New York: Burt Franklin, 1969, pp.14-15.

② James Curtis Ballagh, *White Servitude in the Colony of Virginia: A Study of the System of Indentured Labor in the American Colonies*, pp.22, 44-45; Jeremy Black, ed., *The Atlantic Slave Trade*, Volume II, *Seventeenth Century*, Burlington: Ashgate Publishing Company, 2006, pp.311-312.

③ John Gorham Palfery, *A Compendious History of New England from the Discovery by Europeans to the First General Congress of the Anglo-American Colonies*, Vol.1, Boston: Houghton, Mifflin and Company, 1873, pp.105-106.

④ David W. Galenson, *White Servitude in Colonial America: An Economic Analysis*, p.118.

前提下,强令种植园主购买契约工。1712—1725 年颁布的五项法令中规定,若种植园的黑奴达到 10 人,必须购买一名白人契约工。每增加 20 名黑奴,必须追加一名白人契约工。1712 年法令规定,殖民地政府可直接参与契约工交易,被引进的契约工将首先服务于公众利益,然后再卖给种植园主。若规定期限内无人购买,契约工可获自由,但他们必须在边疆地带定居。这样既能加快土地开发,又能构筑保卫殖民地的屏障。上述法规实施后,每任总督都曾动用公款资助移民,仅 18 世纪 40 年代的相关支出就接近 43 万英镑①。南卡罗来纳引进契约工的方式,后来也被佐治亚殖民地采纳。它在创建初期也遭遇了与弗吉尼亚相似的坎坷经历,而人口结构和外围环境又酷似南卡罗来纳,因此它实施了力度比南卡罗来纳更大的赈济政策,目的是把佐治亚建成一个"繁荣的殖民地"②。

  随着各殖民地的发展,它们在英国和欧洲招募契约工的活动也日趋活跃。在 1654—1686 年,各殖民地派往布里斯托尔的移民招募代理达 280 多人,同时,活跃在伦敦和米德尔赛克斯的代理分别达 208 人和 399 人③。在这种背景下,欧洲各地的契约工纷至沓来。从美国学者对各种资料的分析结果看,因其关注的时段、移民来源和区域流向等各有不同,又缺乏权威性的官方统计,可用的原始资料十分零散,统计结果莫衷一是。第一种说法是,在 1630—1776 年,迁居北美殖民地的欧洲移民约 60 万,其中 1/2 到 2/3 是契约移民④。第二种说法是,在 1607—1775 年来到北美殖民地的欧洲移民达 47.44 万人,其中 54% 是契约工⑤。从纵向看,契约移民占 17 世纪迁入北美殖民地移民的 75%—80%,此后到美国建国时,虽然其人数略有减少,但仍占欧洲白人移

---

  ① Warren B. Smith, *White Servitude in Colonial South Carolina*, Columbia: University of South Carolina Press, 1961, pp. 28, 30 - 32, 52 - 53.
  ② Benjamin Martyn, "An Account of Shewing the Progress of the Colony of Georgia in America from its First Establishment, 1741," in Mark M. Smith, ed., *Slavery in North America: From the Colonial Period to Emancipation*, Volume 1, The Colonial Period, London: Pickering and Chatto (Publishers) Limited, 2009, pp. 269, 275, 280;梁茂信:《美国移民政策研究》,长春:东北师范大学出版社 1996 年版,第 17—19 页。
  ③ David W. Galenson, *White Servitude in Colonial America: An Economic Analysis*, p. 97.
  ④ David W. Galenson, *White Servitude in Colonial America: An Economic Analysis*, p. 17.
  ⑤ Aaron S. Fogleman, "From Slaves, Convicts, and Servants to Free Passengers: The Transformation of Immigrants in the Era of the American Revolution," *The Journal of American History*, Vol. 85, No. 1 (Jun., 1998), p. 44;但作者在另一篇文章中认为,在 1607—1776 年来到北美大陆的欧洲移民逾 80 万,参见 Aaron Fogleman, "Migrations to the Thirteen British North American Colonies, 1700 - 1775: New Estimates", *Journal of Interdisciplinary History*, Vol. 22, No. 4. (Spring, 1992), pp. 693. http://links.jstor.org/sici? sici=0022 - 1953(2008 年 12 月 31 日下载)

民的1/2到2/3。从民族群体看,英国的契约移民集中在17世纪,之后日渐下降。而来自爱尔兰和德意志的赎身工开始增多并上升到主导性地位①。就地区而言,流向不均的特点非常突出。有学者认为,契约移民占1700年以前迁入切萨皮克湾殖民地白人移民中的75%—80%,占17世纪30年代迁入新英格兰移民中的16%和纽约殖民地荷兰移民中的50%②。到18世纪70年代,马里兰、宾夕法尼亚和弗吉尼亚仍是契约移民的主要目的地,其比例占白人移民的4/5③。同样,在各民族群体中,契约工的比例高低不一。他们占1771—1773年爱尔兰南部移民的61%、苏格兰移民的18%、英格兰移民的52%和德意志移民的58%。上述数字表明,从1607年开始到1830年④,契约工是欧洲白人移民中的主体,他们在北美殖民地政治、经济和文化生活中发挥了"至关重要的作用"⑤。

从类别看,契约工可概括如下:第一类是来自英国和爱尔兰的自愿性契约工。他们愿意迁移,但无力支付路费,遂与船运公司或种植园主签订契约。抵达北美洲后,彼此按照契约行事。第二类是在离港前自愿与船运公司达成口头协议的契约工,他们到殖民地后再由船运公司与买主达成新的契约。在这种双层契约形成的过程中,由于移民没有直接参与第二层次也即与雇主签署的契约,因而被称为"半自愿性契约工"。第三类是以德意志移民为主体的赎身工。他们有些人在离境前支付了部分路费,有些人承诺到殖民后偿还路费。无论属于何者,他们到达殖民地后须在两周内偿清欠费,否则船主会根据所欠债务折算出服务

---

① 德意志赎身者移民始于1680年以后,1730年后加速,18世纪40年代末进入高潮,一直到北美革命爆发结束。相应地,每年进入宾夕法尼亚的移民商船从18世纪20年代每年3艘增长到40年代末的7艘。1749年入境移民人数达到9 500多人。此后10年间,年均移民约5 600人。Marianne S. Wokeck, "German and Irish Immigration to Colonial Philadelphia," *Proceedings of the American Philosophical Society*, Vol. 133, No. 2, (Jun., 1989), p. 132. http://links.jstor.org/sici? sici = 0003-049X(2008年10月25日下载)

② Aaron S. Fogleman, "From Slaves, Convicts and Servants to Free Passengers," p.46.

③ Roger Daniels, *Coming to America: A History of Immigration and Ethnicity in American Life*, New York: Harper Collins Publishers, 1990, p.37.

④ 美国建国后,契约移民日渐减少,仅占1800年入境移民的24.7%,1820年不超过5%。在1820—1830年间,契约工年均入境人数不过20人,1830年则彻底消失。至此,契约工移民时代宣告结束。参见Farley Grubb, "The End of European Immigrants Servitude in the United States: An Economic Analysis of Market Collapse, 1772-1835," *The Journal of Economic History*, Vol. 54, No. 4. (Dec., 1994), pp.799, 819.

⑤ Farley Grubb, "Immigrant Servant Labor: Their Occupational and Geographic Distribution in the late Eighteenth-Century Mid-Atlantic Economy," *Social Science History*, Vol. 9, No. 3 (Summer, 1985), p.249. http://links.jstor.orgsici? sici=0145-5532(2008年3月27日下载)

年限,然后将其出卖。由于其中举家迁徙者居多,最后从事赎身工服务的多数是移民的未成年子女。第四类是非自愿性契约工,其人数大约5万人,占欧洲向北美大陆契约移民的20%①,其中既有英国罪犯,也有反对克伦威尔统治的苏格兰人和爱尔兰人。他们被发配到殖民地从事契约工劳动具有强制性。然而,具体到各类罪犯也需要区别对待。例如,在1665年以后的百年间,从人口密度较大的米德尔赛克斯县发配到殖民地的各类罪犯约1 400人,其中有10%被判处死刑或终身监禁②。对他们来说,到殖民地充当最长约14年的契约工后就获得自由,当然是一件合算的事情。至于拦路抢劫者、小偷、战俘和政治犯等罪不至死者被强行服劳役,实际上是中世纪以来英国对流民和罪犯惩罚性政策的继续,带有封建色彩。但是,正如当时英国政府报告中所言,把英国的乞丐、贫困者和罪犯发配到殖民地充当契约工,既能减少英国关押和看守罪犯的支出,又在客观上将可能对社会稳定构成威胁的不安定因素转化为可以创造经济价值的劳动力商品③。

二、劳动力商品的自由属性

准确把握契约工制度的性质,必须分析其赖以生存的经济形态。从大背景看,契约工制度在英国及北美洲的兴衰恰好是新航路开辟后到19世纪20年代工业化运动启动的时期,也是工场手工业由盛及衰并逐渐被工厂制度取代的"原始工业化"(proto-industrialization)时代。其间,由于城市手工业处于行会的垄断下,它对生产材料、工艺、市场和工资等方面的控制导致生产和贸易成本提高,利润空间日益缩小,大量资本随之流向农村。于是,在英国城乡之间出现了农业、工业和商业混合型经济形态。每个地区内,"既没有纯粹的农业生产区,也没有纯粹的工业生产区"④。在这样一个区位经济分工不明显的格局中,典型的工业生产场所是家庭作坊。即使是那些雇用劳工规模较大的工场,充其量不过是

---

① John Wareing, *Emigrants to America*, pp.9, 11.
② Peter Wilson Coldham, *Bonded Passengers to America*, Vol.8, *Northern Circuit: 1665-1775*, Baltimore: Genealogical Publishing Co. Inc., 1983, pp.19, 11-45.
③ Eric Williams, *Capitalism and Slavery*, Chapel Hill: The University of North Carolina Press, 1994, p.10.
④ Klaus J. Bade, *Migration in European History*, p.6; Jordan Goodman and Katrina Honeyman, *Gainful Pursuits: The Making of Industrial Europe 1600-1914*, London: Edward Arnold, 1988, pp.6, 76.

近代资本主义工厂制度的前身。在生产过程中,依赖于自然条件的能源结构、交通运输和市场销售等环节,都容易受到气候和季节变化的影响,生产的间歇性和季节性不言而喻。在这种背景下,长子继承制、圈地运动、宗教冲突及人口增长等因素使许多人口成为出卖劳动力的无产者,他们因此常常处于不稳定的失业状态。此外,由于更多的人口依然栖息在依赖于传统耕作方式的土地上,在工业生产的季节性影响下,他们获得了一种双重身份——农忙季节是农民,农闲季节是工人。这种一只脚踏在市场、另一只脚踏在土地上的半商品性质表明,"劳动力还不是真正的商品"[1]。这就是说,农民与生产资料的分离绝非一蹴而就。这种特性决定了他们在工业与农业生产之间劳动的周期性,因而就出现了契约工就业的多样性和季节性特点。从雇佣周期看,有些契约工是一个星期,有些是一个月或一个季度,一年以上者寥寥。同样不可忽视的是,由于商品生产分散在城市和农村,劳动雇佣形式缺乏统一的信息渠道和标准,劳动力必须通过流动实现就业。与雇主洽谈就业条件时,双方根据自身需求,在讨价还价中商定彼此都能接受的条件。例如,在16世纪伦敦的学徒中近半数来自90英里以外的地区[2]。同样,在16—17世纪布里斯托尔的学徒和契约工中间,不少人的迁移距离超过了20英里。其中,迁移距离超过40英里者占契约工的39%和学徒的15%以上。在1598—1638年的索尔兹伯里、南汉普顿和伯明翰,学徒和契约工来源大致也是如此[3]。当自由流动的劳动力成为不自由的契约工之后,不管其服务期多长,都验证了美国学者的观点,即绝对意义上的"自发性自由劳动力在合法的社会实践中消失了"[4]。按照这种逻辑,结合前文所述,可以将英国契约工制度界定为一种能讨价还价的"准自由劳动制度"。当英国人踏上北美大陆后,这种制度在劳动力相对过剩的英国与急需劳动力的北美大陆之间架起了一座桥梁,它通过跨越大西洋的双层市场,成为向殖民地输送劳动力的最有效方式。

第一层市场存在于劳工、移民代理、船运公司及买主之间。由于各殖民地招

---

[1] John Langton, "Proletarianization in the Industrial Revolution: Regionalism and Kinship in the Labour Markets of the British Coal Industry from the Seventeenth Century to the Nineteenth Centuries," *Transactions of the Institute of British Geographers*, Vol.25, No.1(2000), pp.31-32.

[2] David Nicholas, *Urban Europe, 1100-1700*, Hamshire: Palgrave MaCMillan, 2003, p.43.

[3] Peter Clark and David Souden, eds., *Migration and Society in Early Modern England*, London: Hutchinson Education, 1987, pp.59, 156, 269-270.

[4] Robert J. Steinfeld, *The Invention of Free Labor*, pp.3-4.

募劳工的广告遍布伦敦等城市的大街小巷,它们把广袤荒芜的殖民地吹得天花乱坠,任何想发财致富的人"都几乎不可能拒绝其中的诱惑"①。无论是投资者、冒险者、工匠和农场主,还是流落街头的乞丐、小偷或遭受宗教迫害的难民,"他们心中都有一种对土地烈火般的欲望,对独立的炽烈热情,他们都想……成为自由人"②。在这种背景下,劳动力作为自由交换的商品,其契约的达成大致表现为两种方式。第一种是市场型契约。当劳工做出移民的决定后,要在移民劳动力买主之间甄别,选择对自己最有利的迁移目的地、服务年限、工资和生活条件等,经过讨价还价后达成契约。第二种是亲缘型契约。由于伦敦等城市形成了以亲缘关系为核心的社会网络,它在鼓励并帮助移民方面"发挥了关键性的作用"③。因此,在迁往北美的途中,契约工与主人"乘坐同一条船"的例证不胜枚举④。这就是说,在英国许多地区,契约工制度是帮助贫困亲友迁移到北美的一种有效手段。

在第二层市场上,当契约将自由劳动力转化成商品后,向北美的移民就被纳入了英国大西洋贸易体系中。史料显示,凡参与殖民地贸易的商人都在从事契约工运输,因为他们可以用契约工交换殖民地的烟草、大米和蔗糖等农产品。这样,契约工跨越大西洋的时间与烟草贸易的周期是一致的。例如,在布里斯托尔、伦敦和米德尔赛克斯登记的出境契约工中,每年7—10月份注册的人数占当年总数的72%到80%。在利物浦(1697—1707年),每年10—12月离境契约工占全年的60%。之所以如此,是因为英国商人期望自己的船只到北美时,恰好是烟草准备发货的时节。他们在每年的7—9月份从英国出发,两个月后到北美开始贸易活动。每年从12月开始,到翌年2月为止,离境移民明显减少,因为此时烟草买卖的高潮已经结束。另一方面,每年夏季的契约工市场清淡萧条,因为移民在海上长途跋涉期间容易患病,死亡率较高⑤。

在上述双层市场的作用下,英国的经济和劳动力市场体系延伸到北美殖民地。英国人口增长、农业收成和工资波动等因素,都会通过市场机制影响到殖民地的劳动力供求关系。例如,在17世纪五六十年代,英格兰农业歉收和工资水

---

① Edith Abbott, *Historical Aspects of the Immigration Problem: Selected Documents*, Chicago: The University of Chicago Press, 1926, p.13.
② Eric Williams, *Capitalism and Slavery*, p.10.
③ Aaron S. Fogleman, "From Slaves, Convicts and Servants to Free Passengers," p.47.
④ Sharon V. Salinger, "*To Serve Well and Faithfully*": *Labor and Indentured Servants in Pennsylvania, 1682-1800*, New York: Cambridge University Press, 1987, p.3.
⑤ David W. Galenson, *White Servitude in Colonial America: An Economic Analysis*, pp.89-90.

平上涨直接促成了弗吉尼亚和马里兰殖民地契约工的增加。17世纪末英格兰西南部劳动力供不应求时,两个殖民地的契约工供给也明显萎缩①。因此可以这样理解:契约是在英国达成的,但契约工在尚未离开英国时就开始与殖民地劳动力市场发生了关系。换言之,当契约工踏上北美大陆时,契约工制度也未超越出英国社会与经济运行机制。这其中不仅包括英国契约制度中的雇佣性质,也包括北美殖民地按照英国人的自由观念颁布的保护契约工平等权利的法律。简要地说,契约工制度中的雇佣性质可从如下三方面理解:

首先,如前所述,北美殖民地的契约工中有不少英国罪犯和无辜的被绑架者。他们作为"非自愿性契约工"的悲惨遭遇,使有的美国学者得出了契约工是"白人奴隶"的结论。然而,这些学者也不能回避这样的事实:北美的契约工中有2/3以上是自愿性契约工②。这就是说,非自愿性契约工被强制性服役的史实不足以改变契约工制度的整体性质。从其契约内容看,其中包含着"同意"(agree)和"认知"(acknowledge)的原则。"同意"意味着契约工愿意以出卖劳动力为前提,接受其中关于服务年限、工作条件和待遇等条款。"认知"表明双方明确了彼此的职责,愿意恪守契约中的原则③。这种建立在双方同意基础上的契约关系属于不折不扣的雇佣与被雇佣的性质④。

其次,从契约工的社会结构看,他们不是某个单一阶层的移民,而是除贵族以外英国社会各阶层人口结构在北美殖民地的自然延伸。这也是国内所有涉及北美殖民地契约工著述中的共识。笔者再以1654—1660年从布里斯托尔离境的2 287名契约工为例,绅士、种植园主和专业技术人士(医生和教师等)等占总数的2%,自耕农、农民和体力劳工占47.4%,金属、建筑、服装、纺织和皮革等行业工匠占23%,妇女和其他劳工占27.4%⑤。类似的结构在1718—1759年从伦敦港口出境的契约工中间也同样存在⑥。面对这种多样性的结构,还有什么能

---

① Bernard Bailyn, *The Peopling of British North America: An Introduction*, New York: Alfred A. Knopf, Inc. 1986, pp.20, 27 - 28.
② Don Jordan and Michael Walsh, *White Cargo*, p.14.
③ Warren M. Billings, *The Old Dominion in the Seventeenth Century: A Documentary History of Viginia, 1606 -1689*, Chapel Hill: The University of North Carolina Press, 1975, pp.134 - 135.
④ 时人对18世纪中期宾夕法尼亚契约工与雇主之间的雇佣关系评论,参见"Comments of a Swedish Traveler, 1748," in Edith Abbott, *Historical Aspects of the Immigration Problem*, pp.211-212.
⑤ Peter Clark and David Souden, *Migration and Society in Early Modern England*, p.155.
⑥ David W. Galenson, *White Servitude in Colonial America*, pp.62; Sharon V. Salinger, "To Serve Well and Faithfully," p.185.

比雇佣关系更清楚地解释契约工与雇主的关系呢?

再次,在劳务市场上,价值规律在劳动力商品交易的每个环节中得到了体现,其中居于绝对支配性地位的因素是市场,而不是船主、种植园主或农场主。契约工的供求关系、劳动技能和年龄等因素都决定着其劳动力商品价格的高低。在供大于求的条件下劳动力价格走低,相反就能走高。劳工的技术构成越高,服务周期就越短,工资水平就越高。例如,在1660年从布里斯托尔离境的契约工中,类似医生、工程师和教师等技术人士的服务时间仅为2—3年,而木匠、酿酒师、裁缝、银匠等各类工匠的服务期大多数是4年,普通体力劳工的服务期限一般为5—7年,各类罪犯大约是8—14年①。从年龄上看,19岁以下的契约工,因其劳动价值尚未被完全开发出来,其交易价格与工资水平明显低于19岁以上的劳工。契约工的工资基本上是市场需求和劳动力价值相互作用后的自然反映。一位健康的非熟练工的售价达10英镑,而一位工匠的价格为25英镑②。在1704—1757年马里兰登记的契约工交易中,服务4年的契约工人均价格是8.95英镑,最高达10英镑以上。19岁女性契约工价格是7.75英镑,最高价格是10英镑③。在18世纪中期,巴尔的摩一位商人雇佣了一位具有多年经商经历的40岁的小商人充当工头,其服务期为两年,条件是雇主负责提供通往美洲的路费、牛肉和猪肉各500磅、面粉500磅,每年工钱40英镑④。在新英格兰,契约工莱昂·加德尼尔(Lion Gardiner)是一位来自荷兰的工程师,他在服务期内的年薪是100英镑。他说:"我的服务是帮助他们设计、采购和建造城市、城镇或防卫性要塞。"⑤在多数情况下,按照劳工年龄和技术与经验确定薪水的做法十分普遍。在1682—1687年来到宾夕法尼亚的契约移民中,57%的人服务期为4年,其余为1—19年不等。年薪最低的体力劳工平均在3—10英镑之间,而银匠、外科医生、教师和眼镜制造者等技术含量较高的职业中,年薪在30—80英镑之间⑥。甚至在弗吉尼亚一些种植园主的遗嘱中,准备出卖的契约工价格也与

---

① Peter Wilson Coldham, *The Bristol Registers of Servants Sent to Foreign Plantations, 1654-1685*, Baltimore: Genealogical Publications Co. Inc., 1988, pp.124-143.
② Peter Wilson Coldham, *Bonded Passengers to America*, Vol.1 *History of Transportation*, pp.7-8.
③ David W. Galenson, *White Servitude in Colonial America: An Economic Analysis*, pp.99-100.
④ Roger Daniels, *Coming to America*, p.37.
⑤ Alison Games, *Migration and the Origins of the English Atlantic World*, p.78.
⑥ Sharon V. Salinger, "To Serve Well and Faithfully," p.29.

其年龄、技术水平和健康状况有着直接的关系①。正因为价值规律在劳动力商品交易中的重要性和普遍性，17 世纪 50 年代一位英国学者指出，当荷兰人、法兰西人、西班牙人和葡萄牙人纷纷来到美洲淘金的时候，英国人却发现，劳动力商品"就是国家的财富"，因为当这些吃苦耐劳的人口被雇佣就业后，他们就成为"可以创造利润的商品"②。

诚然，笔者强调北美殖民地契约工制度中的雇佣性质，并非要否定其强制性特点，相反则认为其程度有所加强。一方面，在劳工市场上，资本家和地主都掌握着经济资源和劳动力交易的控制权和垄断权。而处于绝对劣势地位的劳工一无所有，只能依靠出卖劳动力为生。在这种不对称的状态下，由于英国本土的劳动力过剩，多数契约工服务周期短，对雇主的依赖程度低，雇主对契约工的人身控制相对较弱。然而，当契约工制度被移植到北美时，资本家和地主在劳动力市场上的垄断地位骤然凸显，因为对于那些无力承担跨越大西洋路费的移民而言，没有资本家的帮助，他们无法实现移民的愿望。他们签约后，用自己的劳动力商品来交换资本家提供的越洋路费和在契约服务期间的工资、食宿、医疗照顾和自由费等。在这种雇佣关系下，雇主用自己的资本和生命做赌注，将契约工安全地运送到大西洋彼岸③。另一方面，契约工在尚未履行其义务时就享受了签约另一方提供的服务，这实际上赋予了契约工制度一种新的含义——"劳动力租赁中的一种信贷制度"④。契约工制度中原有的雇佣性质因此就被蒙上了一层"债务"关系，雇主对契约工的控制随之加强。在契约生效期内，由于契约工就像著名的思想家托马斯·潘恩（Thomas Paine）所说的那样，"自愿性地免除了纳税权和各种公共服务义务"，又因为其食宿、衣服、工资、医疗照顾和期满后的自由费等均依赖雇主，他们"停止行使自由权"是顺理成章的事情，因为"自由与作为独立的人是不可分割的"。当他们恢复了自由劳动力身份后，就重新获得了"完整的自由权"⑤。这就是说，契约中的权益和义务是以双方愿意牺牲自己的部分利益为代价的。契约工在享

---

① Susie M. Ames, *County Court Records of Accomack-Northampton, Virginia, 1640 – 1645*, Charlottesville: University Press of Virginia, 1973, pp.419 – 423.
② Robert J. Steinfeld, *The Invention of Free Labor*, p.87.
③ 关于船毁人亡的资料，参见 Klaus J. Bade, *Migration in European History*, p.86; Peter Wilson Coldham, *Bonded Passengers to America*, Vol.1, pp.39 – 40.
④ David W. Galenson, *White Servitude in Colonial America: An Economic Analysis*, p.97.
⑤ Robert J. Steinfeld, *The Invention of Free Labor*, pp.130, 131.

受雇主提供的物质服务的同时牺牲了自己的部分自由权利,其中包括婚姻权、生育权和经商权等,而雇主在付出资本投资后换来了对契约工劳动力商品的所有权和支配权。在这种利益关系下,殖民地地广人稀、居住分散及劳动力稀缺的残酷现实很容易造成契约工受虐待的问题①。在日常生活中,他们即使不是奴隶,但因丧失了部分自由,甚至包括个人的荣誉和尊严,所以他们至少给人的感觉是受到"人身和自由控制"的人②。在这种表象之下,无论雇主对契约工的控制和剥削达到何种程度,都不能改变契约中的自由雇佣原则。它在本质上与笔者前文中将英国的契约工制度界定为"准自由劳动制度"是一脉相承的,是近代原始工业化时代劳动力市场上"一种有合同的自由"制度③。在更高的层次上,它也是近代机器工业化时代劳动雇佣制度的前期阶段。其中的同意原则、根据劳动价值确定工资的原则以及被雇佣者用一定年限的劳动偿还另一方垫付路费的原则,在19世纪和20世纪美国引进外籍合同工的历史中依然清晰可见④。

三、制度的多重性功用与契约工的社会地位

随着契约工数量的增多,与之相关的各种问题接踵而至,殖民地政府为此颁布的法律逐渐地形成了日臻完善的管理制度,其性质并非是奴役性的工具,而是在殖民地社会和经济发展中具有多重性功能。首先,如前所述,不少移民离开欧洲前只是与船主达成口头协议。到殖民地后,船主为牟取暴利,擅自高价出卖契约工,延长服务年限,结果纠纷频繁发生。有鉴于此,弗吉尼亚议会在1642年规定,20岁以上契约工的服务期限不能超过4年;12—20岁契约工的服务期限

---

① 据统计,1654—1660年布里斯托尔的3 543契约工分别与1 022名雇主签署了契约,其中43.8%的雇主购买了1名契约工,18.3%的雇主购买了2名契约工,11%的雇主雇佣的契约工平均为3人。也就是说,雇佣契约工不超过3人的雇主占雇主总数的73.1%。David Souden, "'Rogues, Whores and Vagabonds?' Indentured Servant Emigrants to North America, and the Case of Mid-Seventeenth-Century Bristol," *Social History*, Vol.3, No.1, (Jan., 1978), pp.23-41. http://www.jstor.org/stable/4284770(2008年7月18日下载)

② Sharon V. Salinger, "To Serve Well and Faithfully," p.4; Eric Williams, *Capitalism and Slavery*, p.16.

③ Robert J. Steinfeld, *The Invention of Free Labor*, p.7.

④ Scott Alan Cason, "Indentured Migration in America's Great Basin: Occupational and Adverse Selection," *Journal of Interdisciplinary History*, Vol.32, No.3 (Winter, 2002), pp.387-389; David S. North, *Nonimmigrant Workers in the U. S.: Current Trends and Future Implications*, Springfield, Virginia: National Technical Information Service, May 1980(unpublished report), pp.vii-ix.

为 5 年,12 岁以下者服务 7 年①。1659 年弗吉尼亚议会重申了上述原则,仅有口头协议的劳工,"其服务时间不能超过我们国家同龄契约工服务的时间"。若契约工超期服务,"雇主必须为超期服务支付相应的工资"②。这项规定就是后来欧美学者所说的"国家习惯"(custom of the country)原则。它后来也被马里兰等殖民地所采纳③,对前文述及的"半自愿性契约工"具有积极的保护作用。

其次,契约工制度被赋予了解决社会问题的功能。例如,普利茅斯和马萨诸塞殖民地为维护社会稳定,控制和减少贫民的流动,遂于 1633 年和 1640 年照搬英国模式,授权"每座城镇都将其所有单身和被收容者纳入契约制度之中"④。所有贫困儿童可以不经过其父母或本人同意,被分派到各地指定的师傅那里去做学徒,年龄稍大的被送去做契约工。对于在收容所居住时间较长的无家可归者,当地政府实施了强制性的方式,迫使其做学徒或充当契约工,服务时间有 1 年、3 年、7 年和 12 年不等⑤。更重要的是,在上述制度下,马萨诸塞还通过法律,要求雇主帮助学徒和契约工学习文化,规范其道德意识,如果学徒或契约工触犯法律(不包括自己逃跑等),其雇主都将受到惩罚。因此,学徒制度和契约工制度就被誉为是"将职业技术与良好行为规范和宗教指导相结合的学校"⑥。不仅如此,契约工制度还被视为解决债务纠纷的良方。1683 年马萨诸塞殖民地规定,经地方法院同意后,债务纠纷双方"可根据所欠债务确定满意的服务条件和时间",然后公布债务人的契约工身份,其他债权人均不得"有任何不利于正在提供服务的契约工的行为"⑦。后来马里兰殖民地也规定,允许以契约工劳动偿还

---

① Grand Assembly of Virginia, "Laws of Virginia: Act XXVI," in William Waller Hening, ed., *The Statutes at Large: Being a Collection of All the Laws of Virginia from the First Session of the Legislature, in the year 1619*, Vol.1, Richmond, Virginia: Whittet and Shepperson, 1823, p.257.

② Willie Lee Rose, *A Documentary History of Slavery in North America*, New York: Oxford University Press, 1976, p.17.

③ 马里兰规定,契约工入境 6 个月内,其雇主必须到县法庭登记,违者将被罚一千磅烟草。若劳工到马里兰时没有文字性契约,年龄在 22 岁以上者服务 5 年,18—22 岁者服务 6 年,15—18 岁者服务 7 年,15 岁以下者服务到 22 岁时为止。见"An Act Relating to Servants and Slaves," in John Cushing, ed., *The Laws of the Province of Maryland*, Wilmington, Delaware: Michael Glazier, Inc., 1981, pp122-123.

④ George Lee Haskins, *Law and Authority in Early Massachusetts: A Study in Tradition and Design*, New York: Archon Books, 1968, p.80.

⑤ Lawrence William Tower, *A Good Master Well Served: Masters and Servants in Colonial Massachusetts, 1620-1750*, New York: Garland Publishing, Inc., 1998, pp.55-56.

⑥ George Lee Haskins, *Law and Authority in Early Massachusetts*, p.82.

⑦ Lawrence William Tower, *A Good Master Well Served: Masters and Servants in Colonial Massachusetts*, p.78.

世界史研究论文写作：案例与方法

债务，"一直到债主满意为止"①。这就是说，当殖民地政府用学徒制和契约工制度安置无家可归的青少年和解决债务纠纷的时候，它不仅把人与人之间的经济关系上升到商品化的高度，强调劳动力商品的交换价值，而且也为殖民地解决劳动力不足的问题找到了一条有效途径。

再次，迄今为止，中国学界已注意到契约工缺乏应有的人权，在契约服务期内不得结婚生育或经商等。无容置疑，各殖民地的确颁布了许多相关的法律条款，目的是保护契约有效期内雇主对劳动力商品的所有权和支配权。任何损害这种商品支配权的行为都应受到法律惩罚②。这种以崇尚契约与诚信为载体，以维护私有财产神圣不可侵犯的原则为终极目标的法律制度，在法理上和逻辑上都是无可厚非的，也符合资本主义上升时期经济制度确立其主导地位的需要。但是，对于各殖民地关于契约工制度的功能、性质和契约双方的责权关系等问题的界定，我国学界却没有给予足够的重视。由于劳工和雇主在执行契约的过程中，彼此表现出的诚信和行为都会涉及契约工制度本身，界定契约工的社会地位，规范契约双方的行为和就业市场的秩序就显得尤为重要。

在各项法律中，最值得重视的是弗吉尼亚殖民地在 1705 年颁布的《契约工和奴隶法》。法令明确规定："所有契约工，无论从水路还是从陆路来，只要在原籍国家不是基督教徒，都将被看作是奴隶，并且在殖民地被当作奴隶买卖，即使后来皈依基督教，也不得改变其身份。"③这就是说，信奉基督教的白人都不应该被视为奴隶，而在原籍不信奉基督教的其他人（例如黑人）都不应该被视为自由人。此后不久，纽约和马萨诸塞也颁布了"禁止将基督徒沦为奴隶"的规定。纽约殖民地的立法者为避免歧义，特意颁布立法指出："法律中所含之条款不应做

---

① Robert J. Steinfeld, *The Invention of Free Labor*, p.90.
② Grand Assembly of Virginia, "Laws of Virginia: Act CV," in William Waller Hening, ed., *The Statutes at Large: Being a Collection of All the Laws of Virginia from the First Session of the Legislature, in the year 1619*, Vol.2, pp.116, 119; Grand Assembly of Virginia, "Laws of Virginia: An Act Concerning Servants and Slaves," in William Waller Hening, ed., *The Statutes at Large: Being a Collection of All the Laws of Virginia from the First Session of the Legislature, in the year 1619*, Vol.3., Richmond, Virginia: Whittet and Shepperson, 1809, pp.444, 452 - 453; "An Act Relating to Servants and Slaves," in John Cushing, ed., *The Laws of the Province of Maryland*, p.122; "An Act Concerning those Servants that Have Bastards," in Bernard Christian Steiner, ed., *Archives of Maryland*, Vol.38, *Acts of the General Assembly of Maryland, 1694 - 1729*, Baltimore: Maryland Historic Society, 1918, pp.20 - 21.
③ Grand Assembly of Virginia, "Laws of Virginia: An Act Concerning Servants and Slaves," pp.447 - 448.

出有利于雇主或其他持有契约或学徒协议者的解释；不得延长学徒或其他契约工的服务年限，或将其变为终身奴隶。"①此外，法令还禁止黑人等有色人种参与契约工交易。"如果任何基督教徒契约工发现其主人与黑人、印第安人、混血人……通婚，该基督教徒契约工可以获得自由。"②虽然这些法律条款中含有明显的种族和宗教歧视成分，但它们却清楚地表明白人契约工的社会地位：凡在原籍拥有自由地位者在殖民地也是自由的。即使有契约在身，也不能剥夺其应有的权利。任何虐待契约工的行为都应该受到制裁。例如，1642年弗吉尼亚殖民地规定，如果认为自己在食宿、待遇和劳动等方面受到"雇主残酷的或野蛮的虐待"，契约工就有权向地方法院陈述，如若属实，法院向雇主提出警告；若雇主依然我行我素，法院有权终结契约③。在弗吉尼亚颁布的各项法律中，唯有1705年法令中的保护性措施最全面，其中规定：(1)所有雇主必须按照契约规定，为契约工提供必须的营养、服装和住宿条件。"非经法庭同意，雇主在任何时候都不得动用酷刑"惩罚契约工；雇主任何虐待白人契约工的行为都是违法的。如果被虐待者的投诉属实，被投诉的雇主必须向契约工赔偿约40先令，并保证不再侵害契约工人权；如果雇主屡教不改，契约工所欠之剩余债务可折算服务年限后被出卖给他人。(2)如果雇主克扣工资，契约工有权向法庭投诉。契约工因生病、伤残或其他原因而丧失劳动能力后，在市场上无法卖出应有价格时，雇主可将其交由教会照管，但"照顾契约工的开销将由雇主承担"。(3)如果契约工在服务期间致残，或因意外而丧失劳动力，雇主不得将其抛弃，而是应将其供养到服务期限期满；如果雇主抛弃契约工，并使其成为所在教区的负担，该雇主将接受惩罚。(4)在契约生效后，雇主不得以任何方式要挟契约工更改契约；如有必要，必须征得契约工本人的同意并在法庭监督下进行。(5)"所有契约工可以拥有自己的财产，而且，经过本人同意，财产可由雇主代管，以备其将来使用。"④换句话说，无论是亲友馈赠或通过其他合法途径获得的礼物、赠物和遗产，凡

---

① Robert J. Steinfeld, *The Invention of Free Labor*, p.99.
② Grand Assembly of Virginia, "Laws of Virginia: An Act Concerning Servants and Slaves," p.450.
③ Grand Assembly of Virginia, "Laws of Virginia: Act XXII," in William Waller Hening, ed., *The Statutes at Large: Being a Collection of All the Laws of Virginia from the First Session of the Legislature, in the year 1619*, Vol.1., Richmond, Virginia: Whittet and Shepperson, 1823, pp.254-255.
④ Grand Assembly of Virginia, "Laws of Virginia: An Act Concerning Servants and Slaves," pp.448-451.

属契约工个人的财产,雇主不得私自占有。类似的保护契约工财产权利的法律在其他殖民地也不鲜见①。面对这样的史实,有的美国学者发出这样的感叹:"在法律面前,契约工的地位与殖民地的自由人几乎没有什么差别。"②更重要的是,上述保护契约工权利的法律也能在司法体系中得到有效的保障。例如,马里兰殖民地规定:"被引进到本省并在此服务若干年的契约工,如果因为契约、合同或其他分歧而与雇主发生争论,均可根据请愿进行审理、听证,并依据陪审团的意见判决。"③笔者在查阅史料时发现,在涉及契约工的司法诉讼和审理等环节上基本上是公正的。例证一,1630年马萨诸塞法庭判决书中指出,由于雇主的残酷虐待,弗朗西斯·谢波德(Francis Sheppard)"受到了极大的伤害"。为避免谢波德再受虐待,法庭决定给予他自由④。例证二,1642年7月弗吉尼亚地方法院受理的诉讼案件中,契约工爱德华·蒙克(Edward Monnck)服务期满后,雇主没有如期给予他自由。他上诉到法庭后,法院经审判后决定,雇主应给予蒙克自由,同时还应赔偿蒙克超期服务的工资并"承担法庭诉讼费"⑤。例证三,契约工托马斯·瓦格(Tomas Wagg)被指控诱惑另一名契约工逃跑,法庭经过审判后认为"指控不成立",瓦格被无罪释放。另一起案例是,契约工威廉·罗宾逊(William Robinson)被指控与其他三人涉嫌参与入室抢劫,经多方调查和陪审团审判,罗宾逊无罪释放,其余三人被监禁⑥。上述寥寥几例不足以充分展示殖民地司法对契约工权利的保护作用,但它们至少表明,无论是雇主还是契约工,司法审判的程序无可挑剔,凡被证明触犯法律者都受到了惩罚。雇主败诉并承担司法诉讼费用的案例不胜枚举。简言之,契约工享有的司法权是奴隶所享受不到的。

最后,为规范劳动力市场,弗吉尼亚从17世纪40年代开始多次颁布法律,

---

① John D. Cushing, *The Laws and Liberties of Massachusetts*, 1641–1691: *A Facsimile Edition*, *Containing Also Councile Orders and Executive Proclamations*, Vol. 1, Wilmington, Delaware: Scholarly Resources Inc., 1976, pp.44–45.

② James Curtis Ballagh, *White Servitude in the Colony of Virginia*, pp.44–45.

③ "An Act of Assembly for Deciding Differences Between Masters and Servants," in Bernard Christian Steiner, *Archives of Maryland*, Vol. 38, *Acts of the General Assembly of Maryland*, 1694–1729, Baltimore: Maryland Historic Society, 1918, pp.117–118.

④ George Lee Haskins, *Law and Authority in Early Massachusetts*, p.157.

⑤ Susie M. Ames, *County Court Records of Accomack-Northampton*, *Virginia*, pp.184, 453.

⑥ Peter Charles Hoffer and William B. Scott, eds., *Criminal Proceedings in Colonial Virginia:* [*Records of*] *Fines*, *Examination of Criminals*, *Trials of Slaves*, *etc.*, *from March 1710* [1711] *to* [1754], Athens, Georgia: The University Press of Georgia, 1984, pp.165–166, 189–190.

确立了劳工自由证书制度。法律规定,凡在弗吉尼亚求职的劳工,无论是否有契约工经历,必须持有"当地官员签发的自由证书,证明他(她)是不属于任何契约之自由人"。自由证书不仅是持有者自由流动的通行证,而且还可以"作为再次签订契约的凭据"。在新的契约生效后,雇主有权向契约工"索要其自由证书并代为保存,一直到契约有效期结束为止"。如果契约工中途逃跑并受雇于他人,每工作一天,将被处以 20 英镑烟草的惩罚。若雇佣无自由证书之人,雇佣者和被雇佣者都将受到惩罚[1]。马里兰也规定,任何人外出须随身携带"盖有所在县印章的通行证",否则属违法逃跑;如果自由人无证外出,将被处以 200 英镑烟草的罚金,抗令不遵者,地方治安官可令其"从事令人满意的契约工服务,或接受其他方式的惩罚"[2]。1692 年,马萨诸塞规定,学徒和契约工出行,必须征得父母或主人的书面同意,否则每周缴纳 5 英镑的罚款。擅自外出时间超过 24 小时以上者,可在服务期满后再为雇主服务一年[3]。不言而喻,自由证书既是劳工自由迁移的凭证,也是其进入劳动力商品自由交易场所的"门票",同时也是控制无业游民自由流动的工具。不管是否有契约工的经历,自由劳工在受雇前必先立约,一俟契约有效期结束,可再次申请自由证书。这样,自由证书与契约作为殖民地劳动力商品交易中不可或缺的条件和载体,它们不单对劳工与雇主的个人行为具有法律约束力,出卖劳动力商品的劳工也绝非终生只签署一次契约,更重要的是,两者一起构成了维护北美殖民地就业市场和社会秩序的有效机制。

  需要说明的是,在 18 世纪下半期,正是由于契约工制度在北美殖民地的多重性功能以及契约工非奴隶性质的社会地位,契约工制度不仅未像黑奴制度那样成为众矢之的,而且成为各州维护的对象。在美国革命时期,当南北方围绕黑奴制度争论不休的时候,没有人把契约工制度与黑奴制度同等对待。当有人把

---

[1] Grand Assembly of Virginia, "Laws of Virginia: Act XXI," in William Waller Hening, ed., *The Statutes at Large: Being a Collection of All the Laws of Virginia from the First Session of the Legislature, in the year 1619*, Vol.1., Richmond, Virginia: Whittet and Shepperson, 1823, pp.253 - 254; Grand Assembly of Virginia, "Laws of Virginia: Act CI," in William Waller Hening, ed., *The Statutes at Large: Being a Collection of All the Laws of Virginia from the First Session of the Legislature, in the year 1619*, Vol.2., Richmond, Virginia: Whittet and Shepperson, 1823, pp.115 - 116; Grand Assembly of Virginia, "Laws of Virginia: An Act Concerning Servants and Slaves," p.454.

[2] "An Act Relating to Servants and Slaves," in John Cushing, ed., *The Laws of the Province of Maryland*, Wilmington, Delaware: Michael Glazier, Inc., 1981, pp.120 - 121.

[3] "An Act for Preventing of Men's Sons, or Servants Absenting Themselves from Their Parents or Masters Service Without Leave," in John Cushing, ed., *Massachusetts Provincial Laws, 1692 - 1699*, Wilmington, Delaware: Michael Glazier, Inc., 1978, p.91.

契约工当作奴隶并阻挠其参加反英战争时,北美大陆军发表声明指出:"契约工出卖的是他们的时间而非其人身"。契约工不是奴隶,甚至也不是"临时性的奴隶"①。1777年,佛蒙特在借鉴宾夕法尼亚宪法的基础上颁布了其新宪法,其中强调了人人生来平等的原则和享有不可剥夺的若干自由权利之后,在第12条第8款中规定,所有年满21岁的男性和18岁的女性,不管是外来者还是土生者,"除非他们达到法定年龄之后自己同意,或者是为清欠债务、赔偿损失或返还借贷资金等,否则均不得以契约工、奴隶和学徒身份为他人服务"②。此外,新英格兰和大西洋中部各州在相继废除黑奴制度的时候,却在法律上将契约工和学徒制度应用于所有青年人。1788年纽约州规定,愿意学艺的青年都必须签订契约,充当学徒或契约工,一直到21岁为止。孤儿院和收容所的青少年,可在监护人的同意下充当学徒或契约工,男性到21岁、女性到18岁或结婚时为止。来自欧洲的契约工,不论入境时的年龄如何,服务到24岁时可结束契约。1795年,马萨诸塞、康涅狄格和弗吉尼亚也分别做出类似的规定③。甚至到1817年马里兰还颁布立法,对契约工的服务年限、契约双方的义务以及该制度的管理等方面做出了全面的规定④。

四、关于契约工遭受剥削之管见

契约工之所以被视为奴隶,原因之一是他们在市场上可以"像马匹一样被出售"⑤。在表面上,这种缺乏人性的交易似乎剥夺了契约工作为签订契约一方应有的"法人资格"及其平等权利,使其成为"奴隶和个人财产中的一部分"⑥,因而任何与契约工交易的行为,很容易让人贴上奴隶交易的标签。然而,如果从逻辑上和法理上分析就不难发现,如前所述,契约的签署是以契约工的劳动力和资本家的物质资本作为交换条件的,资本家因此就获得了对契约工劳动力商品的所

---

① "Observations on the Slaves and the Indentured Servants, Inlisted in the Army, and in the Navy," (Philadelphia: Printed by Styner and Cist, 1777), http://imgcache.newsbank.com/cache/evans/fullsize/pl_004272009_2034_50471_506.pdf(2009年5月29日下载)。
② Robert J. Steinfeld, *The Invention of Free Labor*, pp.130 – 131.
③ Robert J. Steinfeld, *The Invention of Free Labor*, p.133.
④ Edith Abbott, *Historical Aspects of the Immigration Problem*, pp.213 – 215.
⑤ Kathleen M. Brown, *Good Wives, Nasty Wenches and Anxious Patriarchs: Gender, Race, and Power in Colonial Virginia*, Chapel Hill: University of North Carolina Press, 1996, p.152.
⑥ James Curtis Ballagh, *White Servitude in the Colony of Virginia*, pp.44 – 45.

有权和支配权,其中也包括转让权。契约工作为其劳动力商品的载体,两者无法剥离,因而契约工就必须接受雇主的调遣和支配。在契约生效期内,雇主将契约工出卖给他人既合乎时代的逻辑,在法理上也是无可厚非的,因为雇主在出卖自己的商品的时候,他(她)作为该商品的主人无需与任何人商议。同时,劳动力作为商品被出卖给雇主的过程,既要受到英国和北美殖民地颁布的保护契约工个人权利、规范劳动力市场的法律的制约,同时也受市场价格客观规律制约,因为每一位契约工的年龄、性别、技能和经验等都会在契约工的交易中有所体现。在这种以价值和价格为核心的买卖中,购买者挑三拣四也在情理之中,而契约工自己像牲口一样被出卖的感觉就在所难免。

此外,在所有将契约工看作奴隶的研究中,都在不同程度上提到了契约工遭受残酷剥削和压迫的事实,认为其社会地位与奴隶毫无二致。不可否认,这类观点确实凿凿有据。笔者以为,这种问题同样需要客观而公正地分析。因为在美国学者的研究成果中既能看到契约工遭受剥削的一面,也能看到其与雇主关系融洽的一面。可是在国内相关成果中,多数偏重于契约工受到剥削的一面。李剑鸣教授认为,契约工的境遇"因主人而异"[①]。这种观点是中肯的。在马萨诸塞和宾夕法尼亚殖民地早期,契约工制度中仍保持着英国的传统,雇主把契约工看作是"家庭的新成员"[②]。一些英国人在考察了其他殖民地的状况后认为,"契约工的处境比在英国好"[③]。也有学者认为,1682—1720年宾夕法尼亚的契约工制度是一种"充满父爱的制度"[④]。正因为如此,有美国学者呼吁,以往研究成果中将契约工制度"描述为虐待移民的残酷制度……的观点需要修正"。因为该制度为许多贫困人口提供了改善处境的机会。在18世纪的英国,许多人"将契约工制度看作是一个'安全网'",因为它帮助移民解决了越洋路费和到达北美后的就业问题,移民因此避免了陷入贫困。对于有些移民来说,它有利于节省随身携带的资本,找到了到殖民地后的资本积累途径,移民在服役期间还能熟悉当地社会习俗,积累生活经验和资本经营之术。对于来自德意志的赎身者而言,将子女送去当学徒或契约工,除获得与上述相同的好处外,其子女有机会接受职业和社会道德教育,有利于其积累成长过程中人生宝贵的精神财富。因此,"契约工制

---

① 李剑鸣:《美国的奠基时代》,第200—202页。
② David W. Galenson, *White Servitude in Colonial America*, p.172.
③ Edith Abbott, *Historical Aspects of the Immigration Problem*, pp.213-215.
④ Sharon V. Salinger, *"To Serve Well and Faithfully": Labor and Indentured Servants in Pennsylvania, 1682-1800*, p.3.

度基本上是一个成功的经济实体"的观点是有道理的①。而本杰明·富兰克林所说的工匠掏钱给学徒家长的说法是不无根据的,这种方式也成为许多初来乍到的贫穷移民积攒财富和安家落户的重要手段②。

然而,不能回避的是,在18世纪20年代以后,随着英国契约工的减少和来自德国与苏格兰的契约工的增多,北美殖民地出现了一个相悖的现象:当各殖民地在法律上不断完善契约工制度的同时,主人与契约工之间的亲情逐渐淡化,以榨取契约工剩余价值为最高目标的残酷剥削程度日益加剧。有学者认为,到美国革命爆发前,有些契约工的待遇比"古埃及的奴隶还要糟糕"③。

笔者以为,对于契约工所遭受的残酷剥削应给予准确的定位。从时效上看,无论是自愿性还是半自愿性契约工,其服务年限差异都是以资本家和农场主能赚取利润为前提的。他们除了要扣除购买和使用契约工劳动力的支出与成本外,也在殚精竭虑地榨取契约工的剩余价值,因而在日复一日的劳动中加强了对契约工的剥削强度,甚至把契约工看作是创造利润的机器。但是,当我们看到契约工受到非人折磨的时候,不能因此就得出契约工制度是奴隶制度,或者是临时性奴隶制度的结论。如果以雇主的剥削行为来替代劳动雇佣形式和法律制度而作为界定契约工制度性质的依据,显然有悖于史实和法理上的逻辑。应该说,雇主对契约工的剥削是北美殖民地资本主义发展早期资本原始积累阶段雇主追求剩余价值的剥削方式。在这种方式下,佃农、契约工或学徒等都成为"被抓获、使用和被剥削"的资本④。在弗吉尼亚,因一些契约主"野蛮地剥削契约工"引起许多争议⑤,促使该殖民地陆续颁布了前文中提到的保护契约工权利的法律。诚然,法律上的保护并不意味着它在现实生活中能处处即时地发挥其威慑作用。在殖民地时代那样一个地广人稀的社会里,由于通讯交通和立法体系进步的渐进性及司法效能的迟缓性和滞后性等因素,的确也存在着契约工被虐待或被杀

---

① Aaron S. Fogleman, "From Slaves, Convicts and Servants to Free Passengers," pp.47, 52.
② 本杰明·富兰克林:《富兰克林文集》,张星等译,成都:西南财经大学出版社1997年版,第318页。
③ Eric Williams, *Capitalism and Slavery*, p.16.
④ John Van Der Zee, *Bound Over: Indentured Servitude and American Conscience*, New York: Simon and Schuster, 1985, p.84.
⑤ Grand Assembly of Virginia, "Laws of Virginia: Act C III," in William Waller Hening, ed., *The Statutes at Large: Being a Collection of All the Laws of Virginia from the First Session of the Legislature, in the year 1619*, Vol.2., Richmond, Virginia: Whittet and Shepperson, 1823, p.118.

害数月后才能得到法庭重视的现象①。在17世纪的弗吉尼亚,契约工与雇主之间在日常生活中因伙食营养、劳动强度和工资等问题频繁发生纠纷和冲突。在法律援助不能到位的情况下,契约工抢劫雇主家产后逃逸,或以暴力反抗的事例屡屡发生②。在弗吉尼亚约克县,一些雇主的违约行为引起了契约工的强烈不满,几次要求未果后,契约工提出了"摆脱奴役"和"为自由而死"的口号,誓死以暴力反抗③。与弗吉尼亚相比,马萨诸塞殖民地也曾发生相似的冲突,但该殖民地的"非自由劳动力的普遍状况比其他殖民地都更加优越,主人阶层滥用权力的行为只是一种例外"。从更公正的角度看,由于契约工和主人都在最大限度地从对方获得更多的好处,雇主祈求最大限度地提高自己的利润,契约工试图在休闲时间、物质生活、工资和自由费等方面最大限度地获得回报。因此,当冲突双方发生对峙时,其核心是如何维护各自的权益。即使是在处境不利的契约工中间,"很少有人反对契约制度"④。雇主对契约工残酷的、非人性化的剥削行为应给予无情的批判,但绝不应以先入为主的偏见,盲目地歌颂契约工的反抗行为。例如在1724年5月,弗吉尼亚一名性情暴躁的契约工"在未受任何挑衅的情况下"几乎夺去了其雇主的性命。虽然法庭仅仅以罚款和延长服务期作为惩罚,但该契约工却在服务期间偷盗了其主人家庭的财物后逃遁,后与其16岁妹妹和另一名契约工联手多次偷盗⑤。1711年弗吉尼亚一位种植园主贝亚德因经常出门,故应夫人要求,雇佣了一名女性契约工,其职责是打点家务,照顾女主人。然而,该契约工却趁主人外出时越俎代庖,虐待不服从指挥的契约工。她还"秘密地将几名契约工派出为她个人做事",若有不从就会受到虐待,或以"割掉其脑袋"相威胁⑥。笔者列举这些例子,无非是要表明,契约工与主人的关系不能一概而论。在各类契约工中间,犯罪契约工是殖民地社会问题最多的根源。在17世纪20年代弗吉尼亚里士满县发生的偷盗、拦路抢劫、入室抢劫和损毁财产等社会犯罪中,50%以上是罪犯契约工所为,他们犯罪的比例占1729—1731年被囚禁者的100%和1738—1740年被关押者的84.61%。更令人更担心的是,有些

---

① Kathleen M. Brown, *Good Wives, Nasty Wenches and Anxious Patriarchs*, p.152.
② Warren M. Billings, *The Old Dominion in the Seventeenth Century*, pp. 130 - 131, 143 - 144, 146 - 147.
③ Kathleen M. Brown, *Good Wives, Nasty Wenches and Anxious Patriarchs*, p.151.
④ Lawrence William Tower, *A Good Master Well Served*, p.181.
⑤ Peter Charles Hoffer, *Criminal Proceedings in Colonial Virginia*, pp.63, 66 - 68.
⑥ Marion Tinling, *The Correspondence of The Three William Byrds of Westover, Virginia, 1684 -1776*, Vol.1, Charlottesville: The University of Virginia, 1977, pp.10, 277 - 279.

世界史研究论文写作：案例与方法

罪犯契约工"将以前表现良好的契约工教唆变坏了"①。罪犯契约工的种种恶性行为引起殖民地居民的强烈反对，于是，到17世纪60年代，弗吉尼亚、马里兰和宾夕法尼亚等殖民地相继颁布法律，禁止任何个人将英国的罪犯运入殖民地②。

在此背景下，审视契约工的逃跑问题同样不能一概而论。从整体上看，各地契约工逃亡率并不是很高。在1643—1675年的弗吉尼亚诺福克县，逃跑的契约工仅为42人次，年均不到该县契约工总数的1%。在1654—1675年的兰开斯特县仅为48人次，年均2.55%。在1646—1675年的约克县为37人次，年均不到1.8%。如果扣除多次逃跑的契约工人数，真正逃跑的概率就更低③。此外，根据笔者对1730年、1740年和1750年宾夕法尼亚出逃契约工资料分析，可以发现：① 其中既有欧洲移民，也有土生劳工，多数是学徒。② 从民族背景看，爱尔兰移民居多，不少人逃跑时顺手牵羊，或将雇主家产抢劫一空。一个名叫爱德华·霍顿(Edward Hauton)的契约工来到殖民地的最初7年间，因难以管教，曾被转卖五次，累计逃跑五次，最后一次逃跑时将雇主家产洗劫一空。③ 有些人到殖民地后就下船逃跑，还有些是被雇主购买后的第二天逃跑。总之，为雇主服务未满一个月就逃跑的比例占当年逃跑总数的30%以上。④ 30岁以下的非熟练劳工占逃跑者的70%以上④。不可否认，上述逃亡者中间，确实有些是为了躲避雇主的残酷压榨，有些是在诉求法律援助的努力失败后不得已而为之，他们的行为应得到道义上的支持。但同样不能忽略的是，未履行义务就违约逃跑的行为有背信弃义之嫌。总之，无论属于何种原因逃跑，学术分析都不应管窥蠡测，以偏概全，否则有悖史实。

综上所述，契约工制度源于英国，是英属北美殖民地解决劳动力供给的有效方式。它作为与当时经济形态相一致的劳动制度，是以家庭作坊为特征的原工业化时代向以工厂制度为标志的机器工业化时代劳动力市场的过渡形式。契约作为劳工就业的凭据，是建立在个人自愿和同意原则基础之上的。殖民地颁布的保护雇主和契约工权利的法律，特别是其中有关自由证书与契约诚信的规定，构成了维护殖民地社会稳定、规范劳动市场的法律体系。契约工所拥有的接受教育权、司法起诉权、出庭作证权和拥有财产权等，都表明他们不是出卖了人身

---

① Peter Charles Hoffer, *Criminal Proceedings in Colonial Virginia*, p. xxxiv.
② Edith Abbott, *Historical Aspects of the Immigration Problem*, pp. 542 – 545.
③ Kathleen M. Brown, *Good Wives, Nasty Wenches and Anxious Patriarchs*, p. 153.
④ Daniel Meaders, *Eighteenth-Century White Slaves Fugitive Notices*, Vol. 1, pp. 6, 10, 88, 231 – 232.

的奴隶。尽管如此,各类关于罪犯、战俘、不同政见者和流民被强行充当学徒和契约工的法规表明,建立在资本主义经济基础之上的契约工制度中,仍然存在着封建残余的成分。因此,当北美革命爆发后殖民地各方围绕黑奴问题争论不休的时候,各地却在修订并加强契约工制度。通过契约工制度,成千上万的欧洲移民从经济资源稀缺、生活贫困或个人发展空间有限的母国来到了土地和自然资源十分丰富的北美殖民地,这为他们摆脱贫困、向社会上层流动创造了条件,同时也为殖民地社会经济的发展做出了不可磨灭的贡献。

导读：

如何接受学界既定的观点？
如何发掘新史料证实自己的判断？

这篇文章的选题源于多方面。1994年,我完成博士学业并准备留校入职时,学校人事处要求我办理相关入职手续,其过程形同签订契约,我之前的工作单位并不同意我调转,于是便出现集"双重契约"于一身的现象。这使我联想到北美殖民地时代劳工契约的约束力,感觉到他们不应该是"契约奴",而是有"合同自由"的劳工。于是,我开始查阅国内外相关成果,结果令人大失所望,在1979—2010年年间国内所有相关研究成果中,无一例外地将契约工视为奴隶,或者是临时性奴隶,有些成果提出了契约工不是奴隶的说法,但缺乏系统而深入的论述。当时,美国学界也为这个问题争论不休,多数成果认定契约工不是奴隶,仍有少数学者坚持"白奴"的观点。于是,我决定追本溯源,查阅史料,研究近代英国史上是否存在契约奴的问题。或者说,在近代英国资本主义经济发展的过程中,契约工是奴隶吗？如果不是,为何到北美就成了"契约奴"呢,是哪些环节发生了质变？如何从雇佣关系上,理解契约工与当时处于上升阶段的资本主义经济之间的关系？作为英国的海外省份,北美殖民地政府怎样界定和处理雇主与契约工之间的责权关系？

在阅读资料的过程中,我不断地给自己提出问题。阅读的积累加大了我对相关成果的质疑,而新史料的发现,也进一步证实了自己的判断。2008—2009学年,我利用自己作为富布莱特学者身份访问美国的机会,系统性地发掘原始材料,也让我坚定了完成这篇论文的决心和信心。从问题意识的产生到文章的发表,这个过程经历了15年。随着资料积累和研究条件的成熟,我在2010—2011年先后发表了三篇相关的文章,包括《近代早期英国契约工制度的形成及其性质》(《求是学刊》2010年第4期)、《英属北美殖民地白人契约工的构成与特点》(《东北师大学报》2010年第5期)和这篇《英属北美殖民地契约移民性质新论》。在这三篇文章中,前两篇是铺垫,其中的部分思想被凝炼后,纳入了第三篇文章之中。

在构思《英属北美殖民地契约移民性质新论》的逻辑框架时,我在第一部分梳理了契约工制度的形成,契约工移民北美殖民地过程中的类型、结构和特点等,说明其来龙去脉,从而为读者提供一个完整的历史画面。第二部分将契约工作为劳动力商品,与原工业化进程中的生产资料和生产方式的关系、契约工交易所发生的就业市场结构、价值规律在劳工待遇、技术构成、年龄和职业特征中的辩证关系,以及契约工在从英国向北美迁移过程中的变化等问题联系起来,分门别类地展开分析,说明契约工是近代早期欧美资本主义发展中的合同劳工,是现代市场经济发展中合同劳工的前身。论文第三部分从法律制度和社会管理方面,论述了契约在北美殖民地商业交易、债务偿还、学徒制度和社会治安等方面的社会功用,分析了契约工与雇主之间的权责关系、司法诉讼、种族差异、契约有效期内的劳工自由权利的界定与限制,以及劳工履行契约期满后的自由证书在社会秩序管理中的作用等问题,从多层面、多维度说明契约在北美殖民地社会管理中的作用,认为契约作为一种身份证明,它不只是用来说明劳资双方的关系,而是具有更加广泛的社会效用,是当时北美殖民地社会管理的形式之一。论文最后一部分对国内外学界关于契约工遭受非人的剥削问题做出回应,认为并非所有契约工都被像牲口一样对待。在不同地区、不同族群和不同的家庭作坊或种植园,契约工的待遇各不相同,有的亲如家庭成员,有的还当上了工头或管家。对于契约工的逃跑问题,也不能一概而论,需要具体问题具体分析。对于那些不守信用、未能诚实履行契约的劳工,应当予以谴责和批判;那些残酷压榨契约工的雇主,也应受到道德的谴责。但是,不能因为契约工遭受剥削就认为他们是奴隶,否则就无法对19—20世纪西方资本主义世界残酷剥削劳工的事实做出合理的定性解释。这些分析颠覆了国内学界关于契约工是奴隶的观点。

本文的核心观点是:契约工制度源于英国,是英属北美殖民地解决劳动力供给的有效方式。它作为与当时经济形态相一致的劳动制度,是以家庭作坊为特征的原工业化时代向以工厂制度为标志的机器工业化时代劳动力市场过渡的形式。契约作为劳工就业的凭据,是建立在个人自愿和同意原则基础之上的。殖民地颁布的保护雇主和契约工权利的法律,特别是其中有关自由证书与契约诚信的规定,构成了维护殖民地社会稳定、规范劳动市场的法律体系。契约工所拥有的接受教育权、司法起诉权、出庭作证权和拥有财产权等,都表明他们不是出卖人身的奴隶。尽管如此,各类罪犯、战俘、不同政见者和流民被强行充当学徒和契约工的法规表明,建立在资本主义经济基础之上的契约工制度中,仍然存在着封建残余的成分。通过契约工制度,成千上万的欧洲移民从经济资源稀缺、生活贫困或个人发展空间有限的母国来到了自然资源十分丰富的北美殖民地,为他们摆脱贫困、向社会上层流动创造了条件,同时也为殖民地社会经济的发展做出了贡献。

第 7 讲　隔岸观景：解读关键词的奥义

"隔岸观景"是复旦大学历史学系李剑鸣教授随笔集（社会科学文献出版社 2012 年出版）的名字，这里援引此名，意在引导读者在"语境主义"中解读李剑鸣教授的文章《美国革命时期关于代表制的分歧与争论》（原载《史学月刊》2014 年第 11 期，第 57—82 页）。诸位可以想象自己是金庸小说《天龙八部》中的慕容复，有他那套"以彼之道，还施彼身"的功夫，也就是说，我们用以破解李老师"行话"的方法便是把"隔岸观景"琢磨透彻。历史中的关键词可归之为文化与社会的词汇（英国马克思主义文化批评家雷蒙·威廉斯语），诸如美国革命时期的"人民""共和""代表制"这些"景"是彼岸的。与北美文化同源的欧洲或者我们今天讨论这些关键词的中文世界，均为"观景"的此岸。其言下之义即是说，关于这些问题的讨论皆有特定的场域。历史研究总是会有"隔岸"的感受，因而对于修辞、语境和意义的处理就构成研究的关键。将关键词置于历史语境之中，努力体会和发掘前人想法的真实意义，力求判断精审而有分寸。这是本讲将向大家呈现的内容、观点和方法。

美国革命时期关于代表制的分歧与争论

李剑鸣

摘要：在美国革命领导人和后世的研究者看来，代表制共和政体的建立乃是美国革命中意义最为深远的政治创新。形成于中世纪、长期作为君主制统治辅助机制的代表制，在美国革命时期复杂的思想论争、利益博弈和权力斗争中发生转化，变成了现代民主（共和）政体的基础性制度。美国革命一代关于代表制进行过多次热烈的讨论，其中贯穿着民众主义和精英主义的分歧与竞争,反映了民众和精英之间的猜忌、冲突和较量。同时并存的多种代表制主张经过争论、平衡与折中,一种原本与民主无关的制度最终被塑造成现代民主的基础性机制,由此标示出精英与民众共治这一现代民主的核心特征。

关键词:美国革命;代表制;民众主义;精英主义;现代民主

  关于美国革命时期代表制的演变和特征,有许多学者做过深入的讨论。英国历史学家 J. R. 波尔关注英国政治代表制的理论和实践如何影响了美国革命时期的制度建设,揭示了立法机构的演变和多数统治原则的形成[1]。美国宪法史家约翰·里德则采取法学技术主义的研究路径,把大西洋两边的代表制理念视作两个界限分明的观念整体,条分缕析地论述了它们相互之间的差异和冲突[2]。美国历史学家罗斯玛丽·扎格里关注空间因素同代表制的观念和制度的关联,认为美国早期的代表制经历了从"空间代表制"向"人口代表制"转变的过程[3]。这三位学者的研究,其视角和路径固然不同,但是都聚焦于制度和技术的维度,而未触及代表制的政治文化意蕴,也未讨论代表制同现代民主的关联。美国历史学家戈登·伍德则从现代民主形成的角度,着重考察了代表制观念在美国革命时期的"民主化",认为随着革命的进展,"人民"对代表的态度发生了重要的变化,怀疑、警惕和制约代表的观点成为主流,于是人们便重新思考和设计了相关的制度和机制,以保证代表制成为"人民"维护自身权利的机制,同时也使代表制变成了美利坚共和国的基础性制度[4]。伍德的研究可谓宏博精深,其视野之开阔,材料之丰赡,讨论之细致,见解之深邃,已使得这一课题几乎到了无"剩义"可求的地步。不过,他大体上是采取线性演进观来看待革命期间代表制观念的变化,而没有充分探讨同时并存且彼此竞争的多种主张及其背后的政治势力的较量,也未强调代表性转化的复杂语境及其意义。

  在论及美国革命的成就和意义时,当时的精英领导人普遍把代表制政府的

---

[1] J. R. Pole, *Political Representation in England and the Origins of the American Republic*, London: Macmillan, 1966.
[2] John Phillip Reid, *The Concept of Representation in the Age of the American Revolution*, Chicago: The University of Chicago Press, 1989.
[3] Rosemarie Zagarri, *The Politics of Size: Representation in the United States, 1776-1850*, Ithaca, NY: Cornell University Press, 1987.
[4] Gordon Wood, *The Creation of the American Republic, 1776-1787*. New York: W. W. Norton & Company, 1972.

形成视为一项重大的政治创新①。可是,代表制并不是美国革命者的发明,而是一种起源于中世纪的近于古老的制度,它何以能够在现代民主(共和)国家的构建中变成一种关键的、核心的制度呢? 毋庸置疑,美国革命一代所实行的代表制,并不是从中世纪直接流传下来的那种代表制,也不是从同时期的英国照搬过来的代表制。殖民地的政治传统,革命时期的特殊形势,社会政治的剧烈变动,复杂的权力斗争和思想论争,凡此种种的情势交织在一起,构成了理解革命时期代表制转变的历史语境。与此同时,与代表制嫁接或结合的民主(共和)制,在革命时期同样受到了全面的改造,去除了许多古代的特征,具备了新的功能和意义。代表制和民主这两者的演变可谓相辅相成,齐头并进,最终水到渠成地完成了相互的结合,促成了"代表制民主"的观念、制度和实践。

但是,革命并没有为代表制开辟某个一往无前的演变方向,代表制的转变是在复杂的思想论争、利益博弈和权力斗争中进行的。无论从政治文化的取向着眼,还是从制度和实践来看,美国革命时期在代表制问题上始终存在民众主义和精英主义两条不同的路径,而这两条路径体现的是民众和精英之间的猜忌、戒备乃至斗争②。这种格局在一定程度上制约着革命时期政治变动的轨迹。不过,无论在理念上,还是在实践中,不同的代表制路径之间的关系,并不是简单的民主和反民主的对立;而两者在冲突和竞争中所达成的平衡与中和,则塑造了代表制的新面貌,使之变成一种让现代民主得以运作的机制。

一、革命语境中的代表制问题

当美国革命发生之际,代表制在欧洲已有漫长的历史,可以说是一种相当古

---

① Thomas Paine, *Rights of Man*, *Common Sense*, *and Other Political Writings*, New York: Oxford University Press, 1998, pp. 210, 229 – 233; James Madison, "The Federalist No. 14," in Hamilton, Madison, Jay, *The Federalist Papers*, New York: New American Library, 1961, p.100; Samuel Williams, *The Natural and Civil History of Vermont*, in Charles S. Hyneman, and Donald S. Lutz, eds., *American Political Writing during the Founding Era*, Vol. 2, Indianapolis: Liberty Press, 1983, pp.963 – 966.

② 在美国革命时期,时人常以"辉格派""托利派""民主派""共和派"等名称来标明不同政治立场和思想主张;美国学者在论及革命时期不同政治观点的分野时,也使用"辉格派""民主派""保守主义""激进主义"等标签。但是,这些名称都不足以揭示革命时期关于代表制的分歧及其意义。本文用"民众主义"和"精英主义"两个范畴来分析不同的代表制主张以及相互间的争论,意在更直接地触及美国革命时期政治文化的核心问题,也就是现代民主的核心问题:民众和精英的关系。另外,本文所用的"民众主义"一词,在英文中当作"populism"。这个词在中文里有"平民主义"或"民粹主义"等译法,其中似乎都附加了某种意识形态的元素,并不适合本文的论旨,故取今译。

老的制度。北美殖民地居民对于代表制非但不陌生,反而有丰富的经验和思考。从殖民地草创直到反英运动兴起,代表制曾反复成为政治斗争的议题。不过,只有在革命时期出现的社会政治和思想意识的剧烈变动中,代表制才凸显为一个关键的,甚至是核心的问题,涉及革命所要构建的新国家的合法性基础、基本的制度安排以及权力的分配与运行。因此,只有从革命时代广阔的、变动的历史语境着眼,才能更加清晰地看出代表制问题的重要性。

英国政治学家芬纳把代表制视作"中世纪的伟大政治发明",称它是一种在13、14世纪普遍兴起于欧洲许多王国和公国的长久性制度,体现这种制度的机构名称虽异,但其功能和意义则大体相近:代表本阶层或国家表达同意,并对统治者行使某种制约①。诚然,某种形式的代表制会议几乎同时出现于欧洲许多地方②;但是,唯有英国及其在北美的殖民地的代表制机构,才率先完成了向现代代表制政府的转变。

在英国,虽然代表制和议会几乎是同一的,但议会的起源却早于代表制。早在10世纪,英格兰就出现了全国性的商议性会议,并在政治和治理中发挥重要的作用。在诺曼征服后的百余年间,全国性会议体制在进一步演化,逐渐从最初的咨询功能,发展出建议、就税收表达同意和就教士任命发表意见等方面的权力③。到了13世纪中后期,全国性会议和代表制这两种制度融合在一起,形成了颇为后世所推重的议会制度,并于1236年正式得名"parliament"④。这一新兴的代表制会议,起初固然类似"国王的仆人"⑤,但揆诸其后来的发展,却有几个值得特别注意的地方:第一,各阶层的代表均非出自国王的指定,而是由相应的机构或地方自行选派,而且其开会的报酬也由选派者支付⑥,因而代表的选派主要出于选派者的自愿,而代表的首要义务也就在于反映其选派者的要求,而不是顺从国王的意愿。第二,代表的人数多达数百,不同于小型的咨议会,而足以

---

① S. E. Finer, *The History of Government*, Oxford, UK: Oxford University Press, 1997, Vol.II, p.1024.
② J. R. Maddicott, *The Origins of the English Parliament, 924 - 1327*, Oxford, UK: Oxford University Press, 2010, pp.377 - 380.
③ J. R. Maddicott, *The Origins of the English Parliament*, pp.1 - 4, 153 - 154.
④ J. R. Maddicott, *The Origins of the English Parliament*, p.379.
⑤ J. E. A. Jolliffe, *The Constitutional History of Medieval England*, London: Adam & Charles Black, 1948, pp.332, 340.
⑥ 根据英王谕令,标准的报酬是骑士一天4先令,自由民代表一天2先令,但实际支付的数额则因时因地而异。参见 Helen M. Cam, *Liberties and Communities in Medieval England: Collected Studies in Local Administration and Topography*, London: Merlin Press, 1963, p.228.

涵盖较多的地方和群体,表达较为广泛的诉求。第三,国王要求郡和市镇选派骑士和平民代表开会,并不是一项临时措施,而是一种长期的设置。第四,当爱德华三世在位时期,平民代表开始单独议事,逐渐演变为后来的平民院。第五,随着代表制会议的演化,其议事的特点也从"共识性商议"走向"政治化辩论",以有助于获致更为审慎而明智的决策①。英国代表制最初的这些特征,在一定意义上预示了它在18世纪中后期与民主结合的前景。不过,在17世纪以前,英国议会的重要性主要不是由民选代表的权势来界定的,而有赖于国王乃是议会的一个分支,而且是起主导作用的分支。到了17世纪40—80年代英国政治频繁变动的时期,作为政治代表制化身的议会下院,演化成王权的对立物,取得了越来越多的独立性和自主性,逐渐掌握主要的立法权,并以国家权力中心自许。

英属北美各殖民地从建立之初就采用代表制,作为辅佐性的治理机制。在理念、制度与实践上,殖民地的代表制大体仿照母国的模式,在由总督、参事会和代表院所构成的立法机构中,以民选的下院代表本地民众。无论代表制的建立,还是下院的选举和作用,各殖民地之间均存在程度不一的差别。在弗吉尼亚、马里兰和纽约等殖民地,召开代表制会议是出于管理的实际需要;在马萨诸塞等殖民地,代表制会议的召开乃是居民大力争取的结果;而在宾夕法尼亚、卡罗来纳等殖民地,代表制方案则由业主根据自己的政治理念而特意设计。经过17、18世纪的发展,各殖民地的议会下院大多获得了一些重要的权力,除在税收和财政决策上扮演支配性角色外,还对参事会和总督形成多方面的牵制和影响。有些殖民地的议会下院甚至不顾总督和母国的反对,执意发行纸币,并多方设法规避母国对其立法的审查。及至美国革命爆发,13个殖民地的代表制机构都已相当发达,其权势不可小觑,并且聚集了一批具有经验和影响力的政治领导人才②。

当然,殖民地的代表制并不是英国代表制的摹本或翻版,而是具有许多不同于后者的特点;当时英国共和派所谴责的代表制的弊端,多数在殖民地都不存在,或是程度较轻③。而且,殖民地与母国在代表制方面的诸多差别中,有的是

---

① "共商性商议""政治化辩论"这两个术语参考了英国学者托马斯·比森(Thomas Bisson)的说法。参见 J. R. Maddicott, *The Origins of the English Parliament*, p.377.

② Jack P. Greene, *The Quest for Power: The Lower House of Assembly in the Southern Royal Colonies*, 1689-1776, New York: W. W. Norton & Company, Inc., 1963, especially pp.357-362.

③ Edmund S. Morgan, *Inventing the People: The Rise of Popular Sovereignty in England and America*, New York: W. W. Norton & Company, 1988, pp.146-147.

变异的结果,有的则是发展的体现;而这些变异和发展,使得殖民地的代表制逐渐成为不同的类型,殖民地居民在代表制方面也积累了愈益丰富的经验。这些就构成了革命开始后美利坚人反思和改造代表制的起点。

革命战争带来了一系列既深且巨的变化,代表制的发展也随之进入一个崭新的阶段。早在殖民地还在名义上效忠母国的阶段,美利坚人就开始反思殖民地在帝国权力结构中的位置,并就代表制问题同母国产生重大分歧。虽然英国政府和殖民地居民都在谈论代表制,都承认代表制乃是被统治者表达同意和保护自由的机制,但是双方所说的并不是同一种代表制。殖民地居民意识到,不同形式的代表制对于保障自由和促进利益,具有非常不一样的作用和意义。其中至为关键的问题乃是代表与被代表者的关系,代表的居住地、职业身份和社会地位,以及选举的方式和任期的长短,都会影响甚至改变代表制的功能和作用。从这里可以看出,由母国征税所引起的政治辩论,启动了美利坚人探求新的代表制的过程。

美利坚人在摆脱母国统治的同时,也抛弃了他们长期熟悉的政治制度和思想观念,义无反顾地转向了共和主义。美利坚人对共和主义的热情拥抱,并非只限于鄙弃君主制和贵族制,而更是对以自由、平等和美德为基础的新型社会的热烈追求。在许多人看来,这种平等和自由的共和主义社会,并不仅仅停留于口号式的宣示,而已经变成了可见的现实[1]。正是出于对平等的热爱,美利坚人总是保持高度的警惕和戒备,防范各种可能破坏平等、进而威胁共和制的因素[2]。显然,宣布独立后的美利坚人急切地需要界定自己的特性,并在此基础上构建一种新的国家身份;而在摒弃君主制、贵族制这些支持身份等级的体制以及相关的价值观念以后,北美社会原来存在的局部或零星的平等,就为反对旧体制和传统价值的人所刻意夸大和高扬,被制作成一种绚丽耀目的油彩,涂抹到美国社会的各个方面和各个角落。

---

[1] Eric Foner, "Tom Paine's Republic: Radical Ideology and Social Change," in Alfred F. Young, ed., *The American Revolution: Explanations in the History of American Radicalism*, DeKalb, Ill.: Northern Illinois University Press, 1976, p.208; Charles Pinckney, June 25, in Max Farrand, ed., *The Records of the Federal Convention of 1787*, Vol.1, New Haven: Yale University Press, 1966, p.398; Charles Pinckney, May 14, 1788, in Jonathan Elliot, ed., *The Debates of the Several State Conventions on the Adoption of the Federal Constitution, as Recommended by the General Convention at Philadelphia in 1787*, Vol.4, Philadelphia: J. B. Lippincott & Co., 1861, pp.320-323.

[2] Eric Foner, "Tom Paine's Republic," in Alfred F. Young, ed., *The American Revolution: Explanations in the History of American Radicalism*, p.208.

身处这种大变动当中,革命精英的政治想象力和开创新纪元的雄心壮志,不免受到了极大的激励。他们觉得自己遇到了一个创造历史、开启未来的重大机遇。这个机遇不仅属于少数杰出人物,而且属于全体美利坚人。用约翰·杰伊的话说,"美利坚人是上天赐予机会来精心思考和选择他们将要生活于其下的政府形式的第一个民族"①。的确,实际参与演出这场创建新体制、调整权力关系的大戏的角色,除了人们熟知的革命精英之外,还有普通民众。后者虽然没有系统地说出自己的理念和想法,也未能直接参与州和联邦层面的政治谋划,但是他们却以多种多样的方式表达了自己的政治诉求,造成强大的政治压力,对上层精英的观念和行动发生了影响。在地方社会,他们成立各种"法外"机构,发起各种"户外"行动,选派自己的代表召开省区大会,早在正式宣布独立之前就已经控制了本地的权力。随着选举基础的扩大,候选人财产资格的降低,他们把许多原来社会地位偏低的"新人"送进了权力中心。这样就造成了一种浓厚的民众主义的政治文化氛围。

民众在政治领域的积极行动,加上"新人"的迅速崛起,不免使上层精英深为怨愤和不安。纽约的古维诺尔·莫里斯对普通民众十分蔑视,并对民众活动深怀忧惧:"暴民们开始思考和讲道理了……我惊恐而颤栗地看到,我们就要处在一种最坏的统治之下……一种骚乱的暴民的统治。"②戴维·拉姆齐在论及查尔斯顿"底层阶级"对待"托利派"的态度时说,革命引发了严重的"无政府"状况,而要"根除人民的放纵",将需要长达半个世纪的时间③。有材料表明,普通民众政治热情高涨,他们的诉求和活动,已经改变了当时的政治风气,精英领导人难免感到很大的压力。面对这种局面,他们急迫地谋求恢复"优秀分子"的权势。他们在州的层面推动制宪,在地方则倡导建立常规政府,以恢复法律和秩序相号召④。但是,他们在追求自己的目标时,并不能随心所欲,而必须顾及普通民众

---

① "Judge Jay's Charge," in Hezekiah Niles, ed., *Principles and Acts of the Revolution in America*, Baltimore, 1822, p.63.

② Elisha P. Douglass, *Rebels and Democrats: The Struggle for Equal Political Rights and Majority Rule During the American Revolution*, New York: The New York Times Book Co., 1965, p.57.

③ David Ramsay to Benjamin Rush, July 11, 1783, quoted in George C. Rogers, Jr., *Evolution of a Federalist: William Loughton Smith of Charleston, 1758 – 1812*, Columbia: University of South Carolina Press, 1962, p.105.

④ Jackson Turner Main, *The Sovereign States, 1775 –1783*, New York: New Viewpoints, 1973, p.142; Woody Holton, *Forced Founders: Indians, Debtors, Slaves, and the Making of the American Revolution in Virginia*, Chapel Hill: The University of North Carolina Press, 1999.

的态度,考虑当时的政治气候①。

在精英领导人渲染民众主义威胁的同时,普通民众的代言人则常以贵族制和奴役来描述精英主义的危险。这表明,民众和精英对彼此的猜忌与对立都有清楚的意识。上层精英经常指责民众"放纵"和"暴乱",而持民众主义立场的人也对精英主义大加抨击,宣称掌权者一心要实行"铁棍的统治",让人民服服帖帖;他们要求人民"服从法律",其实不过是用以"奴役人民"的幌子。爱德华·拉特利奇的一段议论,从反面印证了民众主义的可观声势。他说,人民成了"自由"一词的愚弄对象,只要是试图抑制放纵,赋予政府效力,就会被攻击为"破坏自由";而在他看来,那些强调秩序、主张强化政府权力的人,才是真正的自由的倡导者②。

在这种政治文化氛围中,"贵族""贵族制"和"贵族的"都成了贬义词,在政治争论中经常被作为反面的标签,贴在对手的身上。于是,那些持精英主义立场的人就不得不有所顾忌,刻意掩饰自己的观点,即便内心对民主十分蔑视和不满,也不会轻易公开加以谴责,而通常是诉诸混合平衡政体的传统理论,表示自己反对的仅是"民主过度"或"单纯的民主"。在特殊情况下,还有精英领导人刻意把自己打扮成民众主义的代言人,这一点在1787—1788年围绕新宪法的辩论中表现得最为淋漓尽致。

不过,这些受到革命巨变激励的不同人群,虽然怀有各不相同的政治取向和利益诉求,但是都相信只有共和制最适合美国的国情。这就意味着,尽管他们之间存在分歧和冲突,但是他们最终能在同一个社会政治框架中商讨国家构建的方案。在现代的其他地方的一些革命中,一旦出现多种截然不同的政治蓝图,其各自的主张者之间总不免相互搏杀,直到某一方被打败和消灭为止。美国的革命者不能想象他们会面临如此对立而残酷的选择。他们都在为自己所理解和希望的共和制而奋斗,最终获得的结果通常是某种妥协或折中。通过不同群体、不同观念和不同主张相互博弈、竞争与合作这面透镜,或许能够更清晰地看出革命时期代表制转化的轨迹。

---

① Jackson Turner Main, *The Upper House in Revolutionary America*, 1763 - 1788, Madison: The University of Wisconsin Press, 1967, p.204.
② Jerome J. Nadelhaft, "'The Snarls of Invidious Animals:' The Democratization of Revolutionary South Carolina," in Ronald Hoffman, and Peter J. Albert, eds., *Sovereign States in an Age of Uncertainty*, Charlottesville: The University Press of Virginia, 1981, pp.79, 80.

毫无疑问，美国革命时期最显著的政治文化共识，就是几乎所有卷入革命的人都信奉人民主权原则。革命时代的美利坚人是平等的人民，由他们所构成的政治社会，共同拥有最高的权力；政府的合法性来自人民的同意，官员的权力来自人民的授予，接受人民授权的人乃是人民的代表，而代表制就成了体现人民主权的核心机制。这样的思想意识弥散于整个社会，不同的阶层和群体都把它当作不证自明的真理。这可以说是构成革命时期代表制转化的政治文化语境的核心元素。即便到了革命的热情开始衰减的18世纪80年代，人民主权观念依然是许多群体和个人的政治信念，已经化为"常识"而融入当时人的政治思维之中。美国革命时期的"人民"的概念也不同于当今，它具有某种实在性。革命时期的普通人以其积极而经常的集体行动，塑造出了人民的具体可见的形象，使得人民主权观念具备了真实可信的意义，而不只是一种理论教条①。

在这样一个以人民主权为主导性政治意识形态的国度，建立"人民的政府"就是顺理成章的选择。可是，拥有主权的"人民"自己不可能亲自行使权力，而只能从他们当中挑选少数人来代替他们行使，于是代表制就成为"人民的政府"的运行机制。在古代希腊的民主中，并不存在人民主权的观念，也没有"最高的权力"和"派生的权力"的区分，一切权力都由人民自己掌握和行使，无需借重代表制的机制。在18世纪的英国，人民主权的光芒仍受到君主制的遮蔽，混合宪政的观念规范着多数英国人的政治思维和行动，而代表制也仅存在于政府的一个分支，并没有出现真正的代表制政府。美国革命创造了一个重大的政治创新的机遇，基于人民主权原则，借助于代表制，便可把一个人民不能亲自掌权的政府变成"人民的政府"。可见，人民主权和代表制在理念、制度和实践上的全面结合，不啻是对代表制进行重塑，从而促成了现代民主（共和）政体的诞生②。

---

① 考虑到这个时期的人民概念以及相关的政治话语并不是一种纯粹的辞令，因而文中提到人民时通常不用引号来标明其特定的政治宣传意味。

② 英国学者芬纳谈到，人民主权原则本身是中性的，并不与某种具体的统治体制挂钩，无论是自由民主制，还是贵族制和寡头制，甚至是极权主义体制，只要掌权者能让公众相信他们的职位来自众的授予，就体现了人民主权原则。（S. E. Finer, *The History of Government*, Vol.III, Oxford, UK: Oxford University Press, 1997, p.1476.）不过，这种说法并不适用于美国革命时期的情况。在美国革命一代的信念中，人民主权原则是同特定的政治价值和现实诉求联系在一起，它只能是共和（民主）制的政治合法性的基础；君主制、贵族制等体制之所以不能行之于美国，正是因为它们与人民主权原则不合。不妨说，人民主权说在历史过程中有三种不同的形态：政治理论家所阐发的人民主权原则，统治者和谋求统治的人所利用的人民主权原则，以及普通民众所信奉的人民主权原则，三者的意义和作用均有所不同。在美国革命时期，由于民众的政治意识和政治参与都极为活跃，以致三种形态的人民主权原则获得了较多的重叠，因之它直接指向的是保留民众参与渠道的政体和政治秩序，也就是共和主义框架中的代表制政体。

但是，也不可高估或夸大革命一代关于人民主权的共识。当时人虽然普遍推崇人民主权原则，但对其内涵和意义却有着很不一样的理解。有些人宣称，"全部主权始终在人民中间"，尽管人民将权力委托给代表，但人民并未放弃主权。另一些人则强调，一切权力固然来自人民，但人民一旦把权力转交给代表，最高权力便不复存在于人民中间。诚然，对于许多人来说，不管把人民主权说成是"权力在人民中间"还是"权力来自人民"，也许并没有根本的差别；但是，那些不相信普通民众的政治素质和统治能力的人，却机敏地看到了这两种说法的差异和意义，借以论证精英主义政治方案的合理性。就此而言，关于人民主权的不同诠释，为理解革命时期代表制理念的分歧与争论，提供了一个政治哲学上的基点①。

卢梭在论及人民主权时指出，立法权乃是主权意志的体现，它只能而且唯独属于人民；而执行权（政府）只是主权意志的工具，如果它企图代表人民，就意味着篡夺主权，因为主权不可转让，不可委托，也不可代表②。在美国革命时期，主流的思想虽然也把立法权作为政府的核心权力，但是并未把它等同于主权，更没有把立法者视为主权者。在当时通行的观念中，人民的主权主要不是立法权，而在于创设政府、授予或收回官员权力的"立宪权"。因此，将代表制贯彻到政府的每一个分支，并不会导致对人民主权的篡夺。即便是那些否认"一切权力始终在人民手中"的人，也不反对人民的主权者地位，而只是强调人民在代表制政府之下不必也不能轻易行使这种权力。只要承认"一切权力来自人民"，人民作为权力最终归属的"主权者"的地位就是不言自明的。不过，从这里仍不免引出一个十分烦难的问题：当代表制政体确立之后，人民究竟如何扮演"主权者"的角色？正是围绕这个问题，革命一代中间产生了激烈的分歧和争论。

在1764—1789年这25年间，关于代表制出现过四次集中的大讨论。第一次辩论是因殖民地抵制英国征税政策而引发的，在1764—1775年间时断时续地进行，历时十余年之久。这次辩论不仅是实质性代表制与实际代表制的正面交

---

① 戈登·伍德论及革命时期对人民主权的不同诠释，认为在观念上有一个把最高权力从立法机构向政府外转移的过程，到18世纪80年代相信最高权力始终在人民手中的观念基本上成了共识。本文的讨论与他的说法有明显的不同。参见 Gordon Wood, *The Creation of the American Republic*, pp.372-383.

② 卢梭:《社会契约论》，何兆武译，北京：商务印书馆1994年版，第125—126页；Bryan Garsten, "Representative Government and Popular Sovereignty," in Ian Shapiro, et al., eds., *Political Representation*, Cambridge, UK: Cambridge University Press, 2009, pp.93-98.

锋,而且也是对代表和被代表者的关系的一次全面反思,促使殖民地居民更清楚地意识到代表制与自由、自治之间的密切联系,显现了殖民地代表制和英国代表制在理念、机制与意义上的诸多区别,对于革命时期代表制的转化起了某种铺垫作用①。独立战争爆发后,各州在 1776—1784 年间纷纷制定和修改宪法,其间也就代表制进行了深入的讨论,出现了民众主义和精英主义两种代表制的明显分歧②。在 1786—1787 年间有 8 个月时间,马里兰议会的代表院和参议院就货币和债务问题发生了一场激烈的政治斗争,双方在为各自的政策主张辩护时,也就代表制发表了许多看法,可以说是革命开始以来民众主义和精英主义在代表制问题上的一次大交锋,集中而鲜明地展现了两种针锋相对的主张的激烈碰撞③。在 1787—1788 年联邦立宪运动中,关于代表制的争论出现新的高潮。这场辩论的结局并不像通常所想象的那样,是联邦主义者所奉行的代表制观念赢得了胜利。一方面,联邦主义者始终处在一种理论和策略的困境中:既要采用民主的话语论证代表制与人民主权的同一性,又要坚持把政府变成一种摆脱和排斥人民的精英体制,这种意识形态上的自相矛盾,使联邦主义者总是处在投鼠忌器、言不由衷的尴尬境地。另一方面,许多(并非全部)反联邦主义者秉承民众主义的代表制理念,对新宪法所包含的贵族制和君主制倾向大加抨击,宣称这种代表制具有反民主和危害自由的危险,这样就改变了代表制讨论的方向,使得争论双方在话语上进入到同一个框架内,迫使联邦主义者不得不采用同样的话语来为新宪法辩护,把新宪法中的代表制描绘成"纯粹民主的"。因此,制宪时期关

---

① 这次辩论的重要文献大多收入 Merrill Jensen, ed., *Tracts of the American Revolution*, *1763 -1776*, Indianapolis: The Bobbs-Merrill Company, 1967; Bernard Bailyn, ed., *Pamphlets of the American Revolution*, *1750 - 1776*, Vol. 1, Cambridge, Mass.: The Belknap Press of the Harvard University Press, 1965; Edmund S. Morgan, ed., *Prologue to Revolution: Sources and Documents on the Stamp Act Crisis*, *1764 -1766*, New York: W. W. Norton & Company, 1973.

② 关于这个时期代表制理念的讨论,参见 Gordon Wood, *The Creation of the American Republic*; Wood, *Representation in the American Revolution*, pp.26 - 35;重要的文献有: Thomas Paine, *Common Sense*, in Thomas Paine, *The Political Writings of Thomas Paine*, Middletown, NJ: George H. Evans, 1837; [Anonymous], "The People the Best Governors," in Hyneman and Lutz, eds., *American Political Writing*; "The Essex Result, 1778," in Oscar Handlin, and Mary Handlin, eds., *The Popular Sources of Political Authority: Documents on the Massachusetts Constitution of 1780*, Cambridge, Mass.: The Belknap Press of Harvard University Press, 1966;此外,各州关于宪法的辩论,以及各地报纸上发表的许多文章,都包含了大量的相关信息。

③ 这场争论的文件大多刊登在 *Maryland Journal*, Jan. 23; Feb. 2, 6, 13, 23; April 6, 13; May 1; June 22; Aug. 3; 1787; 收入 Melvin Yazawa, ed., *Representative Government and the Revolution: The Maryland Constitutional Crisis of 1787*, Baltimore: The Johns Hopkins University Press, 1975.

于代表制的争论,主要不是实质性代表制和实际代表制的分歧,而是民众主义和精英主义的较量,触及了现代民主构建和演化中的核心问题[①]。

贯穿整个革命时期的代表制争论,由于其特殊的历史语境而具有特殊的意义。争论发生在革命和建国的过程中,而革命和建国无疑是一种创制和开端,革命一代就代表制展开的争论,实际上关涉国家构建的方式和道路,触及了共和主义社会的权力关系和利益分配,因而具有超乎一般理论商榷之上的意义。后世的政治学家关于代表制也有许多讨论,但主要是出于理论的兴趣。革命一代在论及代表制时,虽然触及了后来代表制理论所关注的几乎所有问题,但其中包藏的主要是切身的利害考虑和现实诉求。争论发生在不同的层面和范围,涵盖地方、州和全国,涉及不同地区、不同经济和宗教群体的观念和利益。特别是当代表制问题出现于从邦联向联邦的转变过程中时,议题更加丰富,语境更加复杂,除了民众主义和精英主义的分歧外,还牵涉到联邦和州的关系,大州和小州的关系,以及南部诸州和北部诸州的关系。另外,由于革命时期也是一个意识形态大变动的时代,关于代表制的争论与其他各种思想观念的交锋裹挟混杂,如果撇开民主、共和、自然权利、共同福祉、联盟、宪法等问题,也许就根本无法理解不同的代表制观念的实际含义。

二、代表与被代表者

代表制是基于人民主权来实现共和国治理的不可或缺的制度,这一点大致是美国革命者的共识。那种认为应当抛弃代表制而回归人民直接立法的主张,只是少数人所持的极端看法。不过,紧接这一基本的共识之后,却出现了许多的分歧和争议。

首先遇到的问题是,代表制究竟是落实人民主权的权宜之策,还是替代人民主权的可取之法?换言之,对于人民来说,实行代表制的结果究竟是把权力代理出去以处理公共事务,还是让渡主权而使自己完全丧失影响公共决策的可能?

---

① 反映这次代表制争论的文献极为丰富,相关材料可见 Max Farrand, ed., *The Records of the Federal Convention of 1787*; Hamilton, Madison, Jay, *The Federalist Papers*; Herbert J. Storing, ed., *The Complete Anti-Federalist*, 7 vols., Chicago: The University of Chicago Press, 1981; Merrill Jensen, John P. Kaminski, and Gaspare J. Saladino, eds., *The Documentary History of the Ratification of the Constitution*, Vol.Ⅰ—, Madison.: State Historical Society of Wisconsin, 1976—.

世界史研究论文写作：案例与方法

英美世界广泛流行一种说法，即"立法的权利最初属于社会的每一个成员"，人民亲自集会进行立法原本是最为理想的方式，而且也是人类社会最初曾经实行过的有效方式；但是，当一个社会的成员变得很多，而且分布很广的时侯，就很难，甚至不可能再用全体集会的方式来处理公共事务，这样就有必要通过自由的选举来任命代表，组成立法机构来代替他们议事和决策①。这就是说，代表制是人民无法亲身集会的权宜选择，其直接而最终的目标在于落实人民主权；即便采用代表制，也决不意味着人民放弃了自己的权力，因为行使人民所委托的权力的人，只不过是"**人民的受托人**"，他们是否忠实地根据公约来履行其职责，必须由人民来裁决，而且人民的裁断和指令乃是"**最后的和决定性的**"。换言之，虽然人民不再亲自行使统治权力，但是他们手中的权力仍然高于立法机构②。从这个思路来看待代表制与人民主权的关系，可以名之曰"权宜论"。

不过，并不是所有用"权宜"来谈论代表制产生的人，都是"权宜论"的信奉者。詹姆斯·麦迪逊曾多次把代表制称作一种"便宜"之举，可是他对代表制的真实看法却与"权宜论"截然不同。他认为，人民通过代表来立法，较之他们自己亲自行动，更有利于实现公共福祉，更有利于促进他们自己的利益；因此，代表制并不是一种落实人民主权的权宜之策，而是一种替代人民主权的更为可取的制度。在他看来，人数众多的群体亲身行使立法权力，既不能深思熟虑，也难有协商一致的步调，最终不免被少数有野心的行政官员用阴谋诡计来耍弄，很可能走向暴政；而代表制立法机构既能感受人民的影响，又能对自己的力量保持信心，还能提升和扩大公共意见，发现"国家的真正利益"③。另外还有人提到，人民最初赋予代表立法的权力，采用的是公约的方式，而这一公约对于代表和人民具有同等的约束力；而人民并没有高于公约的权力，不能收回代理出去的权力，如果强行收回，就会对他们自己的利益造成危害。既然人民不可能拥有高于公约的权力，那么即使是构成社会多数的个人也不能控制依照宪法设立的立法机构④。

---

① Hezekiah Niles, ed., *Principles and Acts of the Revolution in America*, p.132; Samuel West, On the Right to Rebel Against Governor, in Charles S. Hyneman and Donald S. Lutz, eds., *American Political Writing during the Founding Era*, Vol.I, p.41.

② Melvin Yazawa, ed., *Representative Government and the Revdution: The Maryland Constitutional Crisis of 1787*, pp.61-64. 黑体字在原文中为斜体。以下各条引文中的黑体字均类此，不再一一注明。

③ Hamilton, Madison, Jay, *The Federalist Papers*, pp.82, 309.

④ Melvin Yazawa, ed., *Representative Government and the Revdution: The Maryland Constitutional Crisis of 1787*, pp.104, 107, 125-127, 143.

这种观点无异于抽空了人民主权原则的内涵,因为主权的含义乃是"绝对和至高的权力",如果人民对授予代表的权力完全失去了控制和支配,也就不再是"主权者"了。在这一点上,诺亚·韦伯斯特说得更加直截了当:代表并不是什么人民的"仆人",而是人民的"主人"和"统治者";作为集合体的代表,就是人民的意见和权威的集合体①。他的意思很明确,代表替代人民而成了主权者。这样说的确揭示了当时政府的实质,但在一种奉行人民主权原则的政治文化中,却无异于一种颇为大胆的"别调"。

正是基于这种理念,许多新宪法的拥护者认为,代表制政府乃是大大优越于人民自己行使权力的体制。马萨诸塞的埃姆斯宣称,"人民的代表制是多于人民的某种东西";人民如果不采用代表制,那就只能毁灭政府;因而"人民乃是选举代表的获益者"②。本杰明·拉什也认为,人民经常自己造成灾祸,民主带来种种危险,只有代表制才是合理的政府;因此,代表作为人民的替代,较之人民自己亲自掌握和行使权力具有巨大的优越性;在一切政府中,只有"代表制和制衡"这两种机制才能保障自由:前者保障人民的权利,后者保障代表的权利;而美国新宪法恰恰就具备这两种机制③。以这种逻辑来看待代表制与人民主权的关系,可以称作"优越论"。按照这种观点,代表虽然由人民选派,但他们只是名义上的人民代表,而实际上则是人民的领导人④。

然而无论怎么说,代表制的宗旨毕竟在于维护人民的自由,实现人民的利益,这一点在革命阵营并无歧见。既然如此,那么代表就必须同情人民的自由,了解人民的利益。代表要做到这一点,需要具备什么样的条件和素质呢?几乎所有论及这一问题的人都认为,代表与被代表者之间应当具有相似性和同一性;他们必须来自人民,要成为人民的"缩影"和"画像"。不过,虽然同样是强调代表与人民的相似和同一,在价值取向上却可能有着迥然不同的差别。

那些相信人民始终是一切权力的主人的论者,在说到代表应当与人民相似

---

① Giles Hickory (Noah Webster), "Government," *American Magazine*, Jan. 1, 1788, p.75.
② Fisher Ames, Jan. 15, 1788, in Jonathan Elliot, ed., *The Debates of the Several State Conventions on the Adoption of the Federal Constitution*, Vol.II, p.8.
③ Doctor Rush to David Ramsay, *New Jersey Journal*, June 11, 1788.
④ 在现代政治学理论中,关于代表制与人民主权的关系,同样存在类似"权宜论"和"优越论"的分野:前者称代表制是在全体无法直接参与决策的条件下的替代性选择,其意义在于为政府确立合法性,并激励代表遵循被代表者的利益要求;后者则认为在现代复杂的政治生活中,代表制并非直接民主的次优性替代,而是一种必要的、民主的设置。其说法相近,而依据和意蕴则大不一样。参见 Clarissa Rile Hayward, "Making Interest: On Representation and Democratic Legitimacy," in Ian Shapiro, et al., eds., *Political Representation*, Cambridge, UK: Cambridge University Press, 2009, pp.111-112.

和同一的时候，其实际的意思是，代表应是人民的意见和要求的传声筒。早在殖民地时期，北卡罗来纳奥兰治县的居民在给议会代表的指令中说，选出的议会代表在任何情况下都要"说出我们的想法"；"这是我们对于代表的义务和选民的权利的看法"①。这无疑是在强调，代表和被代表者之间的相似和同一，乃是为了更好地代表。在反对英国的征税措施时，丹尼尔·杜拉尼阐述了实质性代表制不适合殖民地的理由，其中谈到，英国选民和非选民之间联系密切，休戚与共，如果非选民受到压迫，选民也不能幸免，因而非选民的利益可以通过选民及其选举的议员而得到代表；可是北美的情形与此迥然不同，北美居民和英国选民之间没有密切的联系，前者所受压迫再多，也不会引起后者的警觉或同情，于是，英国选民及其选举的议员就不可能代表北美居民，平民院议员也就无权处置北美居民的财产②。这就清楚地揭示，代表与被代表者在地域和利益上的同一性，对于代表制的意义和效力具有关键的影响。

对代表制的这种理解，在革命时期演化出民众主义代表制理念的一项要义。塞缪尔·蔡斯指出："**去代表**，就是所说和所做的都要与被代表者的看法和意见**相吻合**，就如同他们自己**亲自**出席所做的一样。因而相应地，所说和所做的与被代表者公开宣布的意志**相对立**，那就不是在**代表**，而是在**误表**（misrepresent）他们。"③这里所揭示的无疑是"代表"一词最初的涵义。在按这种要求而建立的代表制中，代表和被代表者的相似与同一，就意味着代表必须是被代表者的"傀儡"。在批评新宪法中代表制的弊端时，布鲁图斯特意阐述了代表与选民的相似和相互了解的重要性。他认为，确立一部良好宪法的艺术，就在于其构成要有利于那些被委托权力的人服从于那些把权威交给他们的人民的"感受、目的和目标"；而除了"平等、充分和公正的代表制"之外，没有其他任何方法可以做到这一点。可是，新宪法中的代表制并不是一种"充分而公正的代表制"，因为代表人数太少，不可能与人民相似，不可能拥有他们的想法和意见。人民要信赖他们的统治者，除了自己选择统治者以外，还要了解其明智地处理公共事务的能力，要满意地知道代表他们的人是否诚实正直，会不会背弃其职责而谋求私利。这一切

---

① Elisha P. Douglass, *Rebels and Democrats: The Struggle for Equal Political Rights and Majority Rule During the American Revolution*, p.115.
② Daniel Dulany, *Considerations on the Propriety of Imposing Taxes in the British Colonies for the Purpose of Raising a Revenue by Act of Parliament*, in Edmund S. Morgan, ed., *Prologue to Revolution: Sources and Documents on the Stamp Act Crisis, 1764 – 1766*, pp.79 – 83.
③ Melvin Yazawa, ed., *Representative Government and the Revolution*, p.57.

只有在代表人数充足时才有可能,如果代表的人数太少,全国的人民就不可能了解他们①。

倾心于精英政治的人,在声称代表与被代表者之间要有相似性和同一性的时候,其真实用意并不是这样。面对普通民众高涨的政治情绪,他们强调不仅普通民众要有自己的代表,而且富裕的人也要有自己的代表;只有同样拥有财富的人担任代表,才能维护财产的权利。1778 年的《埃塞克斯决议》就表达了这样的观点:"代表权应当平等和公正地分配,以便使代表和广大人民拥有同样的观点和同样的利益。他们的思考、感觉和行动应当和人民一样;总而言之,应当是其选民的精确缩影。"②这里暗含的意思是,马萨诸塞东部城镇的富裕居民应当在立法机构有充足的代表,以保护他们的利益,以免他们的权利遭到人数居多的穷人代表的侵害。

在另一些场合,精英主义者在谈到代表和被代表者的相似和同一时,往往还要加上一条:代表必须具备优越的素质、才干和美德。约翰·亚当斯在《关于政府的思考》一文中,一面说要将权力委托给"最为睿智和高尚的少数人",一面又称代表制机构必须是"广大人民的准确形象的缩影","它应当像他们一样思考、感觉、推理和行动"③。若干年后,他又重复了类似的说法:"组成代表制议会的目的,似乎在于反映人民的意见和公共声音。画像的完美在于其相似性。"④詹姆斯·威尔逊在制宪会议上也说,政府不仅要有"**力量**",同时还要拥有"**广大人民的思想或感觉**";"**立法机构应当是整个社会的最精确的摹本**"⑤。显然,这些话不能仅从字面来理解。西奥菲勒斯·帕森斯、约翰·亚当斯和詹姆斯·威尔逊等人都是精英主义者,他们在谈到"缩影和准确画像"时,所强调的主要是代表和选民在职业、利益、情感和价值取向上要有同一性;同时,他们更看重代表的"睿智而高尚"的素质和禀赋,也就是代表必须是比被代表者更优秀的人。只有

---

① Brutus, "To the Citizens of the State of New York (29 November, 1787)," in Herbert J. Storing, ed., *The Complete Anti-Federalist*, Vol.II, pp.382 – 385.

② "The Essex Result, 1778," in Oscar Handlin and Mary Handlin, eds., *Popular Sources of Political Authority: Documents on the Massachusetts Constitution of 1780*, Cambridge: The Belknap Press of the Harvard University Press, 1966, p.341.

③ John Adams, "Thoughts on Government," in Charles Francis Adams, ed., *The Works of John Adams*, 10 vols., Boston: Charles C. Little & James Brown, 1850 – 1856, Vol.IV, pp.194 – 195.

④ John Adams, *A Defense of the Constitutions*, in Charles Francis Adams, ed., *The Works of John Adams*, Vol.IV, p.284.

⑤ James Wilson, June 6, 1787, in Max Farrand, ed., *The Records of the Federal Convention of 1787*, Vol.I, p.132.

代表与选民在利益和情感上具备同一性,才能使得代表得到人民的信任,才能让代表了解人民的真正利益所在,从而自由而独立地做出判断,而不必接受选民的指令。他们把代表和人民描述为同根同体的存在物,目的是更有利于发挥代表制的治理和控制功能。诺亚·韦伯斯特在为新宪法辩护时说的一番话,明确地表达了这一意旨:"根据这部拟议的宪法,国会将会与人民有着**相同的利益**——他们就是人民的**一部分**——他们的利益与人民是**不可分割的**;只要选举的权利继续保留在人民手中,这一利益的联合将永久存在下去";而"保障自由的唯一要求,就是把**统治者**的**利益**与**被统治者**的**利益**联结起来"。为了说服人们接受新宪法,他还刻意淡化"立法机构中**人民**的权力和**代表**的权力"的区分,力图把代表和人民完全等同起来①。他在论及新宪法何以不必有"权利法案"时还说,用"权利法案"来防范国王和贵族的侵蚀是必要之举,而用它来防范民选的立法机构的侵蚀,就等于是人民防范自己对自己的侵蚀,这是说不通的事。他进而宣称,在美国,"最高权力就是**民在代表**(the people in their Representatives)"②。最后这句话模仿了英国"王在议会"(king in parliament)的说法,不仅否认了"主权在人民中间"的说法,而且消除了人民作为政治主体存在的自主性。既然代表就是人民,那么他们就应当和人民一样自主地享有和运用最高权力,而不必受立法机构之外的人民的指导和约束。因此不妨说,在精英政治论者那里,强调代表与被代表者的相似和同一,主要是为了增强代表制的合法性、可信度和自主性。

而且,精英主义者十分重视代表的才干和美德,强调代表应是比被代表者更优秀的人。亚历山大·汉密尔顿谈到,唯有具备"技能和长处",才适合处理公共事务;但问题是,这些原本为数甚少的出类拔萃之辈,却不能总是获得这样的机会,而且还经常受到无知和偏见潮流的掣肘③。精英政治论者相信,来自人民的权力只有交给优秀分子掌握和行使,才能更有益于人民和社会。虽然"人民的声音被说成是上帝的声音",但是全体人民受条件限制不能直接立法,因而必须从人民大众以外来寻求"智慧、坚定、连贯和坚忍不拔";而这些品质最有可能在那

---

① Noah Webster, " To the DISSENTING MEMBERS of the late CONVENTION of PENNSYLVANIA (Dec., 1787)," in Colleen A. Sheehan, and Gary L. McDowell, eds., *Friends of the Constitution: Writings of the "Other" Federalists 1787 – 1788*, Indianapolis: Liberty Fund, 1998, pp.170 – 171.
② Giles Hickory (Noah Webster), "On Bill of Rights," *American Magazine*, Dec. 1, 1787, p.13.
③ Alexander Hamilton, "The Continentalist No. I," in Harold C. Syrett, ed., *The Papers of Alexander Hamilton*, Vol.2, New York: Columbia University Press, 1962, p.649.

些"受过教育和拥有财富的人"当中找到。《埃塞克斯决议》的作者毫不忌讳地宣称:"在那些兼具教育、财富和闲暇的绅士当中,我们能找到最大数目的拥有智慧、学识和坚定不移的品质的人。而在人民大众中,我们可以找到最多的政治诚实、正直和对全体利益的尊重,而他们在全体中构成多数。"因此,应当在立法机构中将两者结合起来,"前者是来自贵族制的优点,后者则来自民主制"[1]。麦迪逊也说,要匡救邦联体制和各州政治的弊病,必须采取适当的选举制度,"最大限度地保证从社会大众中间选拔出最纯洁、最高尚的人物,他们能够立即最强烈地感受适当的愿望去追求其职位的目标,并最能想出实现它的办法"[2]。简单地说,共和政府的成败得失,取决于是否"让好人来掌权"[3]。为了保证优秀分子获得权力,就必须实行适当的选举制度,有利于他们当选代表。制宪会议关于选举权的讨论,一度就是围绕这一点而展开的[4]。

既然代表出自于人民自己的选择,他们又是人民的缩影和画像,以人民的自由和福祉为行动的鹄的,那么人民是否应当充分地信任他们,放心地让他们掌握和行使权力呢?戈登·伍德谈到,到 18 世纪 80 年代初,美国普遍发生了人民对代表的信任崩溃的现象[5]。埃德蒙·摩根也说,革命时期的美国人像英国人一样发现,人民的主权恰恰会对它所要保护的价值产生威胁;掌握权力的代表滥用人民的名义带来了很大的弊端[6]。但是,关于人民是否应当信任代表,并不是一个随着革命的进展而产生的新问题,而且在观念和实践的层面其意义还有所不同。仅就观念的层面而言,那些坚持人民始终是权力的主人的人,强调人民必须对代表保持警惕,采取有效的制约手段,防止他们违背人民授权的本意;而那些持精英主义立场的人,在这个问题上则抱有更加复杂的看法。

怀疑而不是信任代表,在人民主权和权利取向盛行的政治文化中,可以说是一种占主导地位的倾向。马萨诸塞斯托顿村镇的人民委员会在给其制宪代

---

[1] "The Essex Result, 1778," in Oscar Handlin and Mary Handlin, eds., *Popular Sources of Political Authority*, pp.333–335.

[2] James Madison, "Vices of the Political System of the United States," in Robert Rutland et al., eds., *The Papers of James Madison*, Vol.9, Chicago: The University of Chicago Press, 1975, p.357.

[3] A Citizen of Philadelphia (Peletiah Webster), "The Weakness of Brutus Exposed," 1787, in Colleen A. Sheehan and Gary L. McDowell, eds., *Friends of the Constitution*, p.195.

[4] Max Farrand, ed., *The Records of the Federal Convention of 1787*, Vol.II, pp.201–205, 209.

[5] Gordon Wood, *The Creation of the American Republic*, pp.365–376.

[6] Edmund S. Morgan, *Inventing the People*, pp.254–255.

表发出的指令中说:"所有被托付国家的委托权力的人,都是人民的仆人,由他们选举,对他们负责,如果因能力和行为不当而有负所托,则由他们罢免。"人民应当时时保持警惕,防止委托的权力流失,最终导致自由为暴政所淹没①。《康涅狄格报》1784年8月有篇文章讨论法官的任命和薪俸问题,其中谈到,贵族制固然是一种最坏的政体,"但在民主制中,自由人也需要密切监督他们(法官),不能掉以轻心地放弃自己的特权"②。还有人写道:"如果立法机构独立于我们,我们对立法者不能加以控制,在这种政府统治之下,就是真正的奴役。"③

到了联邦立宪时期,警惕和防范代表乃是反联邦主义者反复谈论的话题。他们对新宪法抱有全面的不满,在涉及代表制时也不断指出其危险性,认为新宪法中的代表制规模小,人数少,代表又被赋予过大的权力,而且缺乏必要的制约,因此,绝对不能信任代表。他们还把对代表的戒备和监督,提升到关乎自由存亡的高度。在马萨诸塞批准宪法大会上,威廉·威杰里发言说:"我们有权利对我们的统治者加以戒备,他们绝对不应掌握他们可能滥用的权力。"有一位名叫怀特的与会者立即附和道:"我们应当提防统治者。我们所读到的所有圣人都是不灵。"④塞缪尔·亚当斯也说:"我长期以来一直认为人民对其统治者的行为的监督,乃是防范权力侵蚀的最强大的保障。"⑤不过,他们在这里所宣扬的不信任代表,与独立战争爆发前殖民地"辉格派"所表达的必须警惕和戒备代表的观念,已有显著的不同:前者是针对远离殖民地居民的英国议会而言的,后者的矛头所向则是美国人民自己选择的代表。后一种不信任代表的观点,集中反映了代表制政府,实际上也是一切权力机构难以克服的一个难题:不可能指望掌权者自觉地维护和推进民众的利益。

代表既然是人民自己选举出来的,为什么对他们还不能充分信任呢?反联邦主义者中有不少人讨论过这个问题。首先,这与人性的缺陷有关。因为"人天

---

① "Choosing Delegates: Stoughton," in Oscar Handlin and Mary Handlin, eds., *Popular Sources of Political Authority*, p.425.

② *Connecticut Courant*, August 24, 1784. http://infoweb.newsbank.com.

③ Marc W. Kruman, *Between Authority & Liberty: State Constitution Making in Revolutionary America*, Chapel Hill: The University of North Carolina Press, 1997, pp.81–82.

④ William Widgery and Abraham White, Jan. 16, 1788, in Jonathan Elliot, ed., *The Debates of the Several State Conventions on the Adoption of the Federal Constitution*, Vol.II, p.28.

⑤ Samuel Adams, Feb. 1, 1788, in Jonathan Elliot, ed., *The Debates of the Several State Conventions on the Adoption of the Federal Constitution*, Vol.II, p.131.

生是渴望权力的,——暴虐乃是人类的天性";"人类的本性是堕落的,每个人心中都对权力充满强烈的渴求,统治者会受到多种诱惑";如果对掌权者赋予无限制的信任,就会产生"令人担忧的"后果①。其次,这是人民自身的弱点所致。帕特里克·亨利谈到,说什么人民自己的代表不会用权力来压迫人民,这是完全不可靠的;历史表明,人民是会奴役他们自己的②。再次,这是由于统治者的利益总是有着与人民对立的一面,人民如果轻易相信统治者,受害的只能是人民自己。"加图"提醒他的读者说,"一切政府的统治者都会确立一种与被统治者分离的利益,它会带有奴役他们的倾向";对此唯一有效的防范手段,就是在选民中确立"不信任的原则"③。一言以蔽之,轻信统治者是很危险的:"难道我们应当无限信任我们的统治者吗?难道我们没有义务去戒备那些掌握权力的人吗?难道我们没有看到有人抛出了在我们的国家确立贵族制——一种最为可怕的和压迫性的政府——的观念吗?"④

那些欣赏精英政治的人通常偏爱秩序和稳定,他们往往把对代表的信任视为遵守法律和维护秩序的前提⑤。诚然,他们并不主张无条件地信任代表,但是为了说服人们接受新宪法,他们却大力倡导人民应当信任代表。他们反复强调说,国会代表和人民拥有同样的利益,遵守同样的法律,"他们是我们自己;是我们自己选择的人,是我们可以信任的人;他们的利益与我们自己的利益是不可分割地联系在一起的";他们不可能"奴役他们自己和他们的兄弟们"。他们甚至夸张地宣称:"联邦代表将代表**人民**;他们将就是**人民**;他们**不可能**虐待他们自己。"他们极力让人们相信,"只要政府来自于人民,并依靠人民才能得以延续,就不会有人试图采取压迫性的措施"⑥。诺亚·韦伯斯特也说,立法机构是人民从自己中间选出来的,他们的利益与人民是不可分割的,也没有权利自我延长其代理期

---

① Lenoir, July 30, 1788, in Jonathan Elliot, ed., *The Debates of the Several State Conventions on the Adoption of the Federal Constitution*, Vol.IV, p.204.
② Patrick Henry, June 16, 1788, in Jonathan Elliot, ed., *The Debates of the Several State Conventions on the Adoption of the Federal Constitution*, Vol.III, p.411.
③ Cato, "To the Citizens of the State of New-York," in Herbert J. Storing, ed., *The Complete Anti-Federalist*, Vol.II, p.125.
④ Tredwell, July 2, 1788, in Jonathan Elliot, ed., *The Debates of the Several State Conventions on the Adoption of the Federal Constitution*, Vol. II, p.401.
⑤ Melvin Yazawa, ed., *Representative Government and the Revolution*, p.143.
⑥ Theodore Sedgwick, Jan, 24, 1788; Samuel Stillman, Feb. 6, 1788; J. C. Jones, Jan. 16, 1788; John Marshall, June 16, 1788; James Innes, June 25, 1788; in Jonathan Elliot, ed., *The Debates of the Several State Conventions on the Adoption of the Federal Constitution*, Vol.II, pp.97, 167, 29; Vol.III, pp.420, 637.

限,因而具有推进公共福祉的天然倾向;要用一个条例来限制他们的权力,就像用一个条例来防止他们自杀一样,是毫无必要的①。这类说法带有浓重的宣传和劝说意味,里面究竟包含多少诚意是甚为可疑的;至于说服力如何,也不得而知。

对于精英政治论者来说,如果一定要说代表不可信任,那也主要是指"人民的直接代表",也就是立法机构下院的成员。这种观点源自他们对普通民众惯有的蔑视和畏惧。他们认为,相比于联邦官员的密谋,"人民**无法无天的放纵**"和"某些州的**骚乱倾向**"更有可能颠覆美国人的自由②。由于直接民选的代表更易于受到民众的不利影响,故应对他们加以特别的制约和防范。实行两院制,尤其是设立一个人数少而地位高的参议院,其目的就是要用参议院制约人数多的众议院,以优秀分子来防范民众代表。他们有时也论及两院相互制约的好处:"众议院做出的粗糙和草率的决定,会由参议院加以修正和控制;而参议院那些从野心或对公民自由的漠视而产生的观点则会受到挫败。政府会获得尊严和坚定性,这对居民乃是最大的安全之所在。"③还有人毫不掩饰地承认,参议院的最大功用在于遏制众议院所体现的民主倾向④。麦迪逊关于人民滥用自由也会危害自由的说法⑤,其实际所指就是,各州议会下院作为人民的直接代表"多行不义",因而必须借助参议院和强大的联邦权力来加以抑制。

至此不难看出,同样是主张对"人民的代表"实行制约,但其宗旨和目标却很不一样。精英主义者的出发点是对民众和民选代表存有偏见,特别是害怕民众会威胁,甚至损害公共福祉和财产权利。带有民众主义倾向的人则是担心代表可能脱离人民的控制,违背和损害人民的利益。前者主张借助少数精英的力量(参议院和行政权)来制约直接民选的代表,后者则强调由人民通过选举、指令和问责来监督和控制所有的代表。

---

① Giles Hickory (Noah Webster),"Government," *American Magazine*, Jan. 1, 1788, p.76; Feb. 1, 1788, p.142; March 1, 1788, p.210.
② Fabius (John Dickinson),"The Letters' Ⅶ," in Colleen A. Sheehan and Gary L. McDowell, eds., *Friends of the Constitution*, p.487.
③ "The Essex Result, 1778," in Oscar Handlin and Mary Handlin, eds., *Popular Sources of Political Authority*, p.358.
④ Edmund Randolph, May 31, 1787; Alexander Hamilton's outline of speech, June 18, 1787; in Max Farrand, ed., *The Records of the Federal Convention of 1787*, Vol.Ⅰ, pp.51, 309-310.
⑤ James Madison,"Federalist No.63," in Hamilton, Madison, Jay, *The Federalist Papers*, pp.387-388.

三、"代理人"与"受托人"

如果对代表和人民的关系再做深究,那就要触及代表所掌握和行使的权力的性质。代表从人民那里得到权力,这究竟是一种纯粹的代理,还是一种自由的委托?其间的差别,直接牵涉到对代表角色的界定,以及对代表制的性质和意义的理解。

在现代政治学理论中,若用不同的词汇来指称代表,包含着对代表角色的不同界定。汉娜·皮特金谈到,"受托人"(trustee)的名称强调权力不是为了掌权者而被授予的,权力由受托人掌握比由本人行使更能带来好处;"代行者"(deputy)的名称强调的是替代,如副职代行正职的权力;"代理人"(delegate)和"委任者"(commissioner)这样的名称则意味着,代表受派遣时是带着明确的指令的,或者是受命去办理某种具体的事务①。政治学家 J. R. 彭诺克更简洁地指出,在代表制理论中,存在"代理论"和"委托论"的分野:前者要求代表须按照选民的意见行事,后者则允许代表根据自己认为有利于被代表者的判断行事②。一些美国政治学家还在几个州的议员中做过调查和分析,结果发现,那些认为自己应遵从选民明确表达的愿望的议员,被称作"代理人"(delegates);那些认为应依照自己的判断行事的议员,被称作"受托人"(trustees);而那些兼具上述两种想法的人,则是"政客"(politicos)③。在美国革命时期,人们交替使用"代理人""受托人""代行者"这样的词来指代表,对其语义上的差别并没有十分明确而清晰的区分;但是,当时人关于代表制的具体理解,却同样包含着对不同的代表角色的鲜明意识。

美国革命时期没有出现明确的"强制代理"(即"奉命")的代表制概念,但是有一种主张宣称,人民是政治社会的主人,而代表只是"仆人",应当在立法中接受人民的指导和约束,人民有权利采用适当的方式(主要是指令)来干预代表制机构的议事和立法。在 1786—1787 年马里兰的政治辩论中,威廉·帕卡集中表述了这种观点。他说,议会两院都是人民的受托人,都应向人民做出交代;一旦

---

① Hanna Fenichel Pitkin, *The Concept of Representation*, Berkeley: University of California Press, 1967, pp.128 – 134.
② J. R. Pennock, *Democratic Political Theory*, Princeton: Princeton University Press, 1979, pp.321 – 332.
③ A. H. Birch, *Representation*, New York: Praeger Publishers, 1971, pp.110 – 111.

两院在公共政策上发生分歧,就应当向人民陈述详情,请他们发表意见和做出裁断;两院除了遵循委托人的意见之外就别无他法,人民指导其"代理人"的权利乃是"公共自由"的根本的安全保障。如果政府的权力运用不当,人民可以用两种方式来干预:第一,提出请愿(memorial)和抗议(remonstrance);第二,发出指令和要求①。在北卡罗来纳批准宪法大会上,也有人提到,代表不可以独立于人民而行事,每个代表都受到其选民的指令的约束,如果他做了任何违背他们意愿的事情,就是背叛了他们的委托②。

这里强调的是人民始终是主权的拥有者,代表的权力具有从属性,不可脱离人民的裁断和控制而自由行事。不过,美国并没有人像法国革命中的激进派那样,鼓动民众直接冲击议会和惩罚不受民众喜欢的代表,而是提倡用抗议、请愿、指令、选举等合法的方式来制约和指导代表。按照威廉·帕卡的说法,当人民觉得委托的权力没有按照有利于他们的幸福和自由的方式行使时,他们可以用请愿书、抗议书或指令来表达自己的看法;如果这些办法都遭到漠视,他们便可通过下一次选举中不再选举这些人来自行纠正,在更严重情况下还有权利收回政府的权力③。最后一条涉及的是极端状况,出自洛克关于反抗和革命权利的理论。无独有偶,在罗得岛审议联邦宪法的文件中也有大致相同的观点:一切权力原本属于人民,也就是来自于人民,因而官员乃是人民的"受托人和代理人",应当时时顺从于(amenable to)人民;一旦人民觉得是出于其幸福的需要时,还可以收回政府的权力④。

代表既然是人民的"代理人"乃至"仆人",那么他们就理所当然地要接受并服从选民的指令。由选民群体或地方机构向本地选派的代表发出指令,责成他们在具体问题上按照选民的意见采取行动,这种传统同样起源于英国,并被作为强化代表制的代表功能的重要方式。在1786—1787年间马里兰的政治辩论中,代表院的主要人物反复说明指令的正当性和必要性,强调代表必须服从选民的指令,以此体现立法机构作为人民代表的特性。在他们看来,不仅作为人民"直

---

① Melvin Yazawa, ed., *Representative Government and the Revolution*, pp. 66, 107 – 108, 110, 116.
② Lancaster, July 30, 1788, in Jonathan Elliot, ed., *The Debates of the Several State Conventions on the Adoption of the Federal Constitution*, Vol.IV, p.215.
③ Melvin Yazawa, ed., *Representative Government and the Revolution*, p.117.
④ Jonathan Elliot, ed., *The Debates of the Several State Conventions on the Adoption of the Federal Constitution*, Vol.I, p.334.

接代表"的下院要在一切与选民的"福利和幸福切实相关"的问题上听取选民意见,在议事时接受指令的支配,而且参议院也要受到人民指令的约束。发出指令并要求代表按照指令办事,不仅是"委托人"的权利,而且也是他们因为"害怕不公和压迫"而对"受托人"采取的预防措施。代表即便不喜欢这样的指令,也有义务执行,否则就只能辞职。人民之所以有权利向两院发出指令,是因为他们乃是"公共压迫"和"颠覆政府目的"的行为的"**合宪的裁决者**",而且他们的裁断和指令是"最后的和**决定性的**"①。极而言之,既然议会两院成员都是人民的代表,那就都应受人民指令的约束,否则便"破坏了选举的观念和代理权力的观念";如果参议院超越人民的控制,那么"我们的政府就可以叫做一个**参议院治理的政府**",而不是"人民治理的政府";在这种情况下,"我们的自由就必然最终让位于专制"②。

对于上面这些问题,精英政治论者提出了针锋相对的看法。他们宣称,代表接受的是人民的委托,具有独立性和自主性,在具体的立法过程中不受选民的控制和干预。这种主张近于现代政治学理论中所谓"自由的代表制"的理念。在前述马里兰的政治争端中,州议会参议院针对代表院的做法和观点进行了全面反击,坚决反对就两院在公共举措上的分歧诉诸人民,声称这样做不仅造成本州的"阵发性痉挛",而且会破坏"宪法所明智地确立的制约",剥夺参议院"辩论和做决定的自由",最终导致"势力"代替"理性"来统治,消灭自由,引出专制③。这就是说,立法代表具有独立议事和自由决定的权利,不能也不必事事遵从民众的意见。既然人民已将权力代理给一部分"具体的人"来制定法律,这些人又是"宪法所说的社会中睿智、理性和审慎的人",那么人民至少在一般立法过程中不得加以干预④。而且,"频繁干预的做法会完全摧毁政府的一切能量和人民所有的服从精神",很快就会导致无政府和混乱状况,最终毁灭"我们的自由"⑤。马里兰州安妮阿伦德尔县一些人在1787年2月8日的《马里兰日报》上刊登了一份征求签名的指令,对议会代表院和参议院关于纸币发行问题的争执发表意见,其中提到,"人民的信任乃是政府最好的资源";除非在"政府的目的将会遭到颠覆"

---

① Melvin Yazawa, ed., *Representative Government and the Revolution*, pp.35,55,64,65.
② Melvin Yazawa, ed., *Representative Government and the Revolution*, pp.57,60.
③ Melvin Yazawa, ed., *Representative Government and the Revolution*, pp.48-49.
④ Melvin Yazawa, ed., *Representative Government and the Revolution*, p.78.
⑤ Melvin Yazawa, ed., *Representative Government and the Revolution*, p.27.

"自由受到明显威胁"的关键时刻,"人民不能合宪地干预参议院的议事"①。这些意见伸张立法机构的独立性和自主性,明确支持"独立自由的代表制"。他们力求使人们相信,立法机构的独立和自主决不会导致专制和暴政②。

这种反对选民用指令干预立法的主张背后,有一整套精英政治的逻辑。在精英主义者看来,代表制的本质并非人民保持高于并控制立法机构的权力,而是人民向代表让渡权力;代表与其说是复述和听从民意,不如说是发现、提升甚至是塑造民意,他们有权利依据自己的知识、良知和判断来独立行动。因此,约束性的指令是一种危害性极大的做法,用它来干预立法尤其有害。马里兰州参议院宣称,代表不能完全听从人民中多数的意见,取悦于人民是十分危险的。而且,用指令来表达的民意也是极为可疑的,因为拿着指令找人逐一签名,不管他是否了解争议中的问题,也不管他是否与此事有关系,显然不能说明所有的问题。真正可靠的民意在于,"人民根据他们自己的知识和感觉而行动",从全国各地集合起来,就重要的问题形成某种"国民意见",只有这样的意见才有决定性作用。可是这种方式通常难以实行。更重要的是,"在一个真正的共和国,不存在用于统治者和被统治者的主人和仆人这样的政治观念";代表并不是人民的仆人,因而没有接受人民指令约束的义务③。

这些人进一步论证说,指令的效力在理论上和宪法上都是无据可依的。在所有各家的政治理论著作中,都没有直接或间接地提出,在一个代表制立法机构中,人民可以指定法律的内容,而他们的代表则必须遵从。而且,宪法作为人民普遍接受的"最初的公约",并没有明确规定,在代表制政府中立法机构仍然要听从"人民的指令和命令"④。马里兰的亚历山大·汉森总结了他与威廉·帕卡关于指令问题的不同立场:两种观点的根本分歧在于如何看待"指令的分量"。在一方看来,指令只是提供信息、抗议和建议,而另一方则把指令视为委托人给代理人的命令,或是主人给仆人的命令,并认为一旦指令未被遵从,人民就可以解除公约。汉森的结论是,马里兰的立法机构不受人民指令的约束,因为宪法并没有授权,这样的机制也从未实行过⑤。如果只要人民发出指令,立法机构就必须

---

① Melvin Yazawa, ed., *Representative Government and the Revolution*, p.54.
② Melvin Yazawa, ed., *Representative Government and the Revolution*, pp.148-149.
③ Melvin Yazawa, ed., *Representative Government and the Revolution*, pp. 49, 128-129, 141, 156-158.
④ Melvin Yazawa, ed., *Representative Government and the Revolution*, pp.94, 124.
⑤ Melvin Yazawa, ed., *Representative Government and the Revolution*, pp.127-128.

遵循,同意他们所要求的法案,这等于是人民在行使立法权①。这样一来,代表制还有什么存在的意义呢?

主张指令的正当性和约束力的人,无疑把指令看成人民的意见的表达。但是,在麦迪逊、古维诺尔·莫里斯、汉密尔顿和诺亚·韦伯斯特等人看来,人民的意见根本不可靠,它不仅很难真正为人所知晓,而且经常是错误的,因而代表就必须依据自己的良知和判断来行事。他们坚持认为,"一个代表应当拥有完全的议事自由,应当发表他自己的意见"②。诺亚·韦伯斯特明确地说,用"积极指令"(positive instructions)来约束和指导代表所依据的原则完全是错误的。一个地方的选民,心里只装着本地的利益,又缺乏充分的信息,怎么可能比掌握着来自各地的信息,并在会上仔细商议讨论问题的代表更好地判断什么是公共利益、某项法律是否合适呢? 美利坚人在政府原则上所抱的这类错误想法,已在很短的时期内造成了极其严重的弊端。他声称,"政府代表制的原则恰恰就是把给代表发出约束性指令(binding instructions)的权利排除在外",因为它们妨害公共议事的良好后果,阻碍产生健康有益的措施,"把代表变成机器""颠覆共和政府的各项原则"③。针对代表应当体现"人民的感觉"的观点,罗伯特·利文斯顿不屑地表示,人民的感觉是多种多样、好坏掺杂和变化无常的,如果代表一味地追随人民不断变化的感觉,"这会使他变成一个政治信风鸡"④。也正是因为认定人民的意见很不可靠,麦迪逊强烈反对在权利法案中增加"人民有权利向代表发出指令"一条。他认为,"约束代表的指令即便没有危险的性质,也具有某种可疑的性质"⑤。麦迪逊的态度反映了明显的精英政治取向。在他看来,代表必须具备独立性,必须依据自己的判断行事,参议院尤其要远离选民的影响;如果凡事都要听从选民的指令,那么代表制作为选择优秀分子执政的方式就失去了意义,变得与古代民主中的公民大会没有根本的差别。

---

① Melvin Yazawa, ed., *Representative Government and the Revolution*, p.145.
② James Madison, June 12, 1787; Gouverneur Morris, July 5, 1787; Alexander Hamilton, June 21, 1787; in Max Farrand, ed., *The Records of the Federal Convention of 1787*, Vol. I, pp.215, 529, 366; Giles Hickory (Noah Webster), "Government," *American Magazine*, March 1, 1788, p.206.
③ Giles Hickory (Noah Webster), "Government," *American Magazine*, March 1, 1788, pp.206-207.
④ Robert R. Livingston, June 23, 1788, in Jonathan Elliot, ed., *The Debates of the Several State Conventions on the Adoption of the Federal Constitution*, Vol. II, pp.275-276.
⑤ Charles F. Hobbson, et al., eds., *The Papers of James Madison*, Vol. 12, Charlottesville: University Press of Virginia, 1979, p.341.

关于代表任期长短的不同主张,同样牵涉到对代表权力的性质的认识。如果认为代表不过是人民权力的"代理人",那就必然相应地赞同代表任期短暂,主张频繁地更换代表,以防止代表异化为人民权力的主人,反过来压迫人民,危害自由。但是,那些把代表视为独立自主的"受托人"的精英政治论者,通常将代表的工作说成是一种专门的事业,需要有较长时间来熟悉;而且,了解和掌握信息也不是短期就能做到的事;因此,代表的任期必须较长,职位必须具备相对的稳定性。

议会代表和其他选举性的官员任期短暂,这是北美自殖民地初期以来一直存在的传统。殖民地居民普遍相信,选举产生的官员如果长期掌握权力,就会摆脱选民的影响和控制,变成以权谋私、压迫选民的人,因而须以定期的、频繁的选举来不断更换他们。马萨诸塞和宾夕法尼亚每年选举议会下院成员;在新英格兰还流行一句格言:"一年一度的选举终结之处,就是奴役发端之所。"① 英国的议员任期过长,这一点在殖民地曾深受诟病。革命开始后,各州的制宪者以英国制度为反面参照,普遍做出了一年一度选举议会下院成员的安排。康涅狄格的议员自拓殖地建立以来就是半年一选。只有南卡罗来纳议会的选举间隔最长,但也不过是两年。

在议会代表任期短暂的主张背后有两个支撑点,就是人民主权和自由的观念。许多人相信,一年一度的选举是人民制约其代表的有效手段,"有必要用一年一度选举的方式使代表依赖于人民";而且,"一年一度的选举对自由更为友好,权力越是经常地返回于人民手中,就越能保证对它的忠实行使";只要"政府的各种权力每年都返回于人民手中,他们的自由就不会受到什么威胁"②。1787年新宪法为国会成员和总统规定了长于各州议员和州长的任期,这一点引起了许多人的反感和警惕。他们认为,"两年一度的选举背离了民主的真正原则";宪法所规定的众议员、参议员和总统的任期,对人民的自由是十分不利的;因为常识表明,如果公共官员一年一选,或者一次只担任较短的时间,就会很自然地使他们"更依赖于人民",使之更"忠诚于公共委托",责任感更强。而且,"人民手中掌握着一旦他们的统治者行为不端就马上撤换他们的权力,于是人民对他们就有了最强有力的掌控;这样一来,经常性的选举比其他任何方式都更坚固地确立

---

① John Adams, "Thoughts on Government," in Charles Francis Adams, ed., *The Works of John Adams*, Vol.IV, p.197.
② Marc W. Kruman, *Between Authority & Liberty*, pp.82 - 85.

了他们的自由"。如果不实行一年一度的选举,其后果就是,"我们的联邦统治者将会成为主人,而不是仆人",就会"压迫人民""引入暴政"①。据他们的理解,所谓"自由政府"就是"权力经常返回到广大人民中间"的政府,它在原则上和其他任何政府一样,也是"最为稳定和有效的",并且能够为损害人身和财产权利的情况提供"及时而有效的补救"②。显然,这些人对权力与自由之间的紧张和对立有着十分清醒的意识,担心把权力长久留在少数人手中,对于多数人的自由和安全难免遗患无穷。

约翰·亚当斯早年明确支持一年一度的选举,但这是出于对马萨诸塞传统和惯例的遵从,同时也反映了革命初期浪漫主义的政治气氛。到了联邦制宪时期,对于邦联和各州普遍实行的代表频繁选举、短期轮换的体制,越来越多的人表示不满。本杰明·拉什针对邦联国会成员轮换过快的问题指出,一个官员刚刚适应其工作就让他离职,这是十分荒谬的,"政府是一门科学,如果不鼓励人们不仅用三年而且终身奉献于它,这门科学在美国就决不会得到完善"③。乔纳森·杰克逊也认为,"政治科学"只有借助经验和思考才能掌握,"良好管理的艺术"只有通过长期的实践才能获得④。当费城制宪会议讨论到官员的任期时,有人提出,一年一选只适合面积较小的国家和州,而整个美国地域太大,应该实行两年或三年一选;另有人主张三年一选以减轻代表对民众意见的依赖;还有人提醒说,频繁选举会使人民产生倦怠,可能有利于小集团上下其手⑤。关于联邦国会众议院成员的任期,制宪会议的与会者看法不一,有的主张一年,有的主张两年。麦迪逊力主三年,因为各州政府最大的弊端就是不稳定,需要以三年任期来加以纠正;而且,新政府管辖的地域甚广,政府成员需要三年时间来了解本州以

---

① Williams, June 21, 1788, in Jonathan Elliot, ed., *The Debates of the Several State Conventions on the Adoption of the Federal Constitution*, Vol.II, p.242; A friend to the Rights of the People (Thomas Cogswell?), "Anti-Federalist, No.1," in Herbert J. Storing, ed., *The Complete Anti-Federalist*, Vol. IV, p.236; Kingsley, Jan. 21, 1788, in Jonathan Elliot, ed., *The Debates of the Several State Conventions on the Adoption of the Federal Constitution*, Vol.II, pp.62-63;马萨诸塞批准宪法大会诸多代表的发言,in Jonathan Elliot, ed., *The Debates of the Several State Conventions on the Adoption of the Federal Constitution*, Vol.II, pp.4-16; Centinel, "To the Freemen of Pennsylvania," in Herbert J. Storing, ed., *The Complete Anti-Federalist*, Vol.II, p.142.

② "Letters of Agrippa," in Herbert J. Storing, ed., *The Complete Anti-Federalist*, Vol.IV, p.73. 该文作者可能是詹姆斯·温斯罗普(James Winthrop)。

③ Benjamin Rush, "To the People of the United States," in Hezekiah Niles, ed., *Principles and Acts of the Revolution*, p.234.

④ Jonathan Jackson, *Thoughts upon the political situation of the United States of America*, Printed at Worcester, Massachusetts by Isaiah Thomas, 1788, p.25.

⑤ Max Farrand, ed., *The Records of the Federal Convention of 1787*, Vol.I, pp.360-362.

外各州的不同利益;如果任期只有一年,那就仅够代表往返于所在地和政府之间①。

18世纪初以来,英国议会下院议员的任期长达七年,这曾是深为美国人所反感和鄙弃的制度。但是,在费城的制宪者却设立了一个任期达六年的参议院,这对长期习惯于代表短任期的美国人来说,不免带来极大的震撼和冲击,引出至为激烈的争议。当制宪会议讨论参议院议员的任期时,曾有三年、五年和七年等不同的提议。埃德蒙·伦道夫支持七年说,其理由是:"州立法机构的民主的动荡不宁,表明需要一个稳固的参议院。这个第二院的目的就是要控制全国立法机构的民主分支。"②这并不仅仅是他个人的看法,而是体现了一批与会者的意图:设立一个任期较长的参议院,有利于维护立法机构的稳定,保证治理的效率,防范民主带来的动荡。在批准宪法的辩论中,支持国会成员较长任期的思想逻辑也大体与此类似。在新宪法的拥护者看来,议员任期的长短应取决于是否既有利于代表了解人民的利益,又能保障代表对人民的依赖和忠诚。以美国领土之广阔,人口之众多,联邦立法事务之复杂繁难,众议员任期两年是完全必要的,并且也不会危害人民的自由。参议员任期六年同样必要而合理,因为他们要处理的国内外事务十分复杂,需要较长时间来掌握充分的信息和必要的知识;而且,观察其处理是否得当也需要相当长的时间。此外,任期较长还可以保持法律的稳定性和连续性,有利于才德之士积累经验来为国家服务③。

综上可见,主张代表任期短暂和经常轮换的人,关注的是人民对代表的控制和代表对人民的依赖;而支持代表任期较长和职位稳定的人,则希望以此赋予代表较大的独立性和更多的行动自由。显然,这两种主张及其相关的考虑,同政治学理论中关于"代理"和"委托"的区分,确有相近之处。

四、实际代表与实质性代表

在美国革命时期,有些人从民众和地方社会的角度看问题,认为群体、职业

---

① Max Farrand, ed., *The Records of the Federal Convention of 1787*, Vol.I, p.214.
② Max Farrand, ed., *The Records of the Federal Convention of 1787*, Vol.I, p.218.
③ Fisher Ames, Jan. 15, 1788, in Jonathan Elliot, ed., *The Debates of the Several State Conventions on the Adoption of the Federal Constitution*, Vol.II, pp.7 – 11; Nicholas, June 4, 1788, in Jonathan Elliot, ed., *The Debates of the Several State Conventions on the Adoption of the Federal Constitution*, Vol.III, pp.14 – 18; James Iredell, July 25, 1788, in Jonathan Elliot, ed., *The Debates of the Several State Conventions on the Adoption of the Federal Constitution*, Vol.IV, pp.40 – 41.

和地方的不同,一般会导致利益的差别,于是要求代表和被代表者之间拥有共同的利益,必须相互了解,彼此熟悉;而这种共同利益和相互了解的前提,必然是代表和被代表者在居住地点、职业、财产状况和社会地位等方面均有共同性,否则代表制就不可能是安全而可靠的,被代表者的自由和权利就难免受到威胁。简单地说,每一个群体和每一个地方,都必须在代表制机构中有自己的代表,否则就有丧失自由和遭受压迫之虞。这种代表制主张,在当时叫作实际代表制。

另外有些人则相信,相对于零散而分散的群体和地方利益,一个社会、一个国家的共同福祉更加重要;代表虽然来自不同的选区,但是他们是整个社会或国家的整体利益的代表。因此代表的居住地、职业和社会地位,以及他们与被代表者的了解和熟悉的程度,同他们所代表的利益之间并没有必然的联系。对于代表来说,知识、眼光、品德和判断力更加重要,这些素质和禀赋能使他们超越自己的身份、地位和居住地,而充当整个国家和全体国民的自由与幸福的看护人。在革命时期,这种主张叫做实质性代表制,体现的是精英阶层的优越感和大局意识。

在整个革命时期,实际代表制与实质性代表制的分歧和争论始终存在,只是或隐或现,时而集中,时而零散。这两种代表制理念的分歧,在英国政治中早已存在,而在北美成为一个受关注的问题,则始于抵制英国对殖民地的税收政策。当时,殖民地人士为声张和捍卫自己的权利,普遍质疑英国政府倡导的实质性代表制理念,极力主张实际代表制,认为一个远离被代表者的代表制机构不仅没有真正的代表性可言,而且是自由和安全的巨大威胁[①]。可是,待到宣布独立之后,美利坚人在反英时就代表制问题所形成的共识却逐渐消失,当年殖民地同母国之间的分歧,不期然地转移到了革命阵营内部。

在论及代表制的规模和意义时,许多人都强调要照顾美国各地纷繁多样的情况。无论是在具体某个州,还是在整个联盟,地域辽阔、气候多样、人口众多、职业和利益纷杂,这些都是人们经常提到的特点。因此,代表制的设置必须兼顾不同地区、不同职业和不同阶层的具体利益,只有让了解和同情这些具体的情感和利益的人来充当代表,才能保障人们的自由和权利。当时美国社会存在一个普遍的现象,就是上层和中下层之间互不信任,都认为自己的利益只有由来自本阶层的人充当代表才能得到保障。1776 年,费城有人发表文章表达了一种极端

---

① Bernard Bailyn, *The Ideological Origins of the American Revolution*, Enlarged Edition, Cambridge, Mass.: The Belknap Press of Harvard University Press, 1967, p.169; John Phillip Reid, *The Concept of Representation in the Age of the American Revolution*, pp.54, 84, 133.

的愤慨之情:宾夕法尼亚的议会没有为穷人提供保护;技工和农场主占本州人口的十分之九,可是他们却不能从自己的职业中选举统治者,也不能选择政府的形式;与其这样,还不如承认英国议会的统治,反正英国议会也不过是由绅士们构成的①。许多人认为,每个阶层和职业都要有自己的代表,因为众多的居民中必然存在不同的阶层,各自关心的东西不一样,于是自然形成"许多不同比率的利益";而他们对此时刻都有感觉,他们的幸福与此密切相关,这些不同的利益都绝对应当受到尊重②。而且,每一种具体的利益都不是陌生人所能了解的,因而必须由熟悉的人来代表;如果让那些距离遥远,其才干、禀赋和财产不为人所知的人来充当代表,其结果是至为危险的③。

一般说来,反联邦主义者大多旗帜鲜明地拥护实际代表制。纽约的反联邦主义者史密斯说:"当我们谈到代表的时候,我们的头脑中会很自然地出现这样的观念:他们很像他们所代表的那些人。他们应当是人民的真实影像,了解他们的情况和需求,同情他们的一切不幸,打算为他们谋求利益。"④乔治·梅森更具体地表达了这种代表制理念。他在制宪会议上强调,新的政府方案应当真正代表各州的人民;而"实际代表制的要求是,代表应当同他们的选民心心相印,像他们一样思想,像他们一样感受,而且,为了这些目的,还应当居住在他们中间"⑤。可是,最终形成的宪法草案却问题甚多,其中的代表制方案更是让梅森难以接受,因为它与"州政府的真实的(real)、实际的(actual)和有内涵的(substantial)代表制"完全不可同日而语。那么,什么是"真实、实际和有内涵的"代表制呢?他认为其基本要求是:"代表的数目应当充足;他们应当与人民混合,想他们之所想,急他们之所急;应当完全顺从他们,彻底地熟悉他们的利益和状况。"但是,新宪法中的"联邦代表制"方案一点也不具备这些要素,因而必然导致"压迫人民"的结果⑥。

的确,就地域和人口的规模与差异而言,要在美国维持实际代表制,代表在

---

① "For the PENNSYLVANIA PACKET," *Pennsylvania Packet*, March 18, 1776.
② "A Review of the Constitution Proposed by the Late Convention by A Federal Republican, 28 October, 1787," in Herbert J. Storing, ed., *The Complete Anti-Federalist*, Vol.Ⅲ, p.71.
③ Robert J. Dinkin, *Voting in Provincial America: A Study of Elections in the Thirteen Colonies, 1689-1776*, Westport, Conn.: Greenwood Press, 1977, p.58.
④ Melancton Smith, June 21, 1788, in Jonathan Elliot, ed., *The Debates of the Several State Conventions on the Adoption of the Federal Constitution*, Vol.Ⅱ, p.245.
⑤ George Mason, June 6, 1787, in Max Farrand, ed., *The Records of the Federal Convention of 1787*, Vol.Ⅰ, pp.133-134.
⑥ George Mason, June 4, 1788, in Jonathan Elliot, ed., *The Debates of the Several State Conventions on the Adoption of the Federal Constitution*, Vol.Ⅲ, pp.31-32.

人数上必须有充足的数目。这样才能使各个地区和各个群体都有自己的代表，使"人民的疾苦"更能得到全面的了解和解救①。人们诉诸"充分而自由的代表制"的概念，宣称"充分指的是人数，自由指的是选举的权利"②。"布鲁图斯"在一篇文章中写道，那些代替人民掌权的人，应当拥有人民的意见和情感，也就是要与他们所代表的人具有"强烈的相似性"，因为只要是真正的"美利坚人民的代表制"，就应当像人民；然而要使代表真正与人民相似，就必须有相当的数目，因为一个人或少数几个人，是不可能代表一大群人的情感、看法和性格的③。在宾夕法尼亚的新宪法反对者看来，如果代表人数太少，必定导致代表性不足和利益的失衡，不足以反映多样化的人民的各种不同利益，那将是"一种多么不充分、多么不安全的代表制！"他们的理由是，美国的国土如此广袤，人口多达三四百万，在"气候、物产、习俗、利益和意见"等方面差异如此之大，数目如此之少的代表，怎么可能收集他们的意见和主张呢？而且，如此之少的代表却掌握如此之大的权力，很容易受到腐败和不良势力的影响，难免危害人民的自由。这样一个国会，又怎么能得到人民的信任呢？④ 从人数和规模质疑联邦代表制的真实性和安全性，可以说是反联邦主义者的通用手法，因此他们提出的修改宪法建议中，大多包括增加代表人数一条⑤。

---

① John Taylor, Jan. 17, 1788, in Jonathan Elliot, ed., *The Debates of the Several State Conventions on the Adoption of the Federal Constitution*, Vol.Ⅱ, p.36.

② Letters of A Republican Federalist (James Warren), "To the Members of the Convention of Massachusetts," in Herbert J. Storing, ed., *The Complete Anti-Federalist*, Vol.Ⅳ, p.183.

③ Brutus, "To the Citizens of the State of New York," in Herbert J. Storing, ed., *The Complete Anti-Federalist*, Vol.Ⅱ, pp.379-382.

④ "The Address and Reasons of the Minority of the Convention of Pennsylvania to Their Constituents," in Herbert J. Storing, ed., *The Complete Anti-Federalist*, Vol.Ⅲ, pp.158-159, 163. 梅森在弗吉尼亚批准宪法大会(1788年6月11日)也表达了类似的观点。See Jonathan Elliot, ed., *The Debates of the Several State Conventions on the Adoption of the Federal Constitution*, Vol.Ⅲ, p.266.

⑤ 埃尔布里奇·格里向马萨诸塞议会解释自己为什么反对新宪法的一条理由是，它没有为人民提供充分的代表。See Jonathan Elliot, ed., *The Debates of the Several State Conventions on the Adoption of the Federal Constitution*, Vol.Ⅰ, p.493. 另外，"A letter from a Gentleman in a Neighboring State Conventions to a Gentleman in this City" (*Connecticut Journal*, 17 and 24 October 1787)中说：众议院的代表制规模大小，不足以处理一个如此广大的国家的事务，See Herbert J. Storing, ed., *The Complete Anti-Federalist*, Vol.Ⅳ, p.9. 宾夕法尼亚反联邦主义者提出的宪法修改方案中，其第10条为适当增加联邦众议院的成员的人数，See Herbert J. Storing, ed., *The Complete Anti-Federalist*, Vol.Ⅲ, p.151. 在北卡罗来纳批准宪法大会上，反对宪法的多数派于1788年8月1日提出宪法修正案，其中第2条称，每3万人须有1名代表，直至代表总数达到200名，See Jonathan Elliot, ed., *The Debates of the Several State Conventions on the Adoption of the Federal Constitution*, Vol.Ⅳ, p.244；马萨诸塞反对派提出的修改意见也要求，在众议院成员达到200名以前，每3万人须有1名众议员。See Jonathan Elliot, ed., *The Debates of the Several State Conventions on the Adoption of the Federal Constitution*, Vol.Ⅰ, p.322.

可是,按照实际代表制的逻辑推断,一种涵盖面甚广的全国性代表制,不论代表人数有多少,也不论规模有多大,其代表性和可靠性也不能同小范围内的代表制相比拟。在反联邦主义者看来,共和国的空间规模,直接关系到代表制能否有效地体现民意和保护自由。如果共和国面积过大,将会扭曲代表制,使之有名无实,最终导致人民丧失自由。

在联邦宪法制定以前,美利坚人所熟悉的代表制通常限于殖民地或州的范围,这种经验影响了他们对代表制的空间维度的看法。新宪法设立的是一种涵盖整个大陆的代表制政体,这不免引得许多人心生疑虑:代表制在如此巨大的范围内是否有效?首先,他们担心,在如此辽阔的国土上,气候、物产和生业各色各样,居民在人数、利益、道德和政策上也各有分别,要形成某种保证自由、安全和繁荣的联盟,并且采用"民主的原则"来治理,可能是极端困难的[1]。其次,他们通常认为,人民必须由经过其代表同意的法律来统治,而他们选择代表的方式和数目,就必须有利于掌握和表达人民的意见;如果代表不了解或不能表达人民的意见,人民就没有在进行统治,主权便落入了少数人手中。可是,在一个面积辽阔的国家,根本不可能形成一种能够很好地掌握和表达人民意见的代表制。再次,他们注重合众国各地的差异,觉得居民在意见、法律和习俗上如此不同,一个由来自各地的代表所组成的立法机构,肯定会产生不断的摩擦和冲突。最后,国土广袤,人口分散,人民根本不能熟悉其统治者,不了解他们在做什么,也很难更换他们,于是人民就不会信任立法者,反而会怀疑他们制定的每一法令,不肯支持他们通过的法律,以致政府不能有效运作,只有依靠武力来执行其法律。总之,在一个像美国这样范围广大的国家,立法机构不可能照顾到不同地区的利益和需要,"自由的共和制"也就难以存在下去[2]。归根结底,反联邦主义者所向往的代表制,是他们认为能真正保护自由的制度,它只能存在于州一级。他们认为,革命时期"在各州几乎发展到完美地步的代表制",在新宪法设计的全国政府

---

[1] Cato, "To the Citizens of the State of New-York," in Herbert J. Storing, ed., *The Complete Anti-Federalist*, Vol. II, pp. 110 – 112; Centinel, "To the Freemen of Pennsylvania," in Herbert J. Storing, ed., *The Complete Anti-Federalist*, Vol. II, p.141; "Luther Martin's Letter on the Federal Convention of 1787", in Jonathan Elliot, ed., *The Debates of the Several State Conventions on the Adoption of the Federal Constitution*, Vol. I, pp.362 – 363.

[2] Brutus, "To the Citizens of the State of New York," in Herbert J. Storing, ed., *The Complete Anti-Federalist*, Vol. II, pp.369 – 371.

框架中是不可能行得通的①。

　　实际代表制带有显而易见的地方主义性质,这一点也不难理解。革命时期的美国还是一种"岛屿式社会",国家意识比较淡薄,公共福祉相对抽象,唯有税收、战争与外交等问题涉及整体利益。与此相应,各地的地方利益则是界线分明的,诸如修路、建桥、办学、监狱改造等,都是地方的首要关切;各地的居民担心自己的利益在立法机构得不到表达,也担心其他地区以种种名义牺牲自己的利益,因而要求有了解本地情况并与本地有着认同感的人在立法机构表达诉求,维护权益。而且,建国初期的交通和通讯存在很大的制约,人员往来和信息沟通都十分不易,而议会代表通常远离选民,长期集中于州府或首都,难以经常感受到选民的影响,这就使得代表和选民之间的相互了解和同感具有异乎寻常的重要性。然则随着商业、工业和交通的发展,全国各地愈益联为一体,政策的覆盖面和涉及面也愈益广泛,代表的地方性容易变成立法的障碍,于是地方代表制和行业代表制的理念,就逐渐失去了效力。

　　即便是在革命和建国时期的实践中,实际代表制也遇到了某些绕不过去的难题,这就为心仪实质性代表制的人抨击这种理念提供了口实。1776年5月,约翰·亚当斯在与詹姆斯·沙利文讨论"代表制会议"得以成立的原则时,就触及了这方面的问题。亚当斯承认,"在理论上,人民的同意构成政府唯一的道德基础",但是,这并不意味着所有人无分老少、男女、贫富,都必须对每一立法表达同意;"社会只能依据一般规则来统治",多数人统治少数人是不可避免的事②。这就是说,代表制在任何情况下都难免带有某种"实质性"。到了联邦立宪时期,汉密尔顿则对实际代表制加以毫不留情的抨击,呼吁人们放弃这种不切实际的空想。他在《联邦主义者文集》第35篇中谈到,不论美国社会有多少不同的阶层,有多少不同的利益,立法机构仍不外是由商人、专业人员和土地所有者的代表所构成;这些人不仅能代表本阶层、本职业的利益,而且也是其他人和整个社会的利益的代表;再者,选民在投票时也会超越自己的阶层和职业的范围,从其他阶层和职业中选择那些最能代表其利益的人③。诺

---

　　① Smith, June 20, 1788, in Jonathan Elliot, ed., *The Debates of the Several State Conventions on the Adoption of the Federal Constitution*, Vol.II, pp.227-228.
　　② John Adams to John Sullivan, May 36, 1776, in Robert J. Taylor, ed., *Papers of John Adams*, Cambridge, Mass.: The Belknap Press of Harvard University Press, 1979, Vol.4, pp.208-212.
　　③ Alexander Hamilton, "The Federalist No.35," Hamilton, Madison, Jay, *The Federalist Papers*, pp.214-217.

亚·韦伯斯特在这个问题上承袭了伯克的思路,认为由"小社区自由民"选出的"代理人",绝不仅仅代表着具体的地方选区的利益,而应关照整个州,也就是全体的利益;虽然代表是由一部分人选出的,但他在行事时要像是由全体选出的一样,一心考虑"全体自由民"的利益,否则就违背了自己接受的委托①。这些人对实际代表制加以质疑和批驳,并对当年深为反英人士所痛恨的实质性代表制重加青眼,主要反映的也许不是革命后期政治文化的转向,而是贯穿革命始终的民众主义和精英主义的分歧。

在汉密尔顿等人看来,美国社会虽然存在多种不同的利益,但是这些利益是相互联系、唇齿相依的,因而代表制同特定的职业及阶层未必有必然的关联。而且,正是在多种利益的博弈中才形成了社会共同的整体利益,而代表制机构正是要体现和照顾这种全社会的利益。他们力图使更多的人相信,正是基于这种利益的交叉、依存、博弈和整合,才保证由少数精英代表主政的联邦政府不会,也不可能侵害不同阶层和不同地区的人民的利益。在费城制宪会议上,南卡罗来纳的拉特利奇就第一院的选举方式发言称,人民的间接或直接选举的区分并不是固定的,因为自己行动和由别人行动乃是一回事;把第一院成员的选举交给各州立法机构,会比人民直接选举更好,更有可能呼应整个社会的想法②。诺亚·韦伯斯特也曾批驳地方代表制的观点,认为那不过是"一种粗陋的代表制观念中的一条错误的原则";在州的层面上,一个来自任何村镇或县的代表,在立法机构中乃是整个州的代表;在制定法律时,他应当考虑州的整体利益,而不是仅仅考虑选举他的村镇或县的利益。这一原则同样适用于作为全国代表制机构的国会,代表制的目的就是要照顾联盟的整体利益③。那么,什么样的代表能够突破地方的局限而能看到和表达全国的整体利益呢?当然是有才干和美德的优秀分子。为了选出这样的代表,应当实行大选区制;选区越大,就越有可能选出睿智而有品德的人物,就越符合代表制的宪政原则④。

---

① Giles Hickory (Noah Webster), "Government," *American Magazine*, March 1, 1788, p.209.
② John Rutledge, June 21, 1787, in Max Farrand, *The Records of the Federal Convention of 1787*, Vol.I, p.359.
③ Noah Webster, "An Examination into the Leading Principles of the Federal Constitution", in Paul Leicester Ford, ed., *Pamphlets on the Constitution of the United States*, New York: Da Capo Press, 1968, pp.39 – 40.
④ James Wilson at the Federal Convention, in Max Farrand, ed., *The Records of the Federal Convention of 1787*, Vol.I, pp.48 – 49, 56, 132 – 135; James Wilson, Dec. 11, 1787, in Jonathan Elliot, ed., *The Debates of the Several State Conventions on the Adoption of the Federal Constitution*, Vol.II, p.508.

同样是出于明智而有效率地处理全国性事务的考虑,精英政治论者主张适当控制代表制机构的规模,代表人数不宜过多。他们觉得,从有效而合理地议事与立法着眼,只有代表人数较少才能避免混乱,提高效率和合理性;代表制机构规模越大,效率就越低①。奥利弗·埃尔斯沃思谈到,联邦立法机构处理的是全国的一般性事务,从各州选出 5—10 个诚实、睿智而有经验的人,其能力远胜于 100 个人②。汉密尔顿声称,人数多寡并非能否代表人民的关键;要赢得人民的信任,并不是必须实行人数众多的代表制,而只要有"良好的政府管理",就很容易赢得人民的信任③。他在这里展现了一种以治理和效率为先的技术主义思路。不过,麦迪逊在这方面的思考更具政治哲学和历史的色彩。虽然他并非按照后来的勒庞那种"群体心理学"的原理看问题④,但他却同样意识到,人的判断和行动同时受到激情和理性的支配,而聚集的人数越多,群体的激情就越容易压倒个体的理性;可是政治却只能是理性的事情,如果立法机构人数过多,激情就会占据优势,造成混乱和狂暴,不仅妨碍甚至无法进行理性的议事和决策,而且必然导致少数长于蛊惑和煽动的野心家上下其手,谋求私利,颠覆设立政府的本来目的。他指出,国会众议院并非人数越多越好,相反,立法会议构成的人数越多,就越容易产生弊端,当人数超过一定限度以后,"政府表面上可能变得更加民主,但激活它的灵魂则会更具寡头性质"⑤。在他看来,这一点正是依靠公民大会决策的古代民主的死穴。于是他断言:"即便每个雅典公民都是苏格拉底,每次雅典的公民大会仍是乱民聚会。"⑥

在代表制的空间规模上,新宪法的拥护者相信,代表制与共和政体可以相互支撑和相互促进。一方面,代表制使得共和制可行之于面积广大的国家;另一方面,大共和国更有利于发挥代表制的功能。麦迪逊多次论及,大共和国与代表制

---

① James Madison, Oliver Ellsworth, et al, July 10, 1787, in Max Farrand, ed., *The Records of the Federal Convention of 1787*, Vol.I, pp.568 – 570.

② Oliver Ellsworth, "A Landholder IV," in John Kaminski, et al., eds., T*he Documentary History of the Ratification of the Constitution*, Madison: State Historical Society of Wisconsin, 1983, Vol.XIV, p.233.

③ Alexander Hamilton, June 12, 1788, in Jonathan Elliot, ed., *The Debates of the Several State Conventions on the Adoption of the Federal Constitution*, Vol.II, pp.253 – 254.

④ 参见古斯塔夫·勒庞:《乌合之众:大众心理研究》,冯克利译,北京:中央编译出版社 2005 年版。

⑤ James Madison, "The Federalist No.58," in Hamilton, Madison, Jay, *The Federalist Papers*, pp.360 – 361.

⑥ James Madison, "The Federalist No.49, No.55," in Hamilton, Madison, Jay, *The Federalist Papers*, pp.317, 342.

相辅相成,能带来很大的优势。他在制宪会议上谈到,地域辽阔的共和政体能够有效防范多数派联合起来危害自由①;在《联邦主义者文集》第10篇中,他再次论述了采用"代表制方案"的共和国防止宗派弊端的可能,并声称,代表制共和政体可以推广到更大数目的公民和更大面积的国土②。他的意思很明确,共和国面积辽阔非但不会减损代表制维护自由的功能,反而有助于防止多数人压迫少数人,抑制派别精神的破坏,从而更好地维护自由。在南卡罗来纳批准宪法大会上,查尔斯·平克尼也表达了类似的看法,称小共和国更危险,而代表制使得大共和国更有利于维护自由③。他们的意图在于说服人们,新宪法设计的联邦代表制不仅不会带来危害,而且比州一级的代表制更能保护自由和安全。

尽管联邦主义者很少明确地使用"实质性代表制"的提法,但是反联邦主义者却指责新宪法设计的代表制与当年英国的实质性代表制毫无二致。帕特里克·亨利在弗吉尼亚批准宪法大会上发言说:"我们曾就代表制与英国人抗争,他们给予我们的代表制与现在国会给予的完全一样。他们把它叫做实质性代表制。如果你看看这一文件,你也能在那里找到它。在上院难道不是只有实质性代表制吗?每个州**作为州**由2名参议员来代表。这是实质性的,而不是实际的。……这不是实际代表制。"④

不过,亨利所抨击的这种实质性代表制,同18世纪英国政治领导人倡导的实质性代表制之间,毕竟存在许多明显的差别⑤。联邦主义者诉诸实质性代表制的理念来为新宪法辩护,目的在于说明人数少而权力大的国会能够反映全国公民的意见,维护国家的整体利益,而不是意在割断代表制与选举之间的直接关联,也不是反对代表与选民之间的相互了解。另外,宪法规定国会众议员选举的时间和方式均由州议会确定,联邦代表制也没有取代各州代表制,而后者更多地

---

① James Madison, June 6, in Max Farrand, ed., *The Records of the Federal Convention of 1787*, Vol.I, p.136.
② James Madison, "The Federalist No.10," in Hamilton, Madison, Jay, *The Federalist Papers*, pp.81–82.
③ Charles Pinckney, May 14, 1788, in Jonathan Elliot, ed., *The Debates of the Several State Conventions on the Adoption of the Federal Constitution*, Vol.IV, pp.325–327.
④ Patrick Henry, June 12, 1788, in Jonathan Elliot, ed., *The Debates of the Several State Conventions on the Adoption of the Federal Constitution*, Vol.III, p.324.
⑤ 关于英国18世纪的实质性代表制观念的讨论,参见 H. T. Dickinson, "The Representation of the People in Eighteenth-Century Britain," in Maija Jansson, ed., *Realities of Representation: State Building in Early Modern Europe and European America*, New York: Palgrave, 2007, pp.29–30; John Phillip Reid, *The Concept of Representation in the Age of the American Revolution*, pp.45–47; Edmund S. Morgan, *Inventing the People*, pp.216–218.

体现了实际代表制的要求。如果参照英国式的代表制观念,联邦主义者所倡导的代表制,更像是实际代表制同实质性代表制的折中。反联邦主义者把它指斥为实质性代表制,这说明到了制宪时期,实际代表制的观念仍然居于强势,而实质性代表制仍然带有"污名"色彩。

五、寻求精英与民众的共治

在现代政治学理论中,关于代表制有各色各样的分类。马克斯·韦伯提到过"被占用的代表权""等级式代表权""'奉命'代表""自由代表"等类型[①]。政治学家菲利普·佩蒂特划分了受权代表的两种类型:其行为表明被代表者会如何行动的"标志型代表者"(indicative representers);听从被代表者的要求而行动的"回应型代表者"(responsive representers)。他称前者为"代理人"(proxies),后者为"代行者"(deputies)[②]。政治学家汉娜·皮特金则对代表制的理论类型做了细致的讨论,提出了"授权论"(authorization view,代表是一个获得授权去行动的人)、"责任论"(accountability theory,代表须向选民负责并做出交代)、"相似论"(standing for,代表要与被代表者对应或相似,立法机构类似于选民的"镜子")、"象征论"(symbolic representation,代表只是象征性的,法西斯的代表理论即属此类)等范畴[③]。这些对代表制的清晰的类型学分析,在美国革命时期固然是不存在的,但是当时人从现实政治的考量出发,经常就代表制的意义、机制和功能展开讨论,形成了多种具有类型学意义的代表制概念,触及了后世政治学家在论及代表制时所关心的各种问题。而且,在美国革命者的思想中,关于代表制的不同理解之间并没有截然分明的边界,他们的分歧和争论,比纯粹学理的表述要复杂得多。

无论从何种意义上说,革命一代关于代表制的分歧是全面而尖锐的,争论至为激烈。其中既涉及政治原则和价值取向,也包含制度安排和技术操作,而最根本的分歧缘于如何理解和诠释人民主权,如何看待人民在共和制政府中的地位,

---

① 马克斯·韦伯:《经济与社会》上卷,阎克文译,上海:上海人民出版社2010年版,第410—411页。
② Philip Pettit, "Varieties of Public Representation," in Ian Shapiro, et al., eds., *Political Representation*, pp.64 – 65.
③ Hanna Fenichel Pitkin, *The Concept of Representation*, pp.38, 39, 56, 57, 60, 61, 62, 64, 81 – 82, 92, 102, 107, 108, 111.

如何使代表制政府反映和维护人民的利益。如果借用二元对立的思维模式,可以从以上的分歧和争论中识别出许多组相互对立的观点:权宜论对可取论,相似论对替代论,代理论对委托论,同意论对决策论,保护论对治理论,地方主义对国家主义,强制代理对自由委托,实际代表对实质性代表,等等。但是,这类对举不仅显得零碎支离,而且不能清楚地揭示不同的代表制理念分歧的症结和意义之所在。

汉娜·阿伦特在《论革命》中谈到:"代表制有两种情形:一种是作为人民直接行动单纯的替代品,另一种是人民代表对人民实施的大众化控制式统治。"① 政治学家J. R. 彭诺克在论及各种代表制理论时,提到了"精英主义"(elitist)、"民众主义"(populist)、"宪政主义"(constitutionalist)和"社会多元主义"(social pluralist)的分野②。这类见解固然来自于规范性研究,但是对理解美国革命时期关于代表制的争论却也不无启发意义。

概而言之,美国革命时期主要存在两种代表制主张的分歧与竞争。其中一种体现了普通民众和地方社会的立场,其要点是:虽然人民把权力授予代表行使,但人民仍然是权力的主人,代表制只是落实人民主权的权宜方式;代表制的目的就是要忠实地代表人民的意愿和利益,但是代表不会自觉或永远履行这一使命,因而选民对代表须保持戒备和监督,尤其要防范少数上层阶级成员滥用人民的委托,民众必须采用指令、经常的选举和问责等手段来控制和约束代表,促使他们顺从民意;如果代表辜负了人民的委托,人民甚至可以采取收回权力的终极手段;由于人民中存在多种多样的具体利益,而不同的地区、不同的职业、不同的阶层都需要得到平等的代表,因此代表数量必须较多,必须来自与选民相同的阶层和居住地,并同选民有共同的情感和利益,与他们相互了解,保持密切联系;代表的任期不能过长,须频繁地轮换,以免他们滋生独立性,背离代表制的宗旨和违背人民的委托。这种代表制理念包含着一个潜在的思想逻辑:代表制政府是人民无法亲身立法的不得已的替代物,它在根本上不可能自动而忠实地维护人民的利益,因而人民必须对它加以监督、指导、问责和控制。这种意识同后来学者所说的"政治多疑症"和"反国家权力主义"有某些相通之处。

另一种代表制理念则体现了精英群体的理想和诉求,其要点是:虽然一切

---

① 汉娜·阿伦特:《论革命》,陈周旺译,南京:译林出版社2007年版,第222页。
② J. R. Pennock, *Democratic Political Theory*, Princeton: Princeton University Press, 1979, p.136.

权力来自于人民，然则人民一旦把权力委托给代表以后，他们实际上就让渡乃至放弃了权力；人民的权力交由代表来行使，是一种远比人民亲自行使权力更为优越和可取的体制；代表制的精髓在于人民选择具有出色的素质和能力的精英分子来执掌权力，为此应采用大选区，限制代表人数，赋予代表较长的任期；只要代表不损害人民的利益，他们就应当得到人民的信任，拥有依据自己的良知和判断独立行事的自由；代表不应成为选民情感的"信风鸡"，而要过滤、提升甚至抵制公共意见，以保证代表制的良性运作，因而选民不得用约束性的指令来干预代表的立法活动；由于代表制涵盖整个美国，因而代表须克服地方偏见，开阔眼界，成为全国或全社会的共同利益的代表。这种主张也有一个潜在的思想逻辑：人民无法了解什么是自己的真正利益，也不可能亲自维护和推进这种利益；而代表不仅能替人民做出恰当的判断，而且会自觉地维护和推进人民的真正利益；因此，只有赋予代表独立判断和自由行动的权利，才能实现代表制政府的目标。

  如果要深入理解上述分歧的性质和意义，就必须回到这一分歧发生的历史语境。略作探究便可发现，在关于代表制的争论背后，始终存在着不同的群体和多样的利益之间的冲突和博弈。在美国革命史学中，从查尔斯·比尔德和卡尔·贝克尔开始，一直有史家强调美国社会内部多种势力以及相关的意识形态的冲突，他们曾用许多不同的二元对立范式来描述这些冲突：债权人对债务人，农业利益对商业利益，地方主义对国家主义，共同主义对自由主义，共和对民主，美德对商业，民主派对辉格派，激进派对保守派，民众对精英，等等。近期一批美国革命史家则尤其关注民众与精英的对立和斗争，并且站在民众的立场上对精英痛加贬斥，在革命史写作中着力塑造民众的高大形象①。注重对立和斗争，较之强调和谐一致的观点，可能更有利于了解美国革命的复杂性和不确定性。综合众多美国史家的研究可以看出，革命激活了多种多样的政治能量，不同经济地位和政治立场的人们，在革命的舞台上积极扮演不同的角色，形成纵横交织、立体多向的人物关系，演绎错综复杂、曲折多变的剧情，构成了一部精彩生动的社会政治戏剧。在以代表制为中心的思想观念领域，也有类似的景象。精英和民众相互间的分歧、猜忌和斗争，确实贯穿了革命时期的始终，这一事实也确实极大地影响了精英领导人和民众代言人的政治思维和政治主张。

---

  ① 参见李剑鸣：《意识形态与美国革命的历史叙事》，《史学集刊》2011年第6期；《"山重水覆"抑或"柳暗花明"——记费城的一次美国革命史研讨会》，《社会科学论坛》2013年第10期。

但是，片面聚焦于对立和斗争，又有可能遮蔽其他许多东西。美国学者伊莱沙·道格拉斯谈到，革命期间的辉格派和民主派之间有互补性，"自由主义和民主制两者在革命时期都变成了强大的力量，对这个国家的未来乃是一件幸事"①。诚然，把革命时期的政治格局说成是辉格派和民主派的较量，并把前者归入自由主义范畴，后者归入民主主义范畴，似乎带有"后见之明"和"时代倒错"的嫌疑；但是，他考虑到了不同势力、不同观点和不同主张的互补，这倒是一种富于启发性的思路。

首先必须看到，无论是精英还是民众，都处在同一种革命的潮流中，都接受乃至信奉共和主义。进一步说，在精英主义和民众主义之间有着基本的"交叉重叠的共识"，这就是，政治社会的最高目标在于促进共同福祉，构成共同福祉的要素是个人的自由和安全，而最有利于维护个人自由和安全的体制，唯有基于人民主权原则的代表制共和政体；然而任何政府都具有两重性，它既为推进共同福祉所必需，又随时可能走到其对立面，变成压迫和暴政的工具；因此，必须采取适当的机制在授予代表权力的同时对其权力加以限制，合理地控制权力运行的方式和范围。但是，紧接这一共识之后却是纷至沓来的分歧。什么样的人适合担任代表，授予代表什么样的权力，如何限制代表的权力，以及限制到何种程度，这些看似技术性的问题，在革命一代心目中都关涉政体的原则和性质，因而成为他们反复争论的主题。

从政治文化的视角看，围绕这些问题出现的分歧的关键在于，如何看待人民在共和制政府中的地位。民众主义者肯定人民的政治素质和能力，认为他们具备明智的判断力，能够形成共同的政治意识，采取共同的政治行动。他们强调通过代表制来落实人民主权，开辟人民参与政治的渠道，以可靠地维护人民的自由和安全。精英领导人则普遍怀疑人民的政治素质和能力，认为他们缺乏知识、信息和共同行动的可能性，易于受到蛊惑，经常为少数"居心叵测之徒"所利用。因此，代表制政府只能是优秀分子掌权的政府，唯有人民放弃权力，唯有排除人民对政府的直接参与和干预，赋予代表独立自由地行动的权利，才能建立稳定而合理的统治秩序，实现政治社会的核心目标。

然而，两种主张在逻辑上和实践上都面临各自的难题。民众主义者承认代表制对现代国家具有不可或缺的意义，同时又十分警惕代表制所包含的贵族制

---

① Elis'a P. Douglass, *Rebels and Democrats*, p.326.

的潜在风险,主张使代表依赖于人民,加强人民对代表的监督、制约和指导,并以短任期、常轮换来削弱代表的独立性,以防止官员滥用权力,违背其委托。虽然他们一般很少有机会亲身参与国家制度的设计,但他们所发出的声音却融入了当时的政治风气和舆论气候,而且因其迎合普通民众的心理和诉求而具有不能忽视的影响力。革命的精英领导人通常能感受到这种政治风气和舆论气候,这就在无形中给他们带来限制和压力,甚至对他们的言论和行动起到了某种塑造性的作用。精英主义者当然也不是同质一体的,他们中有人接受民主的原则,有人则反感民主的风气,然则他们都是敏感而睿智的政治人物,对于革命时代持续涌动的民主热情,对于民众主义者的不断挑战,不可能无动于衷。他们精明地接过了民主的话语,并悄悄加以改造,使之发挥辩解和说服的效用,以利于实施他们所心仪的制度安排。可是,他们没有料到的是,这种经他们改造和转化的民主话语,进而激发了新的民主热情,为随后的政治民主化留下了可用的意识形态资源。精英政治一旦披上民主的外衣,就不复可能以原来的面目行世,而必须向着民主的方向靠拢,以免因其一目了然的欺骗性和虚伪性而遭到唾弃。

因此,革命期间代表制的转化,带有明显的妥协和折中的色彩。不妨设想,倘若民众主义变成一股失控的潮流,就很可能冲决秩序和制度的堤防,稳定的代表制政府迟迟不能建成,最终难免出现社会失序乃至国家失败;另一方面,倘若精英主义全面得势,无所顾忌,就很可能顺利地确立精英贵族的统治,民众则被完全边缘化,出现当时英国那种少数有产者自命代表所有人的特权代表制。正是因为民众主义提供民主化的动力,而精英主义又带来保守稳健的制动,两者在共和主义框架中相互平衡与中和,才造就了美国早期的代表制政体。

可见,民众主义和精英主义的分歧,以及背后的精英和民众的冲突,相互之间并非一种简单对立的关系,而始终充满激烈的博弈、竞争与妥协。一般说来,实际运行的代表制政府,无论如何都带有天然的精英取向,因为选举产生的代表不论来自什么阶层,以其人数少、名望大和权力重而必然具备精英性质。在这种情况下,民众主义的代表制主张,在理念的层面可以构成一道意识形态屏障,阻挡代表的精英倾向;在实践的层面则可能动员民众积极参与政治,进行政治抗争,防止精英政治恶性发展,有利于把公共意见转化为公共政策。这样一来,民众主义和精英主义关于代表制的分歧与竞争,同民主政治的走向就有了直接的相关性。当民众主义处于强盛状态时,民主化便能取得进展;当精英主义占据优势时,通常会产生查尔斯·蒂利所说的"去民主化"现象①。正是在这个意义上,在精英主义和民众主义的博弈、竞争和妥协中发生的代表制转化,才意味着一种寻求精英与民众共治的努力,而这种努力则预示了此后美国民主的基本走向。

当然,这种民众主义和精英主义的两分法,也难免带有"化约论"的色彩。实际的情形总是比任何标签式的概括要丰富和复杂得多。倘若再把民众主义和精英主义的分歧转化为民主和反民主斗争,并以直线式的民主化路径来描述代表制的转化,那就更难清晰地把握美国革命在现代民主形成中的作用和影响。革命时期非比寻常的年代,在短短二十余年时间里,美国人对民主的理解和态度发生了急剧的变化,民主观念变动不居而复杂多样,很难置于当今意义上的民主和反民主的框架中。民众主义和精英主义的分歧和博弈,只是两股不断组合的力量、两套不断变化的理念的交锋。其结果也不是某种单一主张的胜出,而是不同的主张在冲突和争议中相互改造和悄然糅合,只不过精英主义在其中占据了明显的优势。这可能是缘于经历过动荡纷扰的时代之后,多数美国人期盼秩序和稳定,希望构建一套具备充分治理和控制能力的国家制度,而精英主义的方案正能迎合这种心理,更能适应革命后期和建国初期的形势。民众主义的主张固然一时缺乏可操作性,不利于强化国家的治理和控制能力,但是却在新国家的构建中发挥了不能忽视的作用:不仅对精英主义倾向施加某种制动或平衡,使之不至于完全滑向贵族精英的统治,而且给此后的政治民主化准备了观念和制度的资源,为19世纪前三四十年强劲的民主化运动积蓄了能量。这一点往往为后世的史家所忽略或轻视。在许多论者看来,似乎联邦宪法得到批准和生效,便意味着联邦主义者的代表制主张获得了完全的胜利,而反联邦主义者及其所体现的民众主义观点已然被历史所抛弃。实际情况并不是这样。在联邦宪法生效三十来年之后,美国便进入一个民主化的高潮时期,其中关于代表制的理念和机制的革新,所诉诸的正是与革命时期民众主义思潮一脉相承的话语逻辑②。

这也就是说,美国革命并未终结关于代表制的分歧和争端,妥协和折中也只是暂时的状态;争论并未达成恒久的共识,而不啻是埋下了新的分歧和争论的种子。此后,相关的问题和争端还会一再出现,围绕代表制的民众主义和精英主义的博弈与竞争,将在不同的语境中以不同的方式反复发生,此消彼长,并在一定

---

① 参见查尔斯·蒂利:《民主》,魏洪钟译,上海:上海人民出版社2009年版,第13页。
② See Alfred De Grazia, *Public and Republic: Political Representation in America*, New York: Alfred A. Knopf, 1951, pp.115-128.

程度上标示出美国民主政治的走向,也就是"民主化"和"去民主化"交替出现。

在美国后来的政治变动中,代表制也经历了许多的变化。随着政党政治的兴起和变异,政党立场和党派利益逐渐主导代表的取向和判断;选民对代表的直接的影响、监督和制约持续弱化,而利益集团游说活动的重要性不断上升;立法议题越来越复杂多样,立法机构专门委员会制度不断发展,代表制的运作越来越趋于专门化和技术化;行政权以立法权的弱化为代价而走向扩张,对立法的干预也越来越大;社会的组织性和整体性增强,信息传播手段愈益快捷和便利;国内和国际各种压力对国家提出了新的要求,经济、福利和安全成为国家和国民的头等关切,导致"全能国家"崛起。所有这一切都改变了代表制的功能,重塑了代表制的性质,以致当今美国的代表制与革命一代的理解和期望已有霄壤之别。

 导读:

如何捕捉历史中的关键词?如何通过关键词理解一个时代的思想观念?

有前贤说,懂得名词,也就懂得了思想。通过关键词来理解一个时代的思想,的确是一条便捷而有效的途径。美国革命时期有若干出现频率很高的名词,诸如"革命""共和""民主""人民""自由""平等""美德""代表制"等,其中包含着当时最为重要的思想观念,而梳理这些名词的含义,即可大致了解美国革命的舆论气候,摸清美国建国的政治逻辑。同时,美国革命也是一个"改天换地"的时代,这些词汇的含义复杂多变,以致在后世的理解中常有误解或附会。我自涉足美国革命史研究,就对政治文化研究的路径抱有兴趣,致力于以变动的眼光来考察一些关键词的含义,以此梳理革命时期政治文化变动的趋势。我先后就"权利""宪法""民主""人民""共和""自由"等关键词写过文章,而这篇关于"代表制"的文章,也是这个系列的一部分。

正如我在这篇文章中所提到的,"代表制"涉及美国革命和建国的一个关键环节。当时美国的社会政治条件和革命形势的演化,都不允许革命者照搬现存的任何政体模式,于是他们便对古代地中海世界留传下来的共和政体加以改造,以构建新的国家体制;而改造的关键手段正是采用代表制,把以公民大会为核心机制的古代共和政体,转变成基于代表制来运行的新型"民众政府"。代表制既

然具有这种重要性,便很自然地成为革命一代关注和讨论的主要议题。这样也就留下了卷帙浩繁的史料,包括小册子、会议记录、报纸文章、私人通信和政府公文等。研究者如果要加入代表制问题的讨论,首先必须细心研读这些材料,从中发现问题,并提取相关联的材料来组织自己的论述系统,进而阐发富有新意的看法。

可是,要提出"富有新意的看法"又谈何容易。代表制也是美国革命史研究中的经典问题,美国、英国、德国等国的学者做过相当多的研究,其中不少论著已成为这个领域的经典。俗云"学如积薪,后来居上",而一篇文章在材料和见解方面要能"居"前人之"上",对于作者的学力和眼光乃是一个严峻的考验。我自然不敢全面挑战既有的各家之说,而只是试图从已有的学术密林中找出一条细窄的小径,以探查前人所漏掉或忽视的景色。以前的研究大多从制度和技术着眼来看待代表制,即便是关注代表制政治文化含义的学者,也是采取线性的眼光来看问题,把革命时期代表制观念的变化看作一个直线演化的过程。可是,就我看到的史料而言,这个时期,代表制观念的演化呈现一种立体多维的态势,既有历时的变化,也有共时的多样性;出于不同利益考量、思想取向和权力关系的争论,则为理解代表制观念的演变提供了具体而微的历史语境。于是,我选取以分歧和争论为切入点,按主题依次探讨,希望能从一个不同的视角来看待革命时期代表制观念的意义。

一种有意义的学术讨论必须围绕特定的问题展开,而且应当置于特定的问题域中,并依凭有针对性和匹配度的解释框架来进行。我觉得,把代表制问题放在现代民主形成的脉络中来考察,不仅能更好地理解代表制观念争论的意义,而且也有助于看清现代民主的形成路径和特点。同时,代表制也是政治学家所关注的问题,相关的论著甚为可观。通过对这些文献的研读,我发现政治学理论中关于代表制的诸多命题,在美国革命一代的相关争论中均已初露端倪,而借助政治学的概念工具,则可更清晰地看出革命时期各种代表制观念的含义。找到了合适的问题域和分析工具以后,还需要引入某种理论以条贯历史线索,构筑具有学理性的解释框架,从而把纷繁杂乱的史料组织成一个明晰的论述系统,进而确当地揭示代表制观念争论的历史意义。我觉得,政治学理论中常见的"民众主义"和"精英主义"的分析范畴,可以用于考察革命时期的政治文化,包括关于代表制的争论。尽管美国革命是一场共识度较高的事变,不像世界现代史上其他革命那样充满"你死我活"的斗争,但是同样存在多种利益和观念的较量,而这些较量正可以大致归入"民众主义"和"精英主义"的范畴。

至此,这篇文章的基本思路和主要观点就浮现出来了。美国革命一代拒绝了当时通行的君主制和贵族制,而把历史中传下来的共和制和代表制结合在一起,建立了一种新的国家体制。但是,共和制是早已覆亡的古代体制,而代表制则是中古欧洲君主制的辅助性统治机制,因而建国一代必须对这两种制度进行复杂而深入的改造,方能使之适合构建新国家的需要。但是在具体的改造和结合的思路上,他们却发生了很大的分歧。精英领导人认为,古代共和国留下的深刻教训在于,组成公民大会的普通民众缺乏知识和理性,易受到蛊惑和愚弄,以致派别纷争,政治动荡,秩序不存,最终归于灭亡;而引入代表制的目的,正是在于以人民主权原则为基础来重构共和制,形成一种基于民众选举而无需人民亲自出场的代表制政体,从而避免公民大会体制的混乱和动荡;因此,代表制政体乃是较公民大会体制更为优越的新型国家体制。但是,那些站在民众立场的激进革命者并不同意这种主张。他们相信,唯有人民才是自己自由的最佳守护者,因此人民亲身参与决策的体制乃为上佳之选;之所以不得不把代表制引入共和政体,不过是由于人民受外部条件限制而无法亲身参与决策;可见代表制只是替代公民大会体制的权宜方式,前者只有在机制和效果上尽可能接近后者才是合理而可取的。这两种分歧甚大的国家构建取径,在关于代表制的各种具体机制的理解中都得到了体现,引出许多激烈的争论。这些争论带有"民众主义"和"精英主义"博弈的性质,最终塑造出一种"民众和精英共治"的统治理念,由此显示了现代民主的根本特性。

我们知道,政治文化研究通常是从政治语言来解读政治行动者的信念、态度、思维方式和行为逻辑,因而对于修辞、语境和意义的处理就构成研究的关键。我试图采用语境主义的方法,努力体会和发掘前人想法的真实意义,力求判断精审而有分寸感。当然,偏差和舛误料也在所难免。另外,讨论言辞和观念的文章,往往引文繁多,"行话"充斥,读起来比较吃力。在写作时,我虽也力求文字平实,语句流利,文意畅达,但效果如何,自己并没有多大的把握。

第8讲　交叉融合：史学中的跨学科运用

历史学从社会科学学科借鉴方法已不是什么新鲜的事情，近年来国内"新文科"建设要求更是真正深入推进跨学科交叉融合。从社会经济史的计量转向到政治史的文化转向，从科技考古到数字人文，传统史学似乎"面目全非"。族裔史、全球史、跨国史、城市史、医疗社会史等跨学科倾向鲜明的专业方向呈勃兴之势。但万变不离其宗，文献阅读仍然是跨学科历史研究的基础，无论是什么研究视角，均不能使研究对象脱离其历史语境。本讲选取武汉大学历史学院陈勇教授的文章《从病人话语到医生话语——英国近代医患关系的历史考察》（原载《史学集刊》2010年第6期，第3—9页），通过对"医患关系"问题的探究，去了解如何避免自己的研究在跨学科的历史学研究中沦为边缘的尴尬地位。

从病人话语到医生话语
——英国近代医患关系的历史考察

陈　勇

摘要：18世纪晚期至19世纪早期，英国医患关系发生重要变化，病人话语权的弱化成为其突出标志。现存的医案印证了这是一个渐变的过程，既是医疗自身的转变，包括临床医学诞生以及医院兴起等的一个结果，同时也受社会历史的影响，可以视为工业化国家处理社会问题这一大背景下的一个缩微景观。文章从历史的角度探讨英国近代医患关系转型中的话语要素，揭示这一转变中所蕴含的医学与人文动因，并对医患关系、病人权力等问题进行了反思。

关键词：医患关系；病人话语的消失；英国

一

20世纪70年代中期，英国莱斯特大学社会学家朱森先后发表两篇论文，涉及18世纪西欧医患关系中的话语权变化①。在《18世纪英国的医学知识和惠顾体系》一文中，朱森将医学置于医生与病人的互动关系中进行考察，认为两者之间存在着一种"惠顾体系"（patronage system）。所谓"惠顾"，是指18世纪上层医生依赖于为贵族乡绅等患者看病来谋取收入，因而也就依赖于这种病人的就医和光顾②。当时英国的行医者存在着三层式等级结构，即内科医生、外科医生和药剂师。作为上层医生的内科医生以"伦敦皇家内科医生协会"为自己的行业团体，该协会接受拥有指定大学医学博士学位的人入会，并且只有具备牛津大学和剑桥大学研究生学历背景的人才能进入其核心圈，获得评议员职位。内科医生认为内科包含外科，外科医生和药剂师仅仅是他们的帮手，他们与后两者的关系是头与手的关系。他们自恃是整个医疗界最有学问的人，理应监督和管理外科医生和药剂师的工作③。内科医生在行医者队伍中属于少数精英，所占比例很低。据1783年医疗行业登记簿册显示，当年注册的医疗人员共有3 120人，其中内科医生363人，仅占11.6%；外科医生兼药剂师2 614人，占83.6%，为行医者的大宗成员；另有79名药剂师(2.5%)和64名外科医生(2.05%)④。由于内科医生大多集中于伦敦和郡一级地方城市，极少涉足乡村地区的医疗业务，加之收费昂贵，因此他们所服务的对象多为社会上层的显贵。尽管内科医生在行业内部和社会上都处于上层，但是他们与贵族乡绅相

---

① N. D. Jewson, "Medical Knowledge and Patronage System in Eighteenth-Century England," *Sociology*, VIII(1974); idem, "The Disappearance of the Sick Man from Medical Cosmology, 1770 - 1870," *Sociology*, X(1976).

② N. D. Jewson, "Medical Knowledge and Patronage System in Eighteenth-Century England," p.370.

③ Christopher Lawrence, *Medicine in the Making of Modern Britain*, London: Routledge, 1994, pp.7 - 8.

④ Joan Lane, *A Social History of Medicine, Health, Healing and Disease in England*, London: Routledge, 2001, p.15. 1703年罗斯法案通过后，药剂师获得行医权，文中"外科医生兼药剂师"多由原先单纯的药剂师转化而来，参见 Bernice Hamilton, "The Medical Professions in the Eighteenth Century," *Economic History*, New Series, Vol.4, No.2(1951), p.160。

比仍然位于末流①,并且十分羡慕和向往土地贵族的显赫地位和经济实力,希望通过与后者的医疗交往提高自己的社会地位和业务声望,进一步融入上流社会②。朱森指出,当时医学本身的状况也促成了惠顾关系的形成。18世纪大部分时间里,英国医疗行业的知识流派林立,在疾病发生的病因解释上缺乏统一的认识,甚至相互抵牾。同时,行业内部也缺乏有效的职业规范,医疗市场的竞争激烈③。为了争取行业的"客源"即病人,医生往往尽量听取和体味病人的述说,特别顾及病人个体的主观感受,采取病人能够理解接受的话语来解释病情④。既然如此,贵族乡绅等上层患者在诊疗过程中就具有最大的发言权。

《1770至1870年间医学宇宙观中病人的消失》是朱森随后不久发表的另一篇论文,也可以说是与前文相继、进一步深化其观点的续篇。如果说前一篇论文突出强调了病人在18世纪医患关系中占主导地位的历史原因,那么后篇则重在分析病人的这种优势,尤其是话语优势,在18、19世纪之交是如何消失的。朱森从两个方面加以论述。首先,他从医学知识与医疗关系的改变入手,将1770—1870年西欧工业化时期的医学发展与变迁划分为三个阶段:18世纪后三十年的"床边医学"(bedside medicine),大体以苏格兰爱丁堡大学为中心;19世纪头三十年的"医院医学"(hospital medicine),以法国巴黎的医院学校为中心;19世纪中叶的"实验室医学"(laboratory medicine),以德国的大学为中心⑤。朱森认为,医院的兴起使整个医疗行业发生了重大改观。法国大革命后巴黎医院的改革,形成了新的医院医学,理学检查和病理解剖在医疗中占据中心地位,床边医学时期十分注重的病人自述和生活史,不再是诊断和解释疾病发生原因的重要依据。理学检查可以发现病因,病理解剖可以证实身体组织的病变。过去整体而又具有个性的"病人"(sick-man),到了医院医学阶段已经化约为各个器官与组织⑥。再到19世纪,实验室在德国兴起,疾病的诊断解释更是化约为

---

① Peter Laslett, *The World We Have Lost*, London: Methuen, 1965, pp.36-38.
② N. D. Jewson, "Medical Knowledge and Patronage System in Eighteenth-Century England," p.373.
③ N. D. Jewson, "Medical Knowledge and Patronage System in Eighteenth-Century England," pp.371, 380.
④ N. D. Jewson, "Medical Knowledge and Patronage System in Eighteenth-Century England", pp.379-380.
⑤ N. D. Jewson, "The Disappearance of the Sick Man from Medical Cosmology, 1770-1870", pp.227-231.
⑥ N. D. Jewson, "The Disappearance of the Sick Man from Medical Cosmology, 1770-1870," p.229.

细胞和生化反应的微观层次，病人的自述和治疗想法在就诊过程中已完全无足轻重，病人的地位再次显著下降，医生完全掌握了医疗的话语权和处置权。朱森称这种变化为"病人的消失"(disapearance of the sick)。

朱森的观点引发了医疗社会史中有关医患关系(doctor-patient relationship)的历史研究。20世纪90年代初，主要回应者菲瑟将朱森医患关系中病人的身份从社会上层引向下层，认为情况同样见于当时英国的平民百姓，包括接受救济的诸多贫民，并且把这种现象改称为"病人自述的消失"(disapearance of the patient's narrative)[①]。不过，菲瑟认为病人话语消失的时间实际上更早，从18世纪下半叶英国慈善医院(voluntary hospital)的医疗情况中就已经可以看到这种现象发生。她强调疾病分类学在病人话语消失中所起的作用，认为医生日益采用复杂深奥的疾病分类学术语记录病情，以至于病人难以与医生沟通对话。

"朱森—菲瑟"话题总体上涵盖了社会各阶层患者，然而受"新的从下看的历史"影响，近年来有关西欧近代早期医患关系的研究尤其将重心置于贫民患者(sick poor)，医疗史与社会史的交叉结合更加密切。对于病人地位包括话语权的弱化、医生在医疗中权力地位的强化的考量，已经从医学因素扩大到社会因素，进而与近代社会变迁的大背景联系在一起，彰显出此类研究所具有的学术价值和历史活力。

医患关系变化的程度与变化原因，无疑是史家十分关注和热烈讨论的问题。病人话语是否真的消失，何时消失，原因何在，医学进步是否必然伴随患者的地位下降甚至"失声"，这些问题的思考产生了一批有价值的史学研究成果，其中的分歧和争论又推动了对历史上医患关系的进一步探讨。

探讨的基本路径，依然分为医学史家所习称的"内史"和"外史"，即常规意义上的着眼于医学内部发展演变的历史和将医疗作为社会史分支内容的历史。实际上两者之间并无绝对界限可分，即便致力于科学史范畴的医学史家，也越来越多地关注医学变化与社会的关系[②]。

---

① Mary E. Fissell, "The Disappearance of the Patient's Narrative and the Invention of Hospital Medicine," in Roger French and Andrew Wear, eds., *British Medicine in an Age of Reform*, London: Routledge, 1991.

② 例如 Lois N. Magner, *A History of Medicine*, Boca Ranton: Taylor & Francis Group, 2005。中文版见[美]洛伊斯·N. 玛格纳：《医学史》，刘学礼主译，上海：上海人民出版社2009年版。该书是美国医学院校广泛使用的教科书。作者在序言中指出，医学史从原来专注于医学理论的演变，转向对社会、文化以及政治等诸多背景中的新问题进行研究，形成了新兴的社会文化医学史，见 Lois N. Magner, *A History of Medicine*, preface, p.v.

世界史研究论文写作：案例与方法

二

医案(medical casebook)是记录医生诊断疾病的一手材料,也直接反映其中的医患关系,因而近年来被医学社会史家视为珍贵的史料来源。一些欧美史家努力发掘这类医案材料,试图更加贴近历史,重建当时的医疗场景,已经做出了许多有意义的专题研究成果,包括病人的社会类别和精神世界、医生的医疗观念、医疗的处置过程和医患互动、医生的收入状况,以及疫病流行时期应对疾病的对策和做法,颇具学术价值[①]。就本文而言,选择不同时期的医案进行对比考察,可以看出其中医患关系发生的历史变化。18世纪早期,病人话语在英国医案记录中占有相当成分。医生布朗里格(Wiliam Brownrigg, 1712—1800)曾就读于当时欧洲顶尖的医学中心莱登大学,并获医学博士学位,是科班出身的正宗医生[②]。1737年至18世纪60年代晚期,他一直在英格兰北部坎伯兰郡的港口城镇怀特赫文行医,并且留下了一份珍贵的医案记录,时间从1737年至1742年。在布朗里格留存的医案簿里,病人的病情陈述往往就是医生诊断记录的主要文字,这种记录甚至包括病人平时的生活习惯和喜好。

不妨照录数例：

医案4 1737年6月。托德先生(Mr. Todd),木匠学徒。年轻人,18岁,经常消化不良。近来夏季气候炎热,他喝了大量凉水。一天夜晚,他的腿脚出现大面积水肿,皮肤感染部分扩大,产生许多红斑。微烧,无瘙痒和剧痛。

医案9 1737年7月。尼科尔森小姐(Miss Ncholson),一个爱尔兰女人,感染流行性热病。年约20岁的单身女性,漂亮,活泼,好发脾气；罹患乳

[①] Guenter B. Risse and John Harley Warner, "Reconstructing Clinical Activities: Patient Records in Medical History," *Social History of Medicine*, Vol.5 (1992), p.187.该文介绍了若干运用医案进行专题研究的代表性成果,颇有启发意义。例如迈克尔·麦克唐纳(Michael MacDonald)利用医案研究英国17世纪的精神病,揭示了当时人们对待疯狂病症的态度。再如罗纳德·索耶(Ronald C. Sawyer)利用17世纪英国牧师、占星家和医师理查德·内皮尔(Richard Napier)留下的近4万宗病历,再现了17世纪早期密德兰地区东南部一个村庄疫病流行和防治的历史情景。

[②] Jean E. Ward and Joan Yell, eds., The Medical Casebook of William Brownrigg, M. D., F. R. S. (1712 - 1800) of the Town of Whitehaven in Cumberland, *Medical History*, Supplement No. 13 (1993), Introduction, p.xi.

房硬化;非常爱吃多汁的食物并过着无所事事的生活。

医案 11　1737 年 7 月。亨利·马丁(Henry Martin),石匠,死于肠梗阻。30 岁的壮汉,平时偶感绞痛,自己多以小豆蔻籽对付,6 月 3 日疼痛又发,用通常的办法处理,但毫无原来的效果,疼痛却越发厉害。6 月 4 日,请了一位药剂师来,他开了一付药性强烈的灌肠剂,用后肠子倒腾四次,但是疼痛依然严重。

医案 12　1737 年 8 月。詹姆斯·勒特威奇(James Lutwidge),死于中风。50 岁左右的男子,面色红润,头脑硕大。原先是个水手,但多年来受关节炎折磨。他不好动,生活懒散,暴饮暴食。由于便秘,他服用了一些轻微泻药,结果导致腹泻,随后约 10 天时间里又反过来服用抗泻药,结果情况更糟,逐步陷入轻度昏迷状态。[①]

上述医案语言的显著特色之一,是医生书写语言的大众化。尽管文字是以第三人称记录病情,并且经过医生整理疏通,然而读者得到的印象,除了接诊时病人给医生留下的少量外观感觉之外,似乎仍然含有不少病人自己诉说病情的成分,包括以往的病史,语言十分具体而通俗,就像普通的民间谈话,与后来医案中充满诸多医学专门术语的情况大相径庭。一些医学史家注意到,这些医案里医生与病人的语言有极大的相似性。病人对病情的叙述,医生基本照单全收。在诊断治疗中,医生也使用与病人类似的语言,病人的语言往往就是医生的语言[②]。这种大量照录病人话语的做法,既反映医生诊断时对于病人自述的重视,也显示病人在就诊过程中具有较大的话语权。

值得指出的是,布朗里格虽为正宗医生,但其接诊的病人在社会来源上却非常广泛,既包括社会上层人物,也包括社会中下层各类成员。从他的医案簿里可以看到,1737—1742 年布朗里格记录了 127 个经手诊断和治疗的病人。其中,可以列入社会上层的病人有 6 名乡绅和 12 名商人,分别占全体病人的 8%和 16%,他们能够承担昂贵和长期的医疗费用。中层病人的经济状况比较复杂,大体分为两种:收入偏低的有水手和手工匠人,人数各为 13 人,在医案中的

[①] 见 The Medical Casebook of William Brownrigg, M. D., F. R. S. (1712–1800) of the Town of Whitehaven in Cumberland, pp.6, 8, 10, 12. 医案编号为布朗里格医案中的原编号。

[②] Mary E. Fissell, "The Disappearance of the Patient's Narrative and the Invention of Hospital Medicine," in Roger French and Andrew Wear, eds., *British Medicine in an Age of Reform*, p.92.

比例均占17%;比较富裕的成员有税务官员、船长,以及包括煤矿管事、技师、律师、教区牧师在内的专业人士,比例分别为8%、11%和16%,这些病人也能够支付较多的医疗费用。真正属于下层贫民的患者只有4名仆人和1名零工,所占比例为5%和1%①。与那些更多为王室、宫廷显贵以及少数上层富裕人家诊疗的皇家内科医生不同,布朗格里收治的病人具有较大的社会覆盖面,包含了当时英国上、中、下多种阶层和各种不同职业的人员。因此,他记录的医案也就具有更大的代表性。上述含义比较宽泛的社会中层病人尤其引人注目,其比例达到总数的69%,显著超过坎伯兰郡和怀特赫文镇的地方上层病人,他们是布朗格里诊疗的主要对象。实际上,列入中间层的普通水手和手工匠人,在其变换不定的长期生涯中,沦为贫民的可能性随时存在,他们的收入水平至多也就是中间偏下状况,与贫民的界限比较模糊。如果将其比例与贫民患者相加,则合计占医案的40%,反映出广大劳动家庭人口在该医案中占有重要分量②。

由此看来,朱森强调医生为谋生计或谋利而取悦讨好上层病人,有意迎合病人话语的理由的确值得修正,至少在解释医患关系的话语互动性和病人的高度参与性方面解释得不够充分。18世纪早期医患语言的雷同性不仅体现在医生与上层病人之间,也大量体现在中下层患者与医生的关系之中。其中,医生谋利固然是一个重要驱动因素,但医学本身发展水平的局限性同样不可忽视。布朗格里的医案表明,在临床医学产生前,由于缺乏有效的理学检查和病理解剖手段,医生尚只能集中关注病人的疾病体征,而不能深入判断疾病发生的内在机理,形成系统规范和严格科学的医学分析语言,树立具有高度说服力和制约性的医学权威。由是,病人自述病情由来和感受,医生了解患者的病史和表现症状,也就成了接诊和诊断治疗的必要条件,医生与病人语言的雷同性自然不足为怪。加上经济因素的考虑,医患之间的互动协商,甚至医生更多遵从病人自己的判断和想法,必然使得病人有较大的医疗主动权和发言权。

经历逐步变换,及至18、19世纪之交,在英国的许多慈善医院里,病人的语

---

① Jean E. Warda nd Joan Yell, eds., The Medical Casebook of William Brownrigg, M. D., F. R. S. (1712 – 1800) of the Town of Whitehaven in Cumberland, *Medical History*, Supplement No. 13 (1993), Introduction, pp.xvii-xxiii.

② 据医案编订者所言,怀特赫文镇周边地区多煤矿,矿工工伤和职业病数量不少,布朗格里另有单独一卷记录此类医案。尽管笔者未见该项资料,但可以推测他所诊断的下层患者人数必定远不止上述数量。布氏行医之余致力于研究煤矿的瓦斯治理,并于1766年获得英国皇家学会奖励。Ibid, Introduction, pp.xvii, xiii.

言已不再是医生关注的焦点。原先各具个性特征的病人,在诊疗过程中不再是积极参与的角色,他们成为医生俯视的病理解剖对象。医生所要获取的信息,主要不是病人提供的病情,而是分解为呼吸、脉搏、体温、血液、器官等若干项目的检验参数。英国布里斯托尔慈善医院外科医生兼药剂师詹姆斯·贝丁菲尔德(James Bedingfield)留下的医案,生动反映了这种变化①。作为前后比照,不妨也照录几例:

医案1 1811年1月21日,杰西·克利索德(Jesse Clissold),15岁的小伙,申请成为布里斯托尔慈善医院救济的门诊病人。他的外观表面看来毫无病容,面色红润,肤色健康。患者诉说头部有些疼痛,另外咽喉也感到肿痛。其脉搏强而跳动急剧,舌苔白,扁桃体轻微发炎,腮腺显著肿大,肠道不畅,胸腔略有压迫。鉴于体内腺体肿大特别明显,该症诊断为腮腺炎。

医案9 1814年12月14日,接收玛格丽特·西梅(Margaret Semay)入院,年龄30岁,病症属常见肺炎。为缓解症状实施放血,开具含锑类药物处方,并且采用严格的消炎疗法。

医案14 乔治·卡特(George Carter),40岁,1818年12月6日在糖厂干活时炙热难熬,随后出外呼吸新鲜空气,病症似为肺炎。同月20日申请医疗救济。就许可入院而言,其患病症状如下:胸腔与心窝炎症严重;呼吸困难;不能侧卧或仰卧;在病床上只能采取坐姿,或者低头双手抱膝,上体前屈;病人咳嗽剧烈,带有大量浓痰;尿量极少,脉搏跳动过急过重,其面容显示,脓液已渗入胸腔。②

以上案例反映三种不同的情况。医案1尚有少量病人的病情自述。医案9则完全没有自述。医案14中病人的自述主要是劳动状态,"似为肺炎"的文字更像是出自医生之口的话语。尽管存在差异,其共同点却十分明显:三宗医案的主要内容都是理学检查和医生诊断处置的记录,病人的话语或者微弱,或者失声。菲瑟概括了医院诊断过程中病案文字书写方式的三大变化,即病人的叙述被理学检查的指标所取代;诊断的语言变得晦涩深奥;病人的体征表现被疾病起

---

① James Bedingfield, *A Compendium of Medical Practice*, London, 1816.
② James Bedingfield, *A Compendium of Medical Practice*, pp.9, 51, 58. 医案编号为贝丁菲尔德书中原编号。

因的病理分析所替代①。她所说第二项变化中的"文字深奥难懂",实际包含两层含义:其一是医生书写文字的逐步拉丁化,寻常百姓根本无法识读;其二是指文字用语的医学化、专业术语化,如上引医案案例中提到的"扁桃体""腮腺炎""心窝炎""含锑类药物"等。不要说当时文化水平处在文盲半文盲状态的下层贫民,即便是文化水平较高的社会中上层人士,对于专用性的医学术语也未见得个个在行。在贝丁菲尔德记录的34宗医案里,人们看到的是一幅幅病理分析的图景。偶有病人的形象出现,往往也是只言片语,甚至流露出医生居高临下的轻蔑之态,如斥之为"令人讨厌的杂种"云云②。慈善医院接诊的多为贫困患者,医生傲视病人、出言不逊的情况不足为奇,但是无论何种病人,其自述的话语已越来越多地被医生检验诊断的话语所取代。

贝丁菲尔德医案反映的情况并非孤证,类似情况屡屡可见。例如,1776年伍斯特郡的纳萨尼尔·贝德福德(Nathniel Bedford)来到伦敦圣乔治医院学习,接受医院的专业训练并在病房实习。在他留下的笔记本里,同样可以看到医患关系的话语变化。例如,他所记录的一份病案写道:"约翰·布兰斯科姆(John Branscombe),15岁男孩,入住圣乔治医院,估计在腹水情况下劳动。他的腹部严重紧绷并且有深度波动感,……进一步检查发现,腹部膨胀严重并扩大至脐下两侧,再往下肠部感觉明显。咳嗽时腹肌向内压迫下腹部……"③在这份病案里,医生已经根本不记录病人或病人家属的述言,只记载自己对病人进行一系列检查的结果,语言也完全医学化。

三

从病人语言到医生语言的变化原因可以从"内史"和"外史"两方面予以探究。从医学本身的发展来看,18、19世纪之交正是英国医学从近代早期向近代晚期过渡的阶段。医学的科学性和制度性逐步加强,临床医学正在孕育诞生,医院逐渐成为人们就医的主要场所,其内部的从业规范也逐渐强化,医生的医学权

---

① Mary E. Fissell, *Patient, Power, and the Poor in Eighteenth-Century Bristol*, Cambridge: Cambridge University Press, 1991, pp.148-149.
② Ibid, James Bedingfield, *A Compendium of Medical Practice*, p.94; Mary E. Fissell, "The Disappearance of the Patient's Narrative and the Invention of Hospital Medicine," in Roger French and Andrew Wear, eds., *British Medicine in an Age of Reform*, p.99.
③ Mary E. Fissell, *Patient, Power, and the Poor in Eighteenth-Century Bristol*, p.152.

威和社会地位明显提高。这种伴随医学本身发展而形成的权威甚至鲜明地体现在医案的书写文字上,即诊断文字的拉丁化。菲瑟认为,诊断语言自身就有助于将患者与医生分离开来。18世纪晚期,慈善医院的内科医生和外科医生越来越多地使用拉丁文记录病情,如英文的"咳嗽"(cough)变成同义的拉丁文"Tusis","创伤"(wound)变成"Vulnus","腿部溃疡"(leg ulcers)变成"Ulcus cruris"。据她按照布里斯托尔慈善医院的有关样本统计,18世纪70年代约有70%的诊断书是用英文书写的。而到了18、19世纪之交,用拉丁文书写诊断的比例已快速上升到79%①。就在慈善医院内部,善款捐赠者(拥有按款项金额大小推荐不同数量病人的权力)和接受捐赠、管理开支等日常事务的医院执事,其地位也日渐被更具专业人士自治特质的医生所超越。医生们觉得自己才是医院的真正行家,在医疗问题上最具有发言权,也最懂得医院和病人的管理。

从"外史"来看,英国正向工业化社会迈进,社会财富的增长与社会问题的滋生同样引人注目。富人的健康状况得到显著改善,贫困人口的患病现象突出。在济贫问题上,医疗救济的比重和负担加重,医生面临着大量的贫困患者②。18世纪前期医生希望取悦讨好富裕上层病人、迎合病人心态以谋取生计的惯常做法,更多地转化为旨在恢复贫困患者的健康、使之成为工业社会合格和可经久使用的劳动力的医疗与规训。在1737年的年度报告中,圣乔治医院的管事们特别强调医院治疗规训贫困患者的重要意义:

> 通过将贫民带入这里的规范社会,还可获得更大的好处:其利益丝毫不亚于他们体内健康的恢复。我们极其愉快地告知捐赠者,他们的善举在这个重要机构里肯定能够发挥极其重大的效用。教诲和奉献,这两方面事务都可以对患者的生活方式产生直接效果;通过大力唤醒对死亡的恐惧之心,或首次打开对仁慈的感激之情,这种关爱的持之以恒……对于那些最受遗忘和抛弃

---

① Mary E. Fissell, "The Disappearance of the Patient's Narrative and the Invention of Hospital Medicine," in Roger French and Andrew Wear, eds., *British Medicine in an Age of Reform*, p.103.菲瑟采纳的样本,系1770—1805年布里斯托尔慈善医院登记在册的1 024名住院病人和门诊病人,ibid, p.109, n.42

② 例如,在距离布里斯托尔7英里的小教区Abson and Wick,18世纪晚期的人口仅为400到600人,而接受济贫法救济的人数达154人,由于相当部分接受救济者拥有家庭,因此其占教区总人口的比例约为1/4。其中,医疗救济所占比重较大,许多家庭正因为患病而获得受救济资格。见Marie E. Fissell, "The 'Sick and Drooping Poor' in Eighteenth-Century Bristol and Its Region," *Social History of Medicine*, Vol.2, No.1(1989), p.38.

的人产生了非同寻常的影响。他们中许多人过去完全缺乏起码的基督教教育,在住院期间具备了理性和明智的信仰感和责任感。另一些因长期堕落与不安分守己而失去正常健康的人,则被软化到忏悔和从善的状态①。

以上报告内容告诉人们,慈善医院之所以为穷人治病,不仅仅为了恢复他们的身体健康,其最终目的,更在于让贫困患者接受道德规训,使他们满怀感激或悔恨之心规范约束自己,消除下层人的非分之想和不当作为,以利于现有社会秩序的稳定和巩固。因此,慈善医院不仅成为贫民寻医问诊和治疗急重病症的医疗场所,同时在更深层的意义上成为社会上层训导教化贫民顺从统治的样板之地。报告里自诩的医院这一"规范社会"(regular society),正是他们希望扩大到整个大社会的缩微景观。

贫困患者的减少,贫困人口健康状况的好转,从一个方面减轻了济贫法的救济负担,也是被包含在济贫税纳税人之列的医生从自身经济利益出发所乐观其成的。不过,慈善医院医生对贫困患者的文化水平、道德修养、生活规范往往持怀疑和鄙视态度,因而越发不信任他们的自述。医疗过程中出现病人话语到医生话语的历史变化,正是当时医学因素与社会因素共同作用的结果。

病人话语的消失既非是一个绝对的概念,也不是一个瞬间变化的现象。18世纪英国的贫民患病,首先依靠家庭或求助于邻里,无法解决问题则寻求医疗救济。但他们选择的渠道,又往往先求助于教区济贫提供的合同医生,因为这类医生为获得某一地方稳定的医疗收入而比较善解人意,对病人的诉说具有较大的耐心。这种情况在农村地区表现得尤为明显。如果不得已选择慈善医院,一些贫困患者也在可能条件下尽量争取自己的发言权和参与权。1806 年,约瑟夫·汤恩德(Joseph Townend)生于约克郡斯基普顿附近的一个村庄,7 岁进入棉纺厂当童工。1827 年,已是青年工人的汤恩德因手腕受伤,由厂主找人推荐前往曼彻斯特慈善医院就诊。他首先强调病情的严重性,说服了外科医生兰瑟姆接受他住院治疗,接着又在兰瑟姆与另一名医生索普之间的医疗方案争执中表达自己的意愿,最终促使索普赞同进行外科手术。汤恩德后来成为卫理公会传教士并留下了一份自传,其中详细叙述了这一住院治疗过程中自己主动的参与行

---

① *An Account of the Proceedings of the Governors of St. George's Hospital*, London, 1737.

为①。医疗社会史家霍格斯认为,汤恩德自传的有关情况表明,即便到了19世纪初,尽管医生、医院的权威在显著增强,贫困患者在医患关系中也还没有完全下降到像机器齿轮那样被动就范②。

就医生方面看,18世纪英国的疾病分类学大师威廉·库伦也经常用通信来诊断患者,患者来信的病况诉说,仍然是他进行医疗处置的重要依据③。诚然,上述个案具有多大的代表性,还需要进一步扩大研究。总的看来,英国近代历史上医患关系中病人话语权方面的变化,经历了一个从比较主动和强势到逐步削弱的过程,用"消失"一词,不如改换为"弱化"或"边缘化"更为合适。

病人话语消失的历史考察留给今人以诸多思考。择其要者,似有以下两点:

首先,医学进步与医患关系的变化值得人们高度关注。医学进步和发展从本质上说应当是人类克服各类疾病困扰,维持身体健康的福音。医学越进步,医疗水平越高,人类社会的持续发展就越有生命科学保障。人们渴望名医,尊重医生,切盼在患病时期得到可靠和温馨的治疗,早日实现康复。但是,英国近代的医学史却凸显了一种似为悖论的现象,即医学进步与病人话语权和参与权的弱化几乎同步出现。特别是医患关系,似乎由原来相对平等和协调,向隔离和疏远方向演变。贫困患者由于社会地位和社会制度的原因而失去话语权,成为医生凝视的病体器官与组织或医院规训教化的对象,这种现象不难理解和解释,是一种特定时期的历史产物。当今人类社会已经取得重大进步,医学的发展呈现近代无法相比的崭新面貌,然而医患关系的改善依然是人们普遍热议的话题。这就表明,医患关系的研究依然具有重要学术价值和社会意义。

其次,病人是否应当参与医疗过程,医学进步是否意味病人成为单纯的受动者?医学进步本身确实使医疗过程变得更加科学化和专门化,其理论和方法常人往往难以入行。大量专业术语和检验参数,常常使病人成为"医盲"或"药盲",只知顺从和接受。病历诊断文字的拉丁化,本来是医学进步和提升的标志,然而病人多半难以识别,更难以与医生平等沟通交流。菲瑟强调医疗诊断文字的拉丁化是18

---

① Joseph Townend, *Autobiography*, London, 1869, pp.9, 11.
② Stuart Hogarth, Joseph Townend and the Manchester Infirmary, "A Plebeian Patient in the Industrial Revolution," in Anne Borsay and Peter Shapely, eds., *Medicine, Charity and Mutual Aid, the Consumption of Health and Welfare in Britain, c.1550-1950*, Aldershort Ashgate, 2007, p.109.
③ 参见 Wayne Wild, *Medicine-by-Post, the Changing Voice of Illness in Eighteenth-Century British Consultation Letters and Literature*, chapt.4, The Correspondence of Dr William Cullen: Scottish Enlightenment and New Directionsin Medicine-by-Post, Amsterdam: Rodopi, 2006。

世纪晚期以来隔离英国医患双方,使病人地位下降的重要因素。那么在医学发达的今天,如何既尊重医学的进步,又发挥患者在医疗过程中与医生的互动作用,重现"病人的声音",有效提高医疗质量,则同样是不失价值和意义的重要问题。

2009年,《国际流行病学杂志》重登朱森论"病人消失"的文章,并且刊发了一组医学家和社会学家围绕该主题讨论的新论文。这一动向表明,朱森话题仍然具有持续的学术魅力和进行深化的研究空间。随着医学科学和人类社会的现代发展,医患关系又以新的形式和新的问题出现在人们面前,病人参与医疗诊治过程、沟通改善医患关系的呼声日趋强烈。参加上述刊物讨论的英国约克大学社会学家萨拉·内特尔顿称之为"病人的再现"(re-apearance of sick men)[①]。可见,包括医患关系的医疗社会史的研究,应当予以积极推进,这也是本文作者的意愿所在。

导读:

如何从其他社会科学汲取营养?
如何从中西语境中发现共同?

医患关系是历史与现实中挥之不去的话题。从学术角度看,也是诸多学科交叉关注之地。学医者自医学史考察,习史者从社会史入手观察,人类学、伦理学、社会学、经济学学者同样密切注视这一领域。为此,要了解并研究医患关系,必须视野开阔,目光悠长,贯穿过去与当下,在多学科交叉渗透基础上深入思考。

海外史家研究包括医患关系在内的医疗史,十分重视将其纳入各个时代历史的大情境之中。他们认为,医疗的历史演变无不折射时代潮流,或者说本身就是大历史的有机组成部分。这样一来,不仅能避免医疗史沦为边缘角色的尴尬地位,还能更有效地提升研究的广度和深度。笔者写作此文,自始便在心中悬下以上认知,而后进入选题,感觉就比较自然合理。推而广之,任何史学选题,必须以平时广泛的文献阅读为基础,从中筛选出若干值得探索的课题,根据自己力所能及的主观条件和史料获取的客观条件,逐步进行研究。指望碰运气式押宝或

---

① Sarah Nettleton, "The Appearance of New Medical Cosmologies and the Re-Appearance of Sick and Health Men and Women: A Comment on the Merit of Social Theorizing," *International Journal of Epidemiology*, Vol.38 (2009), p.636.

祈求所谓灵机一动的保佑，往往只是乌有之想，或许也有偶得，但非史学进径的常规大路。

拙文标题"从病人话语到医生话语"，是阅读文献得到的触动。在医患关系历史演变过程中，声音是一项重要元素。病家通过发声诉说病情，表达自己对于诊疗的看法；医家通过发声询问病家病情，提出诊疗方案。双方互动的结果，形成医疗的具体实施。英国社会学家朱森（N. D. Jewson）将1770—1870年西欧工业化时期的医学，划分为三个阶段：18世纪最后三十年的"床边医学"（bedside medicine），大致以苏格兰的爱丁堡大学为中心；19世纪头三十年的"医院医学"（hospital medicine），以法国巴黎的医院学校为中心；19世纪中叶的"实验室医学"（laboratory medicine），以德国的大学为中心。受朱森启发，英国女史家菲瑟（Mary Fissell）发表论文《病人叙述的消失与医院医学的创立》（"The Disappearance of the Patient's Narrative and the Invention of Hospital Medicine"），用了"消失"一词，非常醒目，由此激发了笔者一连串的问题：病人的话语是迅速消失，还是经历了一个过程，如若经历一个过程，这个过程的时段大体又有多长？不仅如此，我们还可以进一步追问，病人话语消失的原因又是什么，是单因素还是多因素合力作用造成的结果？医院医学的创立，与当时社会变迁的大环境关系如何？

有趣的是，这种现象不仅见于西方，在东方国家如中国同样屡屡可见。台湾中研院院士梁其姿女士培养的弟子涂丰恩，利用明清时期丰富的徽州新安医案，细分缕析，撰写了学位论文《从徽州医案看明清的医病关系（1500—1800）》，2008年获台湾大学史学硕士。涂丰恩认为，明清之际病人也一度强势，他们时常多方请医，无法立即见效时，便又不停换医，医者有时反而像是挥之即去的匆匆过客。富裕家庭如此，即便贫穷人家，也会多方求医，有名仆人就接连看过两位医者，又更换一位所谓"名医"，最后才定下他认为合适的医家。"在明清的医疗情境中，医者很难全盘掌握医疗的进程，也缺乏绝对的决定权。"

史料向来为习史者高度重视，"巧妇难为无米之炊"的道理，在史学领域同样甚至更加适用。近年中国史学者关于传世文献、民间文书和考古材料三类史料的分类，与西方史料类别不无相通之处。就第二类史料而言，中西学者都注重开掘医者诊疗时所遗医案。记录详尽的医案，几乎使读者身临其境，产生触手可摸之感。笔者有幸披阅两种地域空间、时段和医者身份各有特点的长期医案，再辅以一份工人出身接受济贫医疗的病家自传，具体领悟到英国医患关系的前后变化。直至今日,医案史料仍备受史家青睐。围绕医案的引用价值和应当留心的不足之处,史学界的相关讨论正在持续深化。由此看来,史料固然可贵,但不能一见史料就简单笼统地认为事实俱在。史料反映的是哪一部分事实,还有哪些部分没有得到反映,某种史料的局限性何如,习史者应时刻保持理性和清醒头脑。

拙文在前人基础上提出了如下观点。首先,笔者认为,总的看来,英国近代历史上医患关系中病人话语权方面的变化,经历了一个从比较主动和强势到逐步削弱的过程,用"消失"一词,不如改换为"弱化"或"边缘化"更为合适。其次,病人话语的弱化原因,与社会大环境的变迁密不可分。当时英国正向工业化社会迈进,社会财富的增长与社会问题的滋生同样引人注目。富人的健康状况显著改善,贫困人口的患病现象突出。在济贫问题上,医疗救济的比重和负担加重,医生面临着大量的贫困患者。18世纪前期医生希望取悦讨好富裕上层病人、迎合病人心态以谋取生计的惯常做法,更多转化为旨在恢复贫困患者的健康、使之成为工业社会合格和可经久使用的劳动力的医疗与规训。新建的慈善医院之所以为穷人治病,不仅是为了恢复他们的身体健康,其最终目的,更在于让贫困患者接受道德规训,使他们满怀感激或悔恨之心规范约束自己,消除下层人的非分之想和不当作为,以利于现有社会秩序的稳定和巩固。因此,慈善医院不仅成为贫民寻医问诊和治疗急重病症的医疗场所,同时在更深层意义上成为社会上层训导教化贫民顺从统治的"样板"之地。

最后,医学进步从本质上说应当是人类克服各类疾病困扰,维持身体健康的福音。医学越进步,医疗水平越高,人类社会的持续发展就越有科学保障。人们渴望名医,切盼在患病时得到可靠和温馨的治疗,早日实现康复。但是,英国近代的医学史却凸显了一种似为悖论的现象,即医学进步与病人话语权的弱化几乎同步出现。特别是医患关系,似乎由原来的相对平等和协调,向隔离和疏远方向演变。当今人类社会已经取得重大进步,医学的发展呈现出近代无法相比的崭新面貌,然而医患关系的改善依然是人们普遍热议的话题。这就表明,医患关系研究依然具有重要的学术价值和社会意义。

第 9 讲　新瓶新酒：跨学科方法与寻常史料的新解读

《新约·马太福音》第 9 章中，耶稣说："没有人把新酒装在旧皮袋里，若是这样，皮袋就裂开，酒漏出来，连皮袋也坏了。惟独把新酒装在新皮袋里，两样就都保全了。"鲁迅先生在《准风月谈·重三感旧》中也援引这句议论说："旧瓶可以装新酒，新瓶也可以装旧酒。"历史研究时常会面临"旧瓶新酒""新瓶旧酒"的问题，看起来是简单的"组合"问题，实则不然。一旦发现新的史料或新的档案被解密，历史研究中的经典题目又将焕发新貌。对于这样的选题，往往会给人以"炒冷饭"的嫌疑，但读过北京大学历史学系王立新教授的文章《世界领导地位的荣耀和负担：信誉焦虑与冷战时期美国的对外军事干预》（原载《中国社会科学》2016 年第 2 期，第 176—203 页）后，我们相信读者会有不同的观点，它不是"新瓶旧酒"的问题，更不是"炒冷饭"，而是以跨学科的视角对老题材提出新问题，使熟悉的史实"陌生化"，从而对旧材料产生新的理解，最终丰富和深化对历史的解释，这一过程我们称之为"新瓶新酒"。在本讲中，王立新教授将告诉我们如何通过寻常史料的新解读，开展不寻常的历史叙事。

世界领导地位的荣耀和负担：信誉焦虑与冷战时期美国的对外军事干预

王立新

摘要：对荣誉和声望的追求是人类行为的基本动力之一和国际权力斗争不可分割的一部分。20 世纪后半期，作为对"荣誉"的替代，"信誉"成为国家重要的无形资产和冷战斗争的武器。自杜鲁门主义把美国的国际角色确定为"自由世界"领袖从而承担起保卫盟友安全的责任之后,如何履行这一责任和兑现承诺以维护美国的国家信誉就成为美国历届政府忧心和焦虑之事。这一焦虑与对苏联扩张和共产主义传播的恐惧相互加强,促使美国决心对任何地方出现的所谓共产主义"扩张"进行遏制,并实施了对朝鲜和越南的大规模军事干预。其结果是美国的"过度扩张"和全球战略地位的下降,美国的信誉不仅没有得到维护,反而受到损害。美国领导人信誉焦虑的最深刻根源在于二战后美国对其国家身份和世界角色的认知——美国是"世界领袖",而冷战的性质与核时代的来临则加剧了这一焦虑。只要美国仍然以"世界领袖"自居,美国对外政策就难以摆脱信誉因素的影响。

关键词:荣誉;信誉;美国外交;越南战争;朝鲜战争;世界领袖

　　冷战时期美国对外关系的一个显著特征是在全球范围内对地区冲突和他国内政的频繁干预。美国使用道义谴责、军事援助、经济制裁、隐蔽行动、准军事干预和直接的军事入侵等各种手段,对第三世界进行干预,并卷入多场地区冲突。而干涉的结果,正如美国参议院对外关系委员会前主席威廉·富布莱特(J. William Fulbright)所言,不仅不符合美国"自己的最大利益","在许多情况下对被干涉的国家也没有达到有益的目的,反而事与愿违"[①]。然而,就在冷战开始之前的七八年中,面对中国和英国等对美国安全至关重要的国家遭受侵略,当时的富兰克林·罗斯福总统甚至不敢提出援助的倡议,更不用说实施直接的军事干预。那么,美国为什么会在冷战时期走上全球干涉之路?学者们一般从地缘政治、经济和意识形态三个维度对这一现象进行解释,认为与苏联进行战略争夺以维护美国安全、获取重要的战略资源和市场以及防止共产主义的"扩张"和促进民主是美国全球干涉的动力。但是,美国在冷战时期的大多数干涉并非发生在具有重要战略价值的核心地区,而是发生在对全球战略平衡几乎没有影响的边缘地区,受到美国干涉的很多国家也缺乏对美国必不可少的战略资源,这些国家和地区,例如韩国、越南南方、中国台湾、安哥拉,也并非民主体制,倒向苏联也未必会威胁美国的自由民主制度和生活方式。因此,以往的研究虽然具有

[①] J.威廉·富布莱特,塞思·P.蒂尔曼:《帝国的代价》,吴永和、袁明华译,南京:译林出版社1992年版,第145页。

一定的说服力，但显然是不完整的，只能解释美国对外干预的部分动机。这些研究实际上忽视了一个重要维度——荣誉，没有看到国家在对外关系中，除了追求安全、（经济）利益以及试图促进其价值观外，还追求好名声、避免丢脸或受辱。不仅如此，传统的研究也过于笼统和浮泛，没有深入到决策者的心理层面和具体的决策过程去探寻美国干预的动机。事实上，在冷战时期的诸多案例中，美国领导人在做出干预的决策时主要关心的是美国的声誉，而非干涉对象本身的战略和经济价值（美国干预的很多地区并没有多少经济和战略价值）。换言之，美国干预行动的最直接目标是维护美国作为"自由世界"领袖的信誉，而不是追求直接、有形的安全和经济利益。自杜鲁门主义把美国的国际角色确定为"（自由）世界的领袖"从而承担起保卫"自由世界"安全的责任之后，如何履行这一责任和兑现承诺从而维护美国的国家信誉就成为美国历届政府忧心和焦虑之事，为此美国决心对任何地方出现的所谓"共产主义威胁"进行干预，不仅给相关国家带来巨大灾难，自己也付出了巨大的代价。本文尝试引入荣誉和信誉作为分析范畴，把美国的信誉焦虑与战后美国的自我认知和国际角色相联系，通过考察美国领导人的决策心理，对冷战时期美国对外军事干预（朝鲜战争和越南战争）的动机、后果以及决策者关注信誉的根源进行阐释，以期深入理解冷战时期美国的对外政策和行为逻辑①。必须指出的是，本文是关于冷战时期美国对外干预的补充

---

① 关于"荣誉""声望"和"信誉"在国际关系中的重要性以及对荣誉的追求如何塑造一个国家的对外政策，国际关系学家已经进行了较深入的研究，在理论探讨和个案分析方面出版了不少成果，但历史学家将其运用到冷战国际史研究的成果还寥寥无几。罗伯特·麦克马洪1991年发表《信誉与世界权力：解释战后美国外交的心理层面》(Robert J. McMahon, "Credibility and World Power: Exploring the Psychological Dimension in Postwar American Diplomacy," *Diplomatic History*, Vol.15, No.4 (Fall 1991), pp.455-471)一文，对维护美国信誉的考虑如何影响战后美国外交政策进行了考察，是目前仅有的研究成果，给笔者以启发。但该文的分析还不够深入和透彻，对美国决策者重视信誉的原因的解释过于简单。关于多米诺骨牌理论与威慑战略的研究也与本文主题有一定的关联，对本文的写作有一定的帮助，但这些研究只是间接涉及信誉与冷战时期美国对外干预问题。国际关系领域的相关研究主要有：Geoffrey Best, *Honor Among Men and Nations: Transformation of an Idea*, Toronto: University of Toronto Press, 1982; Robert Jervis, *The Logic of Images in International Relations*, New York: Columbia University Press, 1989; Jonathan Mercer, *Reputation and International Politics*, Ithaca, NY: Cornell University Press, 1996; Elliot Abrams, ed., *Honor among Nations: Intangible Interests and Foreign Policy*, Washington, D.C.: Ethics and Public Policy Center, 1998; Barry O'Neill, *Honor, Symbols, and War*, Ann Arbor, MI: University of Michigan Press, 1999; Daryl Grayson Press, *Calculating Credibility: How Leaders Evaluate Military Threats*, Ithaca, NY: Cornell University Press, 2005; Michael Donelan, *Honor in Foreign Policy*, New York: Palgrave Macmillan, 2007; Christopher J. Fettweis, *The Pathologies of Power: Fear, Honor, Glory, and Hubris in U.S. Foreign Policy*, New York: Cambridge University Press, 2013. 关于多米诺骨牌理论和威慑战略的研究主要有：Robert Jervis et al., eds., *Psychology and Deterrence*, Baltimore: Johns Hopkins University Press, 1985; Robert Jervis and Jack Snyder, eds., *Dominoes and Bandwagons: Strategic Beliefs and Great Power Competition in the Eurasian Rimland*, New York and Oxford: Oxford University Press, 1991.

世界史研究论文写作：案例与方法

性解释，而非替代性解释。换言之，作者并不否认冷战时期美国对外政策中的安全、经济和意识形态目标，而是承认冷战时期美国对外干预的根本动力是遏制共产主义和维护自由资本主义秩序，维护信誉在很大程度上是实现这一根本目标的手段。但是，仅仅从地缘政治、经济和意识形态等宏观视角不足以解释美国冷战外交中的一些反常现象——任何一个理性的决策者都会权衡代价和收益，并选择性地、有重点地使用自己的力量，但冷战时期的美国却在一些微不足道的边缘地区投入巨大的力量，甚至在明知无法取胜、代价远远超出收益的情况下仍然持续地进行干预，因此需要深入到微观和心理层面去探寻美国对外（军事）干预的根源。

本文无意说明，美国卷入冷战时期的地区冲突完全是为名誉和信誉而战，美国做出军事干预朝鲜和越南的决策显然有着非常复杂的，甚至比维护信誉更为深刻的原因，维护信誉的考量在不同的干预行动中，其分量也是不同的。笔者强调信誉的重要性，也并非认为冷战时期的美国外交是利他主义的。无论决策者提出的口号是维护美国的国家信誉还是遏制共产主义的"扩张"，美国外交政策的根本目标无疑都是追求决策者心中的国家利益。

一、信誉与国际关系

对荣誉和声望的追求是人类行为的基本动力之一。良好的荣誉和声望可以使人赢得他人的尊敬，让自己感觉良好，并因此获得自尊以及心理上的愉悦和满足。在失序或无政府的社会里，荣誉还是保障个人、集体和国家的安全和利益的重要手段。在古代世界，决策者和外交官就把荣誉作为国家追求的重要目标，关注如何维护国家声誉和保全面子。修昔底德曾指出，雅典之所以建立和维护帝国是出于三个最强烈的动机——恐惧、荣誉和自我利益，"主要是出于恐惧，然后是荣誉，最后才是自我利益"[①]。

那么，什么是国际关系中的"荣誉"？耶鲁大学教授唐纳德·卡根认为，荣誉包含如下要素：追求名望和荣耀；避免受辱、丢脸和难堪；复仇或雪耻[②]。伦敦政治与

---

① Thucydides, *History of the Peloponnesian War*, Vol.1, trans. Charles F. Smith, London: William Heinemann, Ltd., 1956, p.129.

② Donald Kagan, "Honor, Interest, and the Nation-State," in Elliott Abrams, ed., *Honor among Nations: Intangible Interests and Foreign Policy*, p.2.

经济学院迈克尔·唐兰博士认为,"荣誉"包括四个方面的含义:追求荣耀、名声和威望;获得尊重和自尊;个人、民族和国家的尊严获得承认;拥有美德①。大体言之,国际关系中"荣誉"的含义包括两个方面:一是积极的方面,指的是良好的声望并因此受到他国的尊重和赞扬;二是消极的方面,指避免丢脸或受辱以维持国家的尊严。

国家荣誉在国际关系中的重要性体现在两个层面:一是与荣誉相关的声望、荣耀、尊敬、敬重,它们本身就是国家在对外政策中追求的目标。国家同个人一样,渴望获得认可、称赞和尊敬,也就是获得国际社会其他成员的承认和较高的评价。国际政治学家汉斯·摩根索曾言:"国际政治和国内政治不过是同一事物的不同表现","个人从其同伴那里追求对自我评价的确认,只有当别人称赞他的善意、智慧和权势时,他才会完全相信他自以为是的这些优越品质并且陶醉于其中",国家也是如此,"渴求威望"是"国际关系中的一个固有因素"②。19世纪后期普鲁士杰出的历史学家海因里希·冯·特赖奇克(Heinrich von Treitschke)曾言:"如果国家的旗帜受到侮辱,国家有责任要求(侮辱者)赔罪,而如果对方拒绝赔罪,那么就宣战,而不管事情看起来多么微不足道,因为国家必须竭尽全力维护自己在国际体系中享有的尊严。"③

二是荣誉在争夺权力和各种有形利益的斗争中扮演着重要的角色,一个国家的荣誉受损,声望和获得的尊敬就会降低,其力量也就会相应地受损,特别是在一国被认为缺乏使用自身力量的意志和勇气时,这种情况常常会发生。也就是说,荣誉构成一个国家实力的一部分,是国家力量中的"无形要素"。良好声誉可以促进国家安全,帮助国家获得财富,乃至权力。正是从这个意义上,国家常把维护荣誉作为获得利益和权势的手段。基辛格曾指出:"一个国家的信誉可以使其不必使用力量就可以影响事态的演变。而当一国的威望下降时,其他国家就不会愿意把其未来寄托在这个国家的保证之上,这个国家也会遭遇到越来越多的公开挑战。"④

无论一国外交政策的目标是什么,其声望总是决定其外交政策成败的重要因素,没有国家特别是大国,胆敢忽视自己的声誉,也就是别国对自己的评价与

---

① Michael Donelan, *Honor in Foreign Policy*, p.1.
② Hans J. Morgenthau, *Politics among Nations: The Struggle for Power and Peace*, New York: Alfred A. Knopf, 1948, p.50.
③ 转引自 Avner Offer, "Going to War in 1913: A Matter of Honor," *Politics & Society*, Vol.23, No.2 (June 1995), p.216.
④ "The Challenge of Peace," Address Made by Henry Kissinger before the St. Louis World Affairs Council at St. Louis, Mo., May 12, 1975, *U. S. Department of State Bulletin*, Vol. 72, No. 1875 (June 2, 1975), p.206.

看法。对荣誉和声望的追求是国际权力斗争不可分割的一部分。在历史上,为国家或君主的荣誉而发动或卷入战争的例子并不鲜见。在16—17世纪,荣誉和声望是一个君主的生命,丢脸——无论是没有信守承诺还是在战争中败北,都会损害君主的地位和权力。用西班牙国王菲利三世的首相唐·苏尼加(Don Balthasar de Zuniga)的话说:"一个失去声望的君主即使没有失去领土也等同于没有星星的天空、失去光线的太阳和缺少灵魂的躯体。"①1877年俄国对土耳其宣战并不是为了保卫俄国的安全和重要经济利益,而是为了维护俄国在巴尔干的声望,捍卫帝国的荣耀。用沙皇亚历山大二世的话说:"国家生活就像个人生活一样,总有一些时刻需要忘掉一切为捍卫荣誉而战。"②一战在很大程度上也是为荣誉而战。牛津大学经济史家阿维那·奥弗认为,一战期间,无论是在民族主义主导的塞尔维亚、中东欧诸帝国还是在共和制的法国,"从皇帝到军人、从总理大臣到普通战士,每个层次的决定都受到荣誉观念的驱动"③。墨索里尼入侵埃塞俄比亚至少部分为了追求荣耀,他将获得埃塞俄比亚"作为荣耀法西斯政权的手段",是复兴罗马帝国的第一步④。

在美国历史上,也不乏为了捍卫国家荣誉而诉诸战争或准备诉诸战争的例子。拿破仑战争期间,法国军舰劫掠美国商船,联邦政府于1797年派代表赴法国交涉,当时的法国外交部长塔列朗向美国代表索取巨额贿赂,作为继续谈判的条件。在亚历山大·汉密尔顿看来,这是对美国国家尊严的冒犯,为了避免耻辱,美国必须准备与法国战斗。他说:"对于一个有能力抵抗的国家来说,在压迫面前屈服……既愚蠢又可鄙。一个国家的荣誉就是它的生命。放弃荣誉等同于政治自杀。……宁愿受辱也不愿冒险的国家迟早会遭受奴役。"⑤美法之间一度进入准战争状态。一战期间美国对德宣战至少部分是出于维护美国荣誉的考虑。在1917年2月3日的演讲中,威尔逊(Thomas Woodrow Wilson)称,在德

---

① Geoffrey Parker, "The Making of Strategy in Habsburg Spain: Philip II's 'Bid for Mastery,' 1556 - 1598," in Williamson Murray, MacGregor Knox and Alvin Bernstein, eds., *The Making of Strategy: Rulers, States, and War*, New York: Cambridge University Press, 1994, pp.126 - 127.

② 转引自 William Wohlforth, "Honor as Interest in Russian Decisions for War, 1600 - 1995," in Elliott Abrams, ed., *Honor among Nations: Intangible Interests and Foreign Policy*, p.35.

③ Avner Offer, "Going to War in 1913: A Matter of Honor," p.214.

④ George W. Baer, *The Coming of the Italian-Ethiopian War*, Cambridge, Mass.: Harvard University Press, 1967, p.169.

⑤ "The Warning No.3 (February 21, 1799)," in Harold G. Syrett, ed., *The Papers of Alexander Hamilton*, Vol.20, New York: Columbia University Press, 1961 - 1979, p.520.

国恢复无限制潜艇战的情况下,美国别无选择,只能选择"与其尊严和荣誉相一致"的行动,即与德国断交①。在两个月后的对德宣战咨文中,威尔逊指出美国是为了捍卫自己的"权利和荣誉"而战②。

截止到一战时期,欧洲国家大多数领导人、外交官和将军属于贵族阶层,其观念深受先辈荣誉价值观的影响。一战后,伴随着君主制解体和民主化浪潮,君主和贵族特别在意的荣誉观念遭到批评。为了国王或领导人的荣誉而战被认为是非理性的,会对国家利益和共同体福祉构成损害。"荣誉"一词逐渐被认为是一种封建残余而被抛弃。但是,"荣誉"一词的消失并不意味着国家不再追求声望,不再担心国家的形象。作为对"荣誉"一词的替代,"声望"(reputation)、"威望"(prestige)、"信誉"(credibility)和"形象"(image)等词汇开始流行,特别是"信誉"成为二战结束以来国际关系中的热词。

对"信誉"最简单的定义是言行一致,特别是恪守承诺以及不违背自己宣称的原则。国际关系中的信誉是"决心(resolve)、可靠性(reliability)、可信性(believability)和果敢(decisiveness)的混合物"③。"决心"和"果敢"一般是指"一个国家愿意冒险发动战争来履行承诺和兑现威胁的程度"④。"可靠性"和"可信性"则是指国家履行义务和兑现承诺的意愿和能力。因此,国际关系中的信誉实际上就是指抵御侵略和信守对盟友承诺的意志和能力。如果一个国家不愿意冒险来抵御外来威胁和履行保护盟友的承诺,那么就会被认为缺乏决心和软弱,就会失去信誉,其他国家就不会认真对待其威胁或承诺。在二战后的国际关系中,信誉实际上成为国家荣誉和声望的委婉语。

与一战前的荣誉一样,信誉是一个国家非常值得珍视的无形资产。国家信誉的好坏可以影响敌国或盟友对自己未来行为的预期,一个国家的信誉越高,就越能阻遏敌国的行动,并可以用非战争手段实现自己的目标;反之,如果一个国家的信誉低,那么敌国就不会认真对待其威胁,盟友也会怀疑其承诺。正是从这

---

① Address to a Joint Session of Congress on the Severance of Diplomatic Relations with Germany, February 3, 1917, http://www.presidency.ucsb.edu/ws/index.php?pid=65397&st=&stl=.(2014年9月13日获取)

② "For Declaration of War against Germany," Address to a Joint Session of Congress, April 2, 1917; Woodrow Wilson, *War and Peace: Presidential Messages, Addresses, and Public Papers (1917-1924)*, edited by Ray S. Baker and William E. Dodd, Honolulu: University Press of the Pacific, 2002, Vol.1, p.14.

③ Robert J. McMahon, "Credibility and World Power: Exploring the Psychological Dimension in Postwar American Diplomacy," p.455.

④ Jonathan Mercer, *Reputation and International Politics*, p.15.

个意义上,美国国务卿迪安·艾奇逊认为良好的信誉和崇高的声望"具有极大的威慑作用"①。美国共和党资深参议员约翰·麦凯恩更是直言:"信誉是一个国家在国际关系中的最大的资产……一旦被获得,它就可能带来(其他国家)行为的改变。"②麦凯恩的这句话虽然夸大了信誉的价值,但也道出了信誉在国家对外关系中的重要性。

冷战时期,美苏两大国都把维持信誉和树立声望以及打造良好的国家形象作为重要的外交目标,以保持盟国忠诚,削弱敌国的意志,以及赢得中立国家的追随。

二、信誉焦虑与冷战时期美国的对外军事干预

1947年3月12日,杜鲁门总统在国会发表特别咨文提出:"无论通过直接侵略还是间接侵略将极权主义政权强加给自由国家人民都会瓦解国际和平的基础,并因此威胁到美国安全……我们的政策必须是支持自由国家的人民抵抗武装起来的少数人或外来势力的征服企图。"杜鲁门告诉美国人:"形势的急剧变化已经把伟大的责任赋予在我们的肩上","如果我们在承担领导责任方面动摇胆怯,我们可能危害世界的和平,而且我们也肯定会危害我们自己国家的福祉"③。通过这篇在美国外交史上具有里程碑意义的演讲,杜鲁门实际上把所谓的保卫"自由国家"抵御"共产主义进攻"的责任揽到了美国头上,这成为美国领导人对世界的庄严承诺,而能否履行这一承诺成为美国是否守信的标志。从杜鲁门到老布什的美国历届政府都表示愿意承担这一重任,担当"自由世界"的领袖。实际上,在整个冷战时期,美国的国家信誉都与美国是否有决心和能力击退任何地方的共产主义"威胁"和保卫盟友安全联系在一起。也就是说,威胁(对敌人)的可信性和承诺(对盟友)的可靠性构成冷战时期美国国家信誉的主要方面。

美国领导人相信,美国的敌人和盟友乃至中立国家会根据美国过去的行为

---

① Dean Acheson, *Present at Creation*, New York: W. W. Norton and Company, 1969, p.405.
② John McCain, "No Time to Sleep," *The Washington Post*, October 24, 2002, http://www.mccain.senate.gov/public/index.cfm/opinion-editorials? ID=18e8a491-5583-4cbc-bf32-33f7e928f601. (2015年4月6日获取)
③ Henry S. Commager, *Documents of American History*, Vol.2, New York: Appleton-Century-Crofts, Inc., 1958, pp.705, 706.

来预测美国未来的行为。如果美国在面对共产主义"威胁"时表现强硬和信守承诺,那么就会被认为在未来也会这样做;相反,如果美国表现软弱或未能兑现保护盟友的承诺,那么就不会有国家相信美国。里根总统的一段话典型地反映了美国领导人的这一心理。他在1983年4月27日要求国会拨款支持亲美的尼加拉瓜反政府武装以推翻亲苏的桑地诺民族解放阵线政权的咨文中说:"中美洲的事态事关所有美洲国家的安全,如果我们不能在那里保卫我们自己,我们就不要指望在其他地区获得成功。我们的信誉将破产,我们的联盟将瓦解,我们国土的安全也将处于危险之中。"他问道:"如果美国不能对边境线附近的威胁做出反应,为什么欧洲人和亚洲人还相信我们会认真对待他们遇到的威胁?如果苏联认为,只要不进攻美国就不会遭致美国的反击,那么还会有哪一个盟国、哪一个朋友相信我们?"①里根的问题实际上自冷战开始以来一直萦绕在美国领导人心头,成为整个冷战时期美国决策者内心的巨大焦虑。

在冷战时期几乎每一项主要的国家安全政策中,美国决策者都要认真估量美国的言行会给敌人和盟友造成什么样的印象②。在冷战时期最重要的两次军事干预(朝鲜战争和越南战争)中,美国领导人都把维护国家信誉作为重要理由和主要说辞,声称美国的安全与世界的和平依赖于美国的对手和盟友相信美国具有抵御侵略和保护盟友的决心、意志和能力。

朝鲜战争 朝鲜战争爆发前,南朝鲜在美国决策者心中并没有至关重要的战略和经济价值。在国务卿迪安·艾奇逊1950年1月12日的演讲中,美国在西太平洋的防线是从阿留申群岛开始到日本列岛,然后通过琉球群岛至菲律宾,南朝鲜并不在美国的太平洋环形防御圈内③。但是朝鲜战争爆发后,美国却迅速做出军事干预的决定,这不是因为美国重新发现了南朝鲜在战略上和经济上的极端重要性,而是因为美国认识到朝鲜半岛的事态在考验美国的国家信誉和世界领导地位,而这远比南朝鲜本身的战略和经济价值更重要。在美国决策者看来,北朝鲜在苏联和中国的支持下"进攻"南朝鲜是对美国决

---

① Reagan's Address before a Joint Session of the Congress on Central America,April 27, 1983,http://www.presidency.ucsb.edu/ws/index.php? pid=41245&.st=&.stl=.(2015年3月29日获取)

② 帕特里克·摩根认为,对自身形象和信誉的关注至少对以下四种国家安全决策产生了影响:一是为支持盟友而对军事冲突实施干预的决策;二是发展武器系统的决策;三是关于如何部署美国整个武装部队的决策;四是关于在何时以及如何与对手进行谈判的决策。Patrick M. Morgan, "Saving Face for the Sake of Deterrence," in Robert Jervis et al., eds., *Psychology and Deterrence*, p.136.

③ Dean Acheson, "Crisis in Asia: An Examination of U. S. Policy," *U. S. Department of State Bulletin*, Vol.22, No.551(January 23, 1950), p.116.

心的重大考验,涉及美国的威望、联合国的声誉和战后国际秩序的稳定。世界各国,特别是美国的盟国,都在关注美国的反应,用当时美国驻法国大使戴维·布鲁斯(David K. E. Bruce)的话说,"所有的欧洲人,更不用说亚洲人,都在密切关注美国将做什么"①。如果美国默认南朝鲜的陷落而无动于衷,那么美国的信誉将丧失,欧洲和东南亚的盟友将对美国丧失信心。艾奇逊在其回忆录中说:

> 这是对我们作为南朝鲜的保护者这一国际社会已经接受的地位的公开挑战。……鉴于我们具有应对这一挑战的能力,如果面对这一挑战时后退,将对美国的权力和威望造成极具毁灭性的打击。……因此,我们不能接受这个重要地区被苏联代理人征服。②

在美国领导人看来,听任南朝鲜陷落将在两个方面损害美国的信誉。一是被苏联认为软弱,从而鼓励苏联在其他地区实施同样的"侵略"。杜鲁门后来回忆说:"我确信,如果容忍南朝鲜陷落,共产党领导人将更加大胆地去征服离我们海岸更近的国家。如果容忍共产党以武力入侵大韩民国而不遭到自由世界的反对,那么,就没有哪一个小国会有勇气抵抗来自较为强大的共产党邻邦的威胁和侵略。"③二是损害美国在盟友中的威信,打击盟友抵御共产主义的信心。国务院情报研究办公室在朝鲜战争爆发当天的情报评估报告中指出,如果美国在朝鲜不采取行动或苏联在朝鲜获得胜利,将在盟友中产生如下严重后果:(1) 在日本,"业已广泛存在的中立渴望将增强";(2) 在台湾,"投靠或倒向共产党的倾向将得到加强,军事士气和政府的效能将下降,被共产党接管的可能性会大大增加";(3)"东南亚领导人将失去他们原有的对美国援助抵御共产主义的有效性的信心";(4)"美国在西欧的声望将遭受巨大打击,如果众多欧洲人发现,苏联的一个小卫星国有能力进行军事冒险,挑战美国的力量和意志,这将导致对这一力量和意志产生严重怀疑";(5) 更为严重的是,"共产党将利用美国无力或不愿有效支持与美国共命运的国家来大做文章……提高宣传的调门来强调共产主义

---

① The Ambassador in France (Bruce) to the Secretary of State, June 26, 1950, *PRUS*, 1950, Vol.7, pp.174-175.
② Dean Acheson, *Present at Creation*, p.405.
③ Harry S. Truman, *Memoirs of Harry S. Truman*, Vol.2, Years of Trial and Hope, New York: Da Capo Press, 1956, p.333.

和苏维埃主义是未来的潮流。"①

美国的这些担心并非杞人忧天,欧洲确实在观察美国是否有决心履行保护"自由世界"盟友的承诺。荷兰外交大臣、欧洲经济合作组织(Organization for European Economic Cooperation)主席德克·斯蒂克(Dirk Stikker)告诉美国驻荷兰大使,"如果美国'允许'南朝鲜陷落,对整个亚洲,特别是东南亚的影响将绝对是灾难性的",对西欧的影响也将是"可悲的"。斯蒂克还特别指出:"北朝鲜的进攻是对美国亚洲政策的'考验',整个亚洲都将这样做出判断","所有人的眼睛都在看着美国"②。

而美国的强硬反应和坚决干预将极大地提高美国的声望,促进美国多项政策目标的实现。陆军部规划与行动司司长查尔斯·博尔特少将在6月28日给陆军部长弗兰克·佩斯的报告认为,美国的强硬反应将产生如下积极效果:(1)使世界各国对美国以实力支持联合国宪章原则的决心产生尊敬;(2)提高美国作为世界领袖的声望;(3)给日本留下深刻的积极印象;(4)加强西德政府亲西方的倾向;(5)很有可能使英国对"共产党中国"的态度变得强硬;(6)增加北约采取更具体行动的兴趣和努力;(7)巩固法国在印度支那行动中的士气。③

无论选择干预还是不干预,美国决策者最关心的是美国作为"自由世界"领袖的可信性,即美国的政策选择可能产生的心理后果。从根本上说,美国最终选择军事干预主要不是因为南朝鲜本身在地缘政治上的极端重要性,而是为了维护美国的声望和信誉。助理国务卿约翰·希克森1950年9月17日在纽约的演讲反映了杜鲁门政府干预朝鲜战争的心理动因:"从军事安全的角度看,朝鲜对美国并没有特别的重要性,我认为,对联合国其他52个成员的任何国家都不重要。但是,作为一个象征,她具有重大意义——她是所有自由国家决心的象征:侵略将遭到坚决的抵抗,对联合国的进攻不会受到鼓励。"④美国战略家、哈佛大

---

① Intelligence Estimate Prepared by the Estimate Group, Office of Intelligence Research, Department of State, June 25, 1950, *FRUS*, 1950, Vol.7, pp.151–154.

② The Ambassador in Netherlands (Chapin) to the Secretary of States, June 26, 1950, *FRUS*, 1950, Vol.7, pp.185–186.

③ Charles L. Bolte to Frank Pace, June 28, 1950, 091 Korea, Record Group 218, National Archives and Federal Records Center, 转引自 William W. Stueck, *Road to Confrontation: American Policy toward China and Korea, 1947–1950*, Chapel Hill: University of North Carolina Press, 1981, p.188.

④ John D. Hickerson, "Preserving International Peace and Security through General Assembly Action," *U. S. Department of State Bulletin*, Vol.23, No.587 (October 2, 1950), p.544.

学教授托马斯·谢林在1966年出版的著作中道破了杜鲁门政府干预朝鲜战争的动因:"我们在朝鲜损失了3万人是为美国和联合国保全面子,而不是为南朝鲜人拯救南朝鲜。这无疑是值得的。苏联对美国行为的预期是我们在世界事务中拥有的最珍贵资产之一。"①

越南战争 冷战时期美国实施的代价最高昂的军事干预是对越南的干涉。美国在越南实际上并没有重要的经济和战略利益,南越倒向共产主义并不会对美国的安全构成危险,也不会改变全球战略平衡。用基辛格的话说,越南战争是美国历史上"最漫长""最遥远",也与美国的"直接利益最没有明显关联"的战争②。美国之所以以代价远远超出收益的方式不断扩大对越南的干涉,甚至在明知不可能获胜的情况下还要把战争打下去,主要不是为了保卫有形的国家利益,而是为了维护美国作为"自由世界"领袖的信誉。在美国干涉越南的过程中,有四个重要的关键节点:1954年4月艾森豪威尔政府决定取代法国承担起维护南越反共国家的责任;1961年11月肯尼迪总统决定扩大对越南的援助,实行针对越南南方民族解放阵线的"特种战争";1965年3—7月约翰逊政府决定扩大对越南的干涉,派遣大规模地面部队进入越南;1969年1月尼克松上台后在计划逐渐撤军的同时决定继续援助南越以抵御北越的进攻。在每个节点,维护美国义务可信性的考虑和担心美国放弃南越将导致美国信誉受损的焦虑,都是美国决策者扩大干涉的主要动力,而这成为美国深陷越南而不能自拔的最深刻根源。

1954年4月,当被记者问到印度支那对西方的战略意义时,艾森豪威尔提出印度支那的重要性有三个方面:一是其资源,主要是锡、钨和橡胶;二是如果共产党控制东南亚,将有大批人口被置于敌视西方的"专制统治"之下;第三,也是最重要的,如果印度支那"沦陷",会带来多米诺骨牌效应。"你竖起一排多米诺骨牌,推倒第一块,最后一块肯定也会迅速倒下。因此一旦开始瓦解,就会产生最深远的影响。……这一损失(印度支那被共产党控制)带来的后果对自由世界来说将是难以估量的。"③

---

① Thomas Schelling, *Arms and Influence*, New Haven: Yale University Press, 1966, pp.124-125.

② Memorandum from Henry Kissinger to President Ford Concerning "Lessons of Vietnam", May 12, 1975, p. l. http://www.fordlibrarymuseum.gov/library/exhibits/vietnarn/750512.pdf.(2015年7月10日获取)

③ President Eisenhower's News Conference, April 7, 1954, Senator Mike Gravel, *The Pentagon Papers*, Vol.I, Boston: Beacon Press, 1971, p.597.

第 9 讲 新瓶新酒:跨学科方法与寻常史料的新解读

为什么南越陷落,其他东南亚国家,乃至日本、新西兰和澳大利亚都会倒向共产主义?换言之,多米诺骨牌隐喻的依据何在?在艾森豪威尔等人看来,因为美国是"自由世界"的领袖,如果美国不能帮助南越阻止共产党的"侵略"和"颠覆"的话,那么就会造成美国没有能力和决心保护盟友的虚弱印象,这将鼓励国际共产主义的"侵略"气焰,使其更加"胆大妄为","征服"其他国家;而那些指望美国保护其安全的国家将会对美国丧失信心,进而倒向苏联的怀抱,出现所谓的"追随"(bandwagon)效应。因此,美国必须在法国撤出越南后承担起保卫南越的重担,阻止北越征服南越,防止第一块骨牌倒下。作为塑造冷战时期美国遏制战略的核心思想,多米诺骨牌理论背后是美国对自身信誉的焦虑:美国必须维护自身承诺和威胁的可信性,为此需要对每一次共产主义"进攻"进行坚决的回击。

这一点,被肯尼迪政府的国务卿迪安·腊斯克和国防部长罗伯特·麦克纳马拉所道破。两人在1961年11月向肯尼迪提交的绝密备忘录中指出,"美国作为东南亚条约组织的成员,对南越负有(保护的)义务。此外,在1954年日内瓦会议闭幕会上发表的正式声明中,美国代表曾宣布美国'将把任何新的侵略视为对国际和平与安全的严重威胁并为美国严重关切之事'"。因此,"把南越丢给共产主义不仅会使东南亚条约组织名存实亡,而且会瓦解美国在其他地区承诺的可信性","我们将几乎不可避免地要面对东南亚其他国家和印度尼西亚与共产主义完全和解(即使不是正式加入共产主义集团)的可能性"[1]。这一思想成为肯尼迪政府在11月15日决定美国采取除派遣地面战斗部队以外的一切军事措施援助南越、实施"特种战争"的基础。

肯尼迪政府升级对越南的干涉实际上是在美国声望的赌注上加码,特别是随着南越形势的日益恶化,美国更承担不起干涉失败带来的声望和信誉损失,解决的办法是继续扩大对越南的干涉。国家安全事务助理麦克乔治·邦迪(McGeorge Bundy)在1965年2月7日给约翰逊总统提交的主张扩大干涉的备忘录中说:

> 我们在越南的赌注是很高的,美国在那里的投入也是很大的,美国(对越南负有)的责任是亚洲乃至整个世界都能感受到的无法回避的事实。美国的国际威望和我们很大一部分影响力在越南都处于直接的危险之中。没有办

---

[1] Rusk/McNamara Memorandum for the President, November 11, 1961, Senator Mike Gravel, *The Pentagon Papers*, Vol.2, Boston: Beacon Press, 1971, pp.110–116.引文引自第111页。

法能让我们卸掉对越南人承担的责任,也无法说服我们自己离开越南。①

1965年3月8日,经约翰逊总统批准,美国海军陆战队两个营在南越的岘港登陆,这是美国派遣地面部队进入南越的开始。1965年4月7日,约翰逊总统在霍普金斯大学发表关于越南问题的演讲,解释美国"为什么在越南以及为什么越南的形势与美国相关"。约翰逊给出了三点理由。一是美国"要恪守承诺"。"自1954年以来,每一位美国总统都向南越人民提供了支持。我们一直帮助这个国家进行建设和保卫自己,因此多年来,我们已经做出了国家承诺:帮助南越捍卫其独立。……拒绝履行这一承诺,把这个勇敢的小国丢给其敌人以及随之而来的恐怖,将是不可原谅的错误。"二是"为了巩固世界秩序"。"从柏林到泰国的世界各地的人民把他们的福祉在很大程度上寄托在如下信念上,即在他们受到攻击时可以依靠我们。把越南丢下不管将动摇所有这些国家的人民对美国承诺和美国言辞重要性的信心。"三是为了避免"力量对比"发生变化。"我们在越南退却并不能导致冲突的结束,战斗将在一个接一个的国家中重新开始。我们这个时代的首要教训是侵略者的欲望是永远得不到满足的。从一个战场上撤退仅仅意味着为下一个战场做准备,在东南亚就像在欧洲一样,我们必须用圣经的言辞大声说:'你只可到这里,不可越过'。"②

约翰逊三点理由的核心是美国信誉的重要性,如果美国不能履行保护南越的承诺,那么美国的信誉将丧失,其他国家就不会再相信美国,共产主义的"侵略"就会得到鼓励。国务卿腊斯克1965年8月在回答哥伦比亚广播公司记者关于"我们的国家荣誉如何与越南相关"的提问时表达了类似的看法。腊斯克称:"我们对越南承担了非常明确的义务","南越人知道我们有这一义务,共产主义世界知道我们有这一义务,世界其他国家也知道我们的这一义务。……如果我们的盟友,特别是如果我们的对手发现美国的义务一文不值,那么世界将面临我们做梦也想不到的那种危险。"③

---

① Lyndon Baines Johnson, *The Vantage Point: Perspectives on the Presidency, 1963-1969*, New York: Holt, Rinehart, and Winston, 1971, p.126.

② Address at Johns Hopkins University: "Peace without Conquest," April 7, 1965, http://www.presidency.ucsb.edu/ws/index.php?pid=26877&st=belief+that+they+can+count+on+us&stl=. (2014年9月8日获取)

③ "Political and Military Aspects of U.S. Policy in Vietnam," An Interview with Secretary Rusk and Secretary McNamara on a Columbia Broadcasting System Television Program on August 9, 1965, U.S. *Department of State Bulletin*, Vol.53, No.1366 (August 30, 1965), pp.343-344.

约翰逊和腊斯克的这些说法并非仅仅是公开场合应对舆论的辞令和为政策进行辩护的说辞,实际上是他们真实的想法。其私下谈话和决策会议记录表明,约翰逊等美国领导人真心相信美国信誉的重要性,对多米诺骨牌理论深信不疑。1965年7月21日,在讨论是否派大规模地面部队进入越南的内阁会议上,国务卿腊斯克担心,"如果共产党阵营发现我们不会把我们的承诺实施到底,我不知道他们会在何处停手"。约翰逊也有同感,"确信他们不会停手",并认为"这是我们越南政策的关键"。约翰逊告诉内阁成员:"如果我们逃离东南亚,未来在地球的每一个地区——不仅在东南亚,还包括中东、欧洲、非洲和拉丁美洲——都会有麻烦。我相信我们面对这一挑战时后退将打开通往第三次世界大战的道路。"①会上,副国务卿乔治·鲍尔担心美国在越南无法取胜,战争将会持续很长时间,而"漫长、持久的战争将暴露美国的弱点而不是力量",并使国内的支持逐渐减少,因此损害最小的方式是"让南越政府做出决定不再需要我们留在越南",然后美国撤出,听任南越自己决定自己的命运。但约翰逊反问鲍尔说,如果按照这一建议来行动,共产党国家将会说"山姆大叔不过是个纸老虎","我们违背了三位总统的诺言,将丧失信誉,这将是无法挽救的打击"②。

一言以蔽之,约翰逊政府在讨论美国是否扩大对越南干涉的时候,他们主要关注的不是越南本身的战略和经济价值,而是不干涉导致的美国信誉损失。用曾广泛报道越战的美国知名记者和作家乔纳森·谢尔的话说,1965年后,"维护美国的可信性实际上已成为战争的唯一目标"③。助理国防部长约翰·麦克瑙顿1965年3月在给国防部长麦克纳马拉的一份备忘录中承认,美国卷入越南的目的"70%是为了避免丢脸的失败(对我们作为越南保护者的名声而言),20%是为了使南越(以及邻近地区)不落入中国人之手,10%是为了让南越人民享有更好和更自由的生活方式"④。

在越南问题上,美国领导人对信誉和形象的焦虑已经到了非理性的地步,在他们心中,美国的干涉能否成功已经不重要,重要的是美国必须表现出有决心获得成功,以坚定盟友对美国的信心。也就是说,美国的"表现"比"结果"更重要。

---

① Lyndon Baines Johnson, *The Vantage Point: Perspectives on the Presidency*, 1963 – 1969, pp.147 – 148.
② Notes of Meeting, Washington, July 21, 1965, PRUS, 1964 – 1968, Vol.3, Vietnam, pp.194 – 195.
③ Jonathan Schell, *The Time of Illusion*, New York: Alfred A. Knopf, 1976, p.362.
④ First Draft of Memorandum from McNaughton to Robert McNamara: Proposed Course of Action Re Vietnam, March 24, 1965, Senator Mike Gravel, *The Pentagon Papers*, Vol.3, p.695.

世界史研究论文写作：案例与方法

约翰·麦克瑙顿称：

> 最根本的是，无论东南亚的形势在未来一至三年内有多糟糕，美国都必须显得是一个"好医生"。我们必须信守承诺，保持强硬，敢冒风险，不怕流血，严重损伤敌人。我们必须展现诱人的外观，避免留下不好的印象，这种印象会影响其他国家对未来美国在出现影响这些国家利益的情况时将如何行动（包括美国政策、实力、决心和应对这些国家问题的能力）的判断。在这方面，相关的观众包括共产党（他们肯定感到了强大的压力）、南越人民（其士气必须得到鼓励）、我们的盟友（他们必须相信我们可以充当"担保人"）和美国公众（他们必须支持以美国人的生命和威望作赌注的冒险）。①

尼克松和基辛格也抱有类似的信念。基辛格在1969年1月撰文指出，越南地缘政治上的重要性虽然不值得美国投入巨大的力量，但美国既然已经做出承诺，承担了义务，那么美国就必须坚持下去，因为这"牵涉的是（盟国）对美国承诺的信心"以及建立在这一信心基础上的世界秩序：

> 无论嘲笑"信誉"或"威望"等词汇的做法现在多么时髦，但它们绝不是毫无意义的空洞词语，其他国家只有在相信我们坚定可靠时才会采取与我们一致的行动。美国在越南的行动失败并不会使很多批评者停止批评，他们会简单地在批评美国判断失误之外加上美国不可依靠的指责。那些将其安全和国家目标寄托在美国承诺基础上的国家只会灰心失望。在世界很多地区——中东、欧洲、拉美，甚至日本——稳定依赖于对美国承诺的信心。因此，单方面的撤出或无意间等同于单方面撤出的解决方案将导致抵抗力量的削弱和更危险的国际形势，没有任何一个美国决策者能够丝毫不考虑这些危险。②

尼克松"越南化"战略的主要目标是保护美国的颜面，实现所谓"体面的和

---

① First Draft of Memorandum from McNaughton to Robert McNamara: Proposed Course of Action Re Vietnam, March 24, 1965, Senator Mike Gravel, *The Pentagon Papers*, Vol.3, pp.700 – 701.
② Henry Kissinger, "The Viet Nam Negotiations," *Foreign Affairs*, Vol. 47, No. 2 (January 1969), pp.218 – 219.

238

平"(peace with honor)。基辛格称,到1969年,"我们在国外的信誉,我们承诺的可靠性和我们国内的团结"都受到越战的"损害","在将近一代人的时间里,自由人民的安全和进步依赖于对美国的信心。我们不能简单地从一项牵涉到两届政府、五个盟国,造成31 000名美国人死亡的事业中走开,就像我们是在换电视频道一样","在我看来,重要的是美国不被羞辱,不被打垮,选择一种反战者事后也会认为体现了美国的高贵和自尊的方式离开越南"①。在尼克松政府的盘算中,"越南化"战略可以制造一个美国撤军和南越倒台之间的间歇期,让南越而不是美国承担失败的责任,从而维护美国的国家自尊和在盟友面前的信誉即颜面。为此,美国不能在战事不顺时撤出越南,相反,应该通过短期强有力的军事行动制造战事顺利的表象,并尽可能地为南越政府赢得喘息的时间。因此,尼克松上台后不仅没有立即将美军撤出越南,相反,还扩大对越南的军事行动,轰炸老挝和柬埔寨,并于1970年4月30日宣布派遣地面部队进入柬埔寨,清剿共产党在柬埔寨的"庇护所"。这是美国在印度支那的又一次战争升级行动,在美国国内引起极大的争议。尼克松在解释美国为什么入侵柬埔寨时,再一次强调维护美国信誉和颜面的重要性:

> 如果在摊牌的时候,世界最强大的国家美利坚合众国,像一个可怜、无助的巨人那样行事,极权主义和无政府势力就会威胁全世界的自由国家和自由制度。今天晚上考验我们的不是我们的实力而是我们的意志和我们的性格。所有美国人今天晚上必须提出和回答的问题是:世界历史上最富裕、最强大的国家是否有决心面对一小撮人的直接挑战……如果我们不能面对这一挑战,其他所有国家都会注意到,尽管拥有压倒性的力量,当真正的危机来临时,美国是不能指望的。……对美国来说,丢脸的和平将在未来导致更大的战争或投降。②

"越南化"实际上是一种自欺欺人的战略,并不能挽救南越政权。美国虽然清楚这一点,但是为了维护美国的信誉还必须做出努力挽救的样子。在西贡陷落前夕,福特总统继续用维护美国信誉的重要性来论证美国向南越和柬埔寨提

---

① Henry Kissinger, *White House Years*, Boston: Little, Brown, 1979, pp.227-228, 229.
② "The Cambodia Strike: Defensive Action for Peace," Address by President Nixon, April 30, 1970, *U. S. Department of State Bulletin*, Vol.62, No.1612(May 18, 1970), p.620.

供进一步援助的必要性。他认为,这并非是美国是否卷入印度支那事务的问题,因为美国已经撤军,不会再派兵进入这一地区,这实际上是一个"美国是否值得依赖的问题"。福特说:"如果我们停止帮助我们在印度支那的朋友……我们将背弃我们自己,背弃我们的诺言和我们的朋友。"① 基辛格也认为这是其他国家如何看待美国的声誉问题。他这样对记者说:

> 关于印度支那,我们没有认为世界每一部分都具有同等的价值,我们也不是说,世界的每一部分在战略上对美国都同等重要。……我们现在面临的是我们是否在危机时刻取消我们的援助从而故意让盟友毁灭的问题。这是一个其他人将如何看待我们的根本问题,与我们是否还会卷入那里的事务没有任何关系。②

三、信誉焦虑的后果:"帝国的过度扩张"

同"声望""形象"一样,"信誉"的实质是他人(国)对自己的认知和评价,它存在于他人的头脑中,是无形的和难以测量的,具有强烈的主观性,同时也是自己无法掌控的。这种评价的形成有两个机制:一是观察者通过被观察对象过去的行为来预测其未来的行为;二是观察者透过被观察者的品质或性格来解释被观察者的行为③。也就是说,如果被观察者出现失信或软弱行为,观察者通常不会认为这是被观察者在特定情势下的偶然失信和权衡利弊后的妥协,而是将其归因于被观察者的性格或品质,并认为被观察者将来也会如此。早在2 000多年前,古希腊历史学家修昔底德就指出了这一点。根据修昔底德在《伯罗奔尼撒战争史》中的记载,在战争爆发前,雅典颁布麦加拉法令(Megarian decree),禁止麦加拉人进入雅典帝国内的一切港口和市场。斯巴达人向雅典提出最后通牒,要求废除该法令,如果雅典拒绝的话,将导致战争。伯里克利在公民大会上演讲,反对接受斯巴达的最后通牒,指出废除该法令虽然是小事情,但雅典也不应该让

---

① President's News Conference, Statement of United States Military and Humanitarian Assistance to Cambodia and the Republic of Vietnam, March 6, 1975, http://www.presidency.ucsb.edu/ws/index.php? pid=4767&.st=reliability&.stl=.(2014年9月11日获取)
② Secretary Kissinger's News Conference of March 26, 1975, *U. S. Department of State Bulletin*, Vol.72, No.1868 (April 14, 1975), p.462.
③ Jonathan Mercer, *Reputation and International Politics*, p.6.

步,因为这并不能避免战争,相反可能招致更大的灾祸。他说:

> 不要以为我们不应该为这一点小事情而作战。……对于你们来说,这点小小的事情是保证,是你们决心的证据。如果你们让步的话,你们马上就会遇着一些更大的要求,因为他们会认为你们是怕他们而让步的。……向他们屈服,就是受他们的奴役,无论他们的要求是怎么大或怎么小。①

在冷战时代,美国领导人遵循的也是伯里克利的逻辑。他们相信,美国的声望和信誉主要来源于过去和现在的行为记录,如果在面对苏联集团或苏联支持的共产党"扩张"时优柔寡断,违背承诺,就会失去盟友,并鼓励敌人得寸进尺,采取更大胆的行动。因此,美国在面对每一次"共产主义进攻"时都必须恪守承诺和强硬应对以保持其信誉,即使这样做在短期内会付出巨大的代价。用约翰逊的话说,"对我们的盟友而言,我们必须是最可依赖和最长久的朋友;对我们的敌人来说,我们则是毫不动摇的坚定的对手,因为我们知道在一个地方的妥协很可能导致在所有地方的失败"②。如上所述,这种信誉焦虑贯穿于冷战的始终,带来两大后果:一是鼓励好战精神和强硬政策,使任何妥协和退让都变得不可能;二是使美国无法分清核心利益和边缘利益、主要利益和次要利益,导致美国频繁实施对外干预。强硬政策和频繁的对外军事干预让美国在很多无关紧要的国家和地区耗费大量资源,使美国的实力到 70 年代后期已不足以保护其在全球范围内的利益和履行承担的义务,出现保罗·肯尼迪所说的"帝国的过度扩张"(imperial overstretch)③,美国的战略地位和国家信誉不仅没有提升,反而下降。

维持美国信誉的需要常常被用来反对任何妥协的主张,其背后论证的逻辑是:如果美国不做出强硬反应,实际上是对"侵略者"的绥靖和鼓励,并因此在未来引发更严重的后果,导致出现多米诺骨牌效应,因此在每一次挑战面前美国都必须保持果敢和强硬,哪怕挑战很小。惯常的说辞是:这是对我们决心和意志的考验,妥协退让将导致我们的声望和信誉受损,未来将不会再有人相信我们,

---

① 修昔底德:《伯罗奔尼撒战争史》(上册),谢德风译,北京:商务印书馆 2008 年版,第 112 页。
② Remarks on Foreign Affairs at the Associated Press Luncheon in New York City, April 20, 1964, http://www.presidency.ucsb.edu/ws/index.php? pid=26168&st=&stl=. (2014 年 9 月 8 日获取)
③ Paul Kennedy, *The Rise and Fall of the Great Powers*, London: Unwin Hyman, 1988, p.515.

因此我们必须保持强硬以证明我们的决心,并击退侵略以证明我们的能力①。在这一说辞下,哪怕在最不重要地区的最微小的妥协也会带来长远的后果,用基辛格的话说,"不能应对今日的挑战将在未来诱发更严重的危机"②,因此任何让步都是不可取的,展示强硬是美国的唯一选择。其结果是小问题经常被放大,不是因为这些问题本身有多么重要,而是因为这些小问题被视为对美国决心与意志的考验。正如国际政治学家罗伯特·杰维斯观察到的,"在世界政治边缘地带的很多争端中,实际发生了什么并不重要,至关紧要的是,在这些争端中,美国和苏联是否被认为履行了其承诺的义务"③。而一旦实施了干涉,实际上等于在声望的赌注上加码,为了避免失败,只有继续增加赌注,即增加军队和资源的投入。约翰·麦克瑙顿在1966年就注意到了这一点,他在讨论美国干涉越南的代价时说:"在每个决断关头我们都在赌博,在每个关头,为了避免不履行我们的承诺对我们的效能带来的损害,我们都提高了赌注。我们没有不履行承诺,因而现在的赌注(和承诺)非常之大。"④

对信誉的重视使美国把任何地方出现的共产党势力的壮大或苏联的渗透都视为对美国决心的考验,美国都必须干预,而不管事态本身究竟对美国的安全和利益有多大影响。肯尼迪总统在被暗杀前两个月曾说:"我完全知道,每一次,一个国家不论它距离我们的国界有多么遥远,只要消失在铁幕之后,都会威胁到美国的安全。"⑤在1961年5月4日的记者招待会上,有记者问美国卷入一场东南亚丛林边缘地带的战争是否明智,腊斯克回答说:

> 如果你不关注边缘,边缘就会发生改变,接着你就会发现,边缘即中心。我的意思是说,世界各地的和平与安全是相互依赖的。这在今天——也就是世界革命必然发生的理论通过具体行动正在与自由世界在全球范围内对

---

① 此为唐世平的总结。Tang Shiping, "Reputation, Cult of Reputation, and International Conflict," *Security Studies*, Vol.14, No.1 (January-March 2005), p.43.

② "Implications of Angola for Future U. S. Foreign Policy," Secretary Kissinger's Statement made before the Subcommittee on African Affairs of the Senate Committee on Foreign Relations on January 29, 1976, *U. S. Department of State Bulletin*, Vol.74, No.1912 (February 16, 1976), p.175.

③ Robert Jervis, *The Meaning of the Nuclear Revolution: Statecraft and the Prospect of Armageddon*, Ithaca: Cornell University Press, 1989, p.39.

④ Senator Mike Gravel, *The Pentagon Papers*, Vol.4, p.47.

⑤ Kennedy Remarks at the High School Memorial Stadium, Great Falls, Montana, September 26, 1963, http://www.presidency.ucsb.edu/ws/index.php?pid=9435&.st=&.stl=.(2014年9月8日获取)

抗的时候——更是如此。一个地方发生的事情不可能不影响到另一个地方的事态。①

这导致美国不能分清哪些是重要利益,哪些是边缘利益,美国要承担起保护所有"自由国家"的责任。艾森豪威尔总统言道:"就像没有任何武器渺小得可以忽视,没有任何地区遥远得可以不顾一样,没有任何一个自由国家卑微得可以被遗忘。"②这就不难理解为什么冷战时期美国会在并不牵涉美国重要战略利益和全球战略平衡的边缘地带与苏联进行激烈的较量。正因为这些地区是战略地位并不重要的边缘地区,美国领导人往往选择无形利益即美国的声望和信誉,而不是有形的战略和经济利益来论证干涉的必要性。

金门和马祖无论对美国西太平洋的防御还是台湾的安全都无足轻重,但这并不妨碍美国做出以武力保卫这些沿海岛屿的决策,因为展示美国的决心非常重要。艾森豪威尔在回忆录中写道:"尽管参谋长联席会议中的大多数成员认为沿海岛屿在军事上对保卫台湾并非是必需的,但除一人外的所有人都承认这样一个压倒性的事实:这些岛屿的陷落将产生糟糕的甚至是灾难性的心理影响,因此他们相信我们应该保护这些岛屿。"③萨尔瓦多是一个对美国没有丝毫战略和经济价值的国家,但当新上台的里根政府把自己的声望和信誉押在西半球一个最弱小、最残酷也是最不得人心的萨尔瓦多政府身上的时候,萨尔瓦多就被赋予重大的国际意义,成为美苏争夺的焦点。如里根的一位外交政策顾问所言,"萨尔瓦多本身实际上并不重要",但"我们必须建立信誉,因为我们处于麻烦之中"④。

对任何一个理性的领导人来说,世界各个地区不可能对美国都同等重要,总有一些地区属于美国的核心利益,而另一些地区属于边缘利益,但是对信誉的重视使美国把各个地区看得同等重要,无法区分核心利益与边缘利益。肯尼迪总

---

① Secretary Rusk's News Conference, May 4, 1961, *U. S. Department of State Bulletin*, Vol.44, No.1143 (May 22, 1961), p.763.

② Eisenhower Address at the Annual Convention of the National Junior Chamber of Commerce, Minneapolis, Minnesota, June 10, 1953, http://www.presidency.ucsb.edu/ws/index.php? pid=9871&.st=too+humble+to+be+forgotten&.st1=.(2014年9月3日获取)

③ Dwight D. Eisenhower, *The White House Years: Mandate for Change*, 1953–1956, Garden City, New York: Doubleday & Company, 1963, p.463.持不同意见者是陆军参谋长李奇微(Matthew B. Ridgway)。

④ William M. LeoGrande, "A Splendid Little War: Drawing the Line in El Salvador," *International Security*, Vol.6, No.1 (Summer 1981), p.27.

统在1961年8月30日的记者招待会上承认:"'承担义务过多'是很有感染力的说法,但是我们如何能从南朝鲜或南越撤军?我不知道哪些地区不重要。"①基辛格在1975年3月的演讲中称,美国必须在所有情况下维护美国的信誉,让美国的盟友相信美国值得信赖和依靠,因为"和平是不可分割的,美国不可能执行一项有选择地维护美国可靠性的政策。我们在世界某一地区抛弃朋友不可能不损害其他朋友的安全"②。乔纳森·谢尔称美国的这一信念为"信誉教条"(doctrine of credibility):

> 为美国信誉而战不是追求有形目标,而是在保卫一种形象——国家实力雄厚而且有决心使用这一实力的形象。根据信誉教条,美国是在从事一场全球公共关系斗争,在这场斗争中,世界任何地方的挫败,不管这个地方有多么小,都会瓦解美国的整个权力结构。③

这导致证明美国的可信性和维护美国的信誉成为永远没有尽头的任务,甚至在明知无法获胜的情况下美国也必须进行干涉,因为不履行承诺,也就是拒绝做出干涉的努力,将表明美国的失信和软弱,而这比干涉失败对美国信誉和声望的损害更大。这就是麦克瑙顿所说的"好医生"方式:即使美国明知道无法拯救南越,但是也必须做出努力挽救的样子,以保持美国作为"好医生"的名声,因为这一名声对遏制对手、安慰盟友非常重要。

为了防止失败而造成的信誉受损,美国必须投入巨大的资源,甚至不惜代价。多位美国领导人表示美国愿意为捍卫盟国的自由付出任何代价。肯尼迪在其就职演说中宣称,美国不仅在国内而且还要在全世界"捍卫人类的权利",而"为了保障自由的生存和胜利,我们将不惜付出任何代价,承担一切重担,面对任何困苦,支持任何朋友和反对一切敌人"④。在1964年9月的白宫内阁会议上,

---

① Richard Reeves, *President Kennedy: Profile of Power*, New York: Simon & Schuster, 1994, p.220.
② Secretary Kissinger's News Conference of March 26, 1975, *U. S. Department of State Bulletin*, Vol.72, No.1868 (April 14, 1975), p.461.
③ Jonathan Schell, "I Had My Notebook Right There in the Plane," Christian G. Appy, *Patriots: The Vietnam War Remembered from All Sides*, New York: Penguin Books, 2003, p.208.
④ John F. Kennedy's Inaugural Address, January 20, 1961, Arthur M. Schlesinger, Jr., ed., *My Fellow Citizens: The Inaugural Addresses of the Presidents of the United States, 1789 - 2009*, New York: Infobase Publishing, 2010, p.327.

国务卿腊斯克称:"他非常希望不要为(越战)开销制定上限,他感到只要能赢花多少钱都值得。"①当被问到美国要为信誉付出多大代价时,腊斯克说:"在履行光荣的义务时会有代价,过去一直有代价,将来也会有代价。但是我认为,如果我们看一下过去 30 年或 40 年的历史,不履行义务的代价要比履行义务付出的代价大得多。"②在 1965 年 1 月的国情咨文中,约翰逊直截了当地说:"在三位总统领导下,我们的目的一直是支持越南人民生活在和平之中,自由选择他们的生活方式和他们自己的外交政策。实施我们的战略和推行我们的政策需要一大笔防务开支。世界上最富裕的社会当然能承担得起为其自由和安全必须付出的任何代价。"③

但是,不惜任何代价以维护美国信誉的政策是不可持久的,因为任何国家的资源都是有限的。美国承担过多"义务"、在次要和边缘地区(特别是越南)花费大量资源的结果是美国遏制苏联的能力被削弱,战略地位下降,其信誉——威慑敌人和保护盟友的决心和能力——受到严重损害,导致出现厄尔·拉夫纳尔所说的"信誉悖论"(paradox of credibility)④:为了维护美国信誉而实施的干涉政策反而削弱了美国的信誉。越战失败带来的信誉损失以及"过度扩张"导致的战略优势的丧失使尼克松政府不得不重新审视美国的政策,试图减少美国的承诺和义务。

四、信誉焦虑产生的根源

在国际关系史上,重视声望和信誉是大国常有的现象。小国自身的安全缺乏保障,需要依赖大国的保护,一般不会在意其行动传达的信息。小国通常也不会承担保卫其他国家的责任,自然也不会担心不履行责任造成的信誉损失。我们也很难想象,一个普通国家会把千里之外的地方性冲突视为自己的重要利益

---

① Memorandum of a Meeting, White House, Washington, September 9, 1964, *FRUS*, 1964-1968, Vol.1, Vietnam, 1964, Document 343, p.753.

② "Political and Military Aspects of U. S. Policy in Vietnam," An Interview with Secretary Rusk and Secretary McNamara on a Columbia Broadcasting System Television Program on August 9, 1965, *U. S. Department of State Bulletin*, Vol.53, No.1366 (August 30, 1965), p.344.

③ Special Message to the Congress on the State of the Nation's Defenses, January 18, 1965, http://www.presidency.ucsb.edu/ws/index.php?pid=26974&.st=&.stl=. (2014 年 9 月 3 日获取)

④ Earl Ravenal, "Counterforce and Alliance: The Ultimate Connection," *International Security*, Vol.6, No.4 (Spring 1982), p.27.

而予以关注或进行干预。只有大国或帝国才会因其利益的广泛性和责任的普遍性而把边缘地区的动荡与帝国核心地区的利益联系在一起。因此,对荣誉和信誉的重视通常与大国地位,特别是帝国身份相关。保罗·肯尼迪在其名著《大国的兴衰》中曾谈到哈布斯堡王朝的衰落与西班牙为维护信誉而陷入长期的战争有关。西班牙在16世纪末至17世纪初多次用兵尼德兰,就是为了防止这一反叛地区脱离西班牙统治,从而引发其威望的受损和多米诺骨牌效应,它担心如果丢掉尼德兰,哈布斯堡王朝就会失去德意志和意大利,接着就会是美洲、那不勒斯和西西里。"马德里的政治家和他们在布鲁塞尔的军事指挥官已看到一个相互关联的整体,如果其中任何一部分陷落,整体就会随之动摇。"其结果就是西班牙"陷入广泛持久的消耗战"①,罗马帝国历史上也曾出现类似的现象。因此,国际政治学家杰克·斯奈德认为:"把对帝国边缘的威胁与对帝国核心的威胁紧密联系起来的倾向并非美国所独有,大多数主张捍卫广泛义务的帝国战略家都担心多米诺骨牌会倒下。"②

但是,没有哪个大国像冷战时期的美国那样如此重视声望和信誉。英、法等欧洲国家的领导人虽然受美国保护,但并没有对美国承诺的可信性表现出美国领导人那样的关切,并不认为美国有必要对共产主义的每一次推进都做出强硬反应,他们甚至反对美国扩大对越南的干涉。同样,作为冷战时期的大国,苏联在冷战时期曾多次面对与美国类似的挑战,但苏联并不认为做出让步会损害其信誉或带来多米诺骨牌效应。例如,1946年在伊朗、1949年和1959年围绕柏林问题以及1962年的古巴导弹危机中,苏联都做出了退让;在几次中东战争中,苏联也听任其代理人失败而没有进行直接的军事干涉③。

如果把冷战时期的美国与二战前的美国做一纵向比较,我们会发现,战前的美国也是一个大国,但美国领导人似乎并不在意美国的信誉。在珍珠港事件前,无论是欧洲还是东亚的战争似乎都与美国没有关系,美国人也不觉得希特勒在西欧大陆对民主国家的征服损害了美国的声望。日本对中国的侵略无疑直接破坏了美国一手建立的一战后远东国际秩序,威胁了美国在《九国公约》中倡导、美日都承诺恪守的"尊重中国之主权与独立及领土与行政之完整"的原则,但美国

---

① Paul Kennedy, *The Rise and Fall of the Great Powers*, p.51.
② Jack Snyder, "Introduction," in Robert Jervis and Jack Snyder, eds., *Dominoes and Bandwagons: Strategic Beliefs and Great Power Competition in the Eurasian Rimland*, p.3.
③ 参见 Patrick M. Morgan, "Saving Face for the Sake of Deterrence," in Robert Jervis et al., eds., *Psychology and Deterrence*, pp.142 – 143.

拒绝干预中日战争,甚至拒绝停止向日本出口可用于战争的物资,实际上是不认为美国拒绝维护自己倡导的原则和秩序会损害其国家荣誉。

那么,为什么冷战时期的美国如此焦虑自己的形象,把声望与信誉看得如此重要?美国领导人信誉焦虑的最深刻根源在于二战后美国人对其国家身份和世界角色的认知——美国是"自由世界"的领袖,而冷战的性质与核时代的来临则加剧了美国领导人的信誉焦虑。

美国人的自我认知和领袖身份　荣誉感与一个国家的自我认知和身份意识密切相关。战后美国把自己视为世界领袖,承担着抵御共产主义"扩张"、保卫"自由世界"和维护自由主义国际秩序的责任,这种自我身份意识和世界领袖地位是美国信誉焦虑的最主要原因。

战后美国历届政府都相信美国的世界地位与国际角色已经发生了根本的变化,美国承担着领导世界的责任。实际上,到二战结束时,美国人,无论是决策精英还是普通民众,都已经下决心要扮演世界领袖的角色。1945年12月19日,杜鲁门在关于建立国防部的特别咨文中明确提出:"不论我们是否愿意,我们大家都必须承认,我们赢得的胜利已经把领导世界的持续重担放到了美国人民身上,世界未来的和平在很大程度上取决于美国是否表现出真正有决心继续在国家间起领袖作用。"[①]乔治·凯南也认为,"美国人民应该感谢上帝给他们带来(苏联)无情的挑战,让美国作为一个国家的全部安全依赖于他们的团结和接受显然是历史希望他们承担的道义和政治领导责任"[②]。

作为世界领袖,美国享有至高无上的荣誉,而"荣誉承载着一系列的责任,如果要获得荣誉,那么就必须恰当地履行责任"[③]。那么,世界领袖的责任是什么?战后初期,美国人心中的世界领袖的责任是重建被战争破坏的国际秩序,通过大国合作实现持久和平与繁荣以避免20世纪30年代悲剧的重演。随着美苏从合作走向对抗和东西方分裂,美国的角色变为"自由世界"的领袖,其领导责任逐渐变成支持和保卫"自由国家"抵御苏联共产主义的"进攻"。也就是说,作为"自由世界"的领袖,美国有责任保护"自由世界"每一个国家的安全。1947年3月12

---

① Special Message to the Congress Recommending the Establishment of a Department of National Defense, December 19, 1945, http://www.presidency.ucsb.edu/ws/index.php? pid=12259&st=&stl=#axzzlUPG6mKfy.(2011年9月2日获取)

② X, "The Source of Soviet Conduct," *Foreign Affairs*, Vol.25, No.4 (July 1947), p.582.

③ 理查德·内德·勒博:《国际关系的文化理论》,陈锴译,上海:上海社会科学院出版社2012年版,第50页。

日杜鲁门在国会的演讲是美国承担这一责任的开始。根据杜鲁门主义的逻辑，美国的责任不仅是保卫"自由国家"的安全，还包括维护战后美国一手缔造的自由主义国际秩序；美国的安全不仅仅依赖于均势和结盟，还依赖于自由主义国际秩序的稳定；世界任何地区发生的破坏和平与威胁自由的事态，无论是国家之间的战争，还是国家内部的冲突，美国都有责任过问。

在美国领导人心中，这一责任异常重大，如果美国不能履行好这一责任，不仅美国的安全，还有整个"自由世界"的安全都会受到威胁，战后国际秩序也会崩坍。肯尼迪称："我们是自由之门的柱石。如果美国退缩，在我看来，整个世界将不可避免地开始倒向共产主义集团。"①腊斯克认为："美国承诺的完整性是整个世界和平的主要支柱。"②基辛格则直截了当地指出："鉴于我们的中心地位，我们失去信誉将导致国际混乱。"③

"责任""义务""承诺"成为冷战时期美国领导人频繁使用的字眼，而为了履行美国承担的领导"责任"，美国愿意付出巨大的代价。直到美国深陷越战的泥沼后，美国才开始检讨领导地位的代价。从20世纪70年代初开始，美国试图逐渐减少其承担的保护"自由世界"的义务。

美国夸大自身地位和作用的背后是对中立国家和盟国的不信任。美国领导人通常认为新兴的第三世界国家制度脆弱，领导人天真幼稚，缺乏经验，不了解共产主义的真正本质，易被苏联操纵。国务卿乔治·马歇尔认为东南亚的民族主义领袖在政治上不成熟、外交上无经验、意识形态上不可靠，"具有走向泛亚主义和极权主义哲学的危险"④。其盟友包括西欧盟友在美国人眼中也缺乏抵御苏联进攻的坚定意志和决心，甚至见风使舵，美国在履行承诺时的优柔寡断和对抗苏联挑衅时的软弱无力都可能导致这些国家向苏联妥协。美国国家安全委员会第68号文件称："自由世界的其他国家缺乏团结的意识、信心和共同的目标，即使是在自由世界最同质、最发达的地区——西欧，也是如此"，"如果我们没有

---

① Kennedy Remarks at the High School Memorial Stadium, Great Falls, Montana, September 26, 1963, http://www.presidency.ucsb.edu/ws/index.php?Pid=9435&st=&st1=. (2014年9月8日获取)

② Senator Mike Gravel, The *Pentagon Papers*, Vol.4, p.23.

③ "The Challenge of Peace," Address Made by Henry Kissinger before the St. Louis World Affairs Council at St. Louis, Mo., on May 12, 1975, *U. S. Department of State Bulletin*, Vol. 72, No.1875 (June 2, 1975), p.706.

④ The Secretary of State to the Embassy in the Netherlands, May 16, 1947, *FRUS*, 1947, Vol.6, p.924.

坚定的决心,自由世界的其他国家几乎肯定会士气低落,我们的朋友不仅会成为我们的负担,而且最终会增强苏联的力最"①。虽然美国做出了保护欧洲的承诺,并建立了北约,但由于美国与欧洲在地理上相距遥远,历史上美国又奉行过孤立主义政策,因此欧洲人还是会怀疑美国承诺的可信性,担心美国可能会抛弃欧洲。为此,美国需要不断地通过语言和行动让欧洲盟国放心:美国会信守承诺,值得信赖和依靠,不会抛弃盟友。

现代政治学认为,"信誉是领导地位的基础"②。良好的信誉和较高的声望可以换来被领导者的忠诚、尊敬、信赖和追随,"取得通过其他方式很难取得或甚至不可能取得的目标",因而是领袖人物维护其领导地位不可或缺的"道德资本"③。而"信誉是通过领导人不断采取的日常行动来赢得的,信誉不会因为职务或头衔而自动到来"④。领导人必须不断地通过言语和行动坚定地捍卫原则和履行承诺来积累和维护其道德资本,否则就会被认为不值得信赖,从而失去其道德资本,甚至领导地位。

公民社会中的领袖如此,国际社会中的领袖也是如此。美国领导人坚信,信誉是美国领导地位的基础,为了维护这一地位,需要不断地证明美国的可信性和决心。也就是说,美国在"自由世界"中的领袖角色要求美国承担起保护"自由国家"安全的责任,卷入世界各地冲突,并且尽一切手段来获得胜利,以便维护美国的信誉。这是冷战时期美国信誉焦虑的最深刻根源。维护美国的领导信誉实际上成为美国冷战时期采取军事行动的主要理由,从这个意义上说,"世界领袖"不过是"世界警察"的委婉语。

对冷战性质的认知 美国领导人对信誉的重视还与其对冷战性质的认知有关。冷战不仅是一场地缘政治之争,更被视为不同意识形态、社会制度和生活方式的竞赛,即一场"争取人类心灵"的战斗,胜负主要取决于人心的向背。国家安全委员会第68号文件认为苏联的威胁不仅是政治和军事上的,更是心理上的,预测苏联"不会放弃""任何使美国受辱或丢脸的机会","特别是可以被用来使我

---

① A Report to National Security Council by the Executive Secretary (NSC 68), April 14, 1950, *FRUS*, 1950, Vol.1, p.255.
② James M. Kouzes and Barry Z. Posner, *Credibility: How Leaders Gain and Lose It, Why People Demand It*, San Francisco: Jossey-Bass, 2011, p.16.
③ John Kane, *The Politics of Moral Capital*, Cambridge: Cambridge University Press, 2000, p.3.
④ James M. Kouzes and Barry Z. Posner, *Credibility: How Leaders Gain and Lose It, Why People Demand It*, p.21.

们的国家、我们的制度和我们的方法丢脸的情况"。该文件还指出,苏联"正在寻求向自由世界显示,力量和使用力量的意志在克里姆林宫一边,那些缺乏力量的人将衰朽无望,注定败亡","在一些地方性事件中,苏联威胁或蚕食的目的不仅是获得当地的利益,还旨在增强整个自由世界的紧张焦虑和失败主义"①。一直到1980年,该文件的主要起草者保罗·尼采仍然坚信冷战本质上是一场争取人心的战争,称"政治—心理竞赛是这场扩大'我们'阵营和缩小'他们'阵营的斗争的核心"②。

而在对人心的争夺中,作为资本主义制度和"自由生活方式"主要代表的美国的形象和声誉就显得异常重要。美国的坚定、果断以及"言必行、行必果"的行为可以极大地振奋"自由世界"的士气,产生向心力;而一个轻诺寡信、优柔软弱的美国则无法赢得人心。在美国领导人看来,在争夺人心的斗争中,美国信誉的下降会带来两大后果。

一是美国的软弱将造成美国力量衰落的表象,而这种表象等同于实际,会在盟国和中立国家带来恐慌心理。在古巴导弹危机后的采访中,肯尼迪曾解释说,危险不在于苏联人真的会从古巴发射导弹,如果苏联真想发动一场核战争的话,那么苏联在自己国内部署核武器就足够了。危险在于,如果苏联在古巴成功地部署了导弹,而且被公开披露出来,那么"将造成力量对比已经发生改变的外观,而外观将促成现实"③。参谋长联席会议主席托马斯·穆勒(Thomas H. Moorer)1972年初在参议院作证时说:"仅仅是苏联战略优势的表象就会对我们的外交政策和谈判地位产生破坏性的影响……即使这种优势对一场全面核战争的结果没有实际的影响。"④也就是说,对权势的看法比真实的权势本身还重要,美国受到羞辱或未能履行承诺将会造成美苏权力对比发生变化的印象,继而在"自由世界"和中立国家带来恐慌的连锁反应。约翰·加迪斯对美国领导人的这

---

① NSC 68, *FRUS*, 1950, Vol.1, p.264.
② Paul Nitze, "Policy and Strategy from Weakness," in W. Scott Thompson, ed., *National Security in the 1980s: From Weakness to Strength*, San Francisco: Institute for Contemporary Studies, 1980, p.449.
③ Television and Radio Interview, "After Two Years: A Conversation With the President," December 17, 1962, http://www.presidency.ucsb.edu/ws/index.php? pid=9060&.st=&stl=9. (2014年9月8日获取)
④ U. S. Senate Armed Services Committee, United States Military Posture for FY1973, Hearings, 92d Cong., 2d Sess., February 15, 1972, pp.505-506.转引自Terry Terriff, *The Nixon Administration and the Making of U. S. Nuclear Strategy*, Ithaca: Cornell University Press, 1995, p.24.

一心理评论说：

> 这里的含义令人惊愕。世界秩序，以及随之而来的美国安全已经变得既依赖力量对比的实况，也同等程度地依赖对这一对比的认知。而且所涉及的不仅仅是习惯上被责成来制定政策的国务活动家们的看法，还包括大众的看法——国内的和国外的、知情的和不知情的、理性的和非理性的。在这些观众面前，即使是权势关系变化的表象也可能产生灰心丧气的后果。基于诸如地理位置、经济实力或军事潜力的传统标准的判断现在不得不对照形象、威望和信誉考虑予以权衡。其结果是大大增加了被认为关乎国家安全的利益的数目和种类，并且模糊了它们之间的区别。①

二是美国信誉受损或声望下降会给人留下共产主义制度比资本主义制度更有活力、历史在苏联和共产党一边、共产主义代表未来潮流的印象，而一旦这一印象形成，就会促使其他国家追随苏联而不是追随美国。正如1950年4月杜勒斯在一份反对美国放弃中国台湾的备忘录中所言，美国的退却只会给敌人造成美国"不打算在北大西洋美洲以外的地区坚守阵地"的印象，会让人们得出共产主义代表未来的结论，而"一旦人们感到共产主义是未来的潮流，连我们在这一潮流面前都在退却"，那么地中海、近东、亚洲和太平洋地区的非共产党国家就"支撑"不住。相反，"如果我们在一些充满疑虑的地方迅速采取果断和强硬的立场来展示我们的信心和决心，那么这一系列灾难就可能被防止"②。

正是美国领导人对冷战乃是人心之争的认识使其格外重视美国的形象和声望，把美国的信誉与冷战的成败联系在一起。

核时代的来临与核威慑战略的运用　　冷战是核时代出现的两大集团之间的对抗。由于美苏之间的核战争可能导致交战双方共同毁灭这一可怕前景，核时代的来临和核武器的出现不仅改变了国家的行为方式，也改变了外交决策者的思维方式，核威慑成为冷战时期美苏两国的基本军事与安全战略，通过

---

① John L. Gaddis, *Strategies of Containment: A Critical Appraisal of American National Security Policy during the Cold War*, Oxford and New York: Oxford University Press, 2005, p.90.

② Memorandum by Mr. John Foster Dulles, Consultant to the Secretary of State, May 18, 1950, *FRUS*, 1950, Vol.1, p.314.

争夺边缘地区以展示强硬形象和建立信誉成为确保核威慑战略成功的主要手段。

威慑战略的成功通常取决于两个条件：一是实力，二是可信性。所谓实力是指防御者具有让进攻者付出巨大代价的能力，这种能力是可测度的，也是比较容易让对手感知的；而可信性是指防御者让潜在的进攻者相信防御者有使用自己的全部力量进行报复的意志和决心，军事报复的威胁越可信，威慑政策就越可能成功。报复的能力固然重要，让对手相信自己有报复的决心更重要。威慑本质上是一种心理现象，其实质是影响对手的心理与认知过程。

那么，如何影响对手的心理？那就是通过自己现在的行为影响对手对未来行为的预期。威慑理论认为，外交政策本质上是相互关联的，任何外交行动都会传达出信息，他国根据这一信息来预测该国未来的行动。在危机中优柔寡断的国家等于告诉自己的对手和盟友，自己未来也不会直面挑战和风险，而这只会鼓励对手提出更多的要求，甚至冒险。相反，如果一个国家在不涉及重要利益的情况下都果断履行自己的义务，那么就会给潜在的进攻者留下深刻的印象，使其不敢轻举妄动。当时在哈佛大学任教的政治经济学家和威慑理论家托马斯·谢林①的著作和思想具有重要影响，他对威慑理论的研究特别重视可信性的建立和维护，并把一个国家的过去行为与其可信性，也就是信誉联系起来，认为过去的行为记录建立起来的名声和信誉对遏制战略的成败至关重要。他在谈及美国为什么必须与苏联在一些边缘地区进行争夺时说：

> 我们卷入这些地方是因为我们面对的威胁是相互关联的。最重要的是，我们告诉苏联人，我们必须在此地做出反应，因为如果我们不这样做，当我们说我们将在别处做出反应时，他们就不会相信我们。……丢脸的最大危害在于苏联不会相信我们以后会在其他地方做我们目前在这里坚持要做的事情。我们的威慑能否成功取决于苏联(对我们行动)的预期。②

因此，他认为国家同个人一样不能丢面子，所以"需要不断地用行动来证明其决心、接受对其意志的考验"。他说：

---

① 谢林在1948年到1953年间先后为马歇尔计划、白宫和总统行政办公室工作，其于60年代出版的著作《冲突的战略》《武器与影响力》等在当时具有广泛的影响。谢林于2005年获得诺贝尔经济学奖。
② Thomas C. Schelling, *Arms and Influence*, pp.55-56.

第 9 讲　新瓶新酒：跨学科方法与寻常史料的新解读

经常有人认为，"面子"(face)并非值得维护的资产，它是不成熟的标志，一个政府不可能因为忍气吞声而丢面子。但是有一种更值得认真对待的"面子"，现代的术语把这种"面子"称为"形象"，指的是别国（其领导人）对一国未来会如何行动的预测和看法。这与该国的重要性、地位或"荣誉"无关，而与该国的行为声誉有关(reputation for action)。如果有人问这种"面子"是否值得为之战斗，我的回答是这种面子是极少数值得为之战斗的东西之一。①

也就是说，名声和可信性成为遏制战略能否成功的保证和阻止对手挑衅的防波堤。不仅谢林，冷战时期的绝大多数威慑理论家都对此深信不疑，这深刻地影响到美国的外交决策者。"数十年来，维护信誉的必要性成为几乎（美国）每一位外交政策从业人员训练的一部分，成为类似既定法则的政治学常识。"②

对声望和信誉的关注无疑由于核武器的出现被放大了。关于核战略的基本事实是：核战争是不能启动的，因为没有人能在一场核战争中获胜。威慑的目的就是防止这样的战争发生，而要实现这一目的除了壮大自己的核武库之外，更依赖于在敌人心中制造一种印象——你足够强悍，甚至不惜与对手同归于尽。那么美苏之间能做的，一是打"口水战"(rhetorical battle)，在象征和符号领域进行争夺；二是在边缘地区表现强硬和战胜对手以建立信誉，因为在边缘地区进行较量不会引发核大战，越南战争就是边缘战争的典型。一旦决策者坚信这一点，那么在越南付出多大的代价都值得。这正是美国深陷越南而难以自拔的根源，正如乔纳森·谢尔所言：

> 既然越战这样的有限战争是你唯一能进行的战争，那么你就必须获胜，因为你已经把全部的美国力量的可信性都押在这样的战争上。因此，不论这场战争多么疯狂，不论付出多大代价，也不论你在战场上追求的目标多么没有意义，你都会觉得除了以维护美国力量可信性的名义继续下去外别无选择。③

---

① Thomas C. Schelling, *Arms and Influence*, pp.93, 124.
② 此为学者克里斯托弗·费特维斯的观察。Christopher J. Fettweis, *The Pathologies of Power: Fear, Honor, Glory, and Hubris in U. S. Foreign Policy*, p.102.
③ A Conversation with Jonathan Schell, http://www.robertboynton.com/articleDisplay.php? article_id=l538.（2015 年 3 月 25 日获取）

简而言之,显示决心和维护美国的可信性成为美国核战略的核心。核武器的出现强化了美国对国家信誉的重视,加剧了美国的信誉焦虑。

五、结　　语

二战后的美国成为世界上最强大的国家,被众多国家所追随和拥戴,成为对国际局势和其他国家内部事务具有巨大影响力的"全球帝国"和"世界领袖",享受着"帝国"的光辉和"领袖"的荣耀。但帝国身份和领袖地位也给美国领导人带来巨大的心理和道德负担:如何在一个核时代扮演好领导国的角色,维护美国作为盟友保护国和"自由捍卫者"的信誉,成为冷战时期美国历届领导人忧心和焦虑之事。这一焦虑与对苏联扩张和共产主义传播的恐惧相互促进,共同促使美国走上全球干涉之路,并因此付出巨大的代价。冷战结束后,尽管苏联的威胁和意识形态竞争不复存在,但美国仍然重视信誉问题,把信誉作为领导世界的重要道德资本。在维护地区稳定、打击国际恐怖主义、应对人道主义灾难、防止大规模杀伤性武器扩散等问题上,美国都把维护自己作为世界领袖和国际秩序捍卫者的信誉作为重要的政策目标。而当前的乌克兰危机和南海争端更被视为是对奥巴马政府信誉的考验。只要美国仍然以世界领袖自居,美国对外政策就难以摆脱信誉因素的影响,美国领导人就会继续为如下忧虑所困扰:如何在一个纷乱的世界上,让各国相信美国仍然有决心和能力保护盟友安全、应对各种威胁、维护世界秩序的稳定,从而赢得盟友的追随和阻遏潜在对手的挑战,继续享受领导地位的荣耀以及这一地位带来的种种实际的好处。

 导读:

如何运用跨学科方法?
如何对旧材料有新解读?

冷战时期美国的对外(军事)干预是美国对外关系史和冷战史研究中的经典题目,相关研究已经非常丰富,甚至可以用"题无剩义"来描述这一领域的研究状况。大体说来,学者们主要是从地缘政治、经济利益和意识形态三个维度进行解释,认为与苏联进行地缘政治争夺以维护美国安全、获取重要的战略资源和市场以及防止共产主义的"扩张"和促进民主是冷战时期美国实施全球干涉的动力。正是这三大动力促使美国一改二战前避免卷入国际纠纷的孤立主义政策,在二战后频繁干预国际事务,甚至不惜付出巨大代价进行武力干涉。这些解释无疑是深刻的,并有一定的说服力,但进一步思考就会发现这些解释仍然存在漏洞:美国冷战时期干预的不少对象(如韩国、越南南方、中国台湾、安哥拉)缺乏重大的地缘政治价值,也没有对美国必不可少的重要战略资源,实行的是威权或(右翼)独裁体制而非值得美国保护的(西方)民主体制;任何理性的领导人都会权衡代价和收益,让美国付出巨大代价的(军事)干涉应该发生在对美国具有重大价值的关键地区,而不应该是这些边缘地区。这些与传统解释不一致的现象让我产生困惑和疑问,促使我寻找新的解释视角和路径。

而此时我正在进行国家社科基金重点项目"独立以来美国的身份意识与对外政策"的研究,试图考察美国人的国家身份观念如何塑造了美国对外部世界的认知,从而如何影响美国的外交政策。这里的"国家身份"是指国家对自身特性及其在国际体系中的地位和角色的认知,是建构主义国际关系理论使用的重要概念,通常涉及一个国家的成员对以下三个核心问题的理解和回答:"我们是谁?""我们与其他国家有什么不同?""我们在国际社会应该扮演什么角色?"那么,美国在冷战时期频繁干预边缘地区这一至少在表面看来有些"反常"的现象是否与美国人的身份意识有关呢?常识告诉我们,国家与人一样,除了追求安全、(经济)利益以及试图促进其价值观外,还追求好名声、避免丢脸或受辱。而名声又与个人和国家的身份、地位和角色相关,领导者实际上最在意自己的信誉和名声。国际关系学者对此已经有一些研究,特别是其中的"信誉"(credibility)概念非常有助于理解这一时期美国的对外政策。于是我决定使用"信誉"作为分析范畴,剖析冷战时期美国不惜代价进行对外(军事)干预的根源和动力。

确定以"信誉"作为分析和解释工具后,我开始浏览一手文献(主要是政府档案和个人回忆录),了解相关一手文献的范围、主题和内容;然后提出工作设想,特别是论文的组织(内容)框架,主要的论点和分论点;接着是解读一手文献,调动自己已经掌握的资源寻找材料证据,发现材料的意义,并按照论文的组织框架尽可能将收集到的史料分门别类地排列在一起;下一步是解读和翻译文献,撰写初稿,然后对初稿不断地进行修改,撰写二稿、三稿,最后是定稿。在这个过程中会不断地阅读二手文献和理论著作,以获得启发,并修正最初的设想,甚至修改主要观点和结论。在最初的设想中,我并没有考虑如何解释干预的后果问题,实际上是在反复阅读和思考过程中引入了"信誉悖论"(paradox of credibility,指一个国家为了维护信誉而采取的行动反而削弱了其信誉的现象)的概念,来解释对外干预给美国对外关系和国际地位带来的后果。

通过研究,我得出结论:维护美国作为"自由世界"领袖(美国人的身份认知)的信誉的考量是促使美国决心对任何地方出现的所谓共产主义"扩张"进行遏制、对朝鲜和越南实施大规模军事干预的重要根源。其结果是美国的"过度扩张"和全球战略地位的下降,美国的信誉不仅没有得到维护,反而受到损害。

"信誉"这一新的分析范畴的引入也使我对过去寻常的史料有了新的理解。读者会注意到,本文并没有使用多少新史料,作者的论说不是基于挖掘了多少新史料,而是基于对旧史料的新解读。比如:美国助理国防部长麦克瑙顿1965年3月24日给国防部长麦克纳马拉的备忘录是一份研究越南战争的常见史料。在备忘录中,麦克瑙顿指出,美国卷入越南的目的"70%是为了避免丢脸的失败(对我们作为越南保护者的名声而言),20%是为了使南越(以及邻近地区)不落入中国人之手,10%是为了让南越人民享有更好和更自由的生活方式",声称"美国必须显得是一个'好医生'",并在观众面前"展现诱人的外观和避免留下不好的印象"。过去学者只是把这段内容视为反映美国干涉目标的一般性史料加以引用,而没有将其与信誉焦虑联系起来,特别是未能解读出这条史料实际上反映出美国对自身作为领导国家的信誉和形象的焦虑深刻影响了决策者对越南问题的处理。另一个大家非常熟悉的史料是肯尼迪就职演说中的那句话:"为了保障自由的生存和胜利,我们将不惜付出任何代价,承担一切重担,面对任何困苦,支持任何朋友和反对一切敌人。"学者们通常将这段话解读为肯尼迪反共决心的证明,而本文从信誉的角度并联系尼克松后来的表态来解读这段史料,则发现新的意义:这句话表明肯尼迪总统试图"不惜付出任何代价"来维护美国作为"自由世界"领导者的信誉,其结果是"过度扩张";而面对这一后果,尼克松上台后不得不开始权衡代价和收益,认识到美国不能"承担所有的保护世界自由国家的责任"(尼克松1970年语),实施战略收缩。这些都是对寻常史料的新解读,而如果没有"信誉"这一概念的引入,则很难在这些寻常材料中发现这些新意义。

在思考和写作过程中,为了使解释更加丰富、透彻和有说服力,我不仅阅读了国际关系理论著作,而且关注政治学关于信誉、道德资本与领导地位之间的关系的研究,然后根据从中获得的启发重新去阅读和解读史料。

我在本文的写作中有如下三点体会:

一是应对既有研究进行批判性的阅读。批判性阅读可以使我们发现前人解释的漏洞和不足，从而产生疑惑，并进而提出问题。没有疑惑，难以产生问题，"问题意识"在很多情况下是从疑惑中萌生出来的。批判性阅读有助于研究者发现异常和差异，捕捉到既有范式不能解释的现象，从而发现新问题，提出新解释，实现学术创新。

二是历史写作不能停留在简单地将收集到的史料连缀成一个完整的故事，在叙事之后还需要提供富有启发性的解释和超越经验常识的洞见，因此通常是在一手史料、二手研究和理论著作三者之间不断往复、相互印证和彼此启发的过程。在这个过程中，能否找到有价值的分析和解释工具至关重要。

三是跨学科视野可以提供新的观察视角和分析工具，使熟悉的史实"陌生化"，对旧材料产生新理解，从而丰富和深化对历史的解释。特别是当我们对某一领域已经非常熟悉的时候，就会习以为常，"见怪不怪"，难以发现"异常"和"问题"，此时特别需要跨学科方法的引入。

第 10 讲　走近真相：对老问题的反复推敲

一直以来，历史学家或历史学工作者将追寻历史真相奉为圭臬，然而，20 世纪 60 年代以来，历史学遭遇到后现代主义的冲击，史学的求真功能受到质疑。不断被解密的新档案的出现，甚至档案本身被篡改的可能性等更进一步地对"历史真相"予以拷问。本书前述论及"从现场走进历史""让历史文献说话""回归经典"等题，均能看到历史学研究者以自己的方式"走近真相"。如果说看到历史真相要通过一扇门，那么档案、文献等历史资料就是门槛，而历史研究者总是一只脚踏进门里，一只脚踏在门外。本讲选取华东师范大学历史学系沈志华教授的文章《动机判断与史料考证——对毛泽东与斯大林三封往来电报的解析》（原载《近代史研究》2019 年第 5 期，第 106—122 页），读毕该文，我们对于爱德华·H.卡尔那句"历史是历史学家跟他的事实之间相互作用的连续不断的过程，是现在跟过去之间永无止境的问答交谈"的论断体会更深。这也令我们想到唐代诗人"鸟宿池边树，僧敲月下门"两句诗的典故，正是沈志华教授与永远过去的档案不断的"问答交谈"和反复再三的"推敲"，才使老问题呈现新答案。

动机判断与史料考证

——对毛泽东与斯大林三封往来电报的解析[*]

沈志华

摘要： 1947 年 11 月至 1948 年 3 月，毛泽东先后发给斯大林两封关于中

---

[*] 本研究得到国家社会科学基金特别委托项目"中国周边国家对华关系档案文献收集与历史研究"（15@ZH009）第二期资助。在本文写作过程中，曾与华东师范大学韩钢教授进行了多次讨论，并承蒙韩教授提供重要修改意见，笔者在此表示感谢。

共对民主党派政策的电报,但说法完全相反。全面、详细且反复解读史料的结果是,毛泽东第一封电报所述并非中共真实的想法和做法,其动机在于试探斯大林的态度,以解除苏共对中共的疑虑,并接受中共关于统一战线和联合政府的主张。此例反映出当时中苏两党关系的微妙和复杂性,也说明在历史研究中,动机的判断必须以系统、全面的史料考证为前提。

关键词:毛泽东;斯大林;电报;统一战线;联合政府;史料考证

在历史研究中,对于一项决策、一个讲话、一件事情、一场运动,研究者不可避免地要做出对行为者动机的判断。在国际关系史的研究中尤其如此,因为一方的决策以及他人对这一决策动机的判断,往往会产生一系列的连锁反应。由于决策程序和档案开放的情况不同,一般说来,在冷战时期,对于西方阵营的决策动机比较容易和准确地作出判断。这主要是因为当时西方资本主义国家的决策过程相对明晰,各部门都有对策报告,还要经过层层讨论和争辩,最后下达决策指令,而现在那里的档案又非常开放,研究者几乎可以随心所欲找到他们需要的文件。相反,对于东方阵营的决策动机判断就比较困难,不易把握。这主要是因为当时东方社会主义国家大都是"领袖外交",决策程序不明朗,往往是"领袖"的个人思考,或者是顺应"领袖"意向和思路的"建议"。即使有一些决策文件,现在档案馆的开放程度也令研究者望而却步。

但是,无论多么困难,这项工作还是要做的,否则在研究中就无法将历史发展的链条连接起来。当然,如果完全没有或者只有极少相关史料,别说动机判断,就是过程描述也只能暂时搁置。不过,多数情况是,只要研究者全力和认真搜寻,还是可以发现一些直接的或间接的史料。这里的关键问题或前提有两点:第一,尽可能多地找到与研究对象有关的史料;第二,必须对这些史料进行考证、鉴别和筛选。否则,研究者很可能做出错误的判断。在这方面,有一个典型案例,就是1947—1948年毛泽东与斯大林在电报中关于中共对民主党派的立场和政策的对话。

这本是一桩"旧案",再次提出,一则是笔者感到这个问题并没有讨论清楚,二则是就讲授史学研究方法而言这个案例很有意思。

一、一则俄国史料引发的学术"风波"

1995年俄罗斯《远东问题》杂志连载了俄罗斯科学院远东问题研究所高级

研究员 A. M. 列多夫斯基的文章《1949 年 1—2 月米高扬在中国的秘密使命》。文中发表了米高扬 1960 年 9 月 22 日向苏共中央主席团递交的关于这次使命的书面报告,以及所附 1949 年 1—2 月米高扬与中共领导人的一些谈话记录。这篇文章及所附档案披露了一个重大情况:毛泽东在一封 1947 年 11 月 30 日致斯大林的电报中说:"随着中国民主同盟的解散,中国的中小资产阶级民主党派也不存在了。……中国革命取得最终胜利之后,要像苏联和南斯拉夫那样,除中国共产党之外,所有政党都要离开政治舞台,这样就会极大地巩固中国革命。"而 1948 年 4 月 20 日斯大林签发的复电说:"我们不同意这样做。我们认为,代表中国老百姓中间阶层和反对蒋介石集团的中国各反对派政党还将在很长的时期内存在。中国共产党应该与他们合作以反对中国反动派和帝国主义列强,但必须保持领导权即领导地位。如果可能,还要让这些党派的某些代表进入中国人民民主政府。这一政府应宣布为联合政府,以便以此扩大这一政府在民众中的基础并孤立帝国主义分子及其国民党走狗。"米高扬在报告中的结论是:众所周知,由于苏共①的这个建议,中共改变了对资产阶级政党的政策②。

中共中央党史研究室的内部刊物《国外中共党史研究动态》(1995 年第 5、6 期)马上译载了列多夫斯基的文章。不久,中共中央文献研究室的杂志《党的文献》(1995 年第 6 期,1996 年第 1 期、第 3 期)以连载的方式公开刊登这篇文章及所附档案。"一石激起千层浪",这个问题在中国党史学界引发了一场学术"风波"。

首先是《国外中共党史研究动态》的译者按语说:"文中有些说法明显带有赞扬苏共,而贬低中共和毛泽东的倾向,请读者阅读时逐一分析。"③《党的文献》在刊登译文时就加编者注指出:"经中央档案馆查找,没有发现毛泽东拍发过此种内容的电报。这里引用的所谓毛泽东'11 月 30 日'的'电报',也不符合毛泽东在这个问题上的一贯思想主张。……从毛泽东这段时间先后公开发表的宣言、报告中明确表达的思想来看,米高扬在 1960 年 9 月 22 日提交的这份报告,此处

---

① 苏联共产党的前身为 1912 年 1 月成立的俄国社会民主工党(布尔什维克),1918 年 3 月改名为俄国共产党(布尔什维克),简称俄共(布),1925 年 12 月改名为全联盟共产党(布尔什维克),简称联共(布),1952 年 10 月改为苏联共产党,简称苏共。为行文方便,除引文及机构、职务中使用当时的名称外,本文一般使用"苏共"的称呼。

② Ледовский А.М. Секретная миссия А.И. Микояна в Китай(январь-февраль 1949г.)//Проблемы дальнего востока, 1995, No2, c.96 - 111; No3, c.94 - 105.

③ 《国外中共党史研究动态》1995 年第 5 期,第 1 页。

与史实完全不符。"①

接着,中国社会科学院近代史研究所的杂志《近代史研究》发表了一篇文章,其中谈到这个问题时称:"稍有中国革命史知识的人都知道,这根本不符合毛泽东极为重视统一战线的一贯思想和实践。"在列举了一些事实后,作者认为:"米高扬在报告中的说法,显然是不符合历史事实的。"至于如何看待俄国学者披露的这一史料,作者的态度比较谨慎:"那么又何以解释毛泽东要拍出那样一封不准备执行其内容的电报呢?原中文电文是怎么写的?俄译有无错误?这些都有待进一步研究和深入挖掘文献。"②

随后有学者根据俄国披露的新史料,重新解读毛泽东1947年10月对民主党派的态度,并将其与1957年的反右问题联系在一起。作者在一部讨论反右运动的专著中指出:根据这两封电报"可以知道,早在1947年11月,那时国民党还有强大兵力,战争胜负未分的时候,毛泽东就已经有了胜利之后抛弃民主党派的意思了。只是因为斯大林的电报,才把这件事推迟"了③。显然,作者的前提是认定列多夫斯基提供的史料是真实可信的。然而,更多的中国学者对此持怀疑和否定的态度。

1999年中国的学术刊物连续发表了几篇专题评论文章,对此展开了热烈讨论。

《党的文献》刊登的文章开宗明义,指责有些中国学者、作家根据俄国档案的"只言片语",对中共领导下的"多党合作和政治协商制度的历史加以曲解,客观上散布了对党的这项基本政策的怀疑和不信任情绪"。文章引用大量史实讲述了中共对民主党派的政策,认为多党合作制是中共"借鉴而又不照搬苏俄的政权模式"所作出的"政治抉择","毛泽东怎会轻言放弃和改变,又岂是什么外国人士想象和建议得出来的呢?"中共与民主党派合作的政策"表里如一、积极一贯",绝非是接到斯大林的电报后才改变的。接着,作者便对米高扬报告的真实性提出了质疑:由于1960年夏天中苏关系恶化,在此背景下出笼的报告,其内容和材料是否"客观、公正和可靠",都值得怀疑。至于俄国学者提供的毛泽东和斯大林往来的两封电报,"仅为孤证",且"真实性和准确性,同样令人怀疑"。其根据是,

---

① 《党的文献》1996年第1期,第91页。
② 薛衔天、王晶:《关于米高扬访问西柏坡问题——评〈米高扬访华的秘密使命〉》,《近代史研究》1996年第3期,第147—164页。
③ 朱正:《1957年的夏季:从百家争鸣到两家争鸣》,郑州:河南人民出版社1998年版,第88页。

毛泽东11月30日电报的内容与他12月25日在中共中央扩大会议报告的说法完全不同；斯大林的复电迟了将近5个月，"不符合两党文电往来的礼仪和惯例"；毛泽东12月所作党内报告斯大林理应知道，而在4月回电中说"不能同意这种看法"，岂非"无的放矢，纯属多余"；经认真查找，这两封电报在中央档案馆告缺。因此，"我们不能断言无，也难以信其有；如果有，内容是否如所言那样？"①

接着，《中共党史研究》也发了一篇质疑文章。作者在中央档案馆工作，并"多次查找中央档案馆的有关档案，均未查到这两份电报"。而作者认为，从当时的战争形势和中共要求注意保管档案文件的决定及所定制度看，"毛泽东与斯大林的来往电应该保存下来，而且应该保管在中央档案馆"。作者还认为，与电报有无相比，更重要的是历史事实。作者列举了1947年10月10日至1948年4月20日之间的大量史实说明，中共对民主党派的政策是一贯的，是最基本的政治纲领的一部分。因此，"米高扬的论调是完全不符合中国共产党对待各资产阶级政党政策的历史事实的"②。

不过，也有学者提出了不同看法。《中共党史研究》发表的另一篇文章就认为，不能因为毛泽东电报中所讲内容与中共提出的成立民主联合政府的主张不一致，就否定毛泽东拍发这份电报的可能性。理由有三：第一，米高扬的报告虽然没有引用毛泽东电报的全文，也没有注明档案出处，但是作为给苏共中央主席团的报告，他"不可能根据虚假的、不存在的电报指出当时中共中央的看法"，这是很容易查证的；第二，对于新中国采取怎样的政治制度，毛泽东是有反复考虑的，而1947年10月出现了民盟解散的新情况，中间党派不存在了，再加上南斯拉夫的经验，"毛泽东考虑新中国能否实行一党制的问题，应该说也是很自然的事情"；第三，毛泽东一直主张成立民主联合政府，但在不同的时期，其内涵是有变化的，因此他给斯大林的电报并不背离其一贯主张。总之，毛泽东发去这样一封电报的目的，是想同斯大林探讨这个问题，也可以说是一种试探③。

2000年初，中国社会科学院的《当代中国史研究》也发文参与了讨论。文章指出："米高扬提到的上述两封电报是否存在，值得怀疑。"第一，列多夫斯基在公

---

① 田松年：《与民主党派长期合作是中国共产党坚定不移的基本政策——从媒体所传毛泽东和斯大林的两封来往电报谈起》，《党的文献》1999年第5期，第66—79页。
② 沈正乐：《米高扬"报告"中关于毛泽东的一个重要思想质疑》，《中共党史研究》1999年第6期，第88—90页。
③ 马贵凡：《毛泽东致斯大林电之我见》，《中共党史研究》1999年第6期，第90—91页。

布米高扬的报告时,"没有说明他本人是否把电报内容与原件进行过核实",而"作为享有使用俄罗斯总统档案'特权'的高级研究人员",列多夫斯基完全有条件这样做。第二,米高扬报告中提到的这两封电报的内容,与列多夫斯基文章中提供的其他一些档案相比,"是不合逻辑和情理的"——既然毛泽东已经接受了斯大林的看法,为什么还要去莫斯科讨论与民主党派关系的问题?第三,米高扬的报告是1960年中苏关系恶化时提出的,其动机值得怀疑。作者同样列举出大量史实,证明了中共对民主党派政策的连贯性,并指出斯大林实际上是主张一党制的。总之,米高扬的结论"不能成立",他所提到的两封电报也"不应轻易相信和盲目接受"[①]。

如此看来,要解决上述问题,首先必须确定俄国学者提供的这则史料所引用的档案文献是不是真实存在,否则其他都无从谈起。

二、对俄罗斯解密档案的查询和解读

笔者长期从事中苏关系史研究,对于上述问题自然十分关注。1949年初,斯大林派联共(布)中央政治局委员米高扬秘密访问西柏坡,是在中国政治和军事局势发生重大变化后苏联全面转变对华政策的起点。在此期间,毛泽东和其他中共中共领导人全面通报了对未来新中国的设想及各项政策方针,也第一次试探性地提出了废除1945年中苏同盟条约的问题,因而可以说是中苏关系史中一个重大事件[②]。但有关这次访问的情况,当时中国方面除了当事人师哲的回忆录有所提及外,没有公布任何档案文献[③]。因此,列多夫斯基文章的发表,令人又喜又惊。喜的是这则史料及随后公布的一系列俄国档案文献,对于研究者了解这一事件,提供了重大帮助;惊的是,毛泽东竟然在1947年11月提出了要搞"一党制"的想法,而这种做法与中共一向倡导的与民主党派长期合作的统一战线方针是根本背离的。这就难怪中国学者首先对俄国史料的真实性提出质疑了。

[①] 张士义:《米高扬"报告"质疑》,《当代中国史研究》2000年第1期,第19—27页。
[②] 详见沈志华:《无奈的选择:冷战与中苏同盟的命运(1945—1959)》第一、二章,北京:社会科学文献出版社2013年版。
[③] 参见师哲口述、李海文整理:《在历史巨人身边——师哲回忆录》(修订本),北京:中央文献出版社1995年版,第395—424页。此外,《毛泽东年谱》也有几句介绍。见中共中央文献研究室编:《毛泽东年谱(1893—1949年)》下卷,北京:人民出版社、中央文献出版社1993年版,第448—449页。

世界史研究论文写作：案例与方法

1996年5—6月，笔者正在莫斯科收集俄国档案，曾多次访问远东研究所，并结识了列多夫斯基先生。在访谈中，笔者表示希望他能出示毛泽东1947年11月30日电报和斯大林1948年4月20日回电的原始档案。列多夫斯基答复，俄国档案管理很乱，一时难以找到这些文件。不过，他答应尽力寻找。据说，2000年9月中共中央党史研究室的同行在莫斯科开会时，也向列多夫斯基提出了同样的要求。不久，这位老先生还真的在总统档案馆找到了这两封电报的原件，并连同馆藏号全文发表在《远东问题》杂志上，《中共党史研究》随即刊载了这篇文章的中译文①。但细心的中国学者还是对俄国杂志是否全文发表了毛泽东给斯大林的电报提出疑问，因为电报中缺少第5点和第9点。经译者向俄方询问，2001年7月30日，《远东问题》杂志主编 А. М. 格里戈利耶夫教授发来传真答复：查阅电报文本的结果是，"由于作者和准备付印的编辑的疏忽，电报中漏掉了顺序号5和9"。随后，《远东问题》重新刊登1947年11月30日的这封电报，并保留了斯大林在电报上所做的强调标记，以及该电报所发范围。《中共党史研究》杂志在2002年第1期全文译载了这封电报②。

至此，历时6年多的一场围绕俄罗斯解密档案真实性的讨论结束了，1947—1948年毛泽东和斯大林之间关于中共对民主党派政策往来电报是否存在的问题已经真相大白，水落石出。当然，如果俄方能够提供原始档案的影印件，而不仅仅是经过编辑的打印件，就更能说明问题了。现在的问题是，应该如何解读电报的内容。为了便于读者理解，笔者将电报中相关的主要内容摘录如下，并加以必要的说明。同时，鉴于斯大林回电中提到对毛泽东1948年3月15日电报的答复，故笔者将俄国学者后来公布的这封电报主要内容也列入其中③。

1947年11月30日毛泽东致斯大林电，绝密，苏联情报总局（ГРУ）局长库

---

① Ледовский А. М. Две телеграммы из переписки Мао Цзэдуна с И. В. Сталиным//Проблемы дальнего востока, 2000, No6, c.117 - 122；列多夫斯基编、马贵凡译：《毛泽东同斯大林书信往来中的两份电报》，《中共党史研究》2001年第2期，第87—89页。

② Ледовский А. М. Еще раз о телеграмме Мао Цзэдуна И. В. Сталину от 30 ноября 1947г.// Проблемы дальнего востока, 2001, No5, c.119 - 122；马贵凡译：《毛泽东一九四七年十一月三十日给斯大林的电报全文》，《中共党史研究》2002年第1期，第87—88页。

③ Ледовский А.М., Мировицкая Р.А., Мясников В.С. (сост.) Русско-китайские отношения в ХХ веке, Документы и материалы, Том V, Советско-китайские отношения, 1946 - февраль 1950, Книга 1：1946 - 1948гг.，Москва：Памятники исторической мысли, 2005, c.398 - 403。中译文见沈志华主编：《俄罗斯解密档案选编：中苏关系》第1卷，上海：东方出版中心2015年版，第239—243页。文件的时间标记为3月30日，有误。毛泽东的电报是3月15日提交的，而苏联情报总局将电报交给斯大林的时间是3月30日。

264

兹涅佐夫 12 月 10 日交给斯大林：

八、美国人和蒋介石企图通过宋子文与我们开始和平谈判，这个企图是一个阴谋诡计，其目的是迷惑广大群众。无论是美国人，还是蒋介石，都担心我军可能会强渡长江，虽然目前我们还没有这种打算。

在香港的李济深将军、在美国的冯玉祥将军以及其他对蒋介石抱有敌意的人，与美国人有着密切的联系。所以将来他们会被美国人利用做有利于美国和蒋介石的事。我们对待这类人的策略是对他们不抱很大的希望，不指望利用他们为革命做事。

九、随着中国民主同盟的解散，中国的中小资产阶级政治派别也不存在了。在民盟的成员中有一些是同情我党的，虽然其大多数领导人是动摇分子。他们是在国民党的压力下解散了同盟，因此证明了中等资产阶级的软弱性。

在中国革命最终胜利的时候，将仿照苏联和南斯拉夫的模式，除了中国共产党之外的所有政党都应当从政治舞台上消失，从而极大地巩固中国革命。

十、由于美国人和蒋介石的罪恶行径在中国人民面前已昭然若揭，所以 1947 年 10 月 10 日我们发布了人民解放军宣言和土地改革纲领，这些都得到了广大人民的拥护。

1948 年 3 月 15 日毛泽东致斯大林电，绝密，库兹涅佐夫 3 月 30 日交给斯大林：

一、近几个月来，我们处在新的条件下，集中精力解决了一系列的政治和战略性质的任务，即土地改革、工业、贸易、巩固统一战线、审查党的队伍、在党内开展反对右倾特别是左倾的斗争。……

二、中国民主同盟，国民党内部的民主分子和一些小党派，对国民党和美国还抱有某些希望，不相信我们党和人民有力量、有能力战胜一切国内外的敌人，认为有可能通过某种第三条道路解决当前的危机。因而，他们周旋于国共两党之间。当国民党发动突然进攻时，他们全都陷于困难、被动的境地，并因此失去了在民众中间的威望。这迫使他们于 1948 年 1 月接受了我们的口号,发表了反对美蒋、与中共结盟、对苏友好的声明。上述党派代表现在聚集在香港。对待他们,我们在批评其错误观点的同时,采取了团结的政策。

我们认为,在我们建立中央政府的情况下,他们有代表参加这个政府将是必要的和有益的。

这些党派的主要缺点是他们完全不开展工人与农民的工作,也很少去做大学生的工作。由于脱离群众,这些党派的影响非常小。他们习惯生活在大城市里,从来没有表示过要到我们解放区去的愿望。但是,尽管如此,他们所代表的社会阶层(自由资产阶级)对我们说是重要的,我们不应该对这一阶层视而不见。我们应该把它吸引到我们一方来。我们认为,以后当我们有了巨大的成绩,占领了诸如沈阳、北平和天津这样的城市,当我们的胜利和国民党的失败变得完全明朗的时候,我们将邀请他们来参加中央政府。只有到那个时候,他们才可能会表示出到解放区来并与我们合作的愿望。

三、今年我们不打算成立中华人民民主共和国临时中央政府,这个问题尚未成熟。在今年行将举行的国民大会上,蒋介石还将当选为总统,而当我们取得更大的成绩时,他的威信就会动摇得更厉害。我们将扩大我们的领土,将要夺取1—2个最大的城市,当满洲、华北、山东、苏北、河南、湖北和安徽连成一片的时候,那就到了迫切要成立中央政府的时候了。

显然,这大约是1949年要发生的事情。

1948年4月20日斯大林致捷列宾(苏联情报总局驻延安工作人员)转毛泽东电,绝密:

我们收悉了毛泽东同志于1947年11月30日和1948年3月15日发来的两封信。我们因为核查了一些答复所必须的材料,没有能够即刻复电。现在我们已经核查了这些材料,可以对这两封信做出答复了。

第一点。对1947年11月30日来信的答复。我们非常感谢毛泽东同志的情况通报,同意毛泽东同志对形势所作的估计。信中只有一处让我们疑惑不解,即"在中国革命最终胜利的时候,将仿照苏联和南斯拉夫的模式,除了中国共产党之外的所有政党都应当从政治舞台上消失,从而极大地巩固中国革命"。

我们不同意这样做。我们认为,代表中国人民中的中间派和反对蒋介石集团的中国各反对派政党还将长期存在。中国共产党不得不与他们合作以反对中国反动派和帝国主义列强,但必须保持领导权即领导地位。也许,必须要吸收这些党派的一些代表进入中华人民民主政府。这一政府应宣布为联合政府,以便以此扩大这一政府在民众中的基础并孤立帝国主义分子及其国民党走狗。应当指出的是:在中国人民解放军胜利之后,中国政府,按照自己的政策,至少在胜利之后的一个时期(这个时期的时间长度现在还很难确定)将是民族民主革命政府,而不是共产主义政府。

这意味着,暂且还不必实行整个土地的国有化和废除土地的私有制,不必没收全部大小工商业资产阶级的资产,不必没收大地主甚至靠雇佣劳动生存的中小地主的资产。有必要等一个时期再进行这些改革。

谨告知您的是,在南斯拉夫,除了共产党,人民阵线中还有其他政党。

第二点。对毛泽东同志1948年3月15日来信的答复。我们非常感谢毛泽东同志非常详细地通报了有关军事和政治问题。我们同意毛泽东同志在这封信中所作的所有结论。我们认为,毛泽东同志关于建立中国中央政府及吸收自由资产阶级的代表参加政府的考虑是完全正确的。

对这些已被认定的档案文献究竟应该如何解读,就是历史研究者的工作和责任了。《中共党史研究》2003年刊登了一篇全面解读上述文件的论文①。在承认两封电报作为史料的真实性的前提下,作者对俄国档案进行了详细解读,其主要观点如下:

一、既然"俄方公布的毛泽东与斯大林两封往来电报内容是真实的可靠的",那么"毛泽东在当时的确曾考虑过让'中共之外'的'所有政党'在中国革命后离开政治舞台,这是历史的真实"。

二、毛泽东产生"一党制"的想法是因为"中国政治形势又发生了新的变化",即1947年11月6日民盟在国民党的压力下被迫解散,导致中国各民主党派"已不复存在"。因此,毛泽东不是要取消民主党派,而只是接受了一个现实。

---

① 秦立海:《解读历史的真实——1947—1948年毛泽东与斯大林两封往来电报之研究》,《中共党史研究》,2003年第2期,第77—83页。

至于追随蒋介石的少数右翼党派,中共当然不会允许他们在新中国立足。

三、1947年9月欧洲共产党情报局成立以后,东欧各党都被迫接受苏联模式搞起了"一党制",中共要向苏联"一边倒",又缺乏政权建设经验,自然会产生让所有党派离开政治舞台的考虑。但这只是"初步想法",而非"既定政策"。

四、在同一封电报中,毛泽东一方面表示中共要学习苏联和南斯拉夫搞"一党制",另一方面又向斯大林通报中共成立联合政府的主张。如何解释这一矛盾现象,作者根据毛泽东在1947年12月中央会议上的讲话,推测毛泽东要学习南斯拉夫的经验,"考虑准备将这些已没有组织存在的各民主党派领导人及其成员仍在其原有组织名义下团结和联合起来,组成一个类似南斯拉夫民族解放阵线性质的统一战线组织"。

五、毛泽东在1948年3月15日电报中提出要成立联合政府的想法,是因为1948年初民盟又在香港恢复了组织活动,而且更加倒向共产党。毛泽东的这一做法,不仅"彻底改变和放弃了1947年11月30日电报中的想法",而且是在斯大林提出"不同意见"之前作出的决定,因此米高扬关于中共接受了苏共意见的结论"有悖于历史的真实"。不过,斯大林的电报对中共并非完全没有影响,因为此后毛泽东和中共中央迅速采取了一系列推动成立联合政府的"颇为引人注目的重要举动"。

这场讨论到此似乎已经结束,此后中国学术刊物未就1947—1948年中共对民主党派的政策和统一战线问题再展开讨论。时隔多年,回过头来再看这些档案文献及由此产生的各种观点,笔者认为其中还有一些学术问题值得重新研究,并以此说明对史料的全面考证和解读是进行动机判断的前提。

以往讨论的焦点集中在四个问题上:第一,米高扬报告中所引用的俄国档案(即毛泽东和斯大林的电报)是否存在;第二,米高扬报告的结论是否正确;第三,毛泽东在电报中所述内容是否与当时他的真实想法相符;第四,毛泽东先后发出两封意见相左的电报究竟出于何种动机。

前两个问题,笔者同意学界同行已有的基本一致的结论:米高扬的报告和毛泽东与斯大林往来的三封电报,作为史料的真实性不容置疑——俄罗斯总统档案馆确实保存着这些档案;米高扬报告的结论是错误的——中共并非是接受了斯大林的建议才改变其对民主党派的立场和政策的,而米高扬在1960年如此报告的动机也是显而易见的。然而,对于后两个问题,笔者认为还是需要再认真思考的。毛泽东在1947年11月30日的电报说，将让所有民主党派离开政治舞台的意见，而在1948年3月15日的电报中说，将成立包括其他党派代表参加的民主联合政府，这两个完全不同的说法是不是毛泽东当时的真实考虑？或者说哪一个才是真实的考虑？更关键的是，毛泽东为什么要先后向斯大林发出这两封意见相左的电报，其动机何在？

三、对毛泽东致电斯大林动机的判断

本文开头讲过，进行动机判断要有两个前提：尽可能找到与研究对象有关的所有史料；必须对这些史料进行考证、鉴别和筛选。而真正做起来，还需要有一个检验的过程。就是说，第一步是寻找史料，而且尽可能地详尽，要有"上穷碧落下黄泉"的精神，至少要掌握足以建立逻辑架构的史料。这一步是基础，需要下很大功夫。第二步是考证和解读史料，在考证史料真伪并厘清所有史料之间逻辑关系的基础上，进行动机判断，得出结论。这一步是关键，需要的是学术功底。第三步是用史料检验结论，即将动机判断后的结论与所有收集到的史料进行核对，如果出现任何矛盾或冲突，那么就要重新考察，不是结论有问题，就是史料有问题。这一步也是不可或缺的。不过，一般来说，从逻辑上讲，对于同一个问题、同一件史实，所有史料应该都是一致的。如有个别说法相左而又是真实的材料，那大概就是对材料的解读有问题。当然，具体问题都是复杂的，有时动机并非是单一或静态的，也有"一箭双雕"或前后变化的情况，需要全面思考、反复论证。

毛泽东为什么会在短短几个月的时间里，连续发给斯大林两份立场和观点完全不同的电报？从逻辑上讲，有两种可能性：其一，中共中央的意见是建立联合政府，而毛泽东本人倾向于"一党制"，所以他需要实行"一党制"的苏联支持他的主张，进而说服全党；在迟迟没有得到斯大林回复的情况下，毛泽东不得不报告中共的实际做法。其二，毛泽东本人与中共中央的立场完全一致，都主张建立联合政府，但考虑到苏联实行的是"一党制"，为了避免引起怀疑和产生矛盾，毛泽东故意先表述一种与中共既定政策相反而同苏共做法一致的意见，以试探斯大林的态度；在苏联没有对此表示赞同的情况下，毛泽东才说出自己的真实意图。二者必居其一，取舍就在于对史料的解读和考证。为此，笔者仔细查阅了所能收集到的中苏双方所有档案文献和当事人口述史料，以及当时的报纸——尽

管写作时未必全部引用,但在研究时不全部阅读是不行的。在此基础上,笔者提出以下看法:

第一,1947 年 11 月 30 日毛泽东致斯大林电,作为史料本身是真实存在的,但电文中所说"一党制"的观点不是毛泽东的真实想法。

研究者不能因史料中所述内容与史实不符,就轻易断定史料是虚假的、不存在的。同样,也不能因史料本身是真实的,就想当然地认为史料中所述内容也是真实的。简单说,档案本身的客观存在并不等于档案内容的真实存在,档案读者看到的都是档案作者想让他们看到的东西。对于档案文件与历史事实之间的关系,英国著名历史学家爱德华·卡尔有过一段发人深省的议论:"没有一个文件能告诉我们比文件的作者想到的更多的东西——他想象中的已经发生了的事情,他认为应该发生和将要发生的事情,或者只是他希望别人想到他所想到的事情,甚至只是他自己认为他想到了的事情。所有这一切,在历史学家对它们进行加工、做出解释以前,是毫无意义的。"①

俄国档案中就有一个典型的案例。同样是列多夫斯基先生公布的一份档案,即斯大林 1950 年 8 月 27 日的电报,其中说到:苏联代表在朝鲜战争爆发后没有及时返回安理会的原因,就是为了把美国吸引到亚洲来,让它陷入一场战争,特别是与中国人的战争。列多夫斯基和一些俄国学者认定,这就是斯大林同意发动朝鲜战争的动机②。然而,这个结论与已知史实完全不符:斯大林先前不愿意在远东出现军事冲突,就是担心美国会出兵干预,而后来同意发动战争,恰恰是认为美国不会干预或来不及干预;朝鲜战争爆发后,直到朝鲜人民军彻底溃败前,中国几次表示愿意出兵帮助朝鲜,恰恰是斯大林阻止了这一行动。因此,斯大林的电报不过是文过饰非,欲盖弥彰,他所说的只是他事后的想法,而非当时的动机③。这就是用史料考证检验动机判断的结果。

统一战线与武装斗争、党的建设一起,被毛泽东列为中国革命的三大法宝。建立"联合政府"的主张,虽然在不同的历史时期含义有所不同,但始终是统一战线的基本内容,也是中共的一贯政策。早在抗日战争期间,中国共产党就提出了

---

① 爱德华·卡尔:《历史是什么?》,北京:商务印书馆 1981 年版,第 12 页。
② Ледовский А.М. Сталин, Мао Цзэдун и корейская война, 1950 – 1953 годов//Новая и новейшая история, 2005, No5, с.79 – 113; Самохин А.В. Военно-политические планы И.В. Сталина в корейской войне//Власть и управление на Востоке России, 2010, No3, с.102 – 107.
③ 详细论述参见沈志华:《毛泽东、斯大林与朝鲜战争》(第三版),广州:广东人民出版社 2013 年版,第三章第三节、第四章第一节。

"将与所有各抗日到底的阶级、阶层、政党、政团以及个人,坚持统一战线,实行长期合作"的主张①。说到政治制度,毛泽东提出了既非欧美式,也非苏联式的"新民主主义"政治,"中国需要的民主政治,既非旧式的民主,又非最新式的民主,而是合乎世界潮流,合乎中国国情的新民主主义"②。关于政权问题,毛泽东明确宣布,中国共产党"既不赞成别的党派的一党专政,也不主张共产党的一党专政,而主张各党、各派、各界、各军的联合专政,这即是统一战线政权"③。皖南事变发生后,中共还喊出了"废止一党专政,实行民主政治"的口号④。尽管这时还是针对国民党独裁统治而言的,但毛泽东也郑重表明:"我们这个同党外人士实行民主合作的原则,是固定不移的,是永远不变的。"⑤1944 年 9 月,中共方面正式提出"召开各党各派各军各地方政府各人民团体代表的国事会议,成立抗日党派联合政府"的主张⑥。

抗日战争胜利前夕,有人担心共产党得势之后,会像苏联一样搞"无产阶级专政和一党制"。毛泽东发表《论联合政府》,明确回答说:"我们的答复是,几个民主阶级联盟的新民主主义国家,和无产阶级专政的社会主义国家,是有原则上的不同的。毫无疑义,我们这个新民主主义制度是在无产阶级的领导之下,在共产党的领导之下建立起来的,但是中国在整个新民主主义制度期间,不可能、因此就不应该是一个阶级专政和一党独占政府机构的制度。"毛泽东进一步指出:"中国现阶段的历史将形成中国现阶段的制度,在一个长时期中,将产生一个对于我们是完全必要和完全合理同时又区别于俄国制度的特殊形态,即几个民主阶级联盟的新民主主义的国家形态和政权形态。"毛泽东还在中国共产党的具体纲领中明确提出了"建立民主的联合政府"的任务⑦。

1947 年是中国革命实现历史性转折的一年。在政治上,国民党不得人心,越来越孤立,而共产党民意所向,渐渐取得优势地位。在军事上,国民党从进攻转入防御,共产党则从防御转入进攻⑧。这一年的 7 月 7 日,即人民解放战争开

---

① 《毛泽东选集》卷二,东北书店 1948 年版,第 251 页。
② 《毛泽东选集》卷二,东北书店 1948 年版,第 277 页。
③ 《毛泽东选集》第二卷,北京:人民出版社 1991 年版,第 760 页。
④ 《毛泽东选集》第二卷,第 775 页。
⑤ 《毛泽东选集》卷二,东北书店 1948 年版,第 285 页。
⑥ 中央档案馆编:《中共中央文件选集(1943—1944)》第 14 册,北京:中共中央党校出版社 1987 年版,第 334 页。
⑦ 《毛泽东选集》卷二,东北书店 1948 年版,第 319 页。
⑧ 详见金冲及:《转折年代——中国的 1947 年》,北京:生活·读书·新知三联书店 2002 年版。

始战略反攻后,中共中央再次提出了"成立联合政府"的口号,号召"一切民主党派,一切民主团体,一切国民党内的民主分子,团结起来! 争取民主的胜利"①。10月10日,毛泽东为解放军总部起草了政治宣言,八项政策中的第一条便是:"联合工农兵学商各被压迫阶级、各人民团体、各民主党派、各少数民族、各地华侨和其他爱国分子,组成民族统一战线,打倒蒋介石独裁政府,成立民主联合政府。"②这就说明,在中国共产党开始走向胜利的时候,毛泽东更加重视统一战线问题。作为政治措施,甚至首先想到的就是成立"联合政府"。在毛泽东看来,越是在取得胜利的时候,就越要防止"左"的倾向。

1947年10月,面对解放军的强大攻势,国民党政府全国经济委员会委员刘航琛提出了一个组织和平统一大同盟的方案。中共中央认为这是美蒋缓兵之计的阴谋,由周恩来起草了《关于反对刘航琛一类反动计划》的党内指示。在10月27日下发前,毛泽东认为,这个指示电很有必要,但还需要增加一条,"将对自由资产阶级的政策问题完全弄清楚,预防过左倾向发生,这一倾向,在历史上是发生过的"。毛泽东增加的内容主要是:"在蒋介石打倒以后,因为自由资产阶级特别是其右翼的政治倾向是反对我们的,所以我们必须在政治上打击他们使他们从群众中孤立起来,即是使群众从自由资产阶级的影响下解放出来。但这并不是把他们当作地主阶级和大资产阶级一样立即打倒他们,那时,还将有他们的代表参加政府,以便使群众从经验中认识他们特别是其右翼的反动性,而一步一步地抛弃他们。在经济上,则将在长时间内容许他们存在,并使他们的经济在政府法令许可下有一个一定程度的发展,以利经济之恢复与发展。对于在平分土地后生长出来的新富农,也是如此。在这个问题上的过左性急,是错误的。"③

毛泽东一直主张搞统一战线、联合政府,上述文章、指示和讲话基本都是他亲自起草的。试想,他怎么会突然产生一种完全相反的想法?那么,是不是因为民盟作为一个最大的民主党派被迫解散的情况,导致毛泽东产生了新的想法呢? 还是先看一下史料。10月27日,国民党政府宣布中国民主同盟为"非法团体"。11月6日,民盟总部被迫发表解散公告。11月7日,《人民日报》发表了新

---

① 中央档案馆编:《中共中央文件选集(1946—1947)》第16册,北京:中共中央党校出版社1992年版,第471—474页。
② 《毛泽东选集》第四卷,北京:人民出版社1991年版,第1237页。
③ 中共中央文献研究室编:《毛泽东文集》第四卷,北京:人民出版社1996年版,第312—313页;中共中央文献编辑委员会:《周恩来选集》上卷,北京:人民出版社1980年版,第431页。

华社时事评论《蒋介石解散民盟》①。毛泽东在修改这篇文章时加写了一段话:"民盟方面,现在应该得到教训,任何对美国侵略者及蒋介石统治集团(或其中的某些派别)的幻想,都是无益于自己与人民的,应当清除这种幻想,而坚决地站到真正的人民民主革命方面来,中间的道路是没有的。如果民盟能够这样做,则民盟之被蒋介石宣布为非法并不能损害民盟,却反而给了民盟以走向较之过去更为光明的道路的可能性。"②显然,毛泽东不仅没有抛弃民主党派的想法,反而预言民盟吸取教训后会有更加光明的前途,期望之情跃然纸上。

况且,就在11月30日发出致斯大林电前不久,11月18日,毛泽东在给起草民主政府宪法的吴玉章的复信中还讲到,宪法内容要"以工农民主专政为基本原则"③。11月29日,毛泽东在修改中共中央关于阶级划分和土地改革问题的指示稿时,特意加写的一段话指出,这两个文件主要是为纠正"左"倾错误而发的④。提出"一党制"的主张,显然属于一种"过左行动"。毛泽东怎么可能在第二天就突然一改初衷,在要求全党注意纠正"左"倾的同时,自己却提出这样一种有违党的一贯方针的主张?

事实上,在发出11月30日的电报后,毛泽东更加注重在党内反对"左"倾,更加强调统一战线,甚至把"成立联合政府"作为"中国共产党的最基本的政治纲领"⑤。1947年12月中共中央在陕北杨家沟召开扩大会议,会议讨论并通过了毛泽东的书面报告《目前形势和我们的任务》,毛泽东还在会议上发表了长篇讲话。在报告和讲话中,毛泽东全面回顾了中共对民主党派政策的历史,系统论述了中国共产党领导的统一战线和联合政府的必要性、重要性。总之一句话,"中国新民主主义的革命要胜利,没有一个包括全民族绝大多数人口的最广泛的统一战线,是不可能的","现在,建立联合政府的口号还是要提"⑥。毛泽东在给刘少奇的电报中指出,这次会议"主要目的是纠正'左'的偏向"⑦。毛泽东所有这些指示和讲话,与他在致斯大林电中所说,完全是两个声音。

综上所述,毛泽东在11月30日电报中所讲将来要让所有其他党派从政治

---

① 关于民盟的历史及其解散的情况,参见金冲及:《转折年代——中国的1947年》,第402—430页。
② 《毛泽东文集》第四卷,第314—315页。
③ 《毛泽东年谱(1893—1949年)》下卷,第253页。
④ 《毛泽东文集》第四卷,第322—323页。
⑤ 《毛泽东选集》卷一,东北书店1948年版,第11页。
⑥ 报告和讲话全文分别见《毛泽东选集》卷一,第115页;《毛泽东文集》第四卷,第328—336页。
⑦ 《毛泽东年谱(1893—1949年)》下卷,第267页。

舞台上消失的主张,应该不是他的真实想法。那么,毛泽东为什么要发给斯大林这样一个并非自己本意的电报,而过了几个月,又发出一个意见相反而属于真实主张的电报呢?

第二,毛泽东先后给斯大林发出两份截然不同的两种主张的电报,是为了试探苏联的态度,解除斯大林对中国共产党的疑虑,并使其接受中共的统一战线和联合政府政策。

这里首先需要了解一下当时中苏两党关系的背景。中国共产党是苏联帮助建立起来的,且一直处于共产国际的领导之下,但自毛泽东走上领袖地位后,对中共与苏联之间不断出现的矛盾和分歧颇有抵触。在抗日战争期间,一方面,在莫斯科的压力下,中共不得不被迫改变已定的方针和政策,如西安事变、皖南事变等①。另一方面,中共也曾以种种理由抗拒执行共产国际的命令。最典型的事例是,苏德战争爆发后,斯大林三次要求八路军抽调部队到满蒙交界和满洲地区与日军作战,都被毛泽东拒绝②。抗战胜利后,斯大林在中国首选的合作对象不是共产党,而是国民党③。这固然因为苏联实现其在远东的战略利益必须通过国民政府,但与斯大林对中共的不了解、不信任也不无关系。在苏共领导人看来,毛泽东是"普加乔夫"式的人物,中国共产党人是"民族主义者"④。同样,毛泽东对苏共也是心存芥蒂,特别是对斯大林逼他去重庆谈判更为不满⑤。这种情绪虽然当时没有公开表露,但在苏共二十大批判斯大林后,还是一股脑儿倾泻出来了⑥。

---

① 关于西安事变和皖南事变情况的最新研究见杨奎松:《国民党的"联共"与"反共"》,北京:社会科学文献出版社 2007 年版,第 345、446—448 页。
② 马细谱等译:《季米特洛夫日记选编》,桂林:广西师范大学出版社 2002 年版,第 148、150、154、156 页;中共中央党史研究室第一研究部译:《联共(布)、共产国际与抗日战争时期的中国共产党(1937—1943.5)》,第 204、217、222—223、231、235—236 页;师哲口述:《在历史巨人身边》,第 214—215 页。
③ 详见沈志华:《无奈的选择:冷战与中苏同盟的命运(1945—1959)》,北京:社会科学文献出版社 2013 年版,第一章第一节。
④ Ковалев И.В. Диалог Сталина с Мао Цзэдуном//Проблемы дальнего востока,1991,№6,c.83-91;1992,№1-3,с.77-91;费·丘耶夫:《同莫洛托夫的 140 次谈话》,王南枝等译,北京:新华出版社 1992 年版,第 111 页。
⑤ 关于这方面的较新研究见沈志华:《斯大林与中国内战的起源(1945—1946)》,《社会科学战线》2008 年第 10 期,第 115—131 页。
⑥ 详见尤金与毛泽东谈话记录,1956 年 3 月 31 日,РГАНИ,ф.5,оп.30,д.163,л.88-89;尤金与毛泽东谈话备忘录,1956 年 5 月 2 日,АВПРФ,ф.0100,оп.49,п.410,д.9,л.124-130。中译文参见沈志华主编:《俄罗斯解密档案选编:中苏关系》(以下简称《中苏关系》)第 6 卷,上海:东方出版中心 2015 年版,第 204—209、259—262 页。另见吴冷西:《十年论战(1956—1966):中苏关系回忆录》,北京:中央文献出版社 1999 年版,第 3—24 页。

还有一个背景必须了解：1947年夏秋冷战局面在欧洲已经形成，苏联的对外政策发生了重大改变。为了实现战后与美国和西方进行合作的构想，斯大林早早就解散了共产国际①。雅尔塔体系保障了苏联的战略利益，斯大林也满足了西方的要求：劝告法共、意共和希共放下武器，参加政府，而在东欧各国则允许多党存在，实行"联合政府"政策，并提倡"民族社会主义道路"。然而，杜鲁门宣言和马歇尔计划迫使斯大林走上了与美国对抗的道路。在1947年9月召开的欧洲共产党、工人党情报局会议上，联共（布）中央书记日丹诺夫提出了"两个阵营"的理论。此后，苏联开始进行阵营内部的整肃，斯大林要求各国共产党必须与莫斯科保持一致，特别是在对外政策方面，而苏联的社会主义道路和模式则是东欧各国的唯一选择②。

中共此时对苏政策的目标十分清楚：中国革命越是接近胜利的时候，毛泽东就越感到需要苏联这个盟友③。然而，面对中苏两党关系的现状，毛泽东的处境十分微妙。统一战线是中共取得全面胜利的根本保证之一，毛泽东无论如何都要坚持执行这一策略。与此同时，中共也很了解共产党情报局会议的情况。1947年10月，中共的各种报纸刊登了共产党情报局会议的几乎所有文件和日丹诺夫的报告，并且发表了中共东北局编写的《现代国际形势研究的提纲》，宣讲情报局的主张和方针④。11月21日，毛泽东在致东北局的电报中说："我们对欧洲九国共产党成立情报局认为是必要的，对日丹诺夫的报告认为是正确的。"⑤所以，毛泽东既要实行统一战线和联合政府的政策，又要同莫斯科保持一致，避免引起斯大林的疑虑，就必须知道苏共对中共这一政策的态度。

实际上，联共（布）中央和共产国际对中共的情况基本上是掌握的。红军长征期间，中共曾一度失去了与莫斯科的电讯联系⑥。中共中央到达陕北后，

---

① 详见沈志华：《斯大林与1943年共产国际的解散》，《探索与争鸣》2008年第2期，第31—40页。
② 详见沈志华：《斯大林的"联合政府"政策及其结局》，《俄罗斯研究》2007年第5期，第71—77页，第6期，第77—85页；《共产党情报局的建立及其目标——兼论冷战形成的概念界定》，《中国社会科学》2002年第3期，第172—187页。
③ 详见沈志华：《求之不易的会面：中苏两党领导人之间的试探与沟通——关于中苏同盟建立之背景和基础的再讨论（之一）》，《华东师范大学学报》2009年第1期，第1—13页。
④ 《关于九国共产党会议后中国的局势》，1948年1月23日，РЦХИДНИ, ф.17, оп.128, д.1173, л.1-37。中译文见《中苏关系》第1卷，第219—235页。
⑤ 中共中央文献研究室编：《毛泽东著作资料汇编》第53册，1984年，未刊，第180页。日丹诺夫报告全文见沈志华总主编：《苏联历史档案选编》第24卷，北京：社会科学文献出版社2002年版，第443—473页。
⑥ 王新生：《红军长征前后中共中央与共产国际的电讯联系考述》，《党的文献》2010年第2期，第79—82页。

于1936年又同共产国际恢复了电讯联系。抗日战争期间,苏联在延安派驻了军事情报组,以后还有医生、情报员和联共(布)中央代表常驻中共中央所在地,直到1949年中共中央进入北平之前,苏共始终有一部电台在毛泽东身边①。况且,1947年7月7日的口号和10月10日的宣言,都是在报纸上公开发表的。所以,关于中共对民主党派的立场,以及统一战线和联合政府的政策,苏共都是早已知道的。但是,斯大林一直没有表明自己的态度②,这就难免引起毛泽东的疑虑和不安。中共要继续执行既定政策,又要大张旗鼓地进行宣传,就必须得到苏共的首肯。于是,毛泽东便试探性地给斯大林发出了11月30日的电报,以民盟被解散为由,有意说出了一种中共并没有也不准备实行但与苏联做法一致的主张——"一党制"。同时,毛泽东在电报中还特意提到中共正在执行的政策——10月10日的宣言,并言明"这些都得到了广大人民群众的拥护"。两个"方案",斯大林总要选择一个。然而,斯大林迟迟没有回电③。在此期间,又出现了几个情况,令毛泽东更加迫切需要让斯大林了解中共的真实意图,以免事情更加复杂化。

一是1948年1月6日,苏联《真理报》用将近一个整版,详细报道了毛泽东12月25日在中共中央扩大会议上的讲话。报道提到了统一战线,强调这是"在中国共产党的坚定领导下",但没有提及"联合政府"④。这就意味着斯大林可能同意或至少并不反对中共在会议上提出的总的方针和政策,这多少让毛泽东放心了一些。不过,苏联报道不提"联合政府",又有些令人放心不下。毛泽东需要知道斯大林本人的明确态度。

二是1948年1月,民主党派的情况出现新的变化,要求中共必须尽快表明态度。周恩来在为中共中央起草的指示稿中写到:"民主同盟一部分中委已集会香港,恢复活动。国民党反对派已在香港成立革命委员会,宣言反蒋。冯玉祥在美组成'旅美中国和平民主同盟',反对美援蒋内战,要求美助民盟获致中国和平。国民党已宣布开除冯玉祥党籍。另一方面,宋子文确曾至港与李济深、蔡廷

---

① 师哲口述:《在历史巨人身边》,第201—211页。
② 笔者查阅了俄国以及中方目前公布的所有相关档案文献,未发现有关信息。
③ 很可能,斯大林注意到了电报中自相矛盾的两种说法,所以在看到电报(12月10日)后,表示欢迎毛泽东访苏,进行当面解释。(库兹涅佐夫致捷列宾电,1947年12月16日,АВПРФ,ф.39,оп.1,д.31,л.25。中译文见《中苏关系》第1卷,第214—215页。)斯大林在1948年4月20日电报中说,没有"立刻"对毛泽东两封电报做出反应,是因为"需核查对于我们的答复所必要的一些材料"。这个委婉的表述,也多少可以解读为斯大林正在斟酌如何回应毛泽东两种相互矛盾的主张。
④ Правда, 6 январь 1948г., 3-4й стр.

错接洽。民盟及国民党民主人士多对冯、李、蔡等估计高,且有对两广反动当局伪装反蒋的阴谋感兴趣者。这一切,都需要我党对蒋管区民主党派问题根据中央去年10月27日指示作进一步的具体的分析,并规定对待他们的明确方针。"①1月14日中共中央指示:"对一切可以争取的中间派,不管他们言论行动中包含多少动摇性及错误成份,我们应采积极争取与合作态度,对他们的错误缺点,采取口头的善意的批评态度。"②3月6日,中共中央发言人公开发表讲话,表示欢迎民盟领导机关重建,欢迎国民党革命委员会的成立,并希望与他们"为着共同目的而携手前进"③。对于这种做法,斯大林是否赞同,是否会接受?

三是毛泽东在1947年12月15日宣布,"中国人民的革命战争,现在已经达到了一个转折点"④。革命越是接近胜利,越要强调统一战线。1948年1月15日,毛泽东在一次讲话中宣称:"没有全民族绝大多数人口参加的民族统一战线,全国胜利是不可能的",这是总纲领,在"社会主义没有到来以前,总的纲领就只能是这一条,没有第二条"。即使革命胜利了,为了"巩固胜利",还是需要统一战线⑤。1月18日毛泽东起草的中央决定写道:"新民主主义的政权是工人阶级领导的人民大众的反帝反封建的政权",而在"人民大众"当中,也包括"民族资产阶级"⑥。1—3月间,毛泽东和中共中央接连发出一系列指示和函电,在统一战线、土地改革、工商业政策、职工运动、阶级划分、对待民族资产阶级和开明绅士问题等各个方面,全力反对"左"的偏向⑦。中共的政策越来越明确,越来越坚定,同时也越来越需要得到苏共的理解和支持。

于是,1948年3月15日,毛泽东又给斯大林发去第二封电报,再次讲述中共对待民主党派的政策。这一次,毛泽东说的是中共的真实想法和将要采取的做法,而斯大林也做了明确的答复。

第三,中共对待民主党派的政策虽然不是因斯大林的电报而确定的,但是苏共的表态对中共后来成立联合政府的过程并非没有影响。

---

① 中共中央文献编辑委员会:《周恩来选集》上卷,北京:人民出版社1980年版,第283—286页。
② 《毛泽东文集》第五卷,第15页。
③ 中央档案馆编:《中共中央文件选集(1948)》第17册,北京:中共中央党校出版社1992年版,第86—87页。
④ 《毛泽东选集》第四卷,第1243页。
⑤ 《毛泽东文集》第五卷,第19—30页。
⑥ 《毛泽东选集》第四卷,第1267—1274页。
⑦ 《毛泽东选集》第四卷,第1280—1282、1827—1890页;《毛泽东文集》第五卷,第55—62、77页;中共中央文献研究室编:《毛泽东著作资料汇编》第54册,1984年,未刊,第91、92—93、94、150—151、169、291页;《中共中央文件选集(1948)》第17册,第18、24—26、80—82页。

主要的影响在于，斯大林4月20日的电报推动了中共建立联合政府的工作。毛泽东的电报比较谨慎，虽然提出未来的新政府有必要吸收民主党派和民族资产阶级参加，但没有使用"联合政府"这个概念。而斯大林在回电中则明确指出："这一政府应宣布为联合政府"，而且"至少在胜利之后的一个时期（这个时期的时间长度现在还很难确定）将是民族民主革命政府，而不是共产主义政府"。斯大林的答复，终于让毛泽东卸下心防，可以放开手脚实行早已确定的任务了。

接到斯大林的电报后，4月25日，毛泽东致电中央书记处书记刘少奇、周恩来、朱德、任弼时，通知他们考虑即将在中央会议上讨论的若干问题，然后赴城南庄商定。其中一个重大问题就是：邀请港、沪、平、津等地各中间党派及群众团体代表，到解放区商量召开人民代表大会成立临时中央政府①。4月30日，中共中央发布纪念"五一"节口号，提出："各民主党派、各人民团体、各社会贤达迅速召开政治协商会议，讨论并实现召集人民代表大会，成立民主联合政府。"②"五一"节口号的这一条，是毛泽东审阅草稿时亲笔改写的③。随后，成立联合政府的筹备工作便紧锣密鼓地展开了。

事实上，发布"五一"节口号前三天，毛泽东已致电中共晋察冀中央局城工部部长刘仁，指示其设法转告张东荪、符定一，邀请他们及平津文化界人士至解放区，讨论成立民主联合政府诸事宜④。5月1日，中共中央给上海局、香港分局下达指示，提出了拟邀请来解放区出席政协会议的民主人士名单⑤。同日，毛泽东亲自致函李济深、沈钧儒，告知政协会议召开拟定的地点（哈尔滨）和时间（今秋），并提议由国民党革命委员会、民主同盟中央执行委员会和中共中央"发表三党联合声明，以为号召"⑥。5月5日，李济深、何香凝、沈钧儒、章伯钧等民主党派领导人和民主人士联名致电毛泽东并转解放区全体同胞，表示拥护中共关于召集人民代表大会成立民主联合政府的五一口号⑦。此后，国统区及香港各界民主人士纷纷来到解放区。1948年12月30日，毛泽东致电斯大林说："大约明年春天要召开各个民主党派、团体和群众组织代表参加的政治协商会议，并且将

---

① 《毛泽东年谱(1893—1949年)》下卷，第304页。
② 《中共中央文件选集》第17册，第145—148页。
③ 参见胡乔木：《胡乔木回忆毛泽东》，北京：人民出版社1994年版，第552页。
④ 中共中央文献研究室编：《毛泽东著作资料汇编》第55册，1984年，未刊，第36—37页。
⑤ 《中共中央文件选集》第17册，第149—150页。
⑥ 《毛泽东文集》第五卷，第43—44页。
⑦ 《毛泽东年谱(1893—1949年)》下卷，第306页注释。

组建民主联合政府。现在非常必要建立一个这样的政府,完成这件事的所有条件已经成熟。"①不过,这里还存在一个疑点。

尽管中共从自身的考量出发,愿意从积极的方面去理解苏共的意向,但斯大林在4月20日的电报中关于南斯拉夫的那句话,却令人难以理解。这句看似不经意的话可能触发了毛泽东敏感的神经:既然不让中国仿照苏联的做法,又说南斯拉夫不是"一党制",那就是说中国可以学习南斯拉夫了?但就在此时,苏联与南斯拉夫的冲突已经公开化,斯大林的这句话究竟是什么意思?毛泽东不得不细细掂量。

此前,毛泽东很重视东欧国家尤其是南斯拉夫共产党的建国经验,并希望与铁托建立直接的联系。1947年7月7日,作为解放区对外贸易的负责人,刘宁一访问南斯拉夫,得到铁托接见。刘宁一提出希望南斯拉夫与中共建立贸易关系②。此后,中共东北局还派出新华社特约记者到南斯拉夫,希望在那里建立分社或代办处。东北局书记林彪在给铁托的介绍信中提到,希望与南斯拉夫"建立经常性的联系"③。在1947年12月的中共中央扩大会议上,毛泽东提出"统一战线要研究南斯拉夫经验"。在1948年1月的西北野战军前委扩大会议上,毛泽东又提出,将来要像南斯拉夫等国那样,也搞一个类似"人民阵线"的组织,所有各党派、人民团体、个人都参加④。

然而,就在中共与南共密切往来时,1948年初,苏南之间发生了严重冲突,结果铁托和南斯拉夫共产党被开除出共产党情报局⑤。中共中央很快就了解到这一情况⑥,并且做出了倾向性的表示。1月28日,苏联《真理报》编辑部发表声明,明确表示不同意南斯拉夫和保加利亚、罗马尼亚等国在巴尔干联邦问题上所持的立场⑦。2月5日,《人民日报》刊登了《真理报》编辑部的声明⑧。6月28

---

① 《毛泽东致斯大林电》,1948年12月30日,АПРФ,ф.45,оп.1,д.336,л.81—89。中译文见《中苏关系》第1卷,第329—331页。

② 约万·查沃什基:《失去的联系——1947年中南之间一段不为人知的互动历史》,刘东胜译,《冷战国际史研究》第6辑(2008年夏季号),第271—272页。

③ 《林彪致铁托函》,1947年7月11日,AJBT-KMJ(铁托档案馆-南斯拉夫元帅办公室),I-3-b/385。

④ 《毛泽东著作资料汇编》第53册,第282—285页;第54册,第59—78页。

⑤ 详见沈志华:《斯大林与铁托——苏南冲突的起因及其结果》,桂林:广西师范大学出版社2002年版。

⑥ 从毛泽东在1947年12月会议谈到"东欧联邦"的情况看(《毛泽东著作资料汇编》第53册,第287页),中共当时可以及时得到欧洲共产党的信息。

⑦ Правда, 28 январь 1948г.,4й стр.

⑧ 《人民日报》,1948年2月5日,第2版。

日，情报局会议做出决议，指责南共在一些基本问题上执行了一条脱离马克思列宁主义的错误路线。新华社立即行动，于7月10日播发了根据莫斯科俄语广播的《真理报》6月29日所载的决议内容，7月13日《人民日报》刊登了决议全文①。第二天，《人民日报》又刊登了中共中央7月10日的决议：完全同意情报局通过的对铁托集团进行批判的决议②。11月1日，刘少奇撰写《论国际主义与民族主义》一文，公开表明了中共对南共的批判立场③。为了避免被斯大林看成中共在走铁托的"独立"道路，毛泽东还特别注意不要突出宣传自己：不要提"毛泽东主义"，更不能"将我的名字和马恩列斯并列"④。1949年1月，毛泽东要求将新民主主义青年团团章草案中的"毛泽东思想"，一律改为"马克思列宁主义理论与中国革命实践之统一的思想"；将学习和宣传毛泽东思想，改为学习和宣传"马克思列宁主义理论"。在中国共产党七届二中全会上，毛泽东再次强调不要把他与马、恩、列、斯并列⑤。显然，中共必须撇清与南斯拉夫的关系。

毛泽东在1947年11月30日的电报中提到，要学习苏联和南斯拉夫的榜样，而斯大林在1948年4月20日回电中说南斯拉夫不是这方面的榜样。这自然让毛泽东想到斯大林的用意所在。此后，毛泽东立即要求访问苏联⑥。斯大林推迟访问日期后，毛泽东很着急，再次要求尽快到莫斯科请教，而所提第一个问题就是"关于与小的民主党派和团体（及民主活动家）的关系，关于准备召开政治协商会议"⑦。在9—10月，毛泽东多次提出访苏，并"再三强调他已经准备好，必须出发"⑧。毛泽东此时最迫切需要搞清楚的是莫斯科的真实意图，并一定要让斯大林明白，中共不是以南斯拉夫为榜样，而是站在苏联一边的，是值得信任和帮助的真正的共产党人。中共在各个方面都要与苏共保持一致，在新政权建设方面，自然也必须听从莫斯科的意见。

---

① 《人民日报》1948年7月13日，第1版。
② 《人民日报》1948年7月14日，第1版。
③ 《刘少奇年谱》下卷，第165页；《人民日报》1948年11月7日，第1版。
④ 《毛泽东文集》第五卷，第123页。
⑤ 《胡乔木回忆毛泽东》，第328—329页。
⑥ 《捷列宾的密码电报》，1948年4月22日，АПРФ, ф.39, оп.1, д.31, л.27。中译文见《中苏关系》第1卷，第252—253页。
⑦ 《捷列宾致库兹涅佐夫电》，1948年7月28日，АПРФ, ф.39, оп.1, д.31, л.41。中译文见《中苏关系》第1卷，第269—270页。
⑧ 《毛泽东致斯大林电》，1948年9月28日，АПРФ, ф.39, оп.1, д.31, л.42；《捷列宾致库兹涅佐夫电》，1948年10月17日，АПРФ, ф.39, оп.1, д.31, л.44—45。中译文见《中苏关系》第1卷，第283、287—288页。

那么，苏共究竟希望新中国成立一个什么样的政府？苏联自己是"一党制"政体，冷战后也要求东欧各国搞"一党制"，而南斯拉夫实际上早就搞起了一党制。南斯拉夫共产党1945年8月建立的"人民阵线"吸纳了独立民主党、人民农民党等几个党派，在此之外并不存在真正意义上的反对党。而阵线内的这几个党派到1948年也都被全部清除了①。斯大林在电报中这样说，只是强调其表面意义，内中含义就是不能把铁托与他本人相提并论。从理论上讲，实行无产阶级专政和一党制的前提是这些国家已经或开始建立起社会主义的经济体制和制度。而在斯大林看来，当时的中国实在太落后，根本无法搞公有制和集体化。既然不是社会主义，自然也就谈不上"一党制"。斯大林4月20日电报里说的就是这个意思。后来的一系列谈话和电报，把这个问题讲得更清楚了。

在1949年1月6日给毛泽东的复电中，斯大林再次表示，同意成立"民主联合政府"，并建议时间提前，即在解放北平之后立即进行。毛泽东则准备立即前往莫斯科，与斯大林商谈所有问题②。后来因调停国共和谈，与毛泽东之间产生了分歧和争论，斯大林决定派米高扬前往中国，全面听取中共的意见。毛泽东虽然在涉及中共根本利益的问题上坚持己见，但并不想得罪斯大林。在西柏坡的会谈中，中共领导人充分显示了对苏共的忠诚。毛泽东说，铁托是叛徒，而"中国应该站在以苏联为首的反帝国主义阵营一边"，"对我们来说中间道路是没有的"③。关于未来国家政权的结构和性质，中苏双方意见完全一致，即中国"与俄国和欧洲的条件不同"，不必也不能照搬苏联的模式，只能实行在共产党领导下的人民民主专政，成立联合政府④。后来斯大林还告诫中国领导人，在经济上"希望中国共产党人不要排斥民族资产阶级"⑤。1949年夏天，刘少奇秘密访苏。在给联共（布）中央的报告中，刘少奇详细讲述了中共实行人民民主专政、成立联合政府的理论根据和具体

---

① 参见杜尚·比兰吉奇：《南斯拉夫社会主义联邦共和国史纲》，徐万明等译，天津：天津人民出版社1985年版，第164—165、171—176页；约翰·兰普：《南斯拉夫史》，刘大平译，上海：东方出版中心2013年版，第277页。
② 《斯大林致毛泽东电》，1949年1月6日，АПРФ，ф.39, оп.1, д.31, л.53；《捷列宾致库兹涅佐夫电》，1949年1月10日，АПРФ，ф.39, оп.1, д.31, л.54-58。中译文见《中苏关系》第1卷，第338—339、342—343页。
③ 详见沈志华：《无奈的选择：冷战与中苏同盟的命运（1945—1959）》第二章第二、三节。
④ 《米高扬与毛泽东的会谈备忘录》，1949年2月4、6日，АПРФ，ф.39, оп.1, д.39, л.54-62、64-77、78-88。中译文见《中苏关系》第1卷，第420—426、431—436、441—447页。
⑤ 《斯大林致科瓦廖夫电》，1949年4月26日，АПРФ，ф.45, оп.1, д.331, л.3。中译文见《中苏关系》第2卷，第43页。

做法,斯大林在阅读时连连批示,表示赞同①。在7月11日与刘少奇会谈时,斯大林指出:"你们与民族资产阶级合作并吸收他们参加政府的观点,是正确的。"②

苏共的态度和立场如此明确,中共也就放心了。联合政府的组建虽然推迟了几个月,但确实吸收了大量民主党派和民主人士。在1949年10月组建的中华人民共和国中央政府机构中(后来增补者不计),全国政协主席、副主席6人,非中共人士4人,常务委员27人,非中共人士17人;中央人民政府主席、副主席7人,非中共人士3人,中央人民政府委员会委员56人,非中共人士27人;政务院总理、副总理5人,非中共人士2人,政务委员15人,非中共人士10人,政务院组成机构主官35人,非中共人士16人;最高司法机构(最高法院、最高检察署)主官、副主官6人,非中共人士3人③。非中共人士比例如此之高,联合政府可谓名副其实,至少在人员结构上可以这样说。

不过,还有一个细节值得注意:在1949年9月29日中国人民政治协商会议第一次全体会议通过的《共同纲领》中,没有出现"联合政府"这个用语④。在此前毛泽东及中共领导人的讲话或文章中,凡谈到未来新政府时,一直使用的都是"联合政府"的概念。在此一个月前,即8月22日周恩来送毛泽东审阅的《共同纲领》草案初稿中,还多次使用这一用语,并且引用了毛泽东《论联合政府》中的一段话:"在一个共同承认的新民主主义的纲领之下从事工作的联合政府。"《建国以来周恩来文稿》的一则注释注明:这句话引自东北书店1948年版的《毛泽东选集》(第318页),但在人民出版社1953年版和1991年版的《毛泽东选集》中,都没有包含着"联合政府"一词的这句话了⑤。这是不是受到苏共的影响⑥?毛泽东本人是否也有这样的考虑?吸收民族资产阶级和民主党派参加政府是否只是民主革命时期的策略主张?抑或这个时候毛泽东本人的主张开始发生变

---

① 《刘少奇给联共(布)中央和斯大林的报告》,1949年7月4日,АПРФ,ф.45,оп.1,д.328,л.11—50。中译文见《中苏关系》第2卷,第75—83页。
② 中共中央文献研究室、中央档案馆编:《建国以来刘少奇文稿》第一册,北京:中央文献出版社2005年版,第30—39页。
③ 参见中共中央组织部、中共中央党史研究室、中央档案馆编:《中国共产党组织史资料(1921—1997)》,北京:中共党史出版社2000年版,附卷三,第17—20页;附卷一,第34—42页。
④ 中共中央文献研究室、中央档案馆编:《建国以来周恩来文稿》第一册,北京:中央文献出版社2008年版,第355—368页。
⑤ 《建国以来周恩来文稿》第一册,第291—313页。
⑥ 斯大林的确说过,成立联合政府是中国革命胜利后一个时期(时间长短不定)的事情。另据师哲回忆,斯大林曾向刘少奇建议:"如果人民普选的结果,共产党占了多数,你们就可以组织一党的政府。"师哲:《在历史巨人身边》第409、531页。(这则回忆史料是否真实,斯大林到底是在1949年7月还是在1952年10月讲的,还有待考证。)

化?这是另一个需要考证的问题了。

无论如何,至此关于"电报风波"的讨论可以告一段落。由此可以看出,毛泽东如此行事的动机,有着非常复杂的历史背景,如果不下功夫解读和考证所能收集到的所有史料,研究者确实很难做出合理的判断,也就难免对当事人乃至真实的历史产生种种误解。当然,随着史料的发掘和披露,这个问题有可能再次引起争议,笔者不过是就目前所见史料谈谈一己之见而已。

最后要说的是,档案本身不可能替人们解开以往的所有历史谜团,这就需要历史学家付出艰辛的努力。这样说丝毫不是否认档案本身的重要性,而只是强调谨慎使用档案和利用包括档案在内的复合材料的必要性。因为只有历史研究者耐心细致地对他们千辛万苦所得到的史料进行考证、对比、分析,人们才有可能获得一幅相对接近于真实的历史画面。在这个意义上,爱德华·卡尔的另一句名言也值得回味:"历史是历史学家与他的事实之间相互作用的连续不断的过程,是现在与过去之间的永无止境的问答交谈。"① 因此可以说,目前所做的一切历史判断都不是终极结论。

 **导读:**

如何考证最新解密档案?
如何获知档案的真实性?

历史研究的选题大致有两种:一种是新问题,即以前没有人研究或研究很弱的题目;一种是老问题,即以前已有多人研究、讨论已久的题目。对于学术创新而言,这两种选题各有难度,只是角度不同而已。本文选择的是后者。

1995年俄罗斯学术刊物《远东问题》刊出了苏共中央政治委员米高扬1960年9月提交的关于1949年初他本人秘密访问西柏坡的报告,其中提到1947年11月至1948年4月毛泽东与斯大林之间往来的三封电报。米高扬的结论是,中共中央最初的想法是,中国革命胜利后将把所有其他党派都赶下政治舞台,而像苏联一样实行"一党制",后来接受了斯大林的建议,改变了对资产阶级政党的政策。这些史料的公布以及米高扬报告的结论在中国史学界引起了"轩

---

① 爱德华·卡尔:《历史是什么?》,第28页。

然大波"。由于米高扬报告提到的内容与当时中共对民主党派政策的史实完全不符,中国学界大多数人认为这些史料是虚假的或伪造的,而建立在这些史料基础上的结论也都是完全错误的。但也有人认为,毛泽东早有要在革命胜利后抛弃民主党派的想法,只是因为斯大林的反对而搁置,直到1957年反右时才表露出来。后来俄国学者陆续公布了毛泽东与斯大林往来的三封电报后,又有学者对其内容做出了解释。这场争辩和讨论一直持续到2003年。

仔细分析一下,这场争论主要涉及四个问题:第一,档案文献的真实性,即米高扬报告中所引用的苏联档案(毛泽东和斯大林的电报)是否存在,其结论是否正确;第二,档案文献内容的真实性,即毛泽东在电报中所述内容与当时他的真实想法是否相符;第三,毛泽东为什么会在1947年11月20日和1948年3月15日先后发出两封意见相左的电报;第四,斯大林1948年4月20日的回电是否对中共后来的民主党派和联合政府政策产生了影响或产生了什么样的影响。

第一个问题很容易解决。随着2000—2001年在俄罗斯总统档案馆中保存的上述三封电报的公布,史料的真实性已经不容置疑。而大量的中国史料证明,中共并非是接受了斯大林的建议才改变了对民主党派的立场和政策,所以米高扬报告的结论是错误的,这与当时中苏关系开始恶化不无关系。但是,后面三个问题则没有因为几件档案公布就轻而易举地搞清楚,甚至反而令人产生了更多的疑惑。这就是一件历史旧案需要重新讨论的原因,也是本文写作的根据。下面是本文对后三个问题的解答:

第二个问题,这些档案所反映的情况是否是真实的。也就是说,毛泽东和斯大林在电报中所谈到的是不是他们真实的看法也需要作出判断。有学者认为,既然档案是真实的,接下来就是如何解释档案的内容了:统一战线和联合民主党派的确是中共的一贯政策,但民盟在国民党的压力下被迫解散,导致中国各民主党派"已不复存在"。因此,毛泽东在第一封电报中所说,不是要取消民主党派,而只是接受了一个现实。而毛泽东在第二封电报中的说法,是因为民盟又在香港恢复了活动,且其主张更加倾向共产党。

其实,从逻辑上讲,档案本身的真实性并不代表档案所载内容的真实性。再看史实:民盟宣告解散后,毛泽东在《人民日报》发表的新华社时事评论中特意加了一段话说,如果民盟能够从此事件中吸取教训,今后就会有更加光明的前途。这说明毛泽东此时并没有产生抛弃民主党派的想法。何况就在发出电报的前一天，毛泽东在修改中共中央关于阶级划分和土地改革问题的指示稿时，特意加写的一段话指出，这两个文件主要是为纠正"左"倾错误而发的。毛泽东怎么可能在第二天就转而产生明显带有"左"倾错误的想法？且不说这一主张还有违党的一贯政策。所以可以判断，毛泽东在第一封电报中所说并非是他的真实想法。至于毛泽东的第二封电报以及斯大林的答复电，对照在此前后的大量史实可以判断，那些都是他们真实的想法。

第三个问题，关键是，毛泽东为什么要先后发出两封意见相左的电报？而斯大林非要等几个月后收到毛泽东的第二封电报才作出答复？这就需要考察中苏两党关系的历史以及当时国际形势的背景了。研究表明，虽然中共是苏共帮助建立的，但两党关系一直不和谐，分歧和矛盾不断。中共在1945年七大开始转向苏联，特别是在1947年共产党情报局建立、美苏冷战格局形成以后，明确表态要加入以苏联为首的社会主义阵营，但此时的斯大林对中共既不了解，也不信任。在这方面，最典型的事例就是毛泽东几次要求去莫斯科向苏共汇报工作，却一直被斯大林拒之门外。现在的问题是，统一战线、联合政府是中共长期公开宣传的政策，莫斯科对此十分了解，但斯大林从来没有明确表态，这就难免引起毛泽东的疑虑和不安。中共要继续执行既定政策，又要大张旗鼓地进行宣传，就必须得到苏共的首肯。于是，毛泽东便试探性地给斯大林发出了11月30日的电报，以民盟被解散为由，有意说出了一种中共并没有也不准备实行但与苏联体制保持一致的主张——"一党制"。

其实，斯大林迟迟不肯答复毛泽东，也是出于上述历史背景。随着中国局势的变化以及中共在内战中逐渐掌握主动权，斯大林也明白将来处理中国问题就必须准备与这个原来是苏共下属而现在愈来愈显示其独立性的政党打交道，但中国共产党究竟是一股怎样的政治力量，是否可以纳入苏联的阵营，斯大林心里着实没底。在这种情况下，苏共也需要谨慎行事，以免陷入被动。所以，直到毛泽东发出第二封电报，斯大林才说出了自己的真实看法。从理论上讲，实行无产阶级专政和一党制的前提是这些国家已经或开始建立起社会主义的经济体制和制度。而在斯大林看来，当时的中国实在太落后，甚至无法与苏联的几个东欧卫星国相提并论，根本无法搞公有制和集体化。既然不是社会主义，自然也就谈不上"一党制"。

第四个问题，斯大林的答复是否对中共的民主党派和联合政府政策产生了影响。中共对待民主党派的政策虽然不是因斯大林的电报而确定的，但是苏共的表态对中共后来成立联合政府的过程并非没有影响。这个影响主要是推动了中共建立联合政府的工作。毛泽东在电报中的措辞还比较谨慎,虽然提出未来的新政府有必要吸收民主党派和民族资产阶级参加,但没有使用"联合政府"这个概念,尽管这是中共一直公开宣布的口号。而斯大林在回电中则明确指出:"这一政府应宣布为联合政府",而且"至少在胜利之后的一个时期将是民族民主革命政府,而不是共产主义政府"。斯大林的答复,终于让毛泽东卸下心防,可以放开手脚实行早已确定的任务了。

收到斯大林 4 月 20 日的电报后,中共中央发布了纪念"五一"节口号,提出立即召开政治协商会议,成立联合政府的筹备工作也紧锣密鼓地展开了。此后在 1949 年年初米高扬访问西柏坡和年中刘少奇访问莫斯科期间,斯大林都多次表态,中共不必也不能照搬苏联模式,支持和赞同新中国实行人民民主专政(不是无产阶级专政),建立联合政府(不是共产党一党政府)。斯大林对中国革命特殊性的认可,无疑是对毛泽东和中共中央确定新中国建国方针的鼓励。

最后,关于"联合政府"问题还有一个细节值得注意:在 1949 年 9 月 29 日中国人民政治协商会议第一次全体会议通过的《共同纲领》中,没有出现"联合政府"这个用语。在此前毛泽东及中共领导人的讲话或文章中,凡谈到未来新政府时,一直使用的都是"联合政府"的概念。在一个月前,即 8 月 22 日周恩来送毛泽东审阅的《共同纲领》草案初稿中,还多次使用这一用语,并且引用了毛泽东《论联合政府》中的一段话:"在一个共同承认的新民主主义的纲领之下从事工作的联合政府。"在《共同纲领》中不提"联合政府",这是不是受到了苏共的影响?毛泽东本人是否也有这样的考虑?吸收民族资产阶级和民主党派参加政府是否只是民主革命时期的策略主张?抑或这个时候毛泽东本人的主张开始发生变化?这是另一个需要考证的问题了。

从方法论的角度讲,本文写作的体会是,对于任何一个史实或动机的判断,都需要经过三个步骤:第一步是寻找史料,而且尽可能地详尽,要有"上穷碧落下黄泉"的精神,至少要掌握足以建立逻辑架构的史料。这一步是基础,需要下很大功夫。第二步是考证和解读史料,在考证史料真伪并厘清所有史料之间逻辑关系的基础上,进行史实或动机判断,得出结论。这一步是关键,需要的是学术功底。第三步是用史料检验结论,即将研究得出的结论与收集到的所有史料进行核对,如果出现任何矛盾或冲突,那么就要重新考察,不是结论有问题,就是史料有问题。这一步也是不可或缺的。

本文的结论是：档案本身不可能替人们解开以往的所有历史谜团，这就需要历史学家付出艰辛的努力。这样说丝毫不是否认档案本身的重要性，而只是强调谨慎使用档案和利用包括档案在内的复合材料的必要性。因为只有历史研究者耐心细致地对他们千辛万苦所得到的史料进行考证、对比、分析，人们才有可能获得一幅相对接近于真实的历史画面。

后　　记

在一个阳光正好、微风不躁的秋日，我们完成了本书的编写工作。正如我们在本书序言里所说，编撰一本世界史学术论文指南性的书是一件冒险的事情，但我们选择了冒险。与修昔底德一样，现代历史学家倾向于选择能够揭示当代问题的话题进行研究，并掌握充足的历史文献，通过"问题意识"这部发动机，结合跨学科的理论与方法，完成他们的历史写作。本书正文中选取的 10 位历史学者无一不是这样做的。我们选取的文章涵盖世界古代史、中世纪史、近现代史、当代史各个领域，在空间上也涉及在当代历史学研究中的主要国家和区域。

在编排上，我们大体上依据时间为序，从古至今安排。在编读的过程中，我们又发现，这样的安排恰好又具有一定的逻辑关系：第 1 讲是黄洋教授从历史遗存的"现场"产生的思考，这是对"第一现场"的反思；而晏绍祥教授对"阿吉纽西审判"的研读，来自"历史文献"这样的"第二现场"。正文中的各讲都是相关方法的演绎，我们将其分为"问题意识""因教而撰"等对其特征具有高度概括的标题。从走"进"历史现场，到通过老问题的反复推敲、档案的解析而走"近"历史真相，我们完成了一次世界史写作的学术之旅。为了让作为"写作者"的读者（本科生、研究生均适用）了解一篇学术论文的"内容摘要"和"关键词"的撰写方式，我们还保留了论文的"内容摘要"和"关键词"部分。这样看起来，本书才似乎是一本饱含我们的思想和热情的著作。

从热情似火的夏天到凉风飒爽的秋末，此书得以完稿交付出版，首先感谢黄洋、晏绍祥、陈志强、陈文海、俞金尧、梁茂信、李剑鸣、陈勇、王立新、沈志华诸师，他们慷慨授权使用他们撰写的一流文章，并欣然允诺且按时完成了导读文字，使读者不仅能够读到诸师力透纸背的学术文字，也能看到他们的写作心路，还能感

后　记

受到诸师对历史学的那份拳拳热爱之心。也感谢上海大学郭丹彤教授、刘招静副教授在本书选材时的推荐。在本书出版过程中,我们得到上海大学出版社责任编辑陈强老师的大力帮助,积极沟通各种事宜,借此机会表示感谢。上海大学历史系世界史专业的博士生徐欣蕊、张雯婧、简天天、李林樾成为本书的首批"读者",他们认真细致地阅读初稿,对文稿进行勘正,提出宝贵建议,在此一并致以谢意。

最后要说明的是,虽然我们花了不少心思来编撰本书,但其效果如何,当由广大读者来评判。书中如果出现谬误,则是编者的责任,万望批评指正。

本书编写者

2021 年 10 月